도면이 친절한
리얼 종이접기

공룡과 고생물 편

KYORYU TO KOSEIBUTSU NO ORIGAMI by Fumiaki Kawahata
Copyright ⓒ Fumiaki Kawahata, 2020
All rights reserved.

Original Japanese edition published by Seibundo Shinkosha Publishing Co., Ltd.
Korean translation copyright ⓒ 2021 by THE FOREST BOOK Publishing Co.
This Korean edition published by arrangement with Seibundo Shinkosha Publishing Co., Ltd.
through HonnoKizuna, Inc., Tokyo and BC Agency.

이 책의 한국어판 저작권은 BC에이전시를 통해 저작권자와 독점계약을 맺은 더숲에 있습니다.
저작권법에 의해 한국 내에서 보호를 받는 저작물이므로 무단전재와 복제를 금합니다.

도면이 친절한
리얼
종이접기

가와하타 후미아키 지음 | 이진원 옮김 | 오경란 감수

공룡과 고생물 편

에밀
E-MEAL

저자의 말

　나는 고생물과 공룡의 특이한 모습과 형태를 동경해왔다. 몸과 손발의 모양, 눈의 수 등에 있어서 기묘한 개체들이 많다. 그런데 각각을 하나의 생물로 들여다보면 균형이 매우 잘 잡혀 있다는 사실을 깨닫게 된다. 분명 어떤 생물이든 자신의 시대에서 살아남기 위해 합리적인 형태를 만들어간 것이다. 그런 까닭에 더욱 아름답게 느껴진다. 고생물 중에는 투구게나 실러캔스와 같이 지금도 거의 변함없는 모습으로 생존하고 있는 생물이 있다. 살아 있는 화석으로 불리는 이들은 진화의 성공적인 예라 할 수 있겠다. 이 책에서는 이 같은 고생물과 공룡을 주제로 한 종이접기 작품을 소개하고자 한다.

　매력적인 형태를 사실적으로 표현하려 할수록 접는 과정이 복잡하고 어려울 수밖에 없다. 특히 어려운 최상급 작품에 도전하는 것은 종이접기를 하는 즐거움 중 하나일 것이다. 아주 오래전, 태고에 살았던 생물의 매력적인 형태와 종이접기의 즐거움을 전할 수 있다면 그보다 더한 기쁨은 없을 것이다.

감수자의 말

　고생물과 공룡은 국내 종이접기 애호가들이 많은 관심과 호기심을 가지고 있는 테마다. 《도면이 친절한 리얼 종이접기 : 공룡과 고생물 편》의 작품을 접는 내내, 쉽게 이해할 수 있는 친절한 도면과 세심한 설명에 감동하였고 잘 설계된 작품에 감탄했다. 작품마다 다이어그램이 물 흐르듯 연결되어 있어, 접는 재미를 주는 것은 물론 다음 스텝을 기대하게 만들었다.

　작품을 접기 전에 '기본 기호'와 '기본형 접는 방법'을 익히면 좀 더 완성도 높은 작품을 만들 수 있다. 고난도 작품일수록 정교한 작업이 필요하다. 한 장의 네모 종이로 작품을 접어 나가려면 기준선을 많이 접어야 하는데, 이것은 작품이 완성될 때까지 모든 단계에서 가장 중요하다. 또한 이해가 안 되는 부분이 있다면, 다음 단계의 그림, 그다음 단계의 그림을 참고하면 한층 이해가 쉬워진다. 작품을 모두 접은 후 둥글게 잘 다듬으면 살아 있는 생명체처럼 생동감 있는 자신만의 작품을 만나게 된다.

　이 책에 실린 작품들은 등분을 쉽게 나눌 수 있도록 잘 설계되어 있고 많은 작품이 수록되어 있다. 그래서 종이접기 독자들이 쉽고 다양하게 접근할 수 있으며, 학생을 가르치는 지도 강사들에게도 지도서로 사용하기를 적극 추천한다.

　한 작품이 탄생하기까지 얼마나 많은 땀과 시간이 필요한지 잘 알기에 훌륭한 작품을 만나게 해준 저자에게 감사의 마음을 전한다.

삼엽충 *Trilobita*

서식 시대 = 캄브리아기 Cambrian period ~ 페름기 Permian Period
몸길이 = 수mm ~ 70cm

책에 수록된 작품들

P.32

투구게 *Xiphosura*

서식 시대 = 오르도비스기 Ordovician Period ~ 현재
몸길이 = 2cm ~ 90cm

P.34

이크티오스테가
Ichthyostega

서식 시대 = 데본기 Devonian Period 후기
몸길이 = 1.5m

P.36

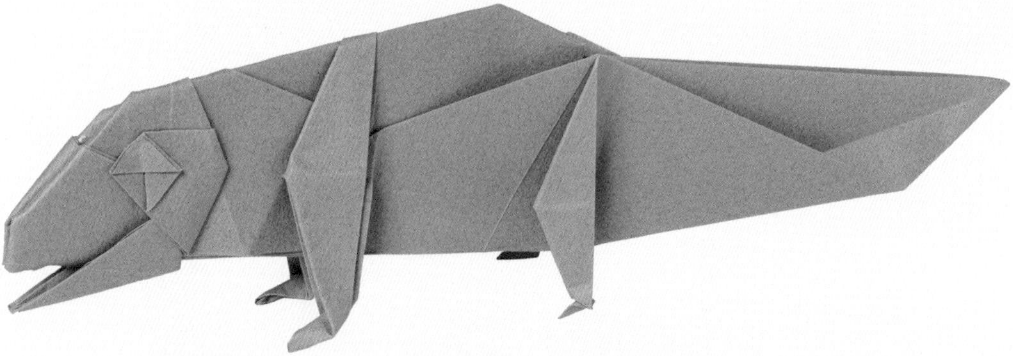

오파비니아
Opabinia

서식 시대 = 캄브리아기
몸길이 = 10cm

P.38

미켈리노케라스
Michelinoceras

서식 시대 = 오르도비스기 ~ 트라이아스Triassic Period기
몸길이 = 10cm

P.41

아르케론
Archelon

서식 시대 = 백악기Cretaceous Period
몸길이 = 4m

P.44

디메트로돈
Dimetrodon

서식 시대 = 페름기
몸길이 = 1.7m ~ 3.5m

P.47

디플로도쿠스
Diplodocus

서식 시대 = 쥐라기 Jurassic Period 후기
몸길이 = 20m ~ 35m

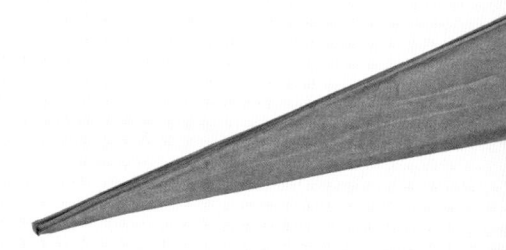

브라키오사우루스
Brachiosaurus

서식 시대 = 쥐라기 후기
몸길이 = 25m

P.53

P.50

프로토케라톱스
Protoceratops

서식 시대 = 백악기 후기
몸길이 = 1.8m ~ 2.5m

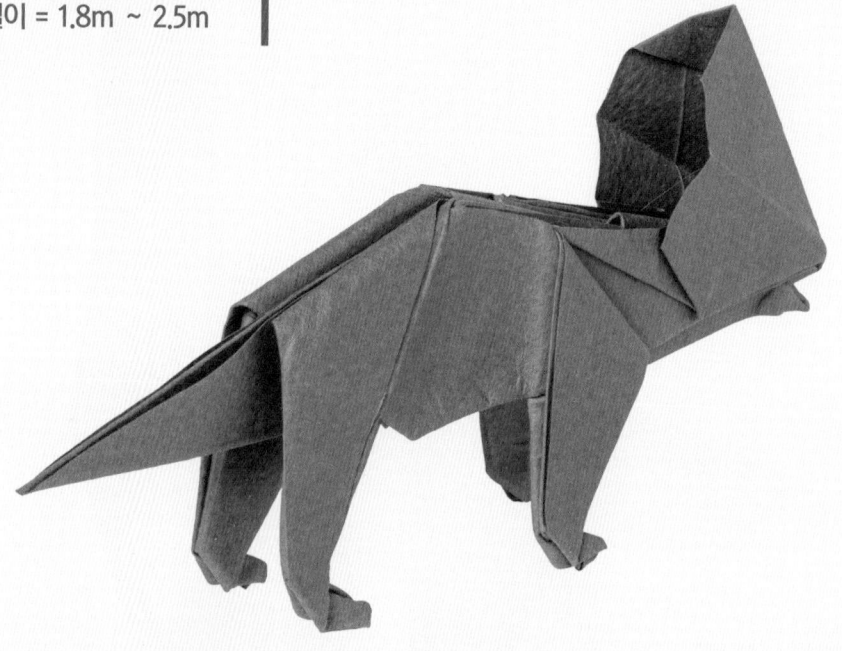

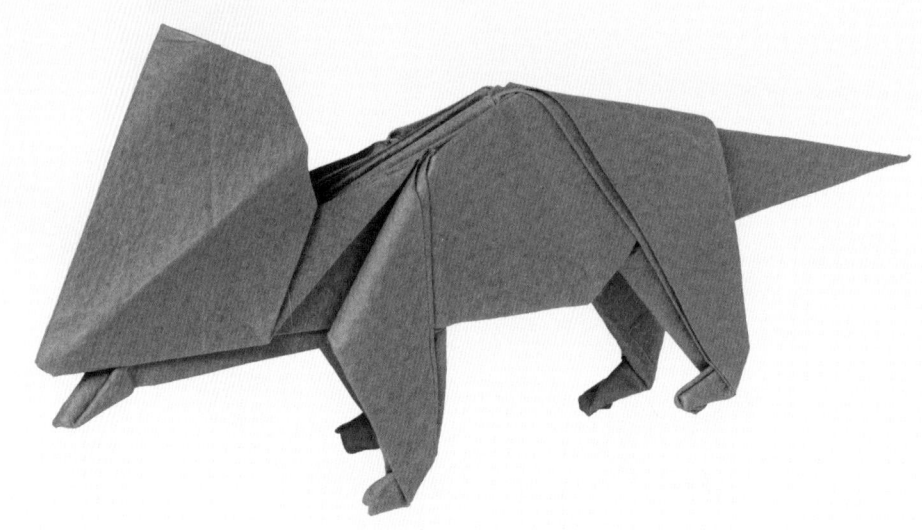

P.56

P.59

쿠에네오사우루스
Kuehneosaurus

서식 시대 = 트라이아스기 후기
몸길이 = 70cm

P.63

시조새
Archaeopteryx

서식 시대 = 쥐라기 후기
몸길이 = 약 0.5m

P.71

딜로포사우루스
Dilophosaurus

서식 시대 = 쥐라기 전기
몸길이 = 약 6m

P.67

드로마에오사우루스
Doromaeosaurus

서식 시대 = 백악기 후기
몸길이 = 1.8m

P.76

데이노니쿠스
Deinonychus

서식 시대 = 백악기 전기
몸길이 = 약 3.4m

프테라노돈
Pteranodon
서식 시대 = 백악기 후기
몸길이 = 7m ~ 8m

P.81

모사사우루스
Mosasaurus
서식 시대 = 백악기 후기
몸길이 = 최대 17m

오르니토미무스
Ornithomimus

서식 시대 = 백악기 후기
몸길이 = 3.5m

P.91

P.86

파라사우롤로푸스
Parasaurolophus

서식 시대 = 백악기 후기
몸길이 = 7.5m

P.96

P.101

케라토사우루스
Ceratosaurus

서식 시대 = 쥐라기 중기 ~ 후기
몸길이 = 4.5m ~ 6m

안킬로사우루스
Ankylosaurus

서식 시대 = 백악기 후기
몸길이 = 약 9m

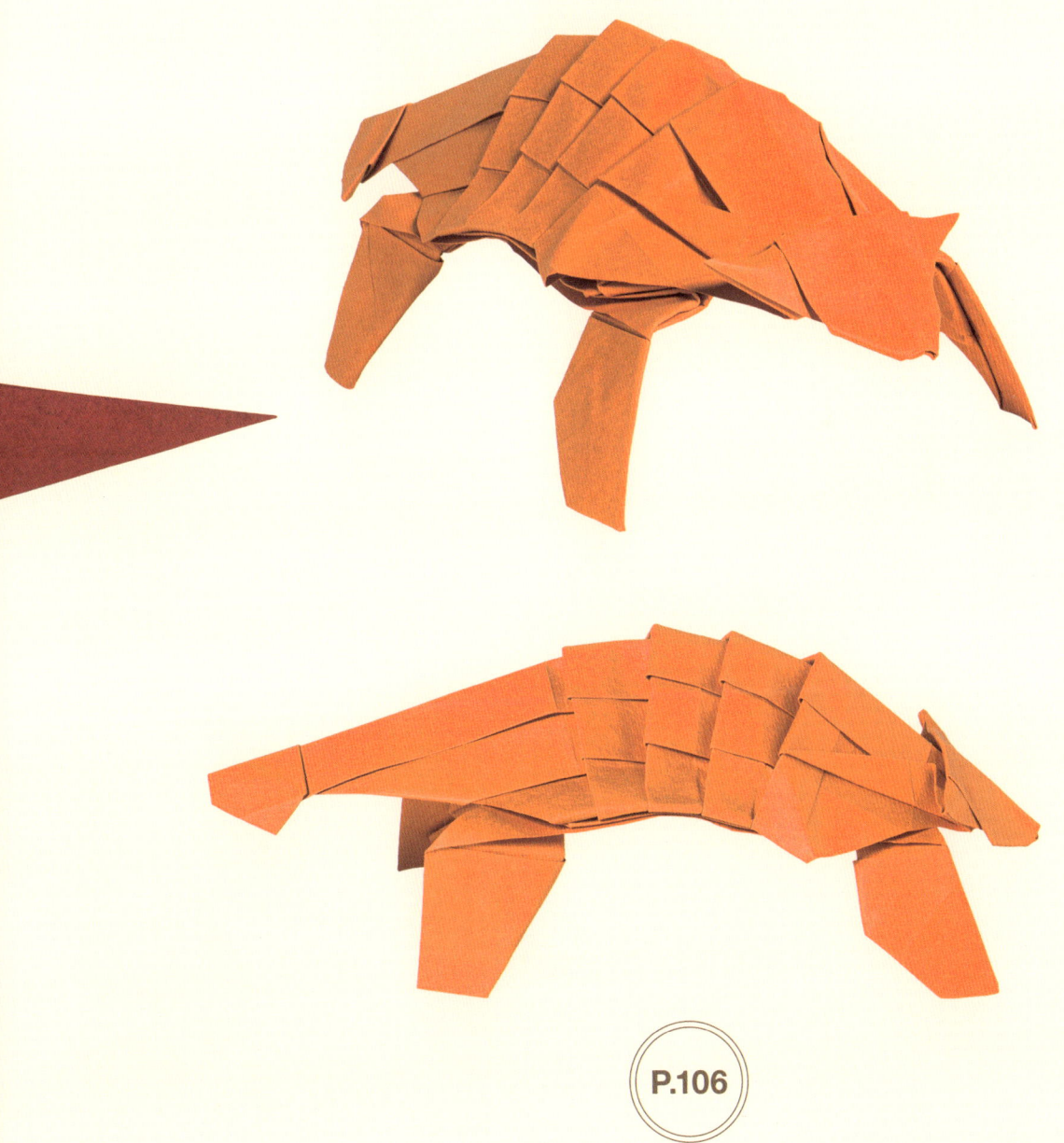

P.106

파키케팔로사우루스
Pachycephalosaurus

서식 시대 = 백악기 후기
몸길이 = 약 5m

P.112

스테고사우루스
Stegosaurus

서식 시대 = 쥐라기 후기
몸길이 = 7m ~ 9m

P.118

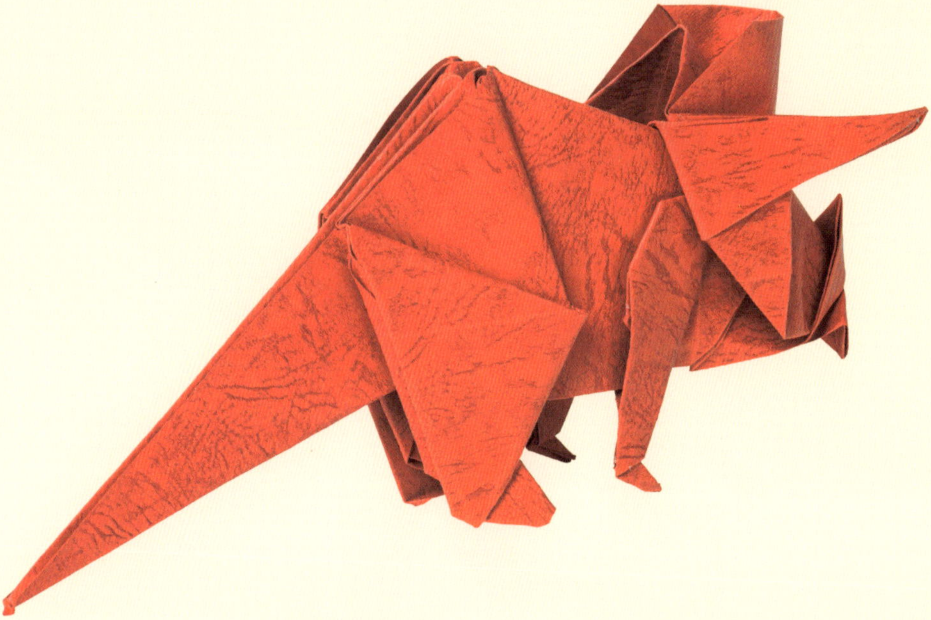

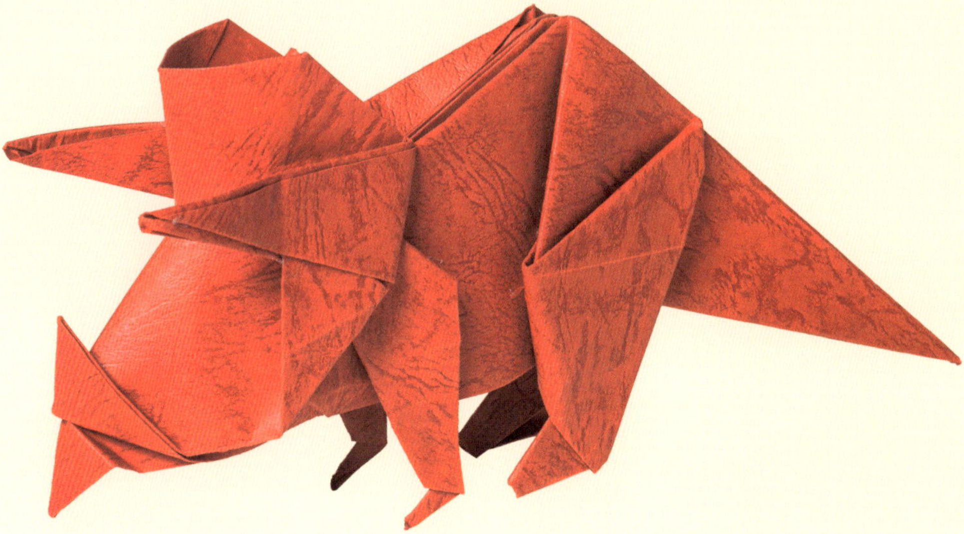

트리케라톱스
Triceratops

서식 시대 = 백악기 후기
몸길이 = 약 9m

P.125

P.132

트리케라톱스(머리뼈)
The Triceratops skull

P.137

아노말로카리스
Anomalocaris

서식 시대 = 캄브리아기
몸길이 = 20cm ~ 1m

실러캔스
Coelacanthiformes
서식 시대 = 데본기 ~ 현재
몸길이 = 2.5cm ~ 3.8m

P.172

암모나이트
Ammonoidea
서식 시대 = 데본기 ~ 백악기
몸길이 = 1cm ~ 2.5m

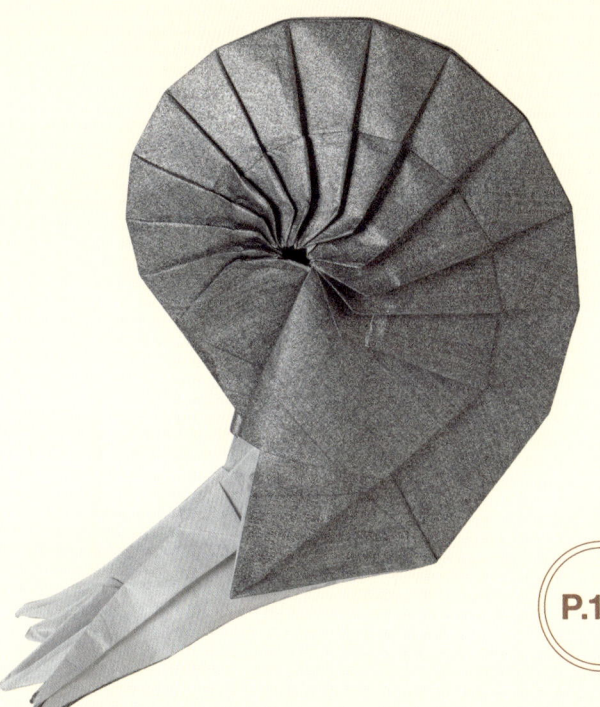

P.144

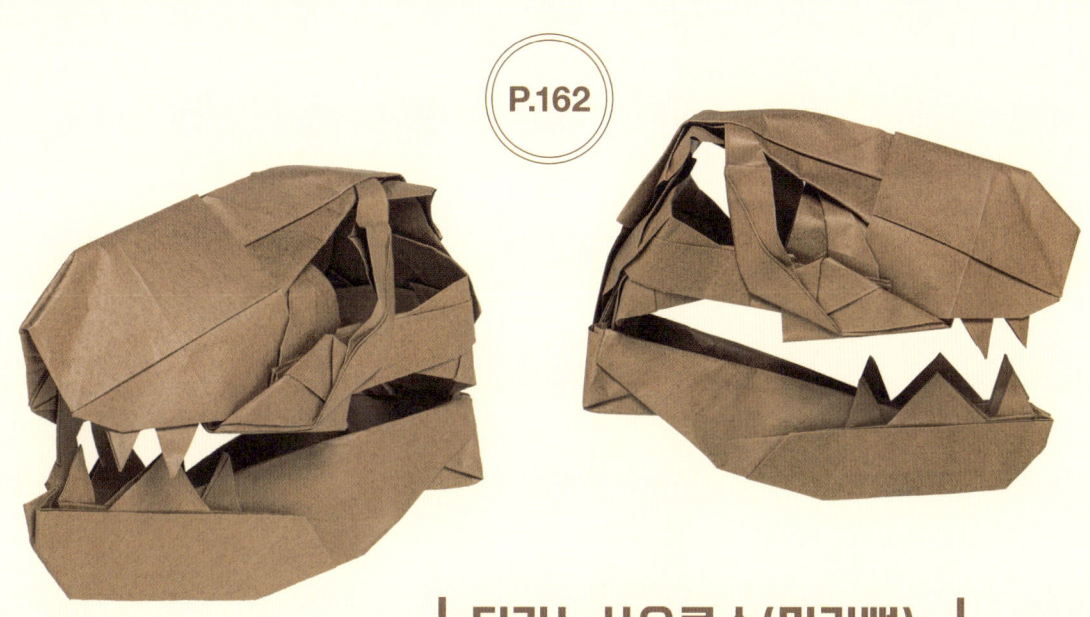

P.162

티라노사우루스(머리뼈)
The Tyrannosaurus skull

P.152

티라노사우루스
Tyrannosaurus

서식 시대 = 백악기 후기
몸길이 = 약 13m

브라키오사우루스 뼈대
The Brachiosaurus skeleton

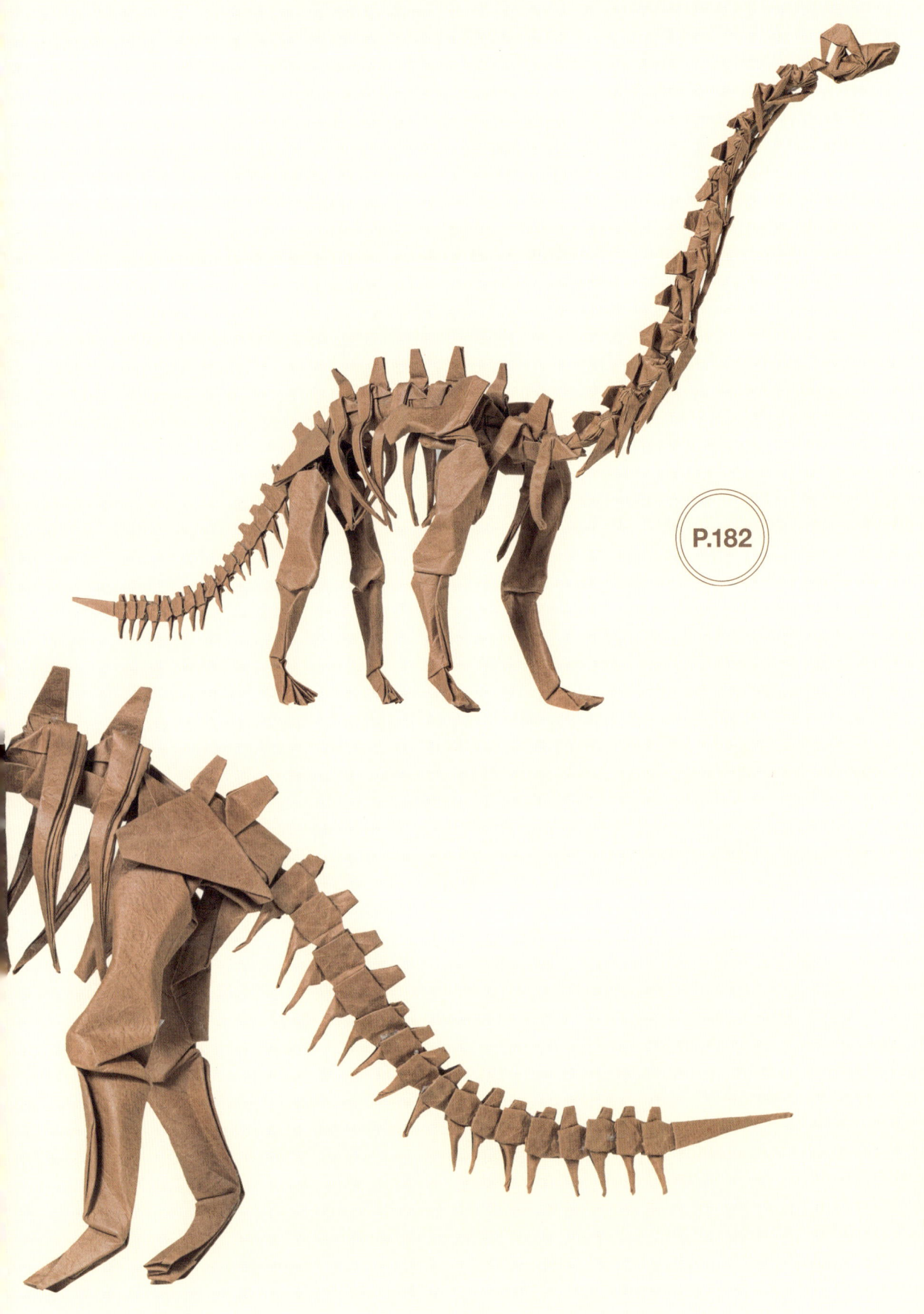

P.182

차례

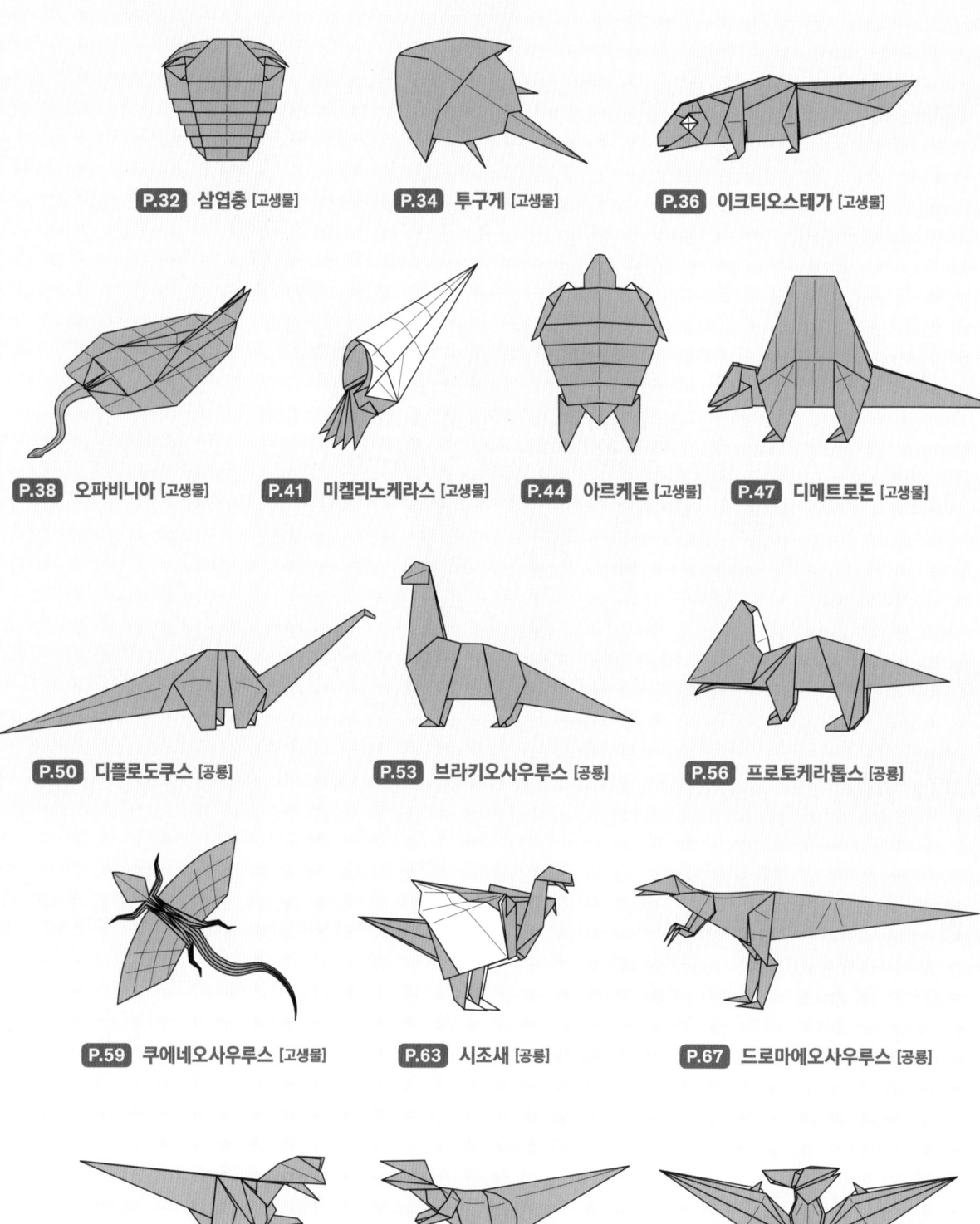

P.32 삼엽충 [고생물]   **P.34** 투구게 [고생물]   **P.36** 이크티오스테가 [고생물]

P.38 오파비니아 [고생물]   **P.41** 미켈리노케라스 [고생물]   **P.44** 아르케론 [고생물]   **P.47** 디메트로돈 [고생물]

P.50 디플로도쿠스 [공룡]   **P.53** 브라키오사우루스 [공룡]   **P.56** 프로토케라톱스 [공룡]

P.59 쿠에네오사우루스 [고생물]   **P.63** 시조새 [공룡]   **P.67** 드로마에오사우루스 [공룡]

P.71 딜로포사우루스 [공룡]   **P.76** 데이노니쿠스 [공룡]   **P.81** 프테라노돈 [고생물]

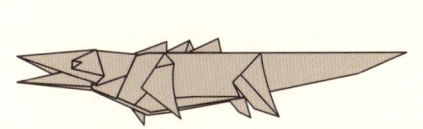
P.86 모사사우루스 [고생물]

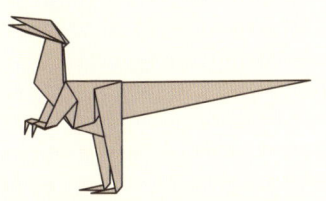
P.91 오르니토미무스 [공룡]

P.96 파라사우롤로푸스 [공룡]

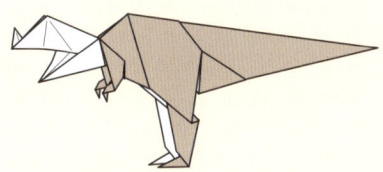
P.101 케라토사우루스 [공룡]

P.106 안킬로사우루스 [공룡]

P.112 파키케팔로사우루스 [공룡]

P.118 스테고사우루스 [공룡]

P.125 트리케라톱스 [공룡]

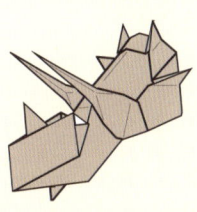
P.132 트리케라톱스 (머리뼈)

P.137 아노말로카리스 [고생물]

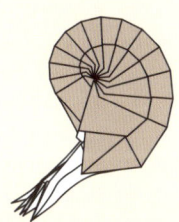
P.144 암모나이트 [고생물]

P.152 티라노사우루스 [공룡]

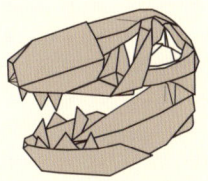
P.162 티라노사우루스 (머리뼈)

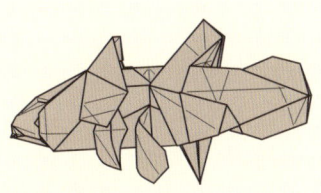
P.172 실러캔스 [고생물]

P.182 브라키오사우루스 (뼈대)

기본 기호

-----------	골짜기접기선
-·-·-·-·-	산접기선
············	숨은 선
⌒→	화살표 방향으로 접는다.
⌒▷	뒤로 접는다.
⌒▷	접은 부분을 편다.
⌒⌒▷	접었다 편다.
○⌒○	○을 맞추어 접는다.
●	기준점
┼→	안쪽으로 접어 넣는다.
⇒	잡아당긴다.
⇧	부풀린다.
⇨	펼치는 곳을 가리킨다.
➡	누른다.
⌒	곡선으로 다듬는다.
⇒	그림을 확대한다.
▷	그림을 축소한다.
↻	뒤집는다. (위아래는 동일)
↻	방향을 바꾼다.
<	같은 각도
├─┤	같은 길이
⌐	직각
☞	같은 방법으로 접는다.

> **크기에 대해**
>
> 각 작품의 이름 오른쪽에 있는 전개 그림은 추천용지의 크기를 가리킨다. 15㎝인 경우 15×15㎝ 이상의 용지여야 쉽게 접을 수 있다. 완성도 밑의 '%'는 완성 형태가 용지 크기의 몇% 정도인지를 나타낸다.

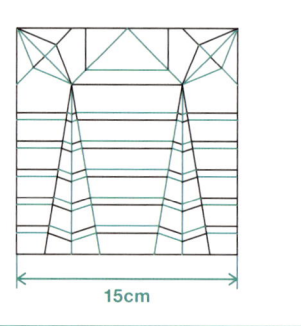

15cm

기본형 접는 방법

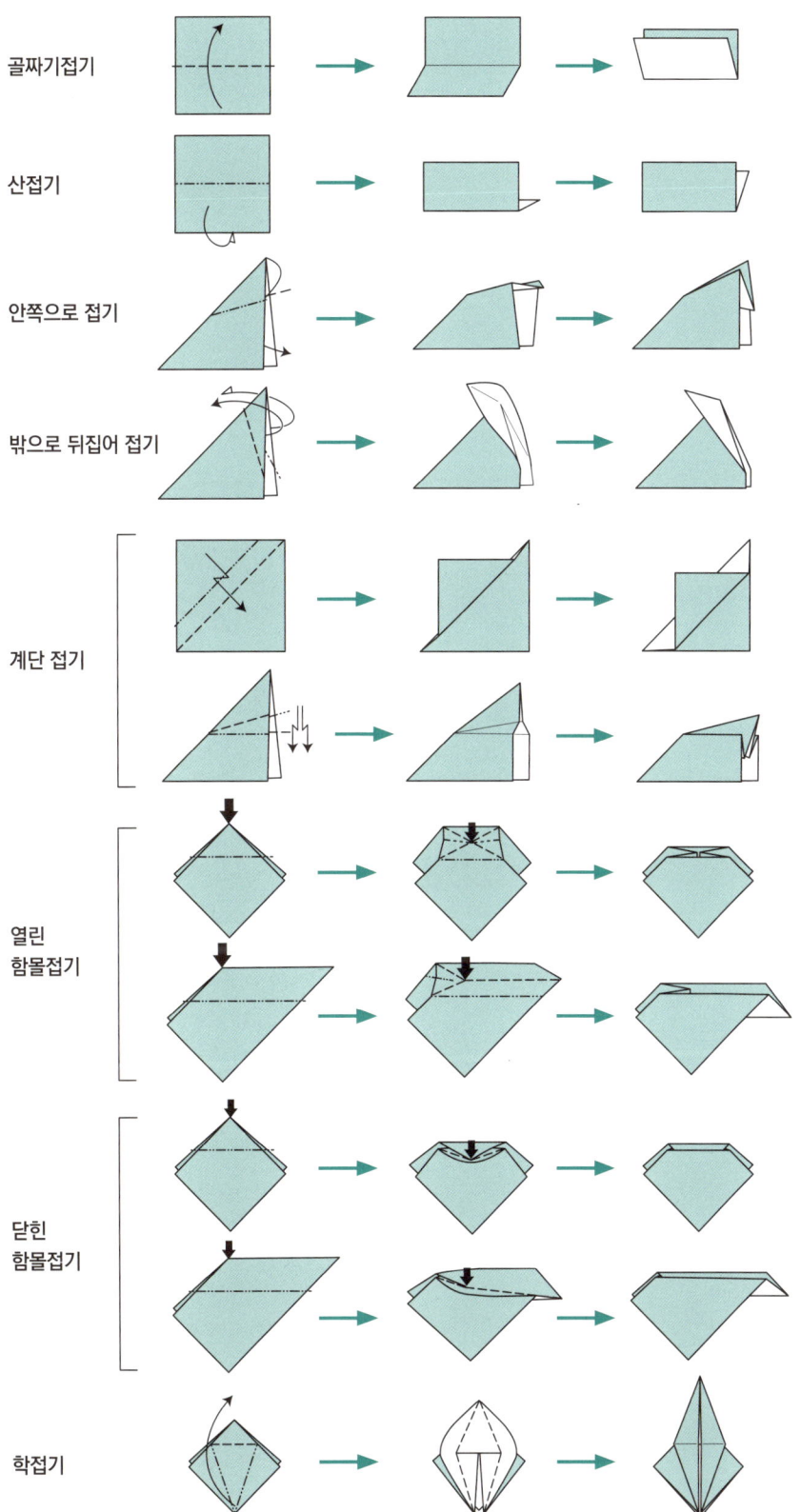

삼엽충
Trilobita

절지동물의 하나다. 바닷속 밑바닥을 걸어다니거나 헤엄치기도 했다. 아노말로카리스가 갉아먹은 것으로 추정되는 화석도 발견되고 있다.

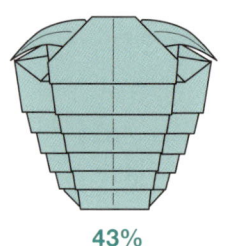

43%

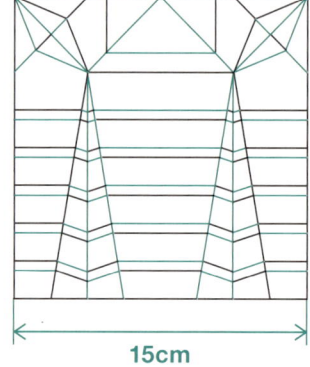

15cm

1

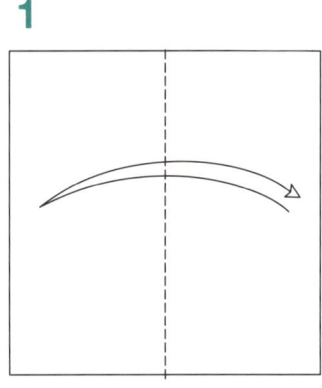

접었다 펴서 중심선을 만든다.

2

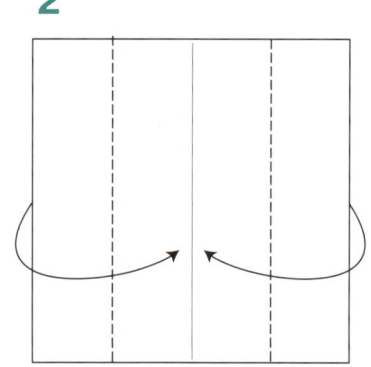

중심선에 맞추어 각각 반을 접는다.

3

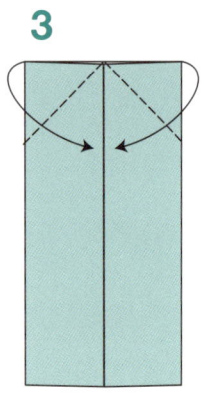

윗부분을 삼각으로 접는다.

4

뒤로 접는다.

5

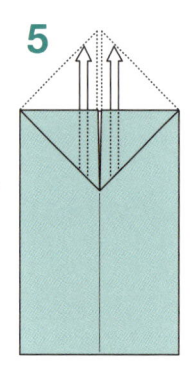

안쪽 한 장을 빼낸다.

6

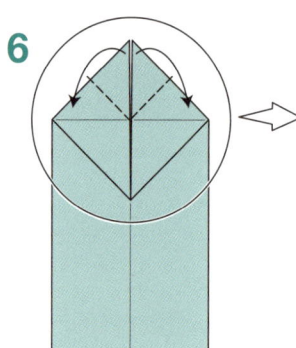

삼각으로 접는다.

7

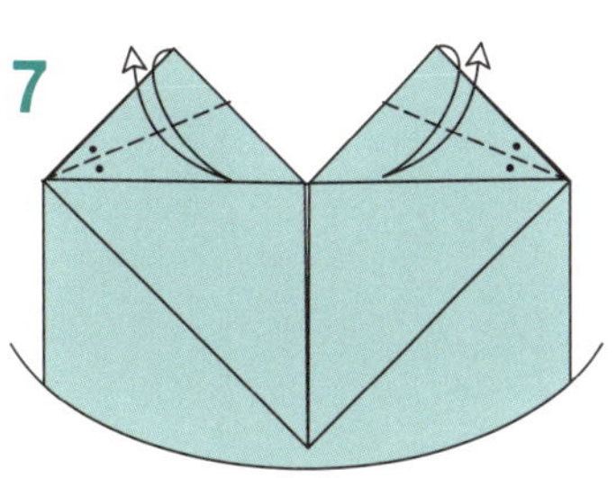

겹친 채로 접었다 펴서 기준선을 만든다.

8

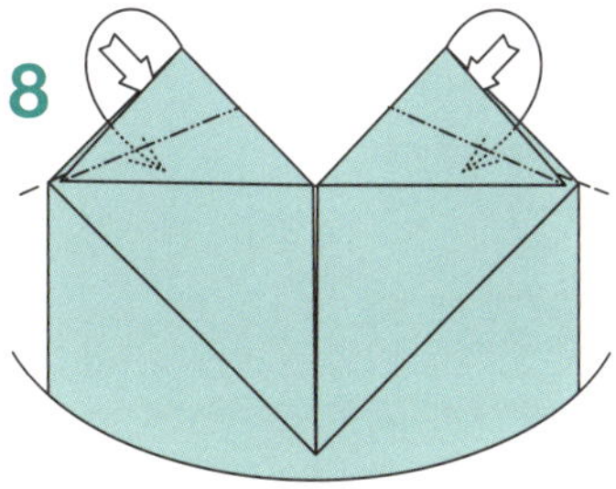

안쪽으로 접기

9

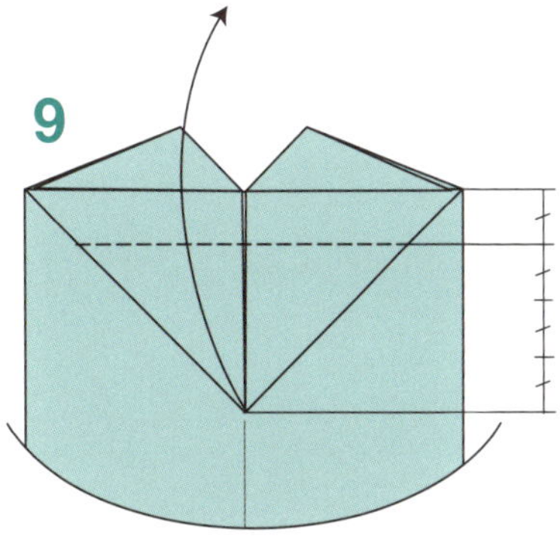

1/4 위치에서 접어 올린다.

10

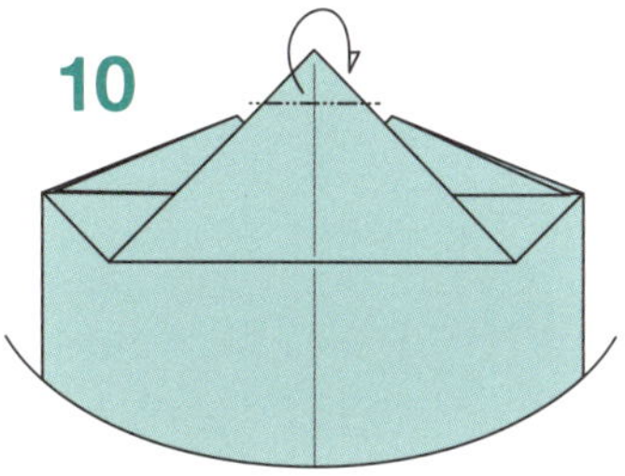

모서리를 뒤로 접는다.

11

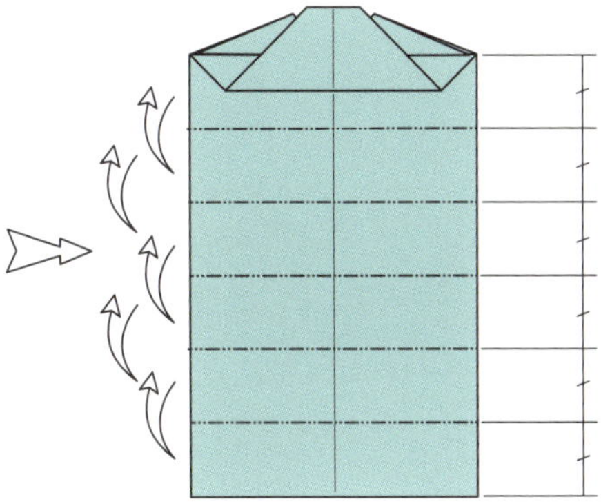

6등분하여 산접기를 한다.

12

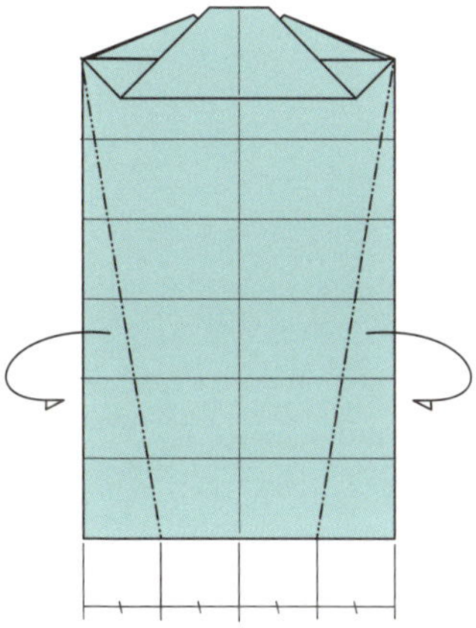

겹친 채로 뒤로 접는다.

13

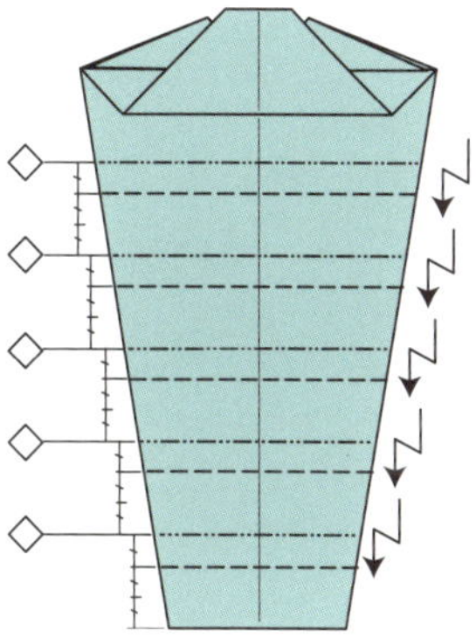

11에서 접은 선(◇부분)을 이용해 계단 접기를 한다.

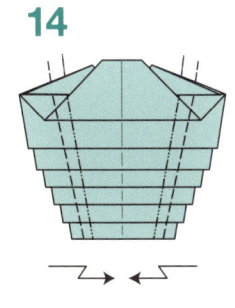

14

양쪽을 계단 접기

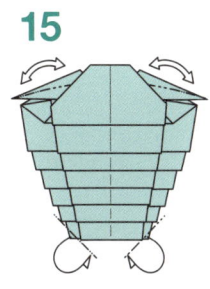

15

윗부분은 곡선으로 다듬고 아래쪽 모서리는 뒤로 접어 모양을 다듬는다.

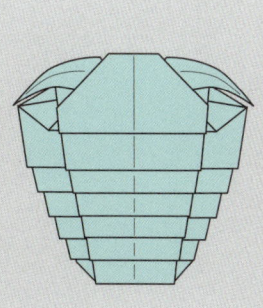

삼엽충 완성

투구게
Xiphosura

오랜 옛날부터 지금까지 변함없는 모습 때문에 '살아 있는 화석'으로 불린다. 마지막 접기 단계에서 몸통을 둥글게 만들어 주는데, 접는 위치를 조절하면 다양한 형태의 투구게를 만들 수 있다.

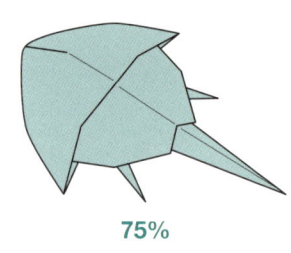
75%

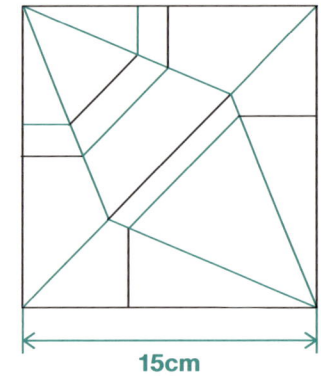
15cm

1 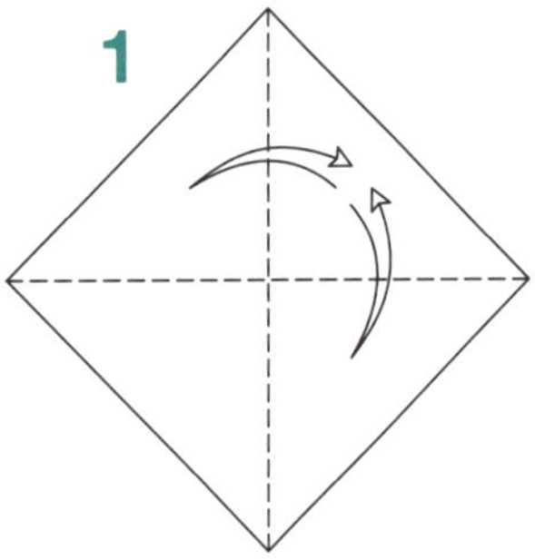 접었다 편다.

2 중심선에 맞추어 접는다.

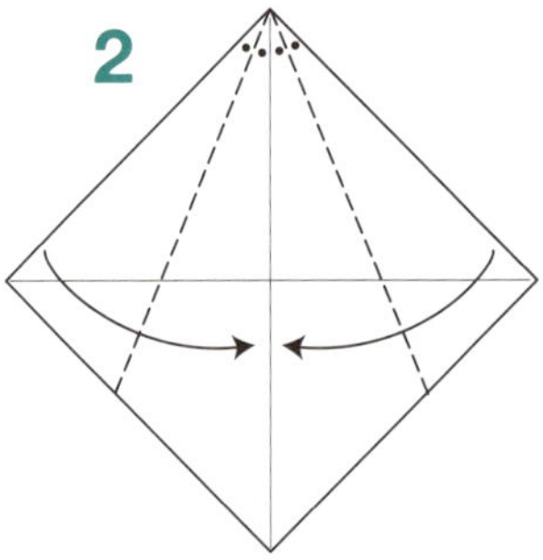

3 펼쳐 눌러 접는다.

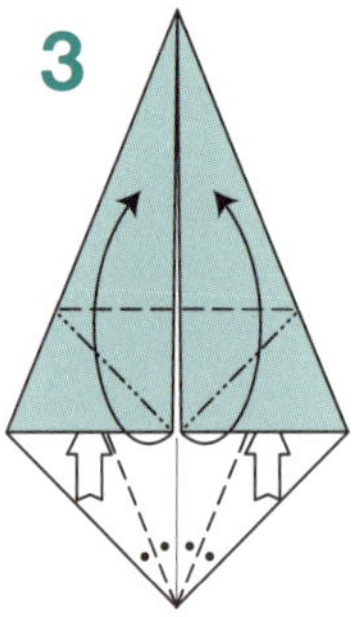

4 모서리를 아래로 접어 내린다.

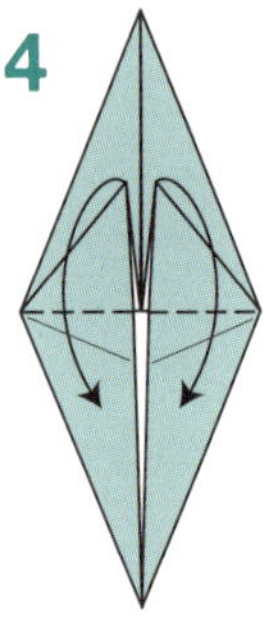

5 ○를 맞추어 접는다.

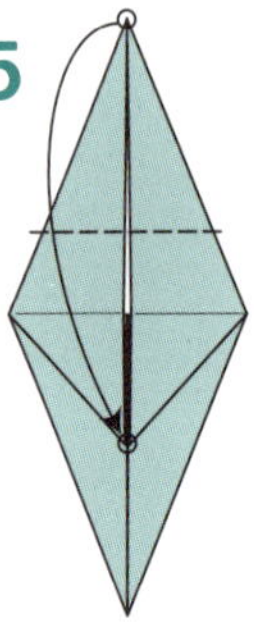

6 1/2 너비로 접는다.

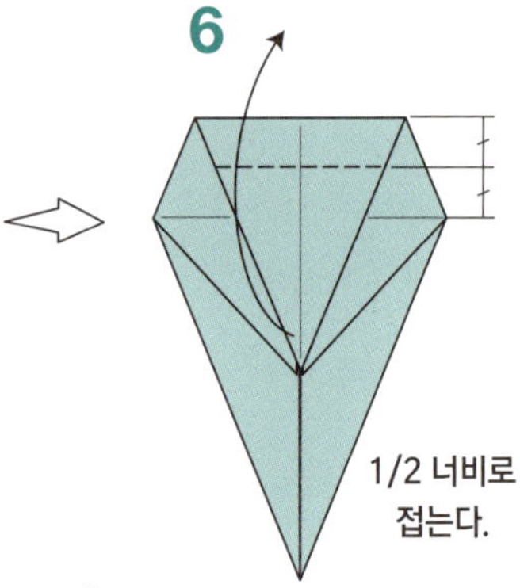

7 1/2 각도로 당겨서 접는다.

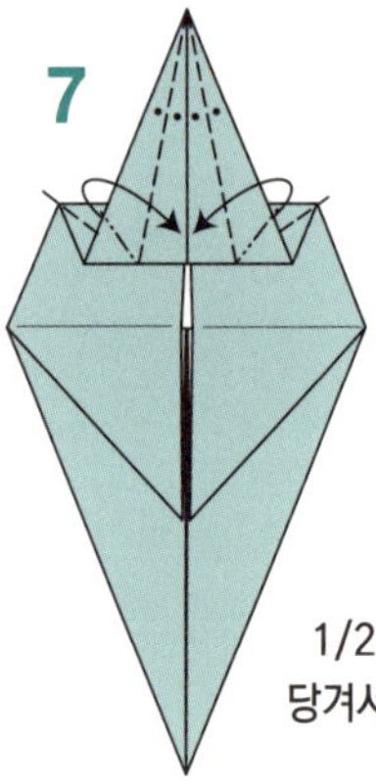

8 7을 접은 모양

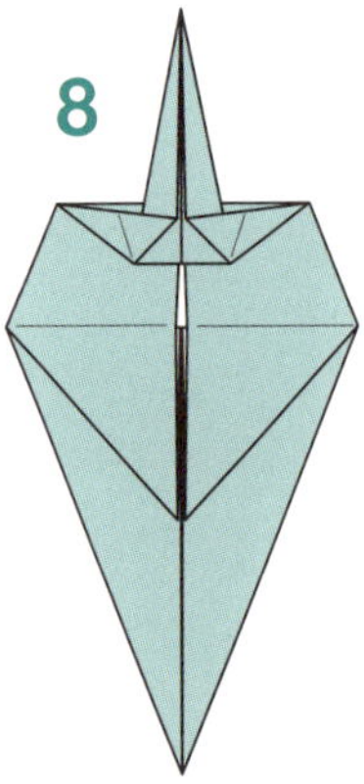

9 접어 올린다.

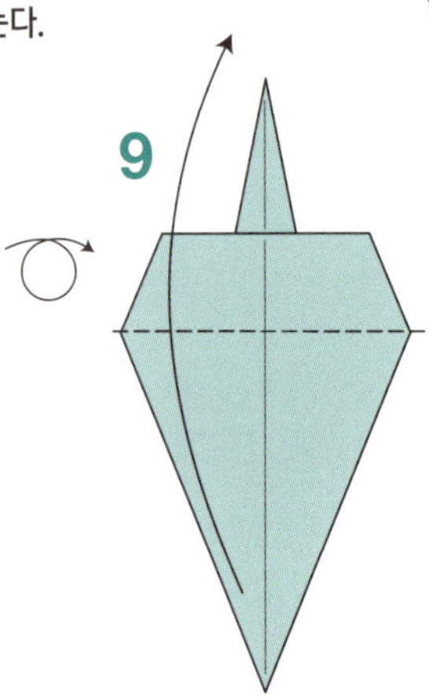

10 위의 한 장을 1/3 너비로 접는다.

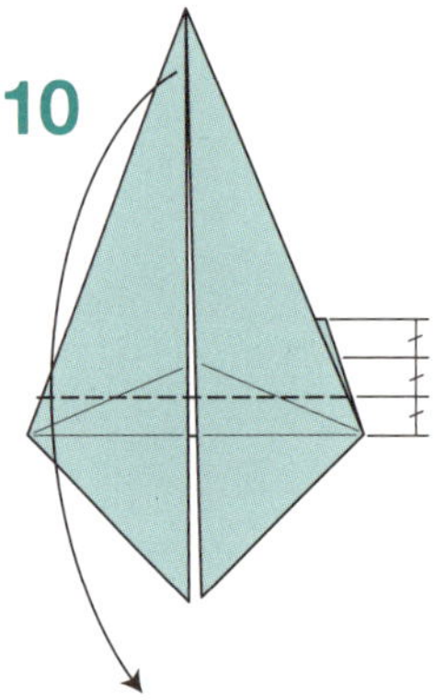

11
10을 접은 모양

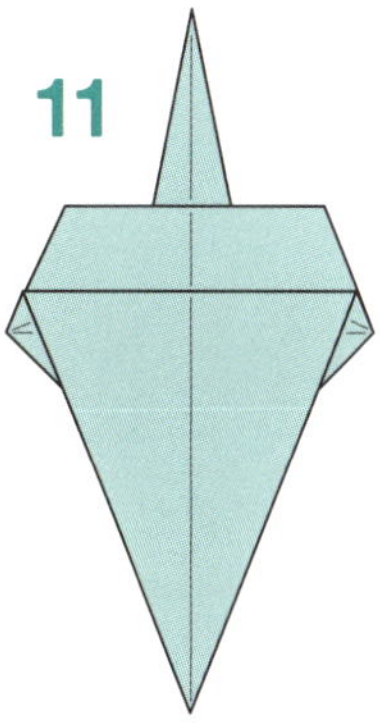

12
●을 기준으로 접는다.

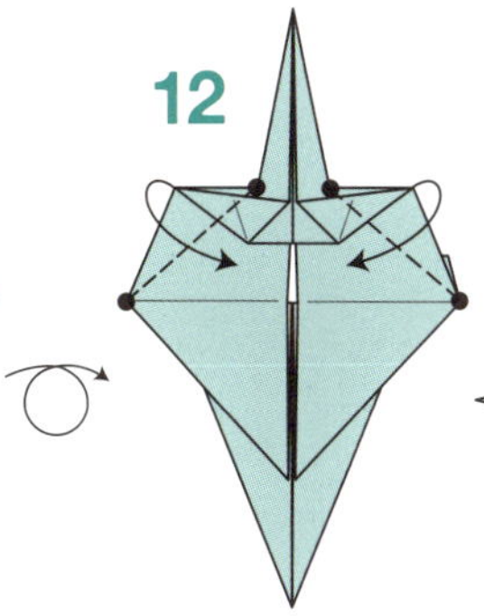

13
●을 기준으로 접는다.

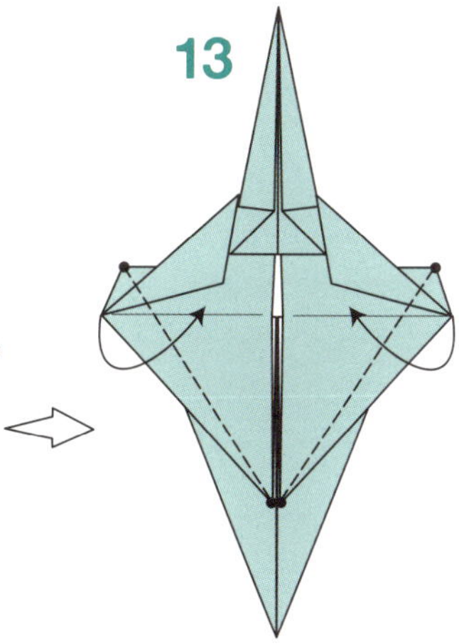

14
안쪽으로 접기한다.

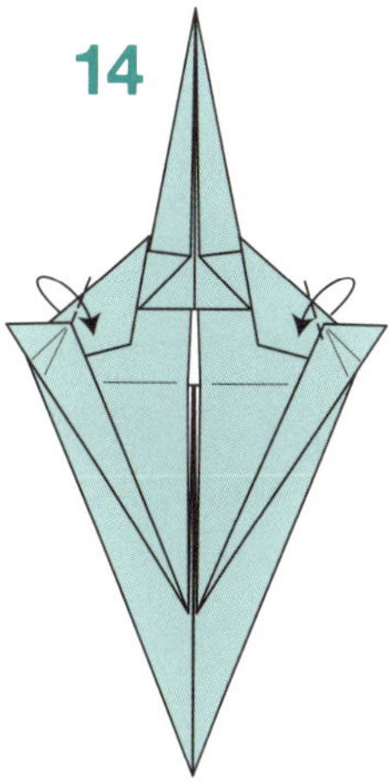

15
●가 만나도록 양쪽을 비스듬히 접는다.

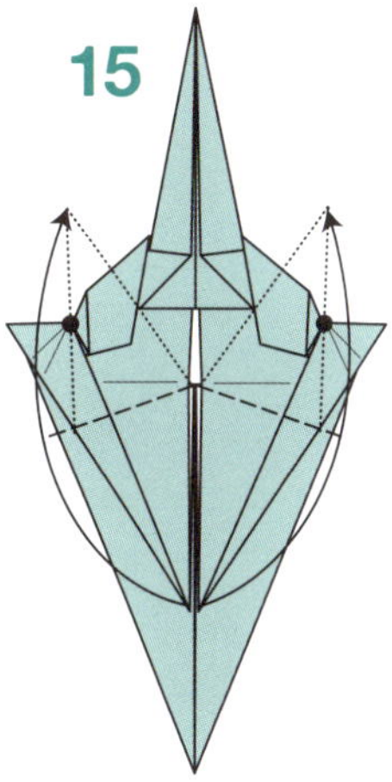

16
당겨서 접는다.

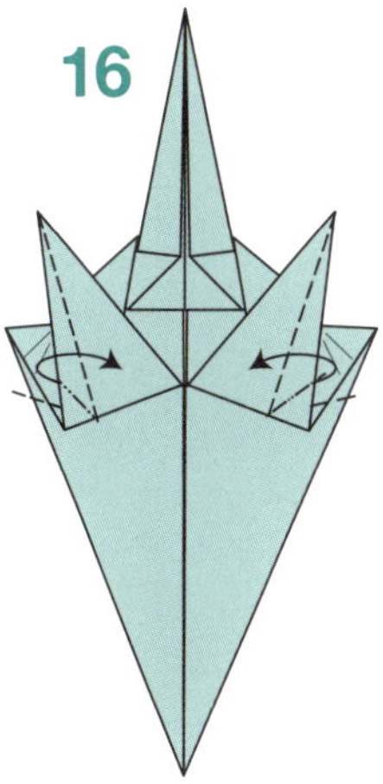

17
16을 접은 모양

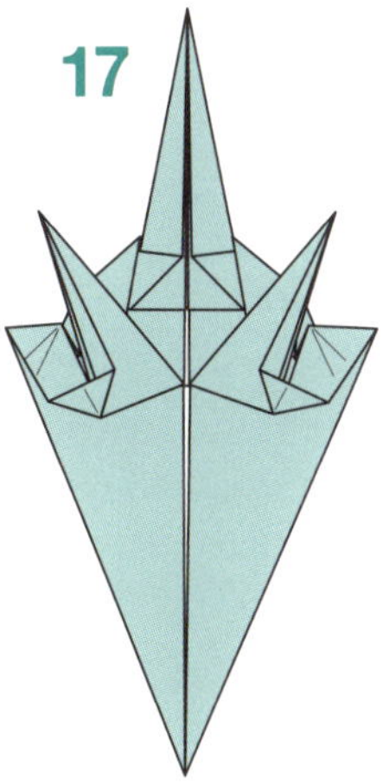

18
◎부분이 볼록해지도록 계단 접기를 하여 입체적으로 만든다.

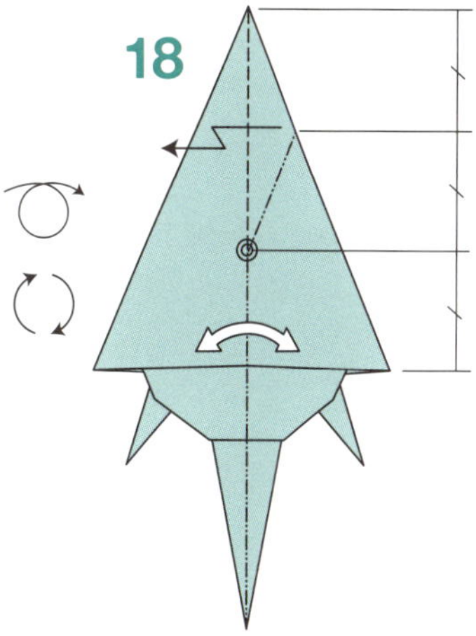

19
뒤로 접는다.

20
틈에 끼워 넣는다.

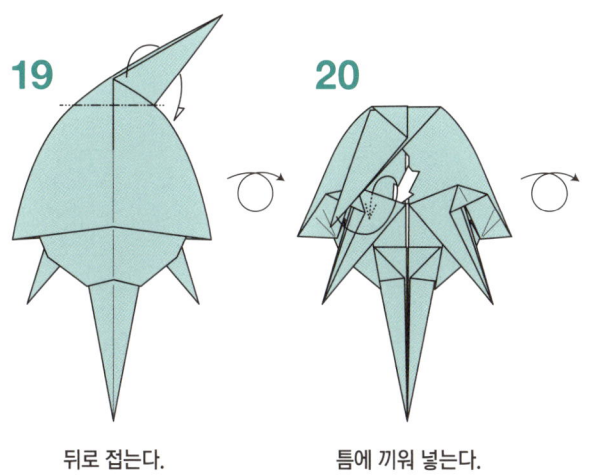

투구게 완성

투구게

이크티오스테가
Ichthyostega

초기 네 개의 발을 가진 동물 중 하나다. 땅 위에서 생활할 수 있게 된 '최초의 네 발을 가진 동물'로 추정되고 있다.

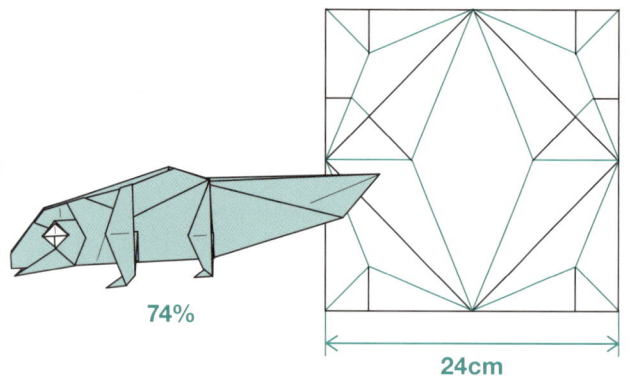

74%

24cm

1 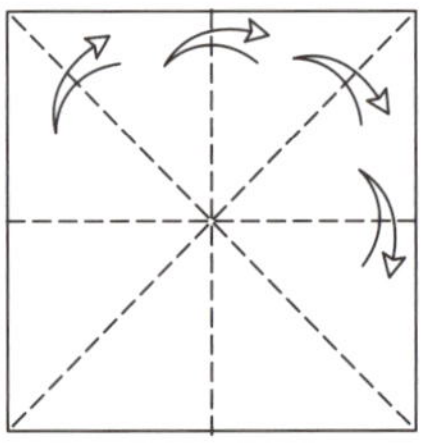 접었다 펴서 기준선을 만든다.

2 방석접기 한다.

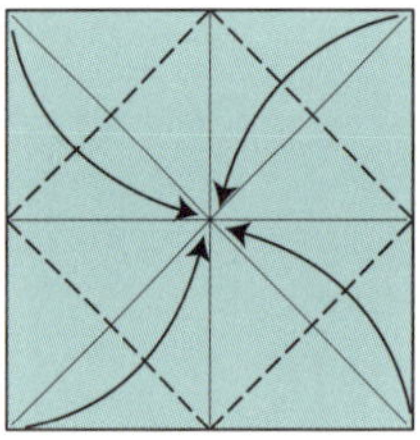

3 1/2 각도로 접는다.

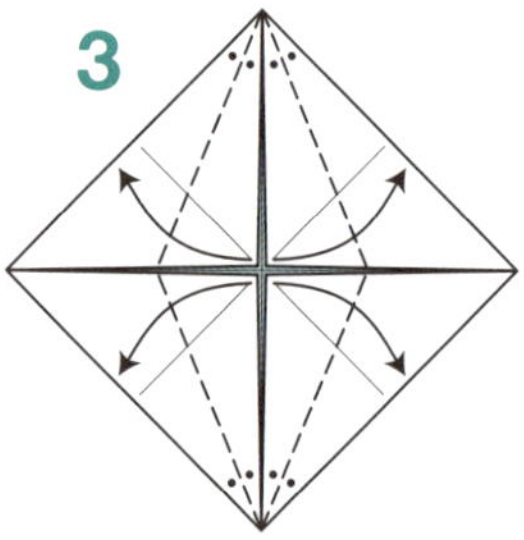

4 펼쳐 눌러 접는다.

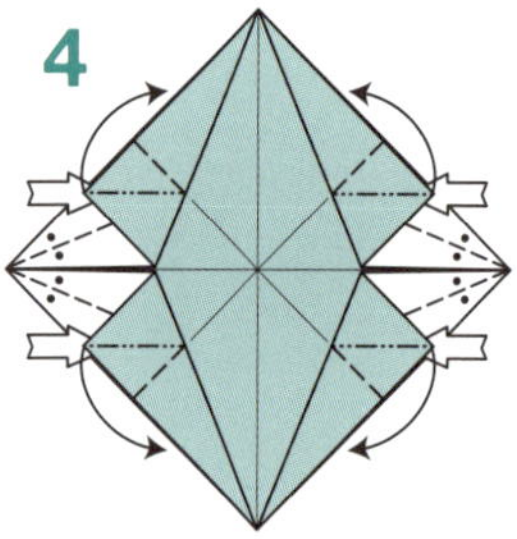

5 4를 접은 모양

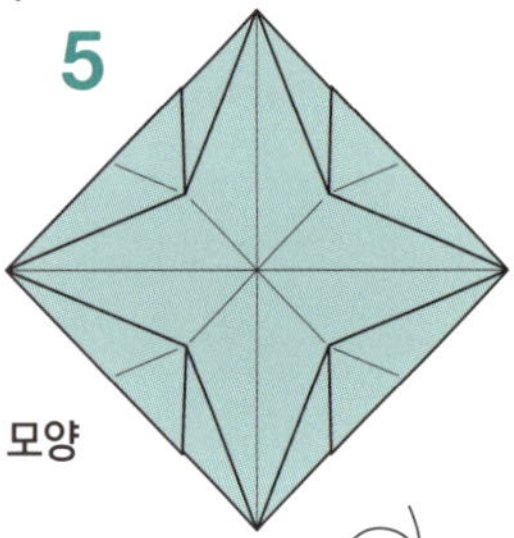

6 중심에 맞추어 접는다.

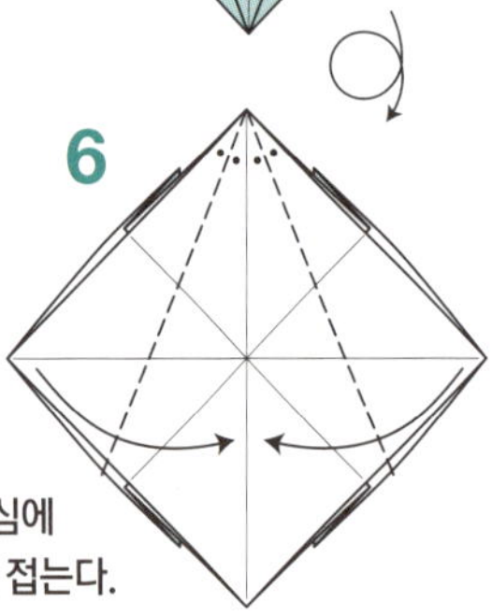

7 펼쳐 눌러 접는다.

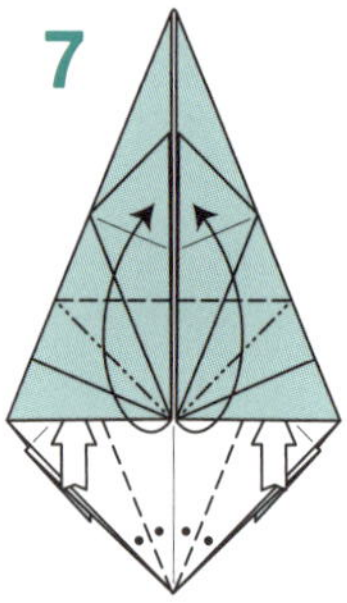

8 모서리를 위로 접는다.

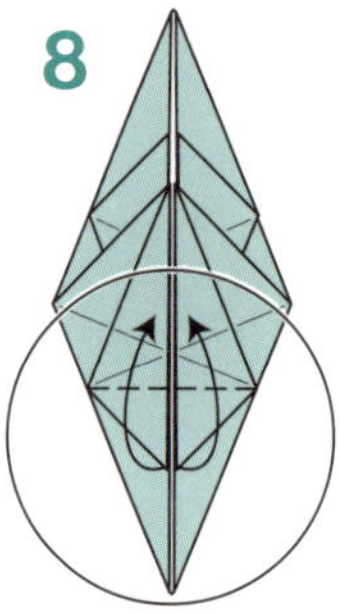

9 ○을 맞추어 접는다.

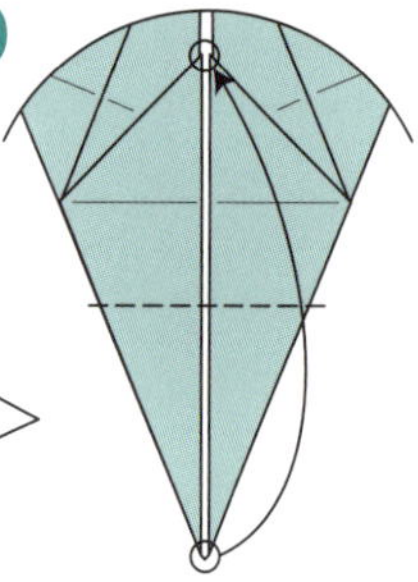

10 ○을 맞추어 한 장만 아래로 접는다.

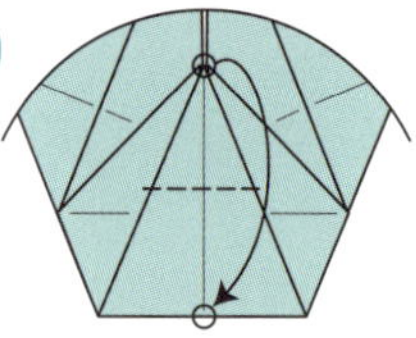

11 ●을 기준으로 ○을 맞추어 접는다.

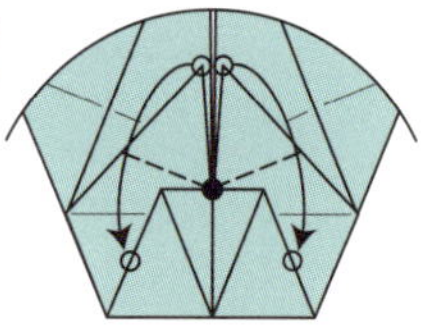

12 삼각으로 접는다.

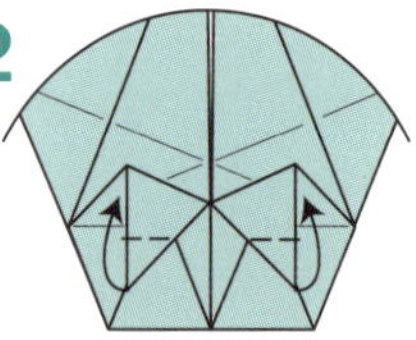

13 펼쳐 눌러 접는다.

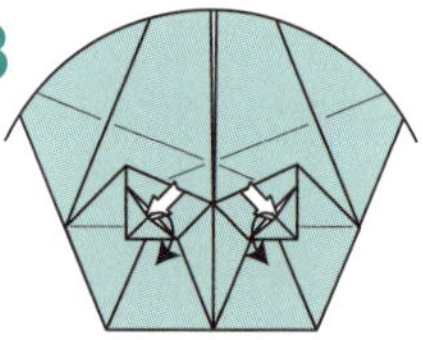

14 표시선처럼 좌우로 접는다.

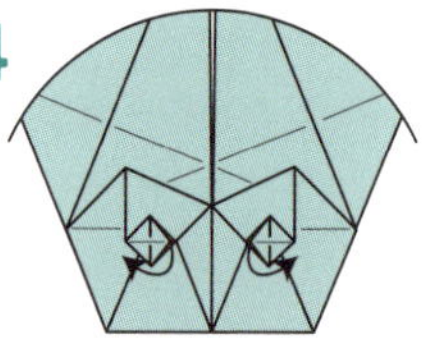

15
사이를 띄우고
뒤로 접는다.

16
뒤로 접는다.

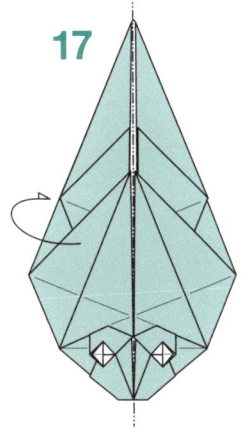

17
반으로 접는다.

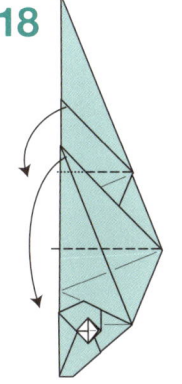

18
모서리를
접어 내린다.
[반대쪽도
같은 방법으로]

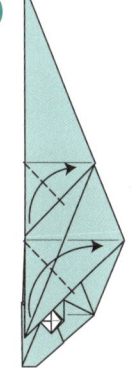

19
모서리를
접어 올린다.
[반대쪽도
같은 방법으로]

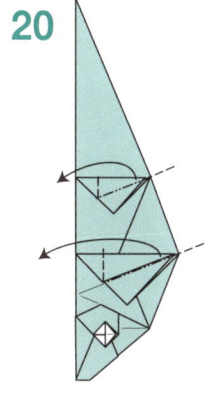

20
표시선처럼 모서리를 접으며
왼쪽으로 넘긴다.
[반대쪽도
같은 방법으로]

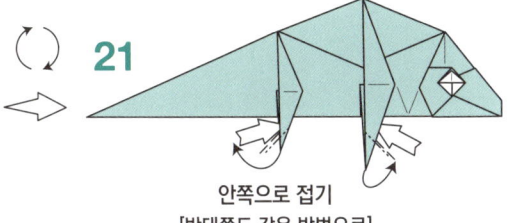

21
안쪽으로 접기
[반대쪽도 같은 방법으로]

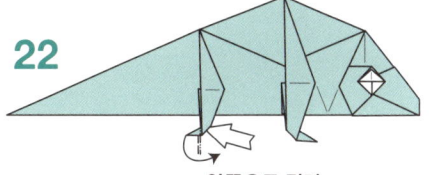

22
안쪽으로 접기
[반대쪽도 같은 방법으로]

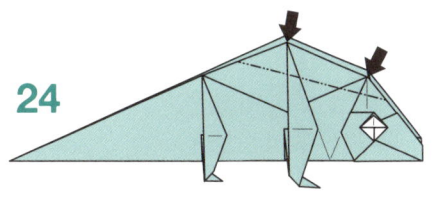

24
기준선에 맞추어 닫힌 함몰접기를 한다.

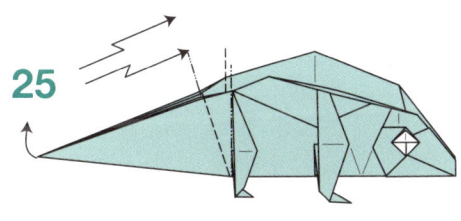

23
앞의 한 장만 접었다 펴서 기준선을 만든다.

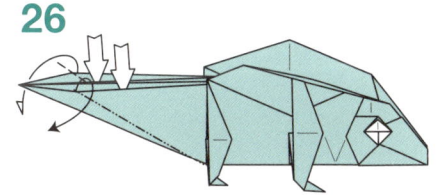

26
위의 한 장을 화살표 방향으로 빼낸다.
[반대쪽도 같은 방법으로]

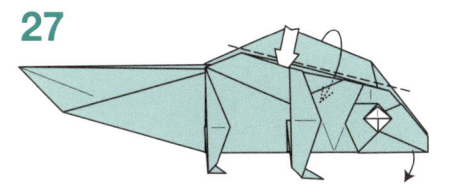

25
계단 접기

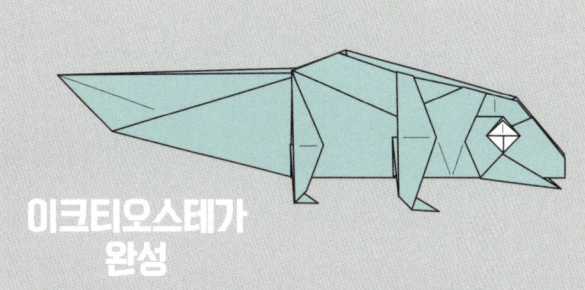

27
사이에 끼워 넣는다.   입을 벌린다.

이크티오스테가 완성

오파비니아
Opabinia

5개의 눈과 긴 노즐을 가진 기묘한 형태의 고생물이다. 로키산맥에 있는 버제스혈암 Burgess shale 지층에서 화석이 발견되었다.

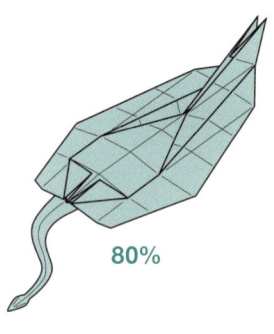
80%

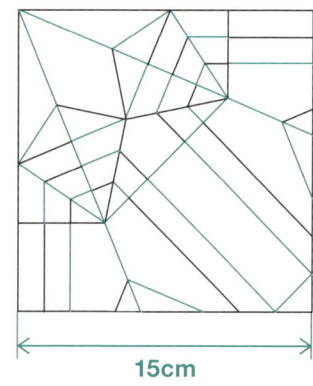
15cm

1
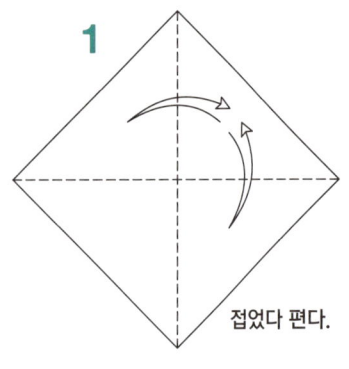
접었다 편다.

2
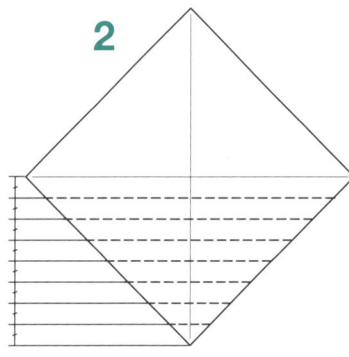
8등분하여 기준선을 만든다.

3
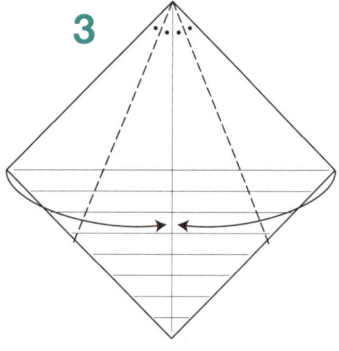
1/2 각도로 중심선에 맞추어 접는다.

4
○을 맞춰 접는다.

5
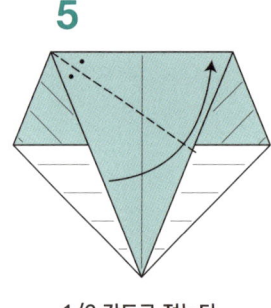
1/2 각도로 접는다.

6
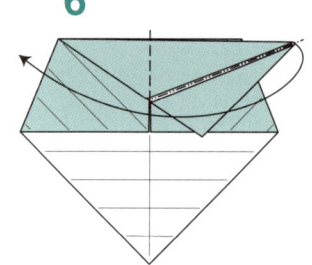
표시선처럼 모서리를 접으며 왼쪽으로 넘긴다.

7
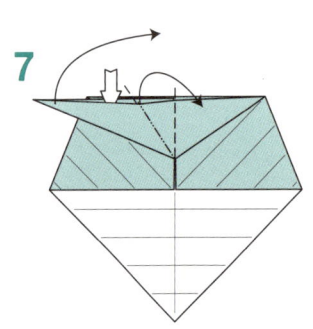
펼쳐 눌러 접는다.

8
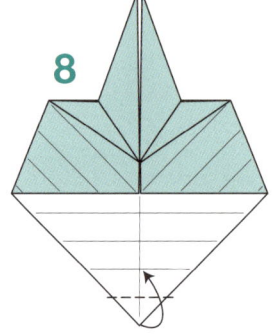
기준선을 따라 접는다.

9
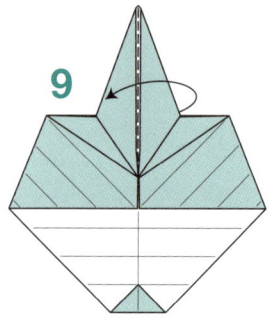
왼쪽으로 넘긴다.

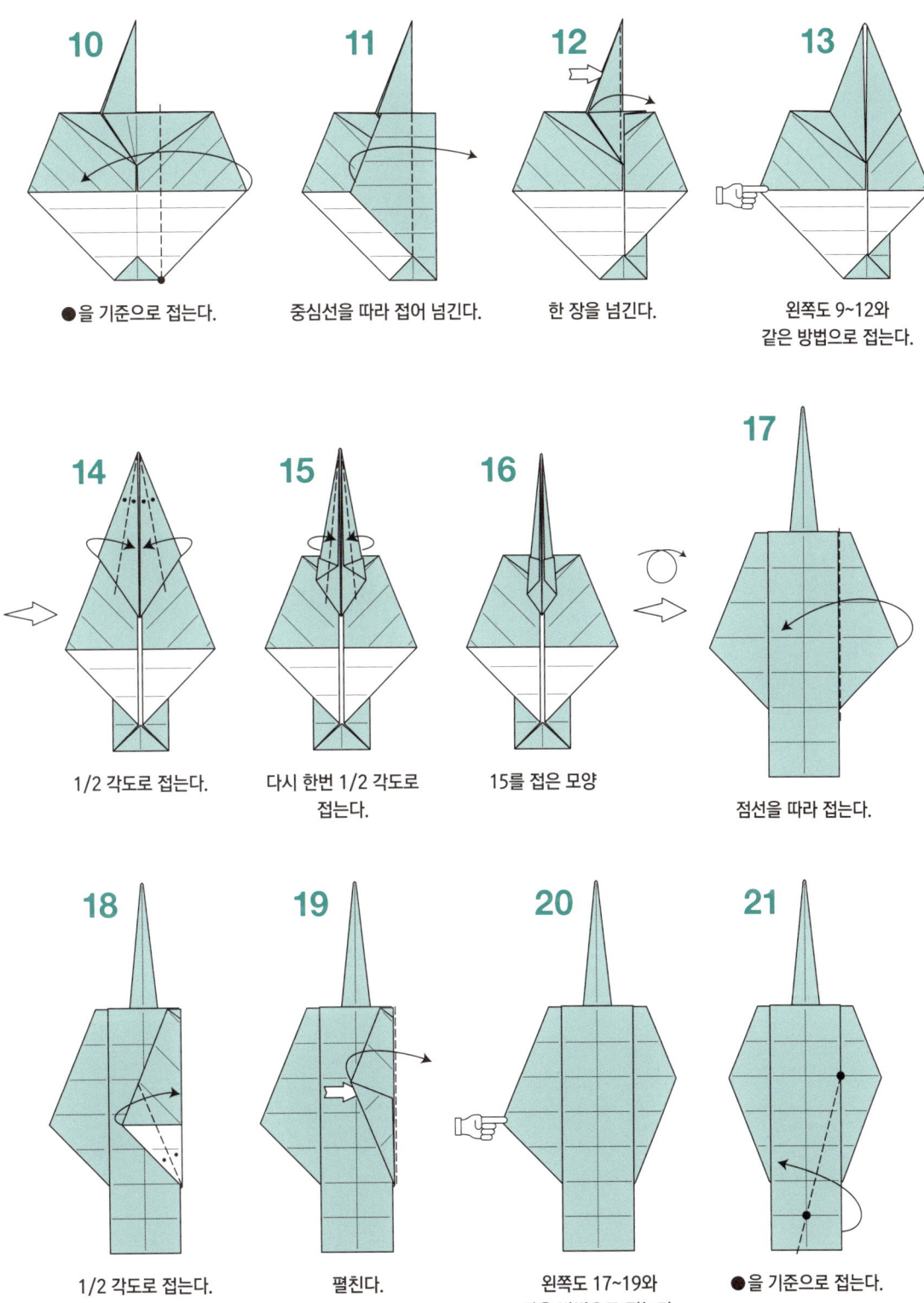

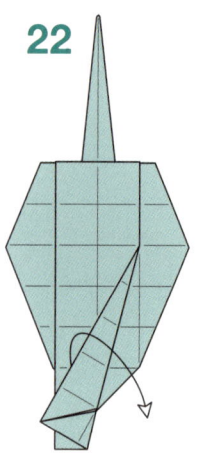

다시 편다.

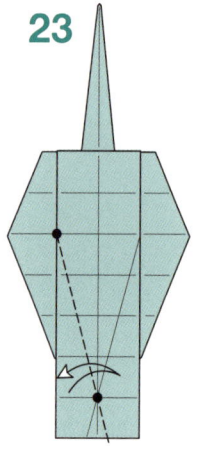

왼쪽도 21~22와 같은 방법으로 접는다.

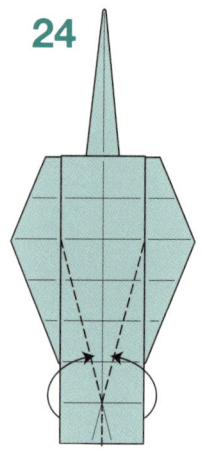

21~23에서 만든 기준선을 따라 좌우에서 모아 접는다.

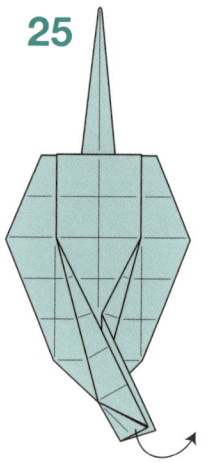

옆으로 눕힌다.

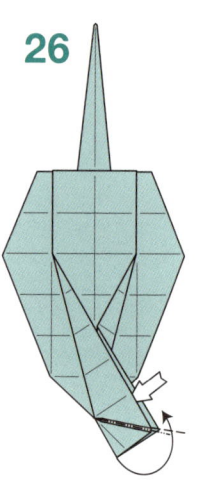

안쪽으로 접기

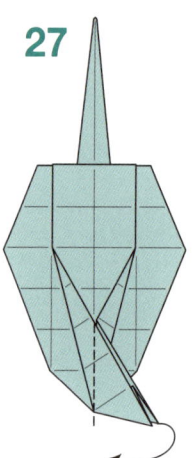

수직으로 세운다.

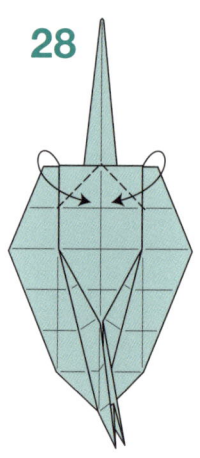

삼각으로 접는다.

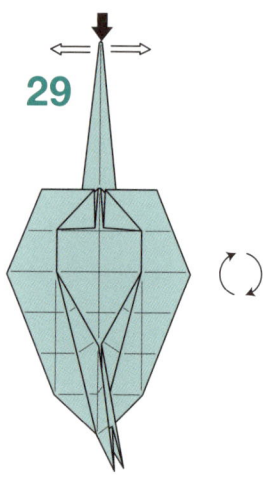

모서리의 겹친 부분을 펴서 둥글게 만든다.

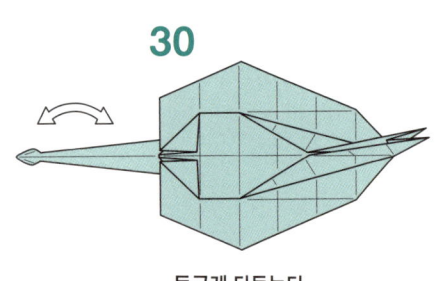

둥글게 다듬는다.

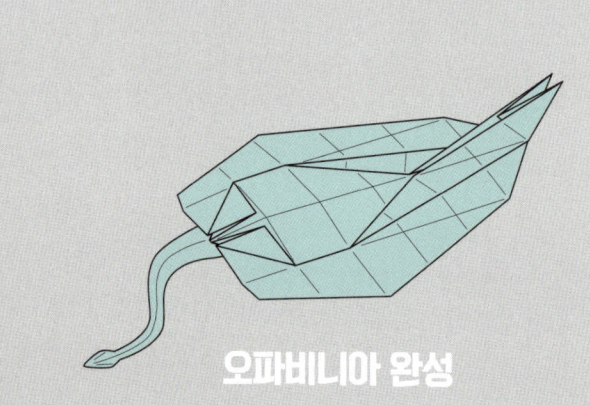

오파비니아 완성

미켈리노케라스
Michelinoceras

껍질이 뾰족하고 곧은 앵무조개의 일종이다. 종이접기에서는 마지막 과정에서 둥글게 부풀려 입체적으로 만든다.

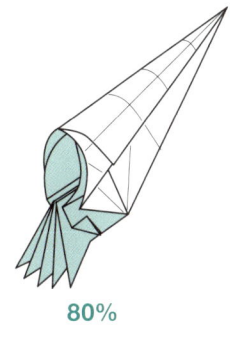
80%

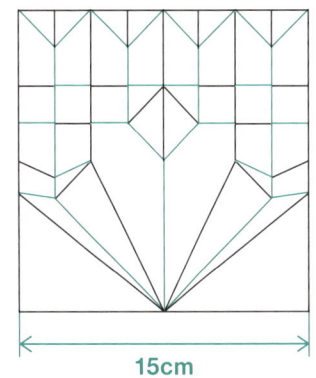
15cm

1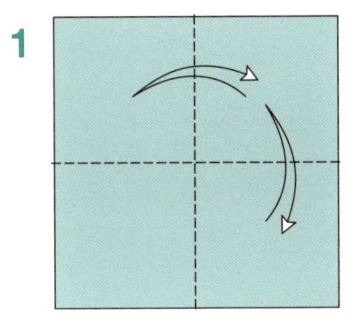
접었다 펴서 중심선을 만든다.

2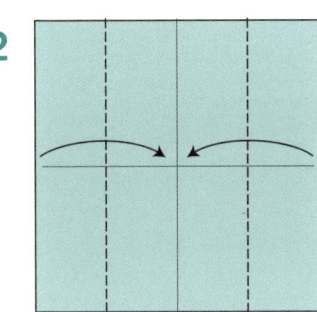
양쪽을 반으로 접는다.

3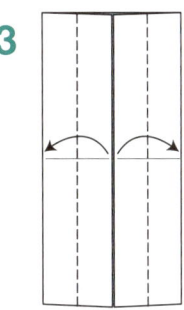
다시 양쪽을 반으로 접는다.

4 5 6 7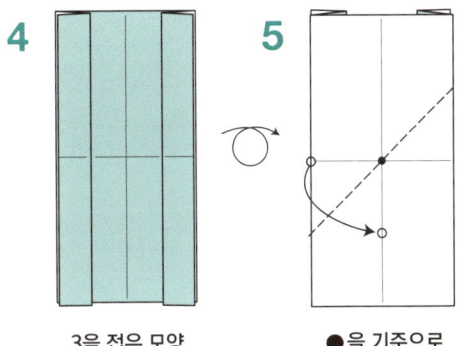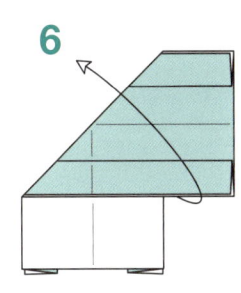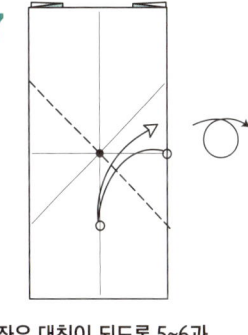

3을 접은 모양

●을 기준으로
○이 만나도록 접는다.

다시 편다.

좌우 대칭이 되도록 5~6과 마찬가지로 기준선을 만든다.

8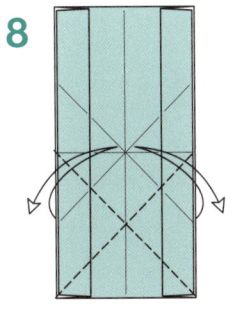
겹친 상태에서
기준선을 접었다 편다.

9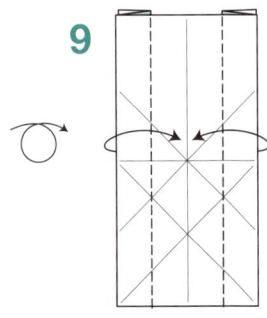
겹친 채로
반으로 접는다.

10
겹친 상태에서
기준선을 만든다.

11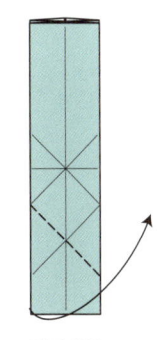
기준선을
따라 접는다.

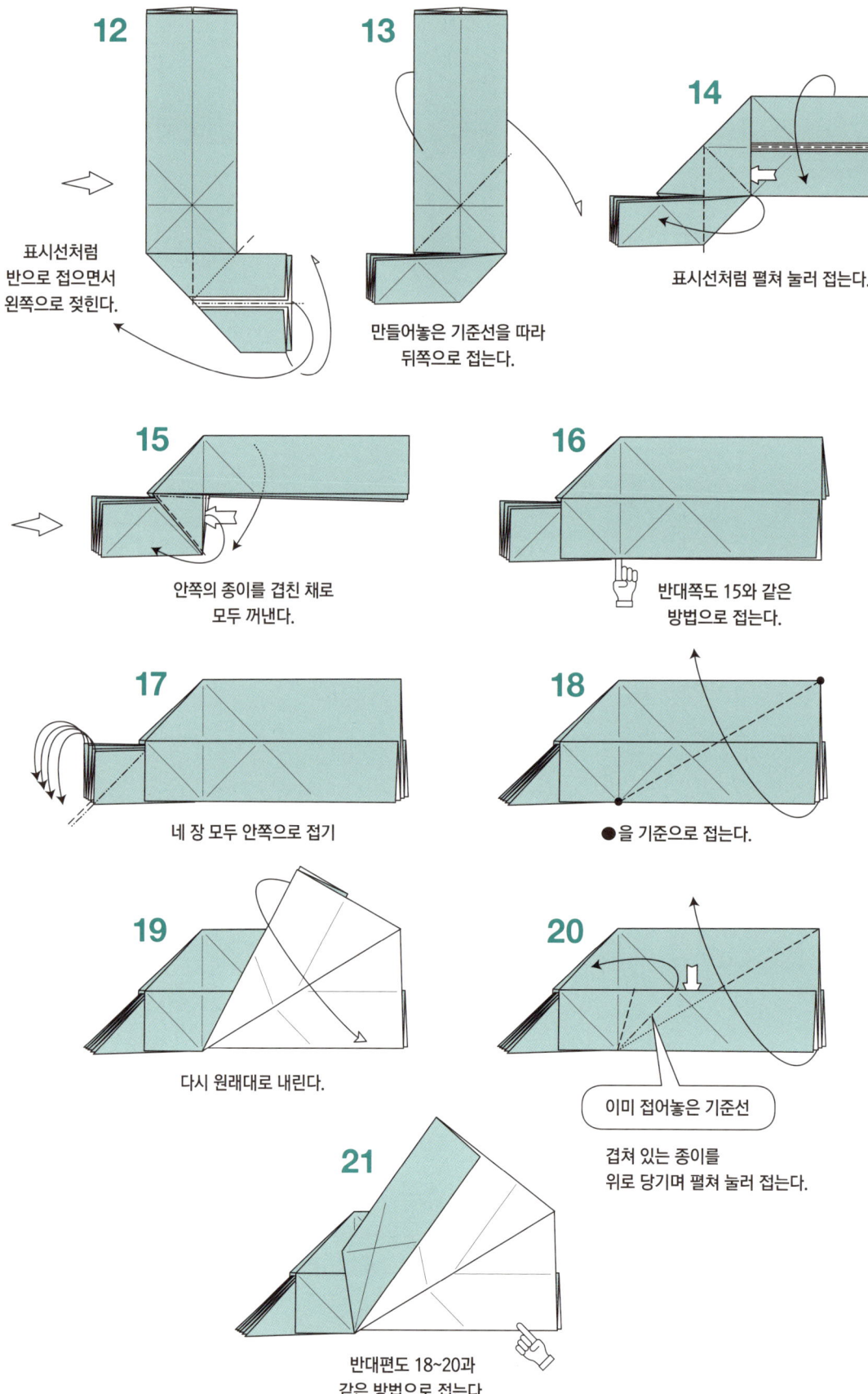

22 ●을 기준으로 펼쳐 눌러 접는다.
[반대편도 같은 방법으로]

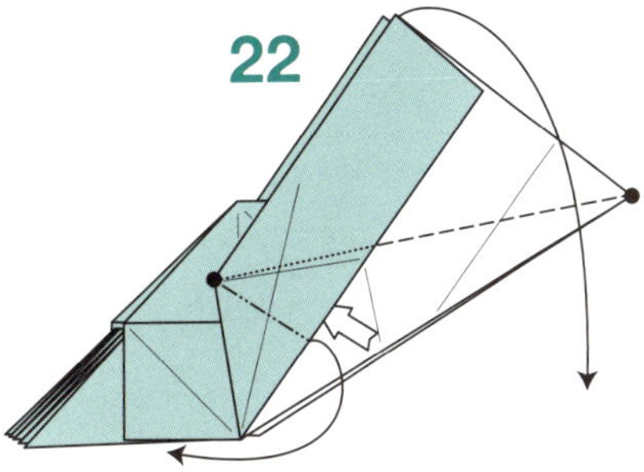

23 ●을 기준으로 윗장만 접어서 젖힌다.

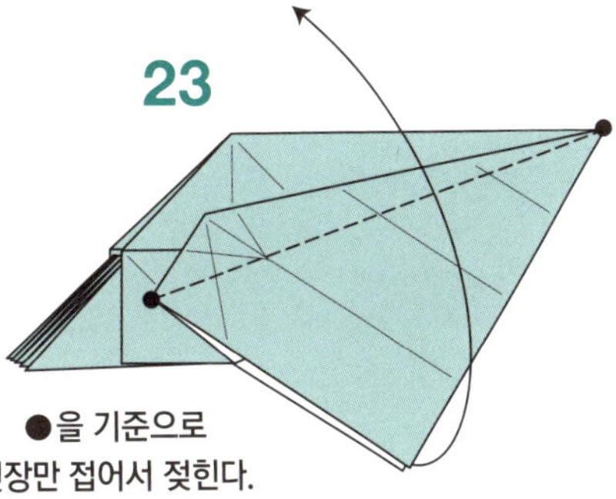

24 23을 접은 모양

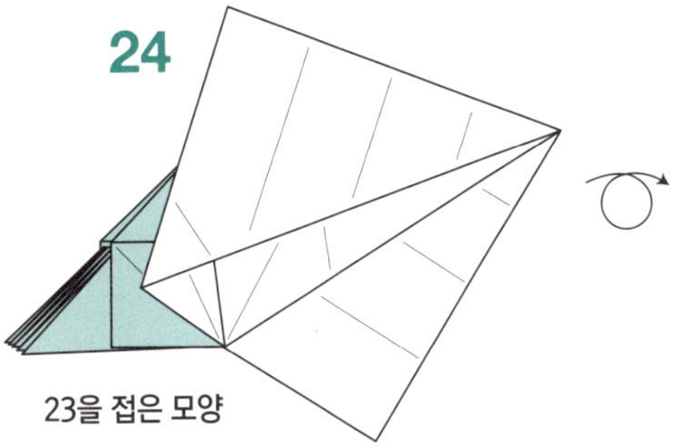

25 접어서 틈 사이로 끼워 넣는다.

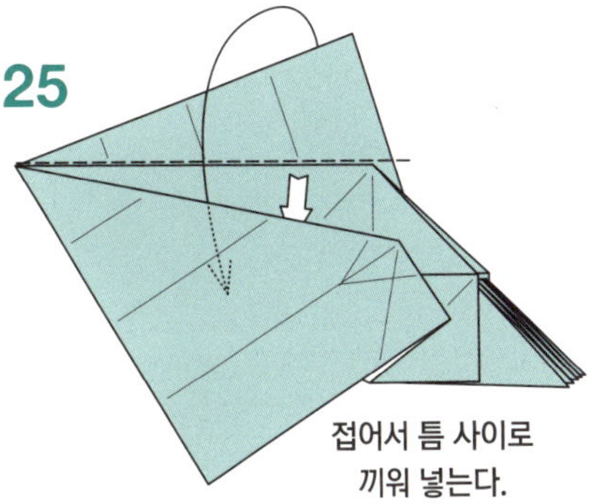

26 ●을 기준으로 접는다.

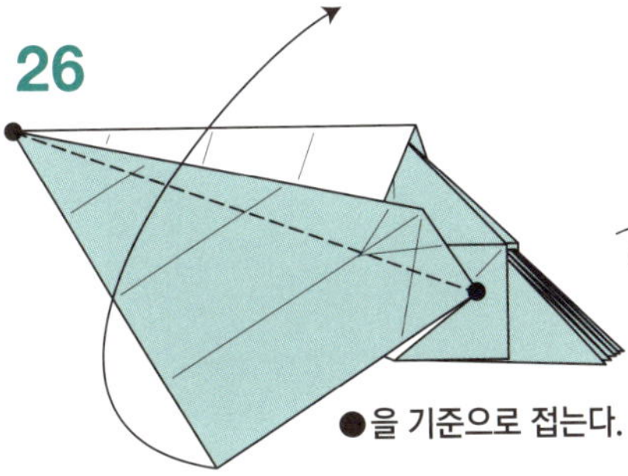

27 접어서 내린다.

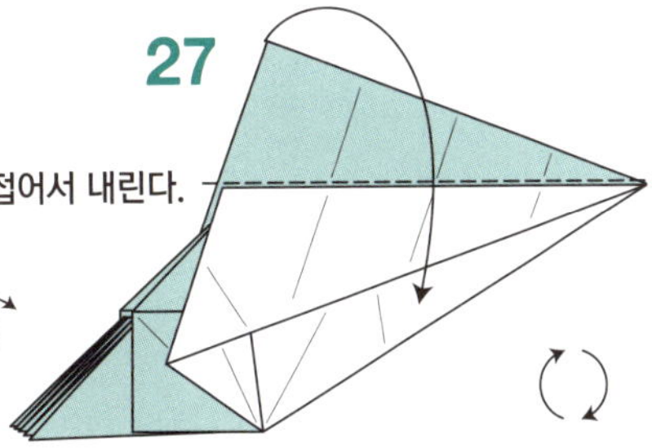

28 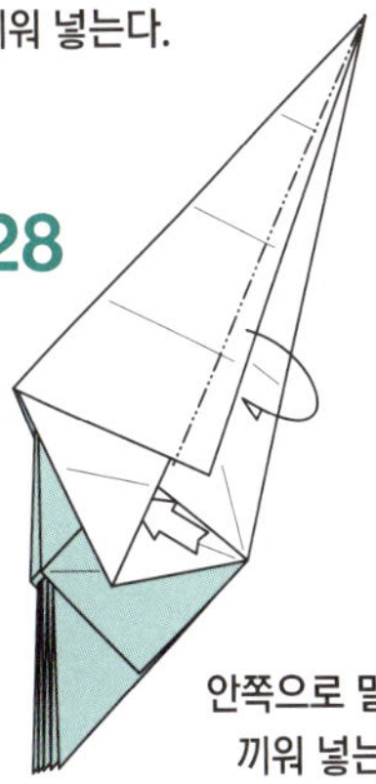 안쪽으로 말듯이 끼워 넣는다.

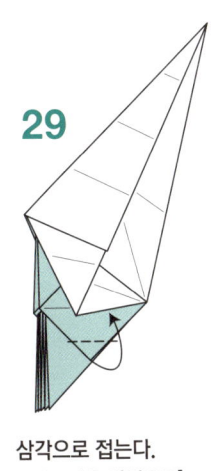

29 삼각으로 접는다.
[반대편도 같은 방법으로]

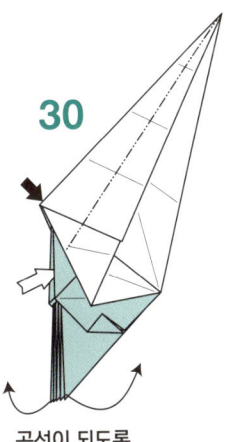

30 곡선이 되도록 모양을 다듬는다.

미켈리노케라스 완성

미켈리노케라스 43

아르케론
Archelon

알려진 종류 중에서는 가장 큰 거대 바다거북이다. 북미 바다에 서식했었다.

60%

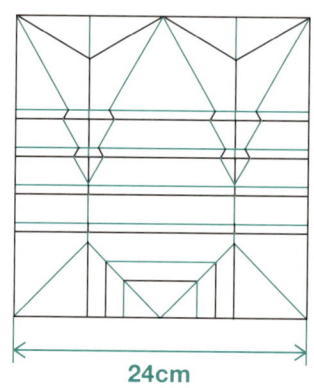

24cm

1
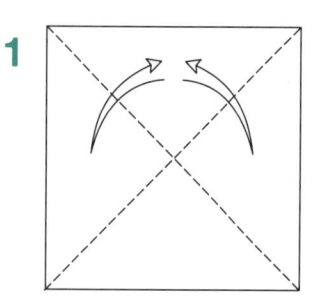
접었다 편다.

2
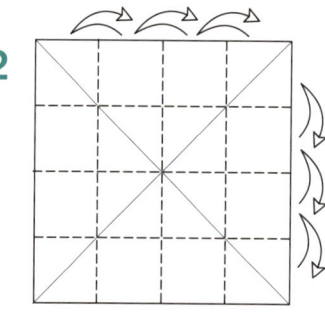
4등분하여 기준선을 만든다.

3
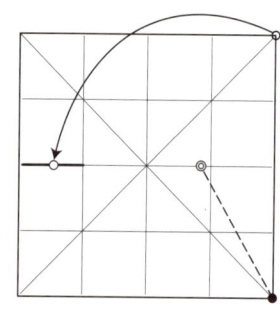
●을 기준으로 ◎지점까지
○이 만나도록 접는다.

4
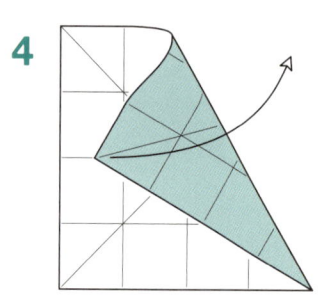
다시 편다.

5
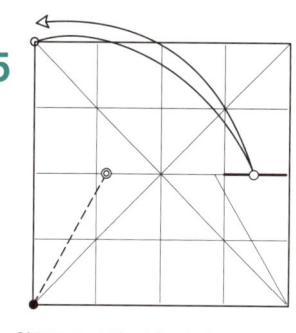
왼쪽도 3~4와 같은 방법으로 접는다.

6
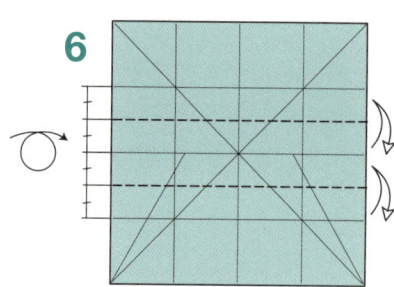
표시선처럼 접었다 편다.

7
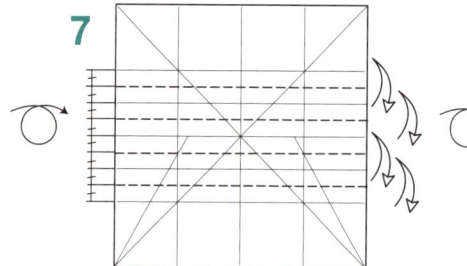
다시 한번 1/2 너비로 접어
기준선을 만든다.

8
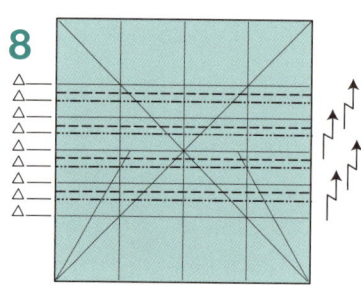
기준선을 기준으로
1/2 너비로 계단 접기를 한다.
△는 이미 접어놓은 기준선을 나타낸다.

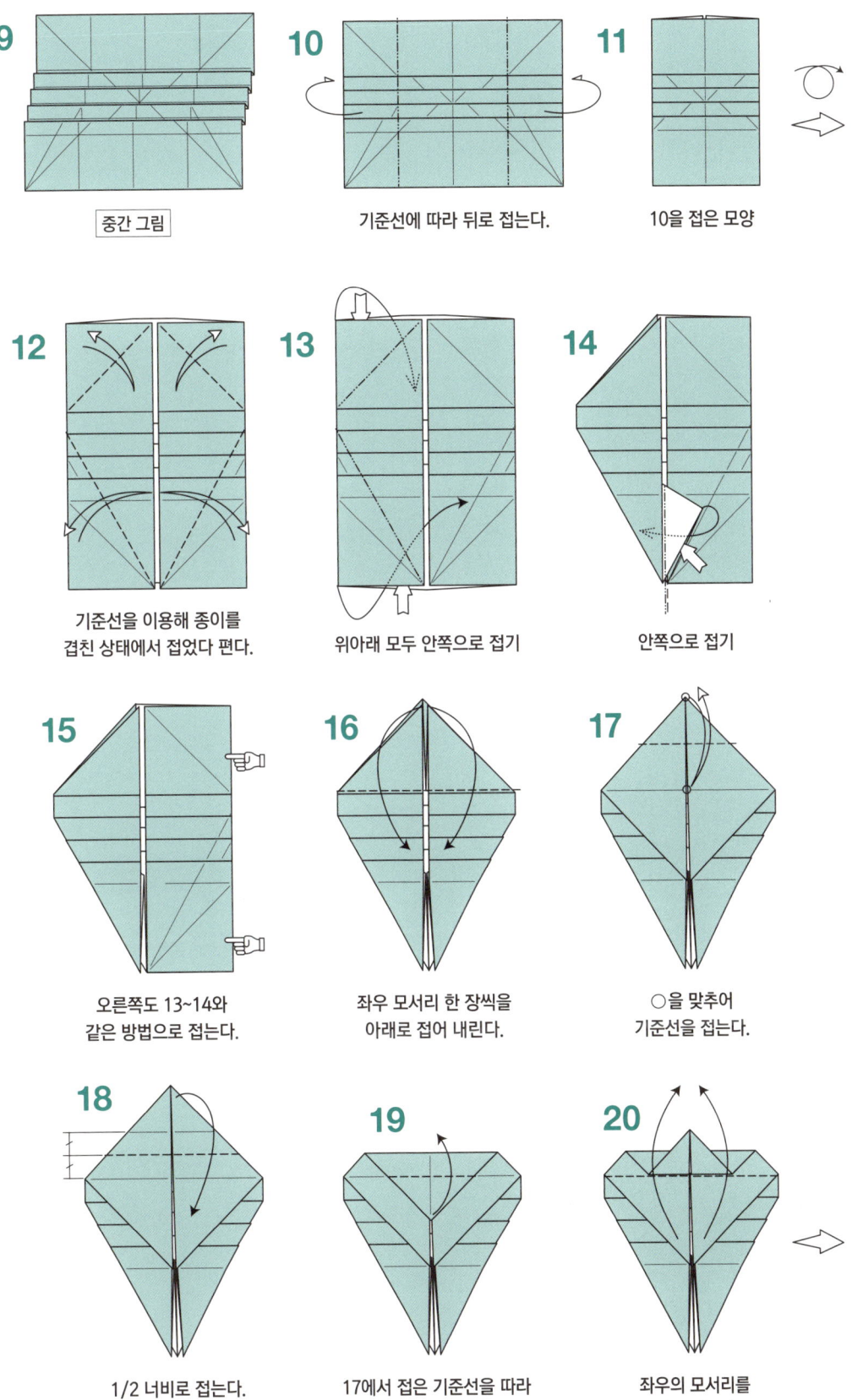

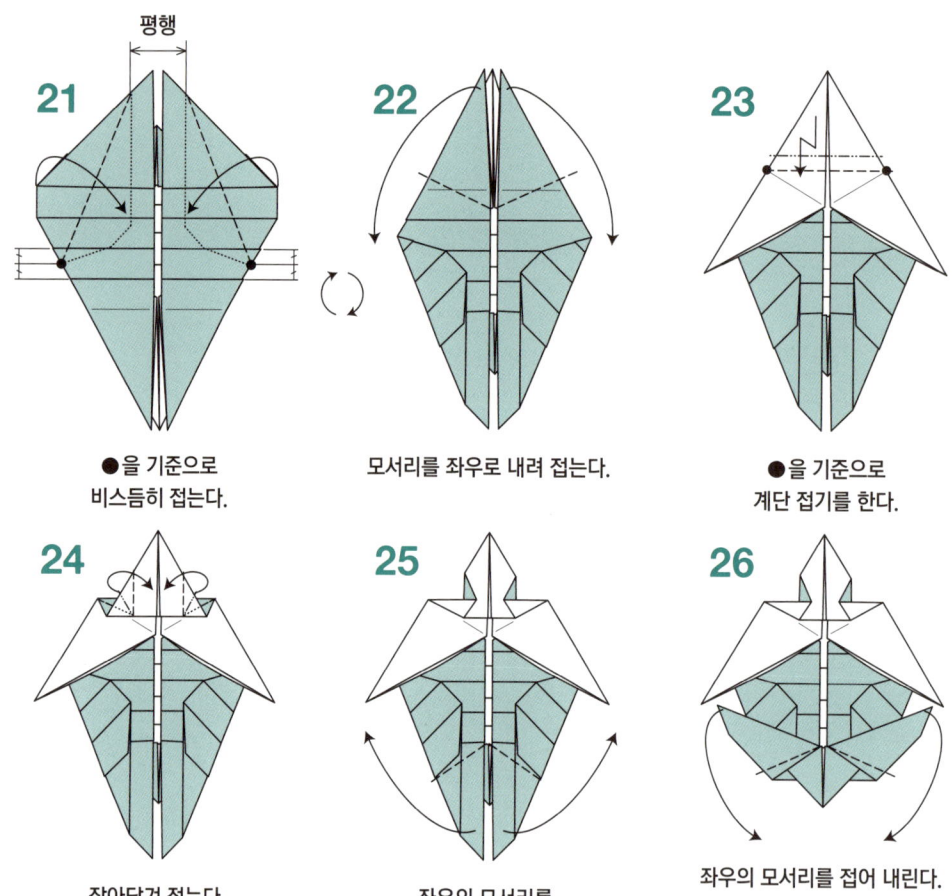
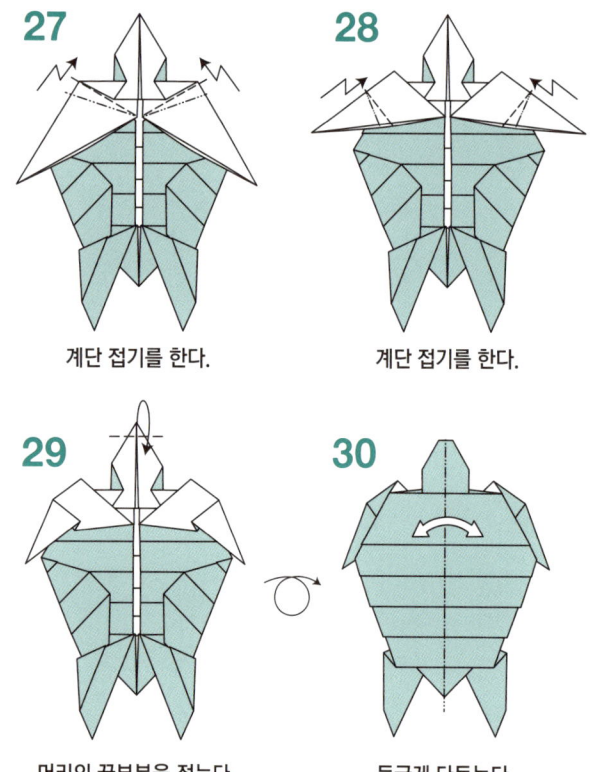
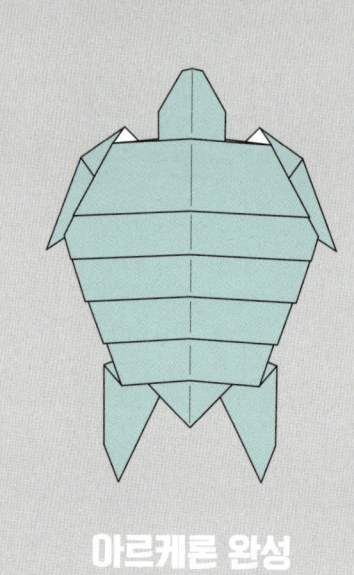

아르케론 완성

디메트로돈
Dimetrodon

등에 있는 돛으로 체온을 조절했다고 추정하고 있다. 공룡이 아니라 공룡이 출현하기 훨씬 이전 시대에 서식했었다.

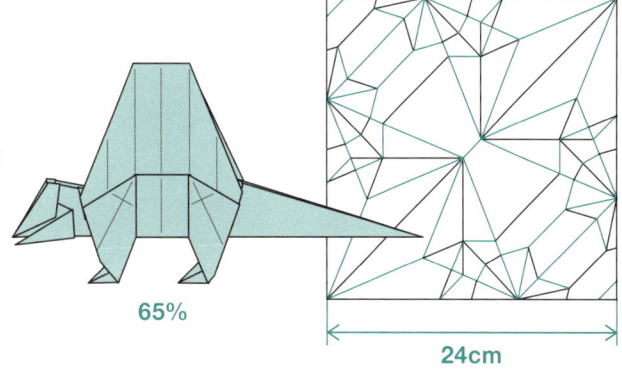

65% 24cm

1 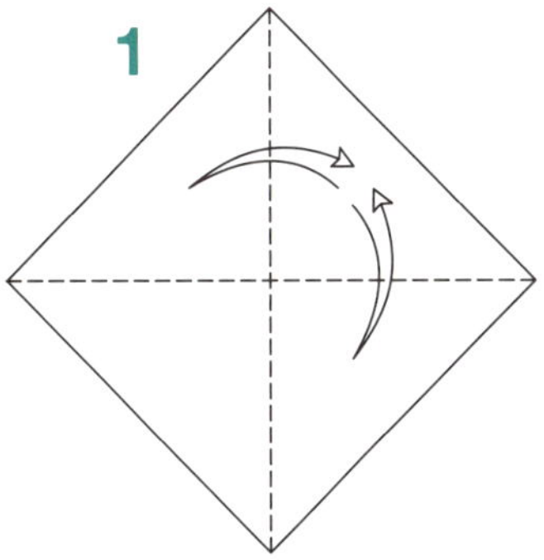 가로와 세로를 접었다 편다.

2 ○을 맞추어 ◎위치에 표시를 한다.

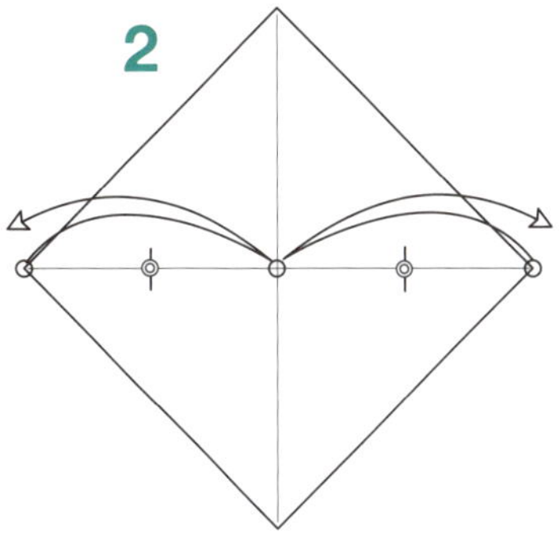

3 ○을 맞추어 ◎위치에 표시를 한다.

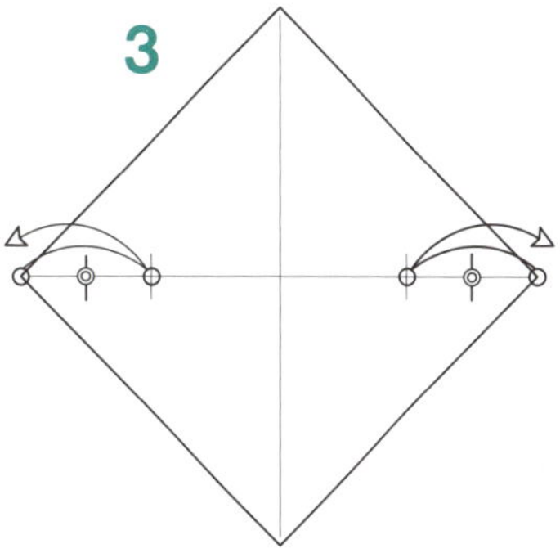

4 ○을 맞추어 기준선을 접었다 편다.

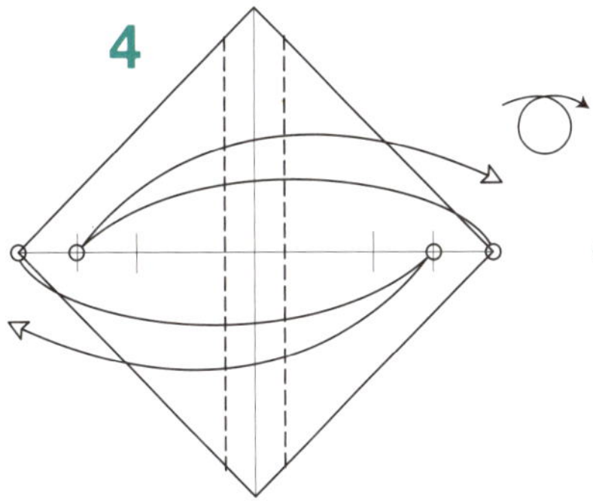

5 다시 반으로 접어 기준선을 접었다 편다.

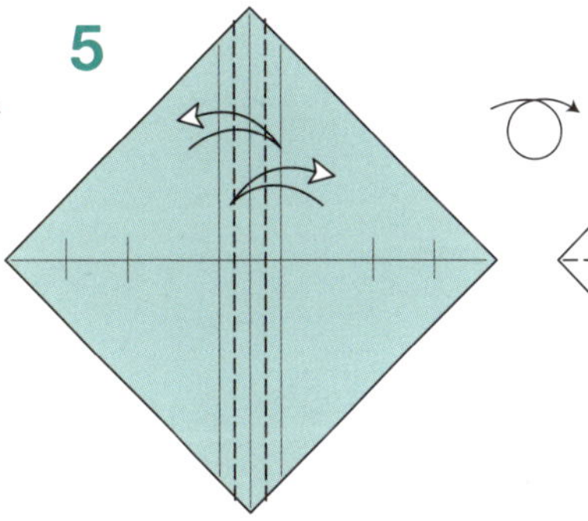

6 반으로 접는다.

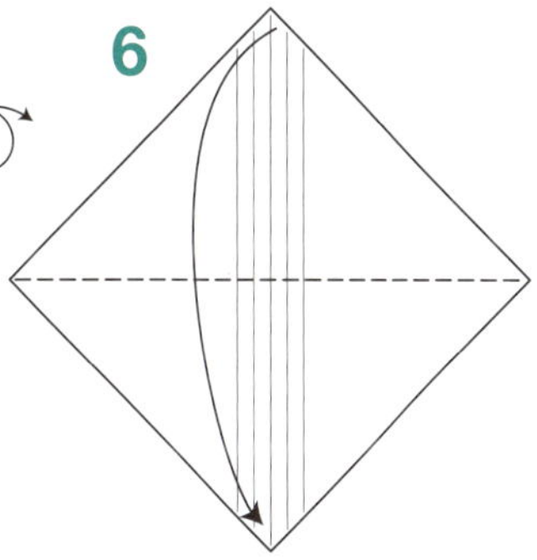

7 ●을 기준으로 펼쳐 눌러 접는다.

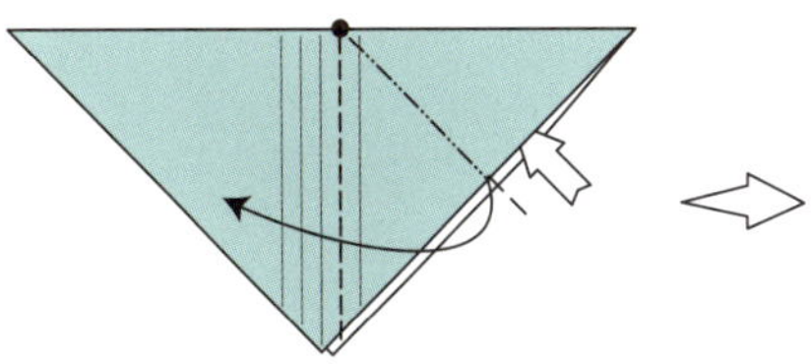

8 화살표 방향으로 접어준다.

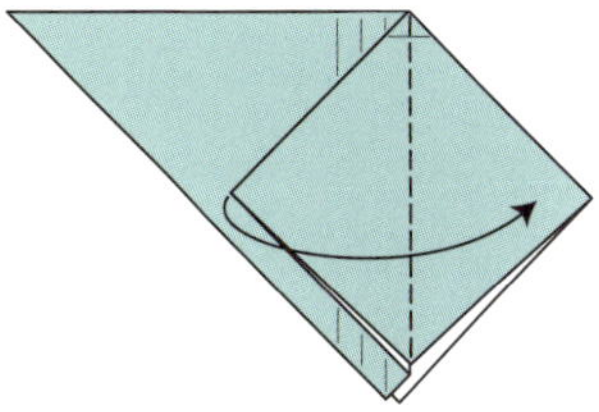

9 펼쳐 눌러 접는다.

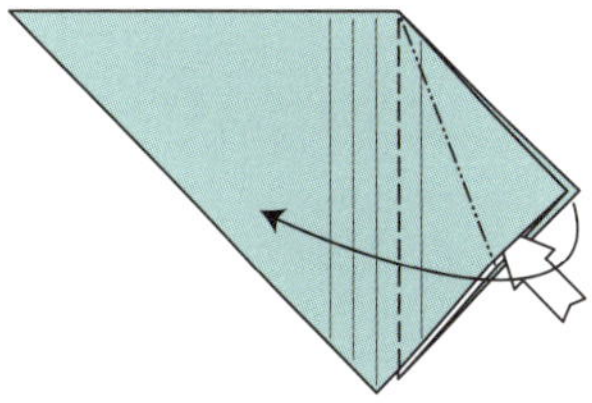

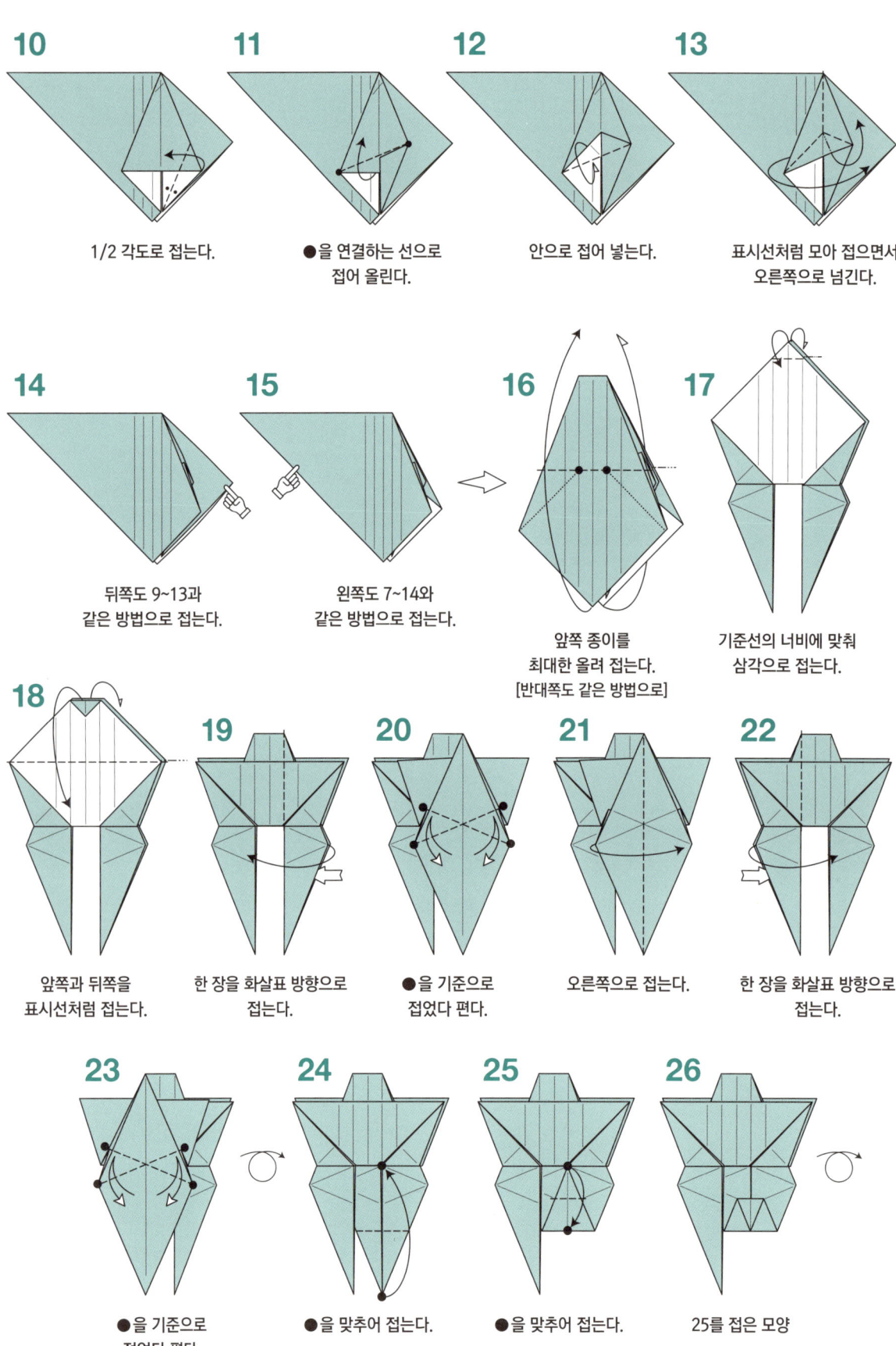

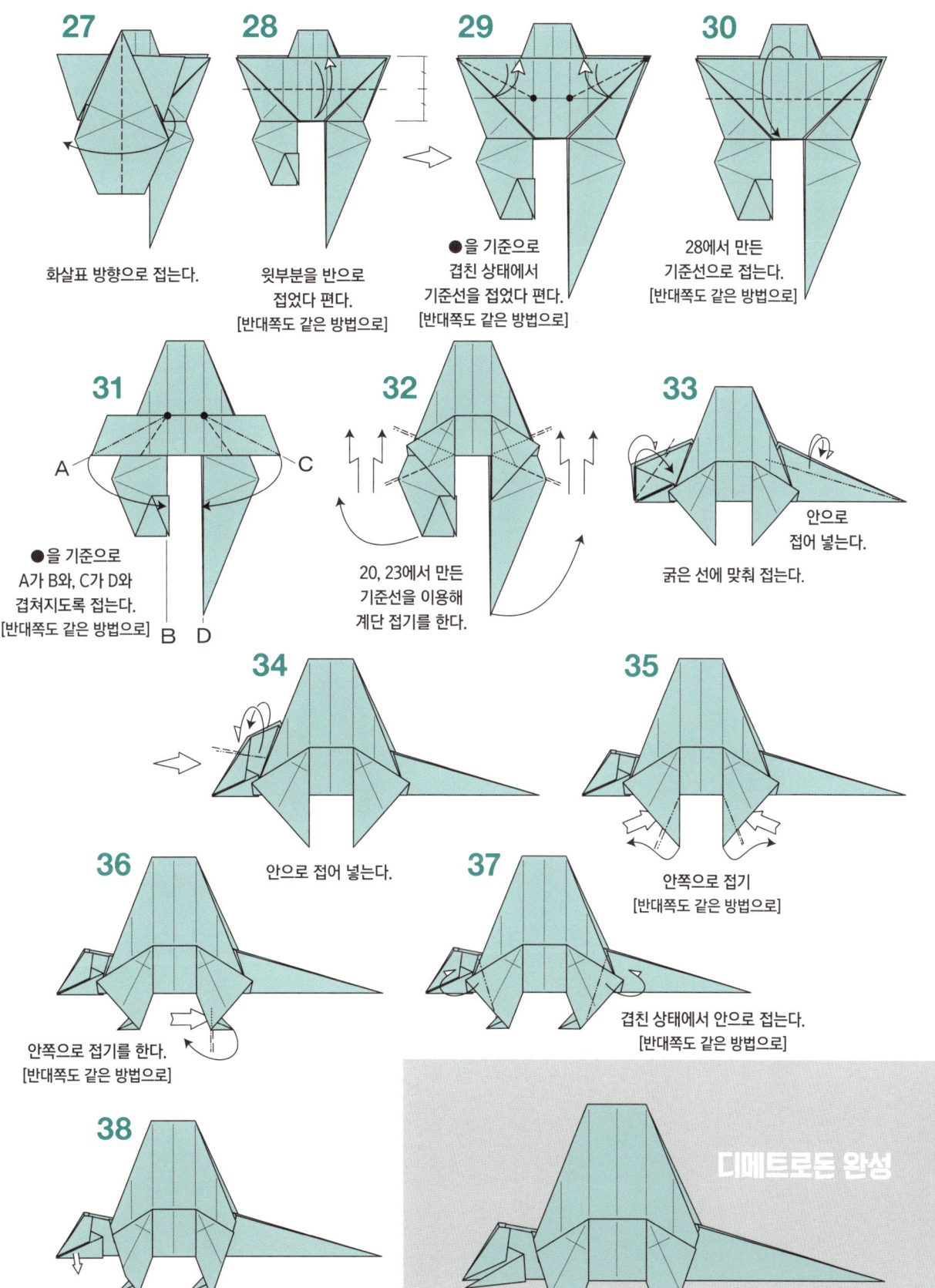

디플로도쿠스
Diplodocus

머리와 꼬리가 매우 긴 공룡이다. 꼬리는 방어에 사용한 것으로 추정된다. 긴 형태의 종이접기를 할 때는 자 등을 활용하면 정확하게 접을 수 있다.

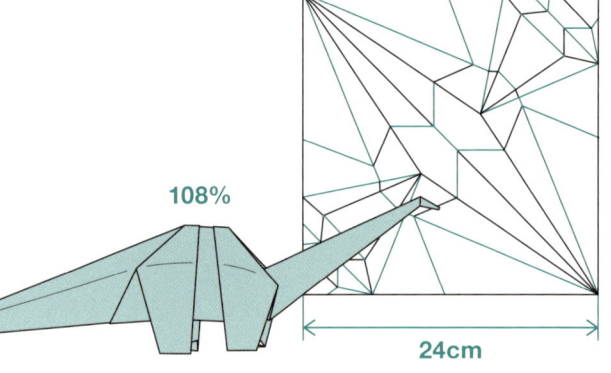

108% 24cm

1

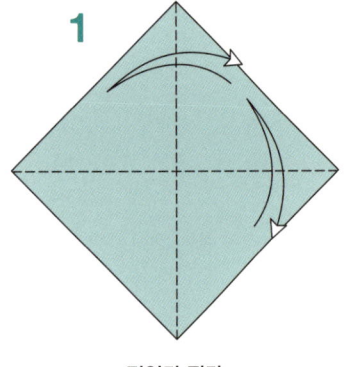

접었다 편다.

2

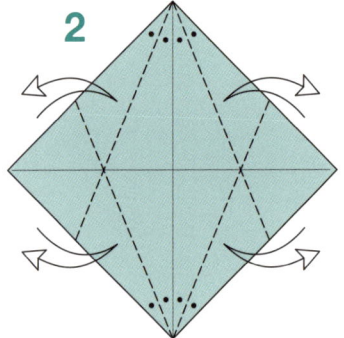

점선을 따라 접었다 편다.

3

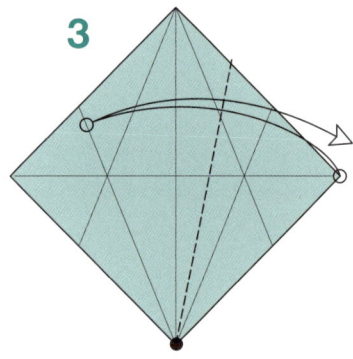

●을 기준으로 ○이 만나도록 기준선을 만든다.

4

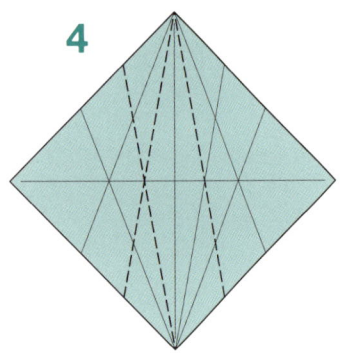

나머지 세 곳도 같은 방법으로 기준선을 접었다 편다.

5

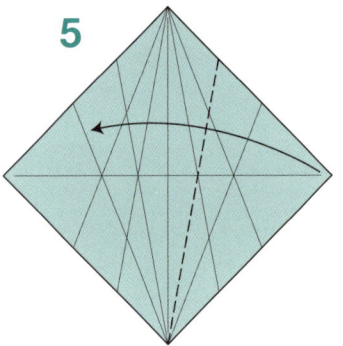

기준선에 따라 접는다.

6

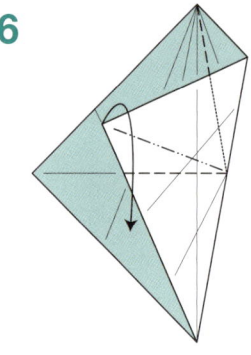

표시선처럼 접어 내린다.

7

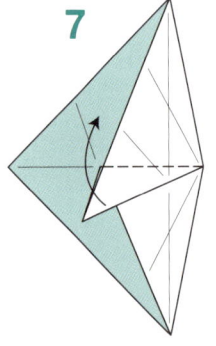

접어 올린다.

8

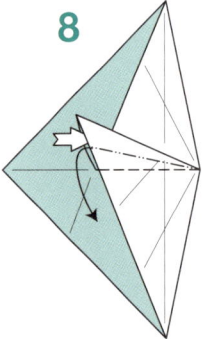

펼쳐 눌러 접는다.

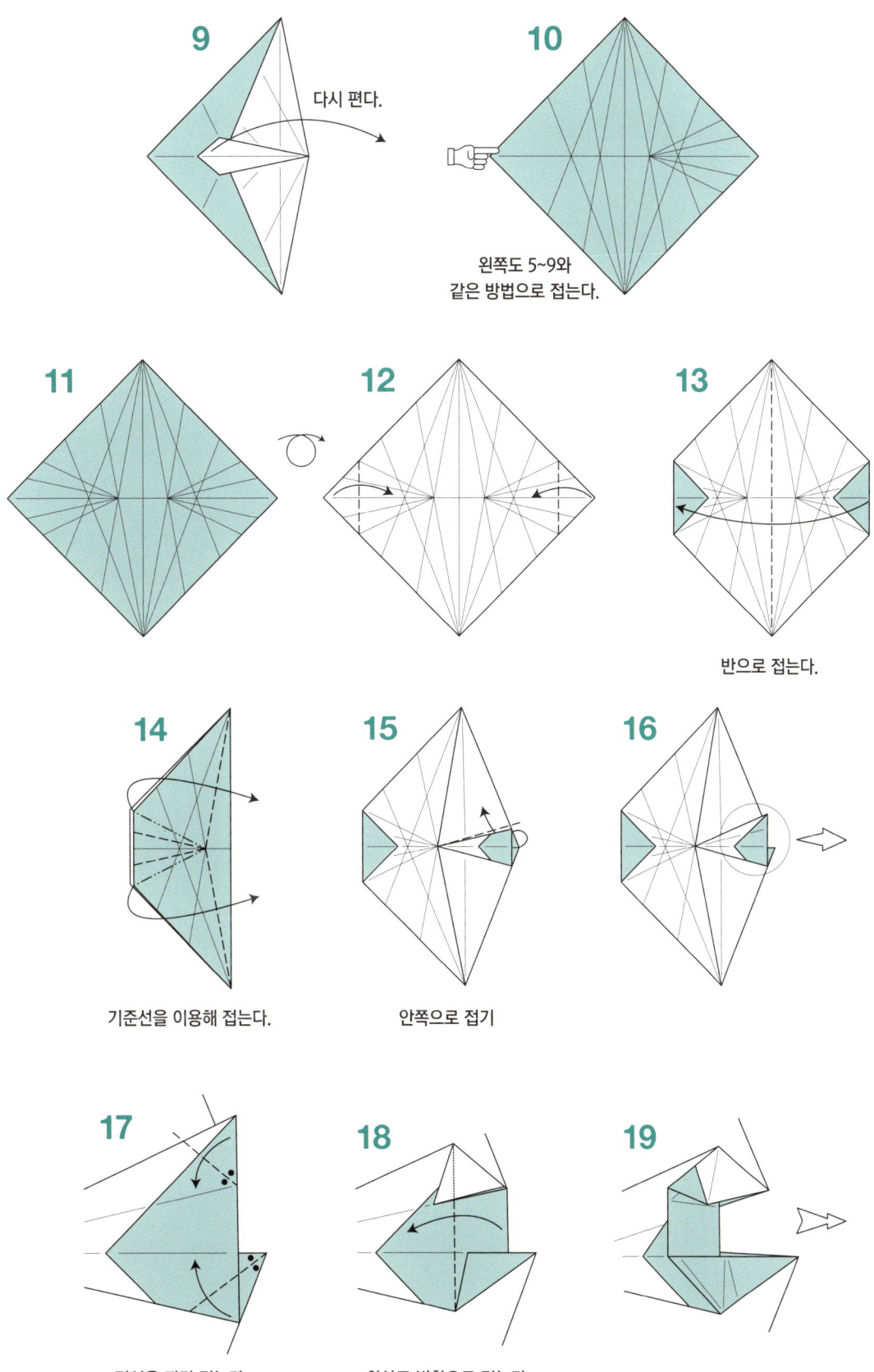

20
19를 접은 모양

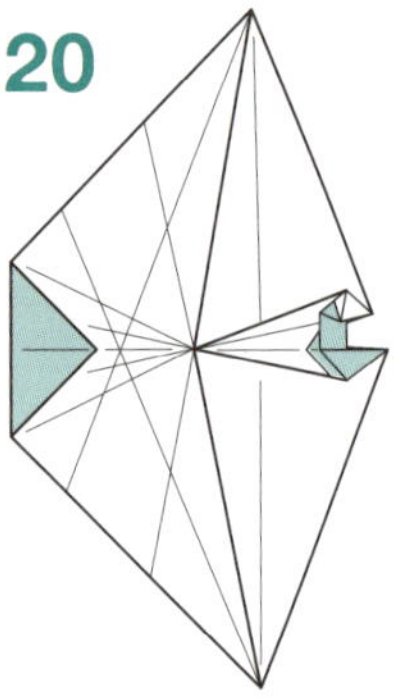

21
오른쪽도 14~20과 같은 방법으로 접는다.

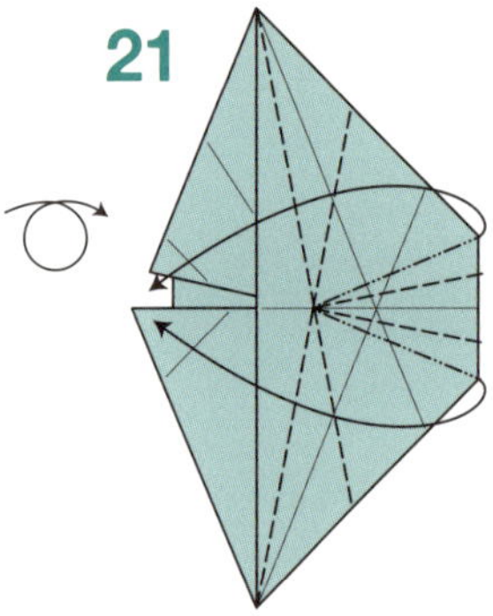

22
앞뒤 한 장씩 오른쪽으로 골짜기접기를 한다.

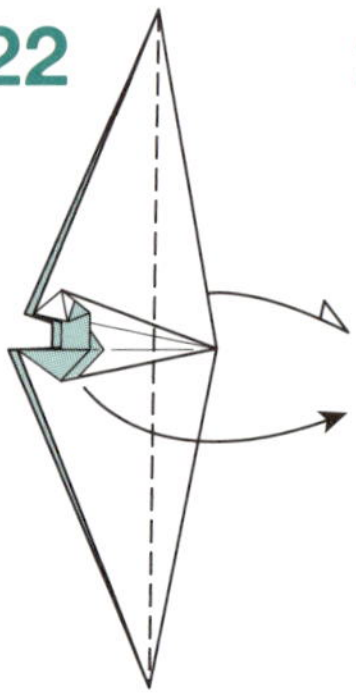

23
平行
●을 기준으로 안쪽으로 접기를 한다.

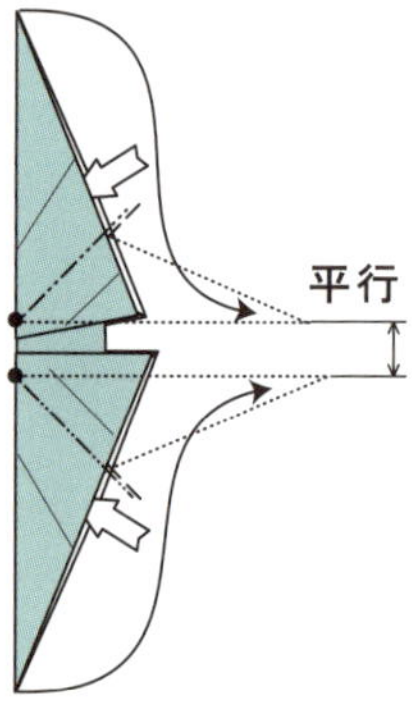

24
안쪽으로 접기를 한다.
[반대편도 같은 방법으로]

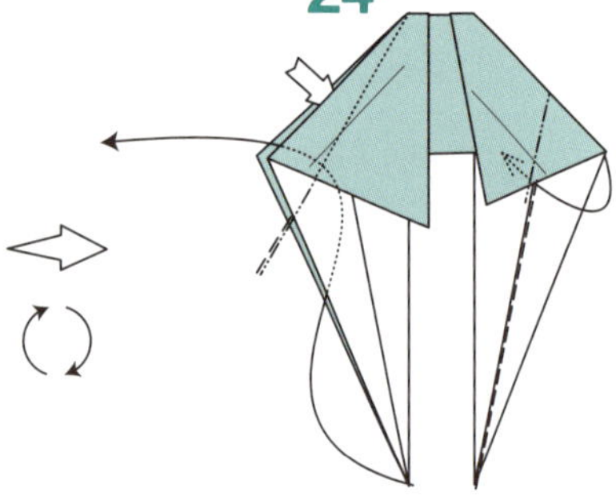

25
안쪽으로 접기를 한다.
[반대편도 같은 방법으로]

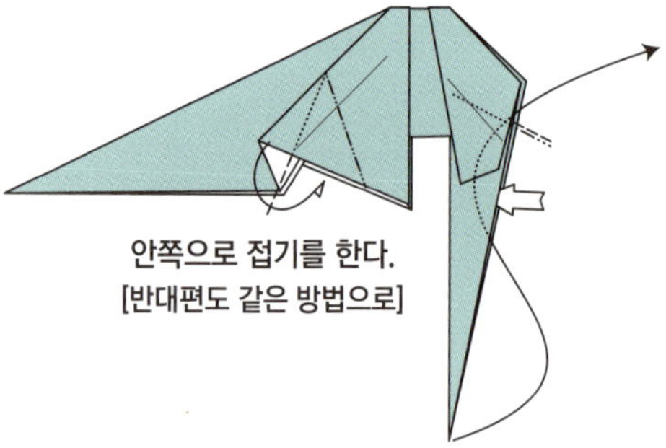

26
계단 접기
안으로 접어 넣는다.

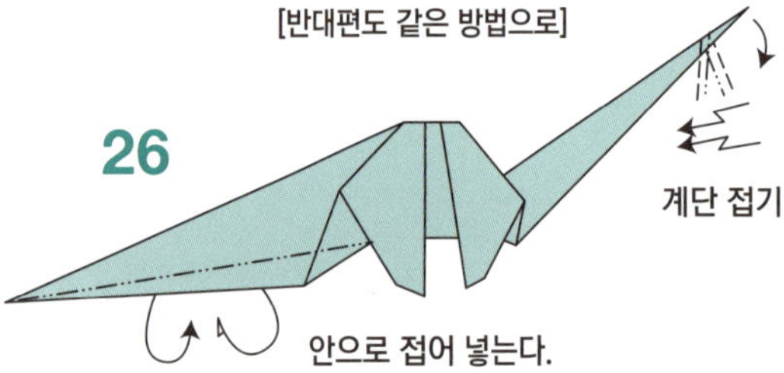

27
안으로 접어 넣는다.

28
발끝이 일직선이 되도록 접는다.

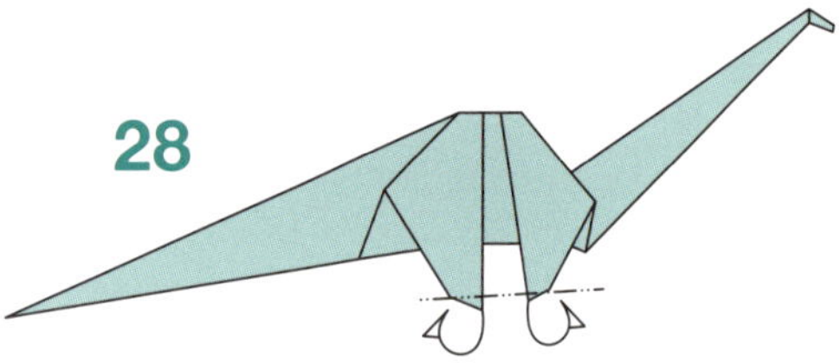

29
곡선으로 다듬는다.

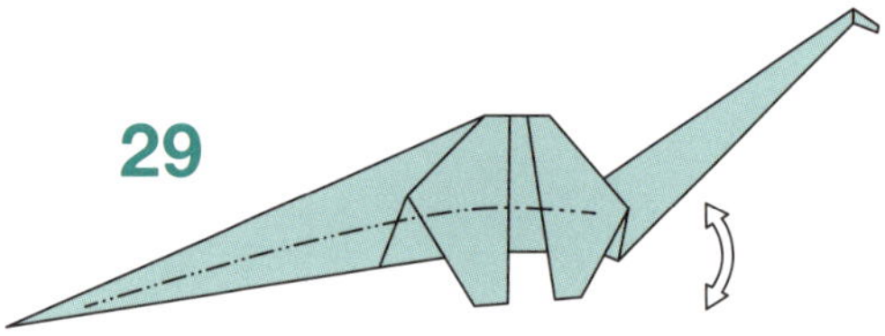

디플로도쿠스 완성

브라키오사우루스
Brachiosaurus

초기 복원을 토대로 창작한 작품이다. 안쪽을 접는 과정이 있지만 사전에 기준선을 내어, 접는 데 어려움을 해결하였다.

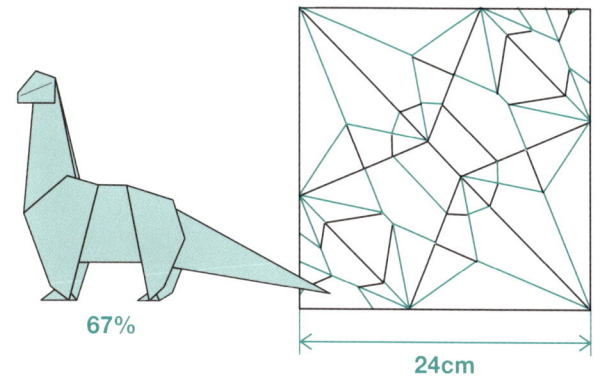

67% 24cm

1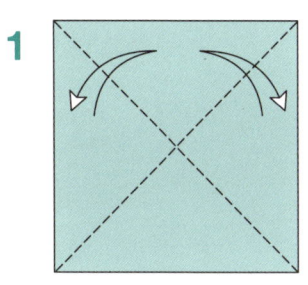
접었다 편다.

2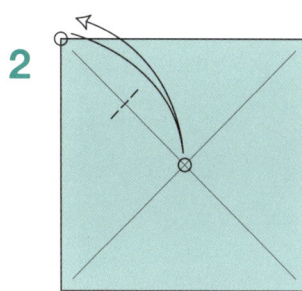
○을 맞춰 기준선을 접었다 편다.

3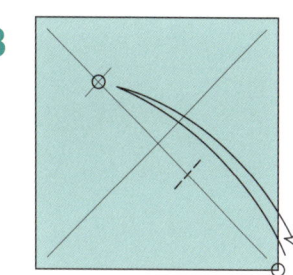
2의 기준선에 맞추어 일부만 기준선을 만든다.

4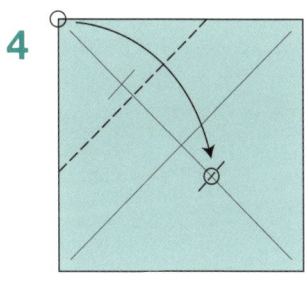
○을 맞추어 접는다.

5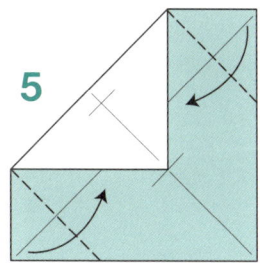
삼각으로 접는다.

6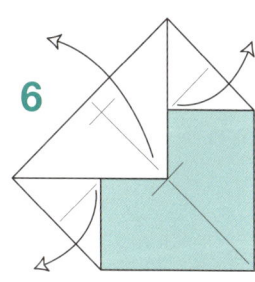
다시 펼친다.

7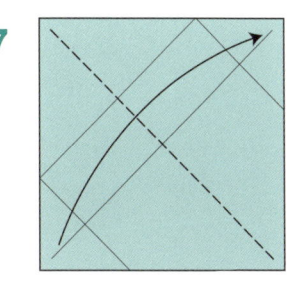
반으로 접는다.

8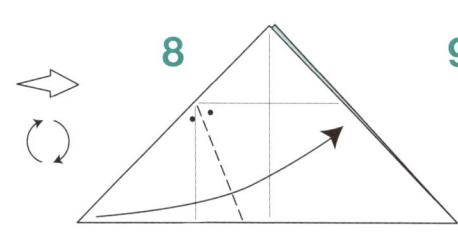
점선을 따라 접는다.

9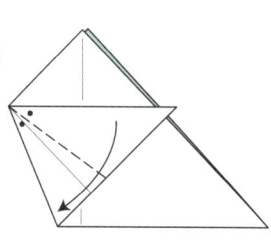
1/2 각도로 접는다.

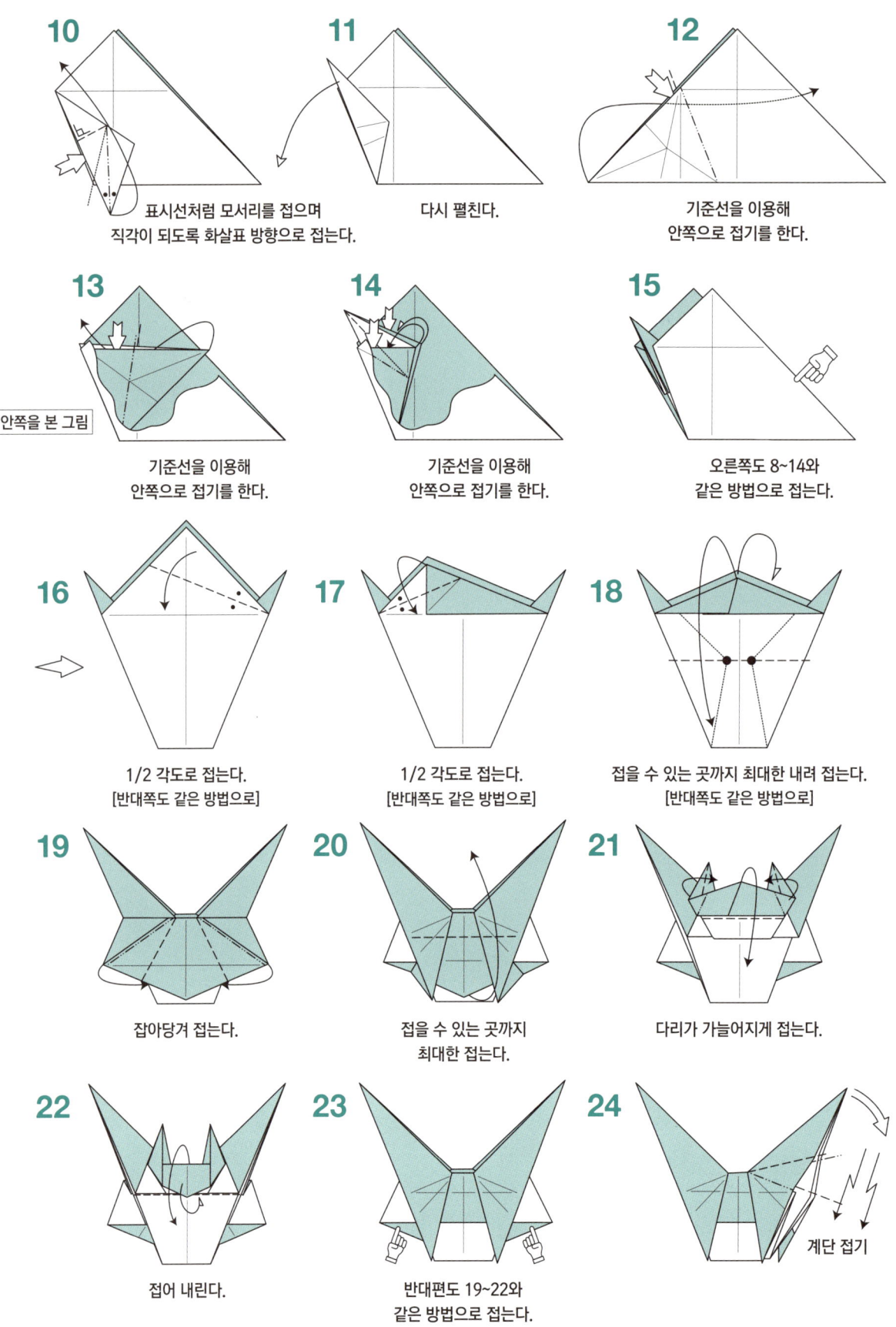

25 모서리를 안으로 접어 넣는다.

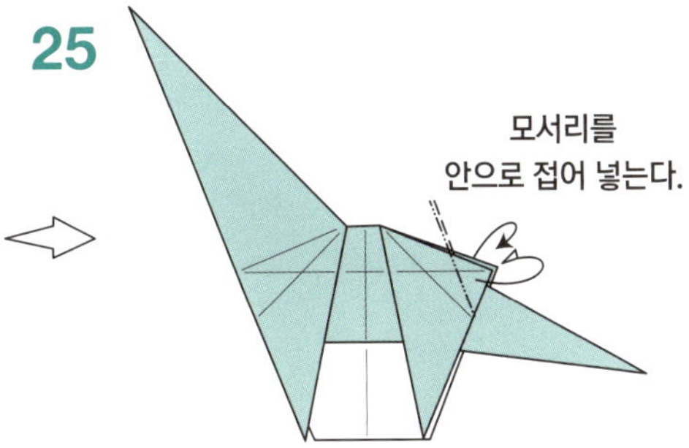

26 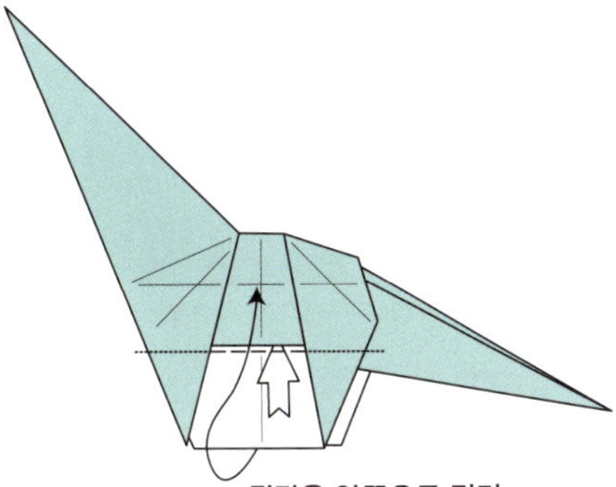 뒷장을 안쪽으로 접기

27 계단 접기

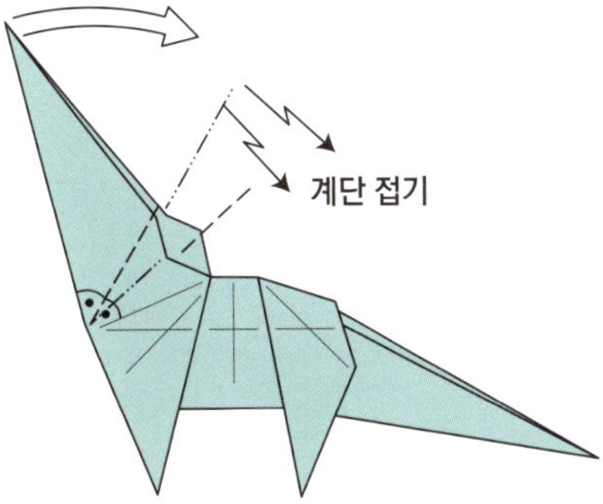

28 안쪽으로 접기 [반대편도 같은 방법으로]

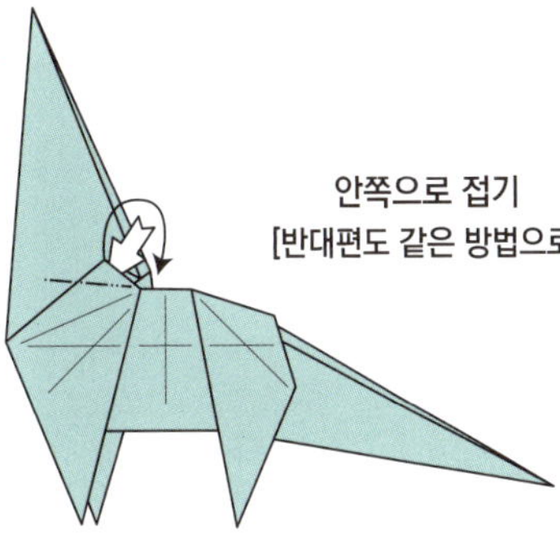

29 밖으로 뒤집어 접기 / 안쪽으로 접기 [반대편도 같은 방법으로]

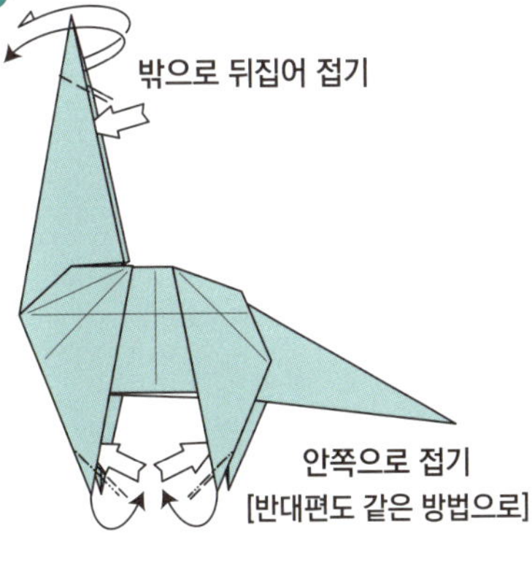

30 안쪽으로 접기

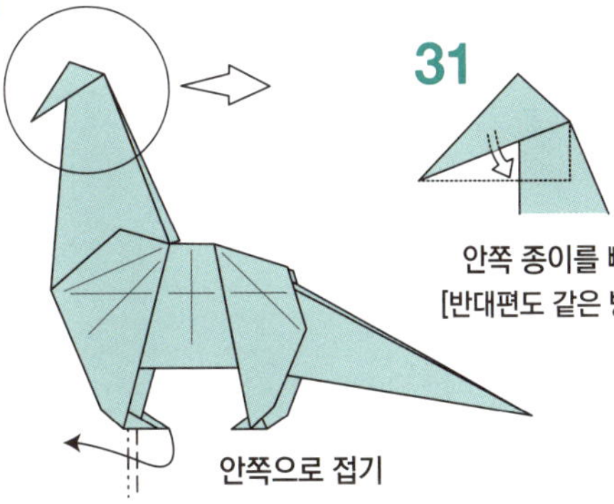

31 안쪽 종이를 빼낸다. [반대편도 같은 방법으로]

32 안쪽으로 접기

33 안으로 접어 넣는다.

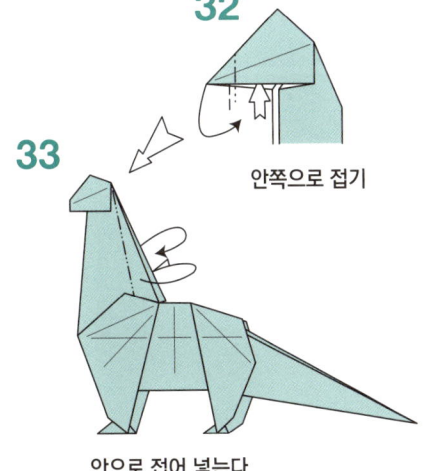

브라키오사우루스 완성

프로토케라톱스
Protoceratops

몽골에서 발견된 초기 뿔공룡이다. 아래턱을 벌리는 과정에서 종이가 찢어지지 않도록 주의한다.

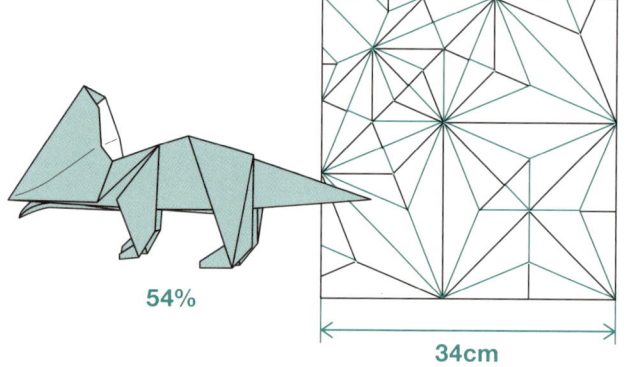

54%

34cm

1

모서리를 중심으로 접었다 펴서 중심선을 만든다.

2

3

반으로 접는다.

4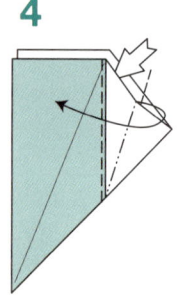

펼쳐 눌러 접는다.

5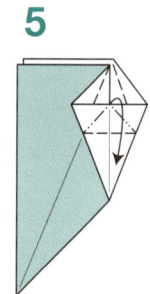

표시선처럼 아래로 당겨 눌러 접는다.

6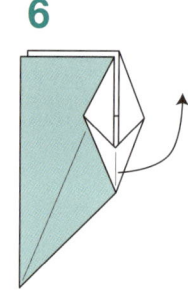

위의 한 장을 빼낸다.

7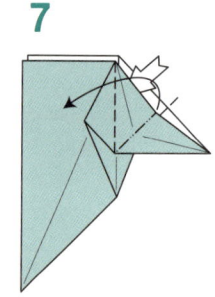

펼쳐 눌러 접는다.

8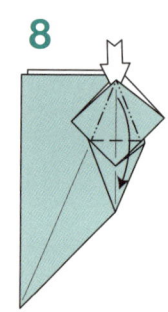

표시선처럼 아래로 펼쳐 눌러 접는다. (학접기 기본형처럼)

9

한 장을 위로 넘긴다.

10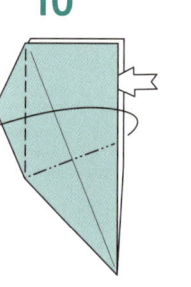

펼쳐 눌러 접는다.

11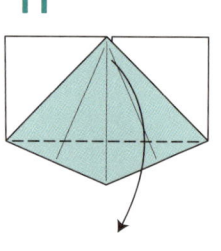

아래로 골짜기접기 한다.

12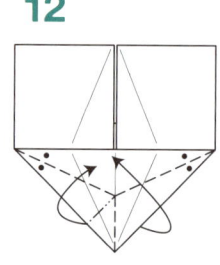

모서리를 모아 접는다.

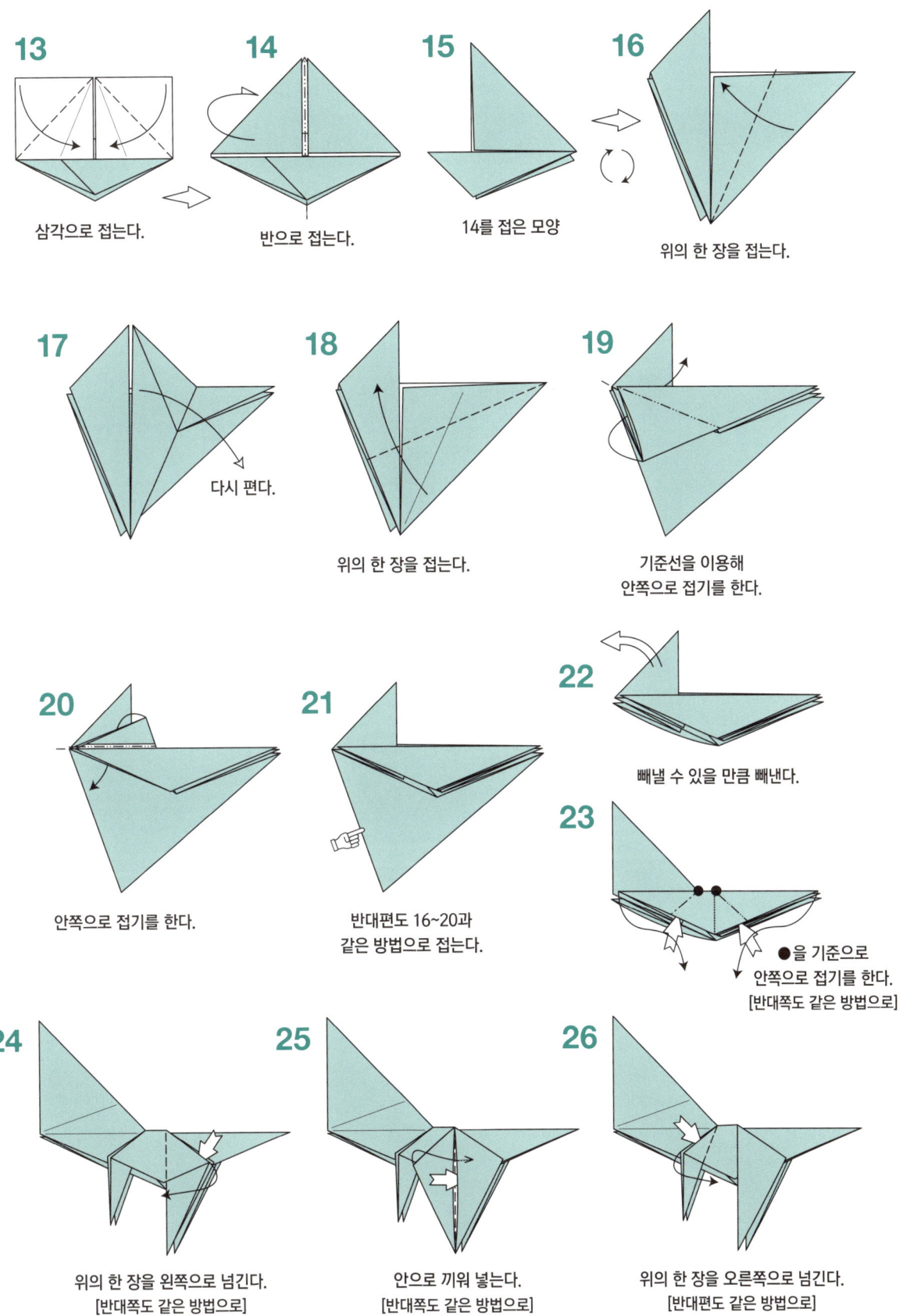

27
안으로 끼워 넣는다.
[반대편도 같은 방법으로]

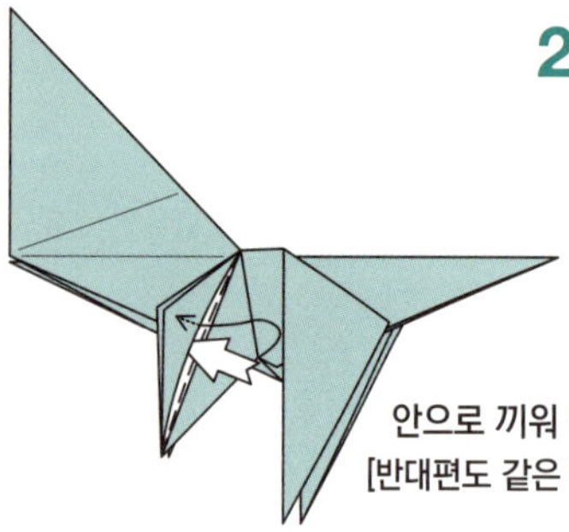

28
기준선으로 계단 접기를 한다.

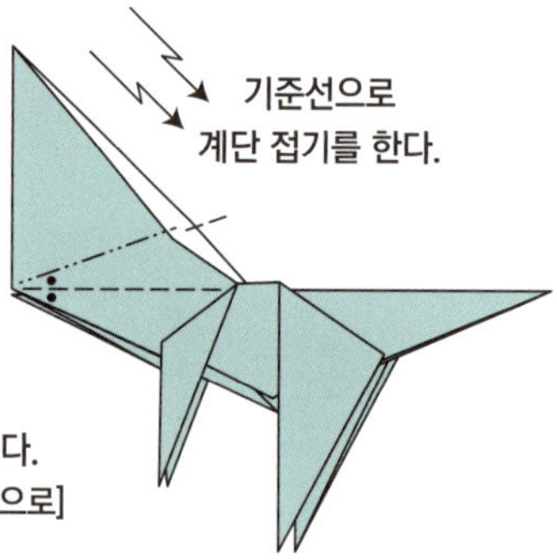

29
안쪽으로 접기를 한다.
[반대편도 같은 방법으로]

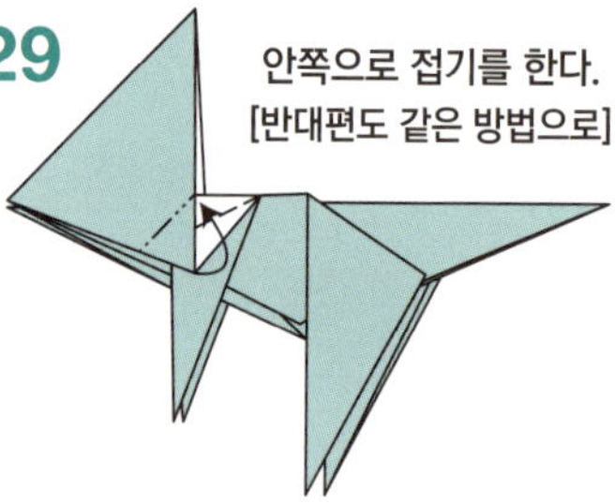

30
안쪽으로 접기

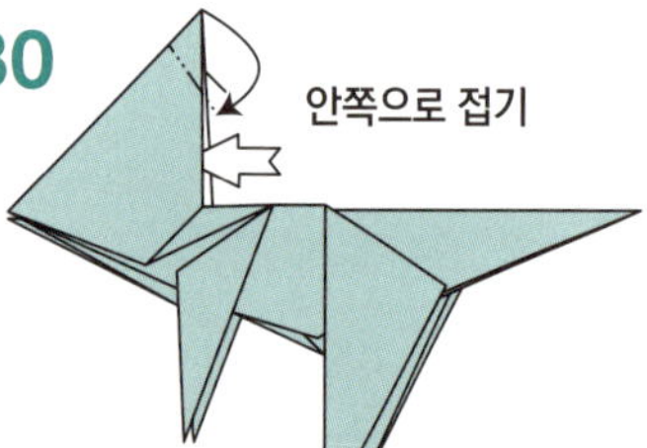

31
왼쪽으로 넘긴다.
[반대편도 같은 방법으로]

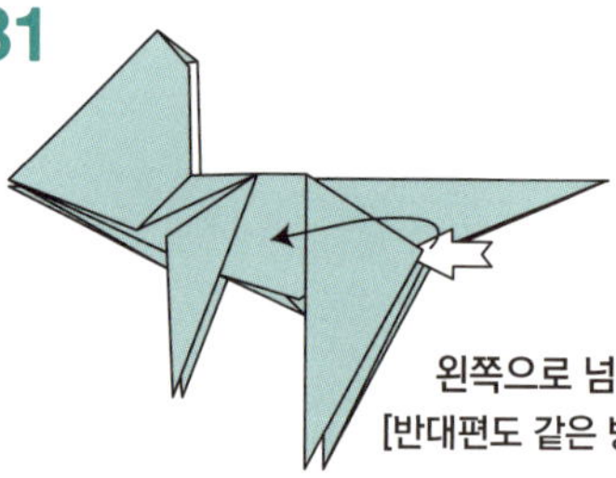

32
계단 접기

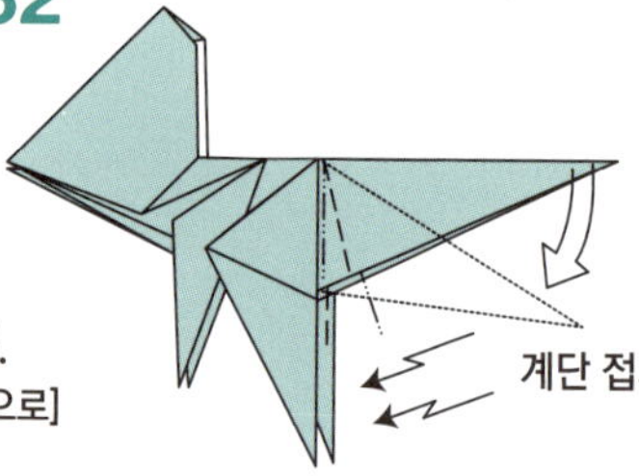

33
오른쪽으로 넘긴다.
[반대쪽도 같은 방법으로]

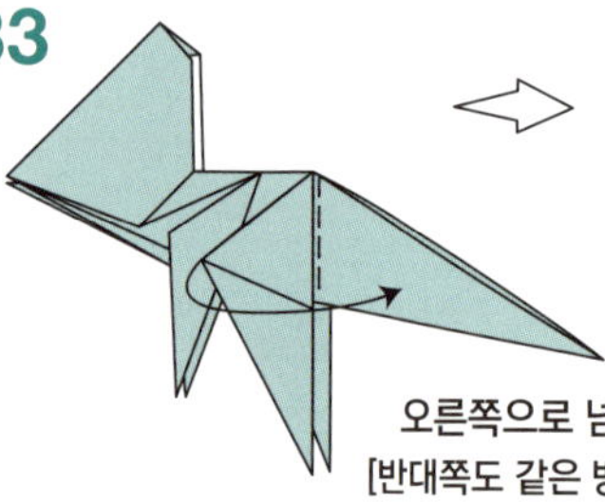

34
안쪽으로 접기
[반대쪽도 같은 방법으로]

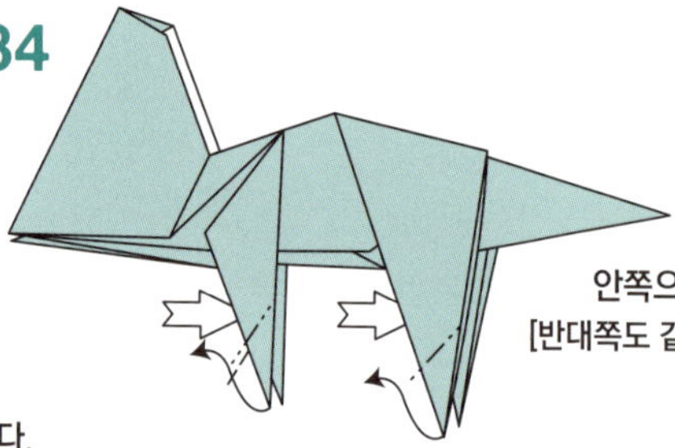

35
안쪽으로 접기
[반대쪽도 같은 방법으로]

36
입을 벌린다.

37
프릴을 둥글게 다듬는다.

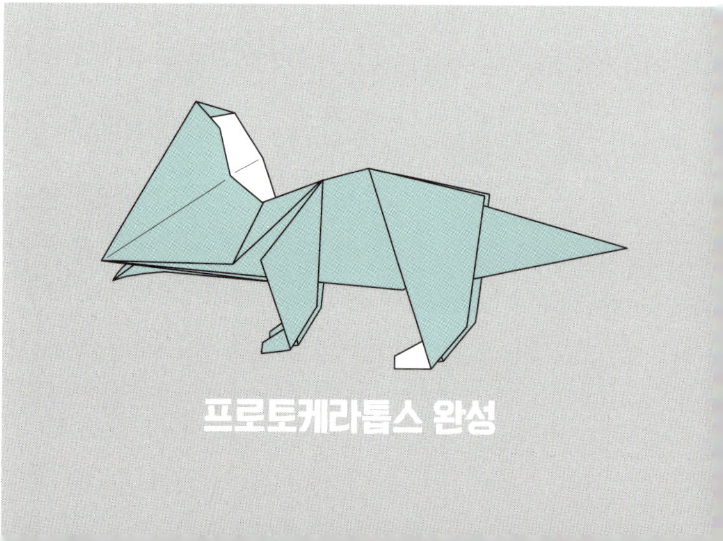

프로토케라톱스 완성

쿠에네오사우루스
Kuehneosaurus

몸통에서 뻗어 나온 긴 막대 모양의 뼈 사이에 얇은 막이 생성되어 날개가 된 것으로 추정한다. 이 날개를 이용해 유유히 낙하하기도 했다.

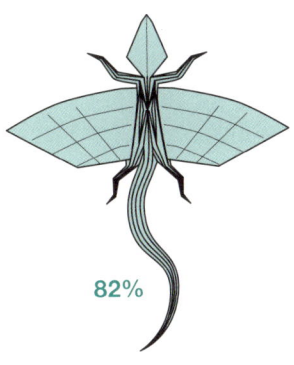

82%

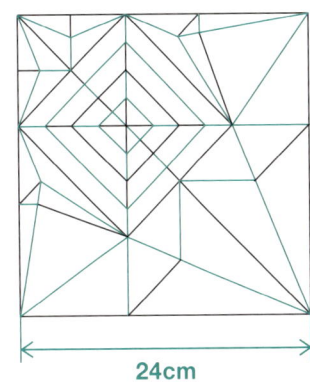

24cm

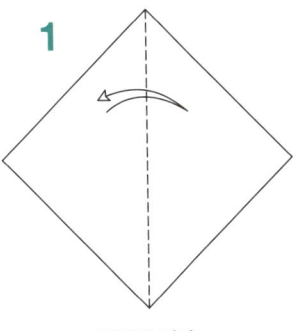

1 접었다 편다.

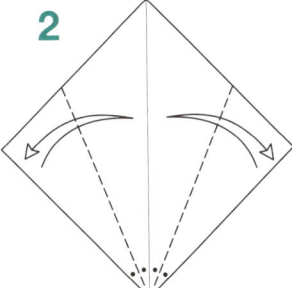

2 점선을 따라 접었다 편다.

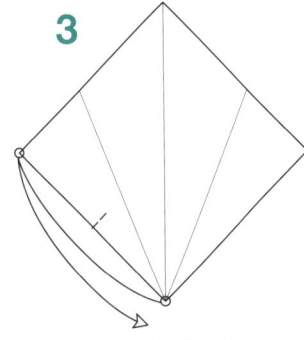

3 ○을 맞추어 1/2 위치에 표시를 한다.

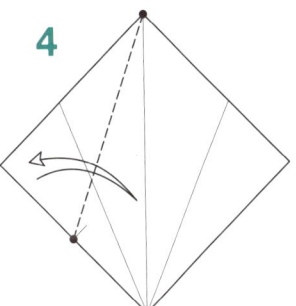

4 ●에 맞추어 접었다 편다.

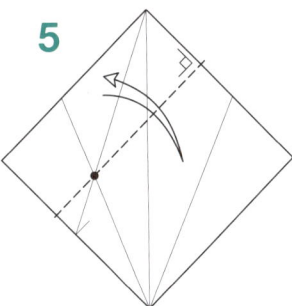

5 ●을 기준으로 접었다 편다.

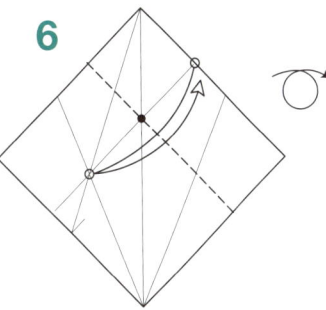

6 ●을 기준으로 ○을 맞추어 접었다 편다.

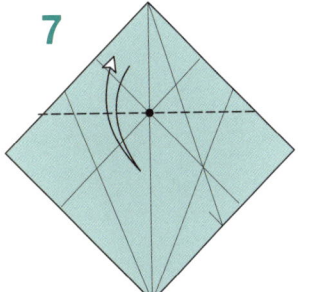

7 ●을 기준으로 접었다 편다.

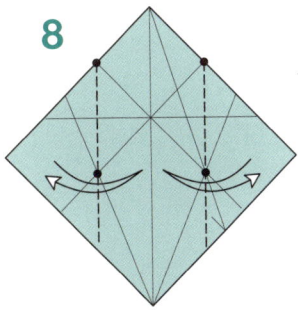

8 ●을 기준으로 접었다 편다.

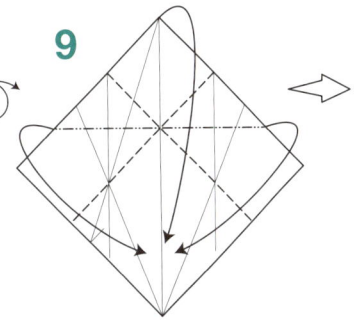

9 기준선을 따라 모아 접는다.

쿠에네오사우루스 **59**

10 겹친 채로 접었다 편다.

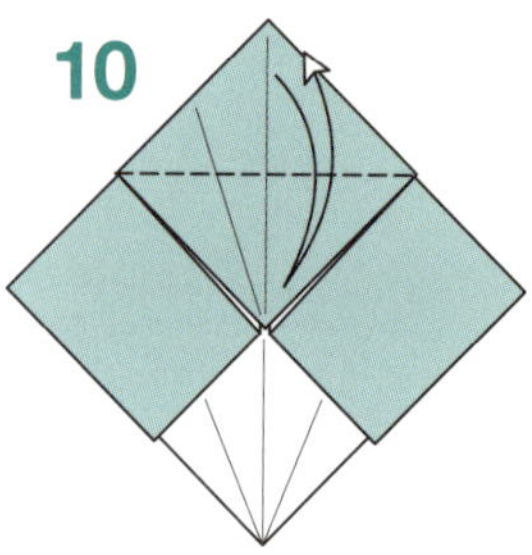

11 ○을 맞춰 접었다 편다.

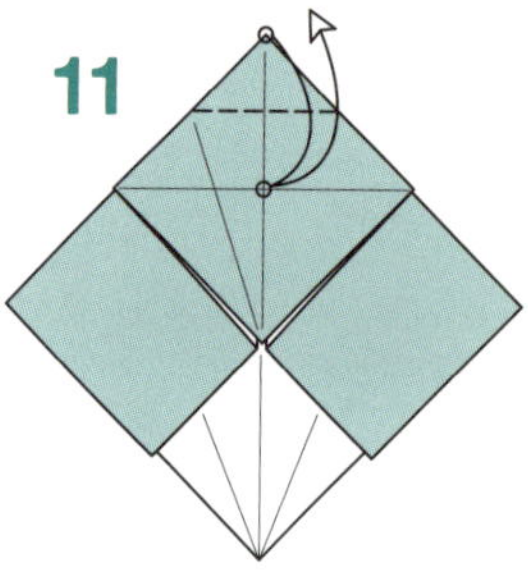

12 다시 1/2 너비로 접었다 편다.

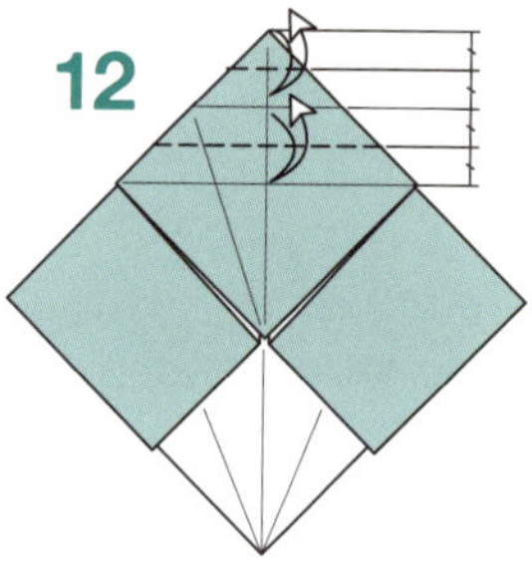

13 기준선을 따라 열린 함몰접기를 한다.

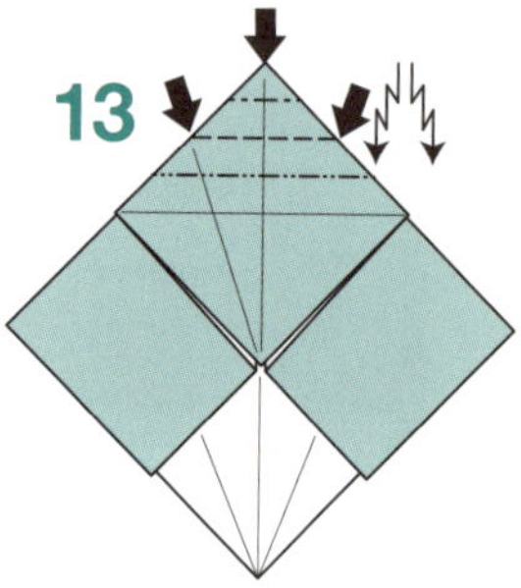

14 중간 그림

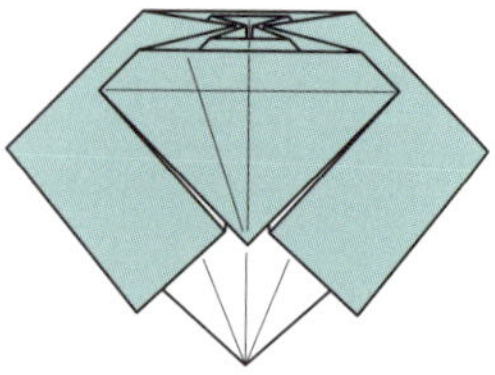

15 한 장을 넘긴다.

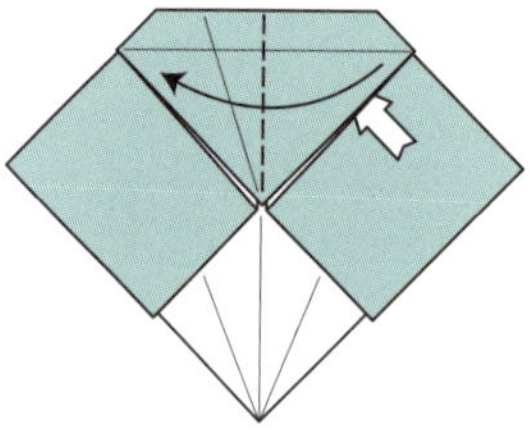

16 펼쳐 눌러 접는다.

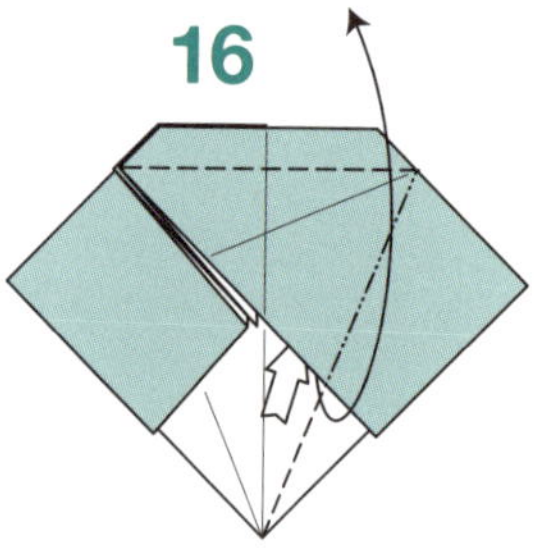

17 아래로 내린다.

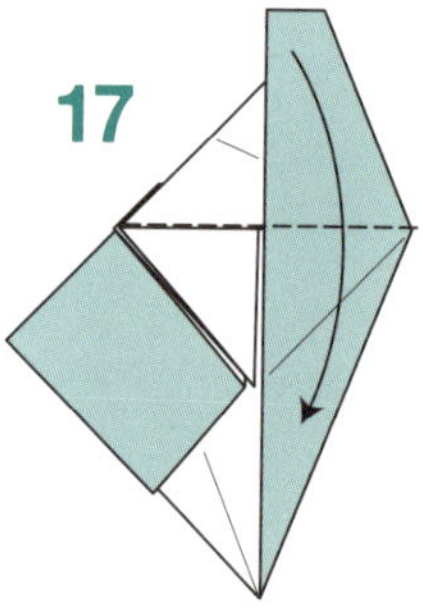

18 ●을 기준으로 접는다.

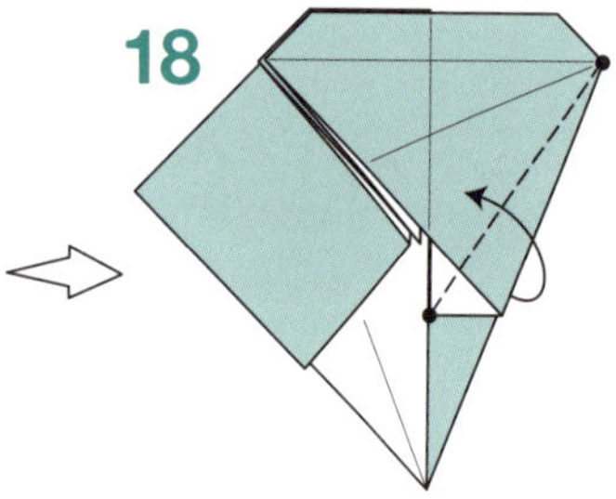

19 ○부분이 움직이지 않도록 누르면서 안쪽 종이를 꺼내어 계단 접기를 한다.

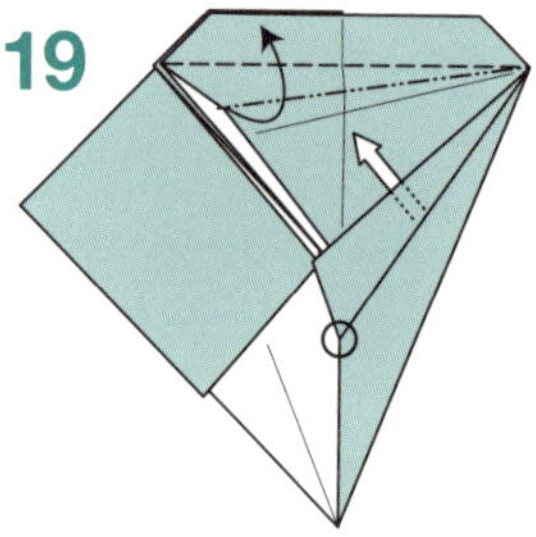

20 점선을 따라 접는다.

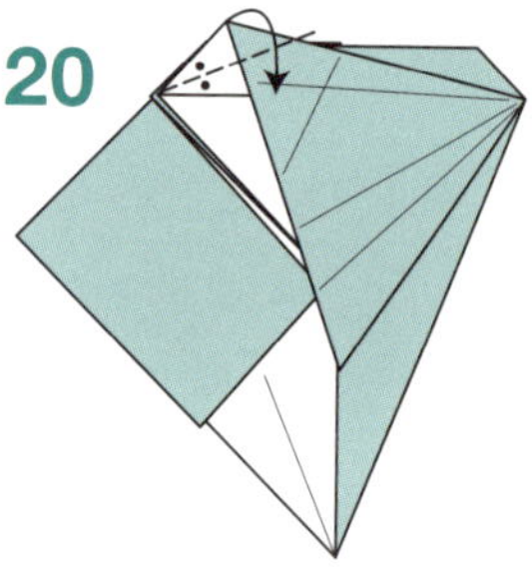

21 ●을 기준으로 접는다.

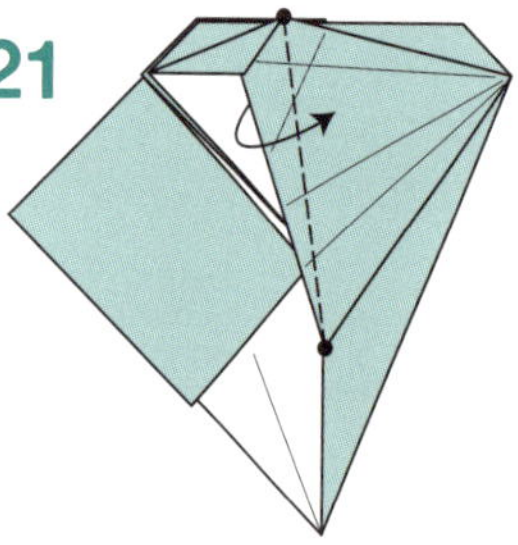

22 안으로 접어 넣는다.

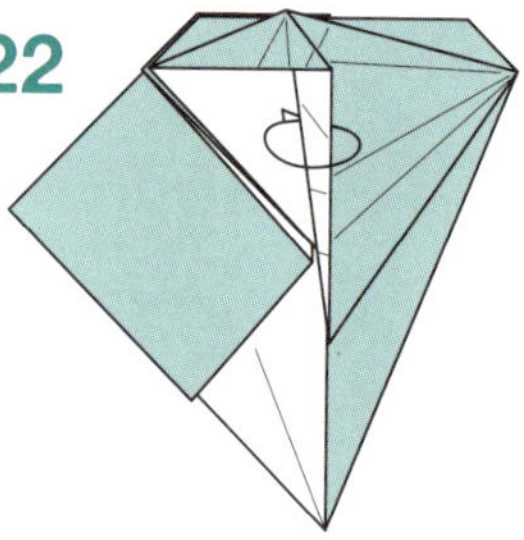

23 22를 접은 모양

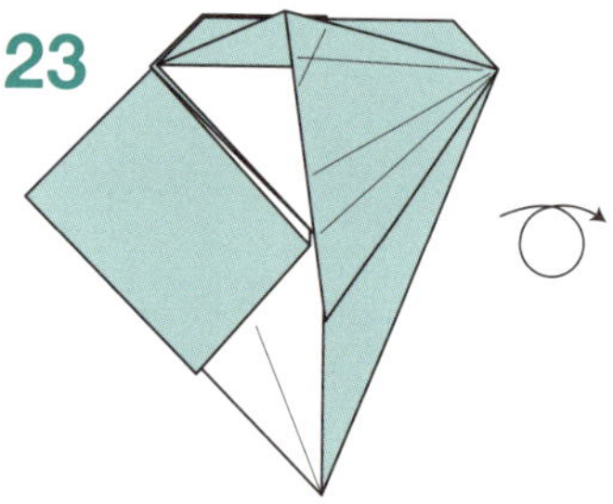

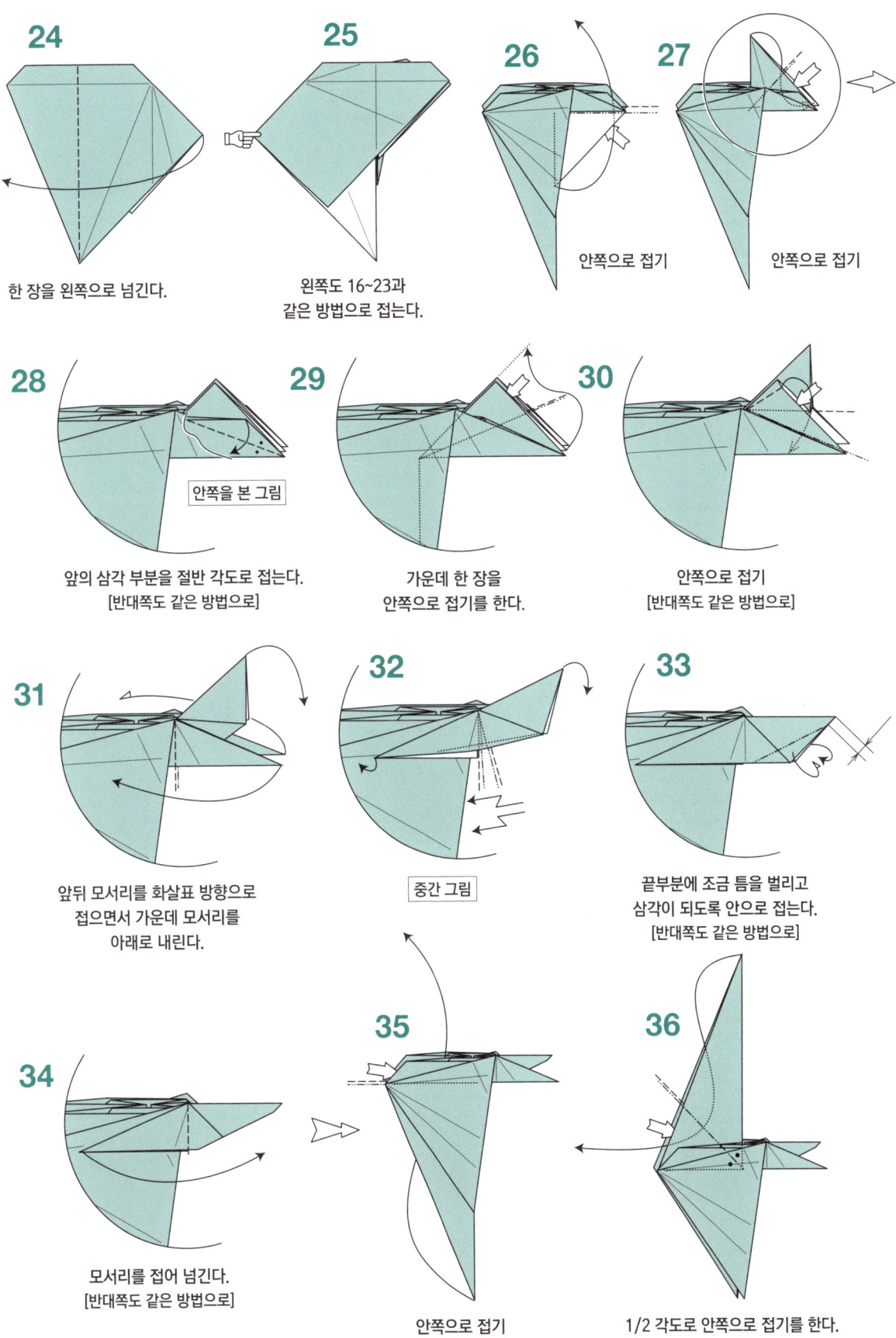

37 삼각 부분을 1/2 각도로 뒤로 접는다.
[반대쪽도 같은 방법으로]

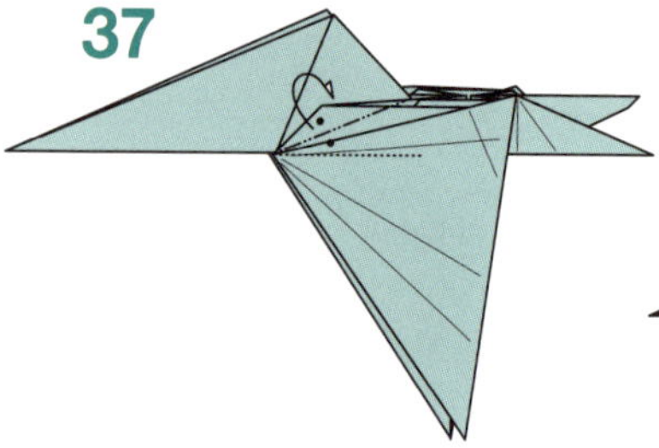

38 2/3 각도로 안쪽으로 접기를 한다.
[반대쪽도 같은 방법으로]

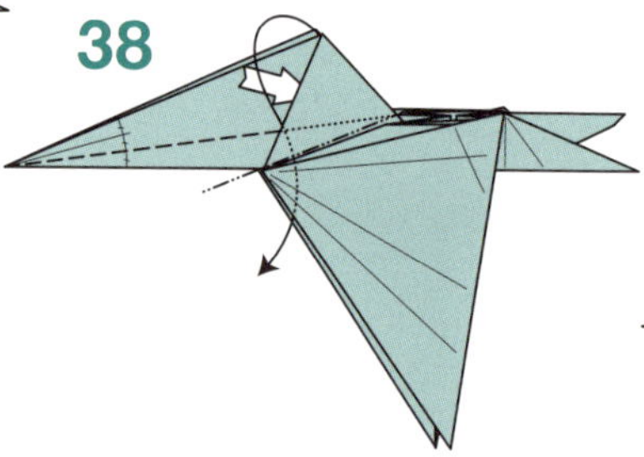

39 1/2 각도로 안쪽으로 접기를 한다.
[반대쪽도 같은 방법으로]

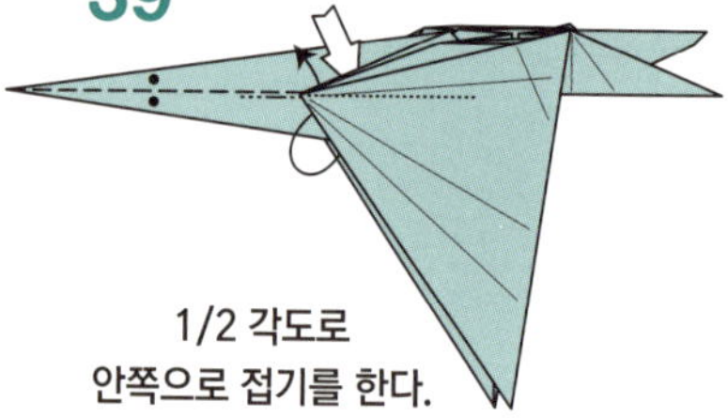

40 위로 접어 올린다.
[반대쪽도 같은 방법으로]

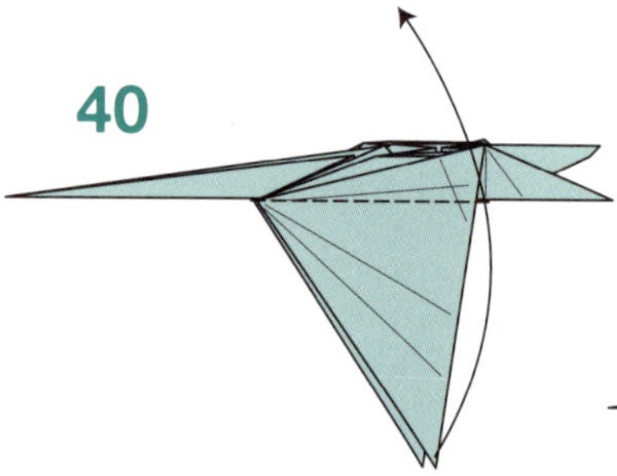

41 접었다 편다.
[반대쪽도 같은 방법으로]
생략 가능

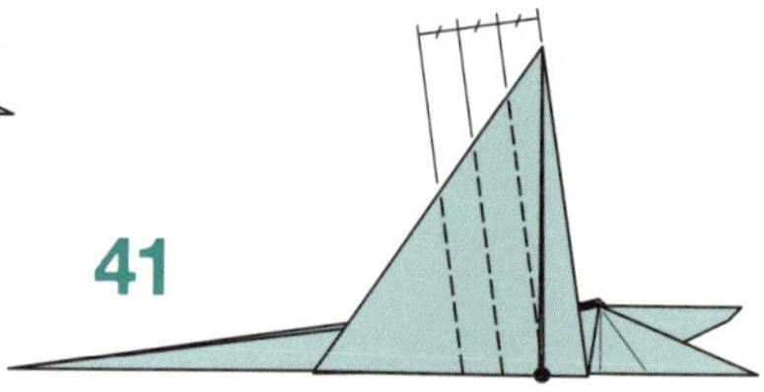

42 ●을 기준으로 접어 내린다.
[반대쪽도 같은 방법으로]

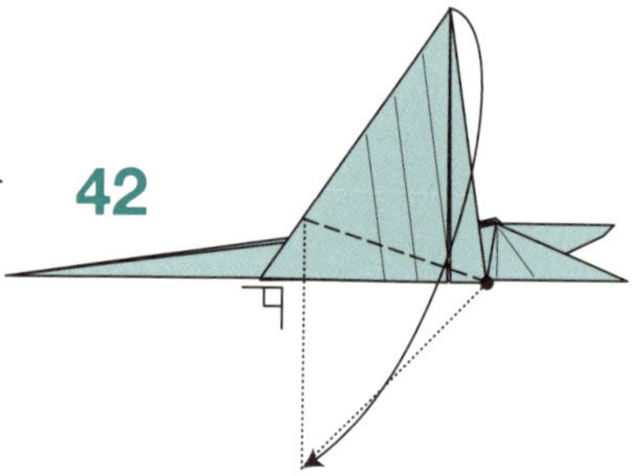

43 1/2 각도로 당기듯이 안으로 접어 넣는다.
[반대쪽도 같은 방법으로]

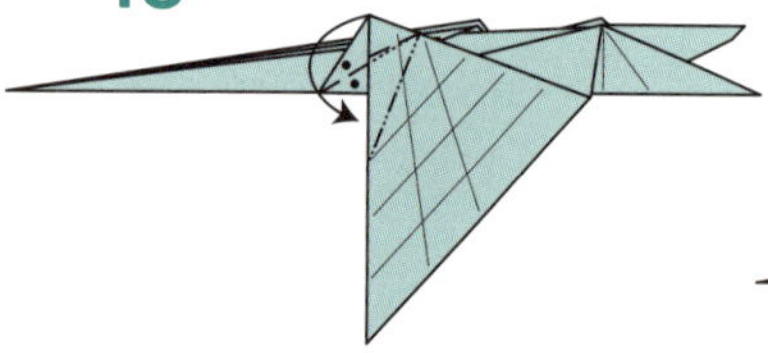

44 날개를 좌우로 펼친다.

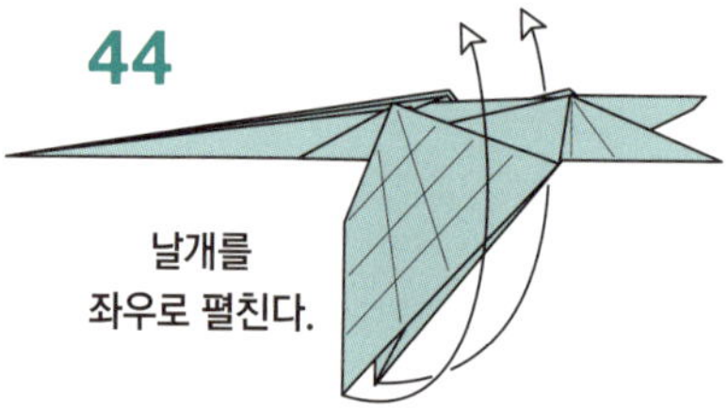

45 얼굴을 좌우로 펴고 다리를 구부려 형태를 다듬는다.
꼬리는 자연스럽게 구부린다.

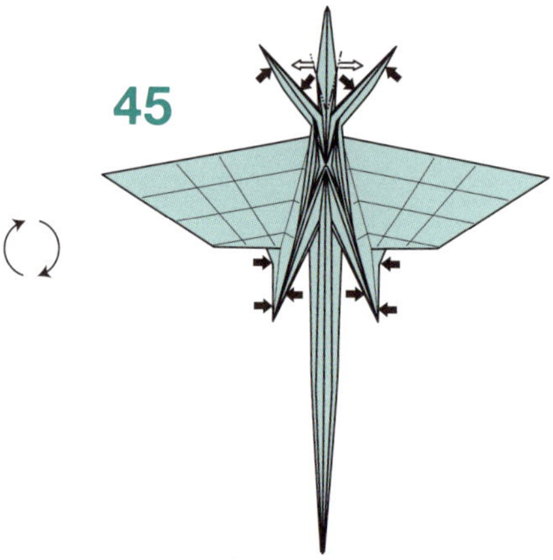

쿠에네오사우루스 완성

시조새
Archaeopteryx

1860년에 깃털이, 다음 해에 전신 뼈대가 발견된 가장 초기의 조류다. 날개 부분의 주름 수를 늘리면 형태를 좀 더 섬세하게 만들 수 있다.

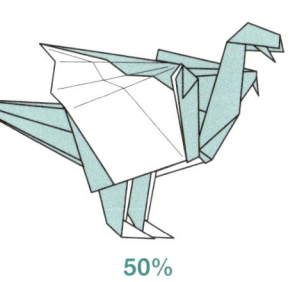

50%

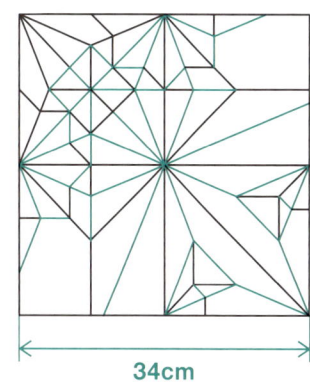

34cm

1

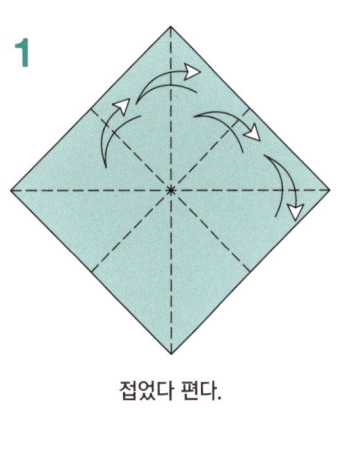

접었다 편다.

2

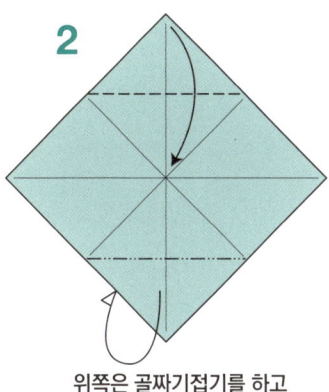

위쪽은 골짜기접기를 하고 아래쪽은 산접기를 한다.

3

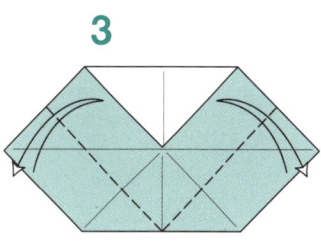

1/2 너비로 접었다 편다.

4

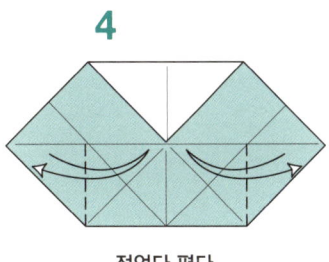

접었다 편다.

5

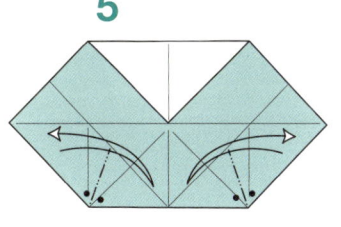

접었다 편다.

6

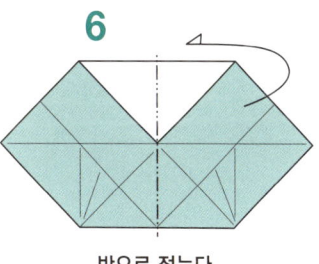

반으로 접는다.

7

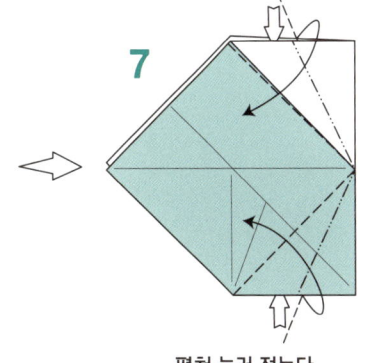

펼쳐 눌러 접는다.

8

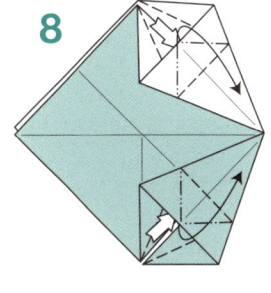

화살표 방향으로 펼쳐 눌러 접는다.

9

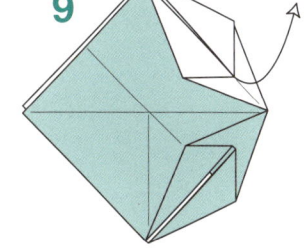

다시 편다.

시조새　63

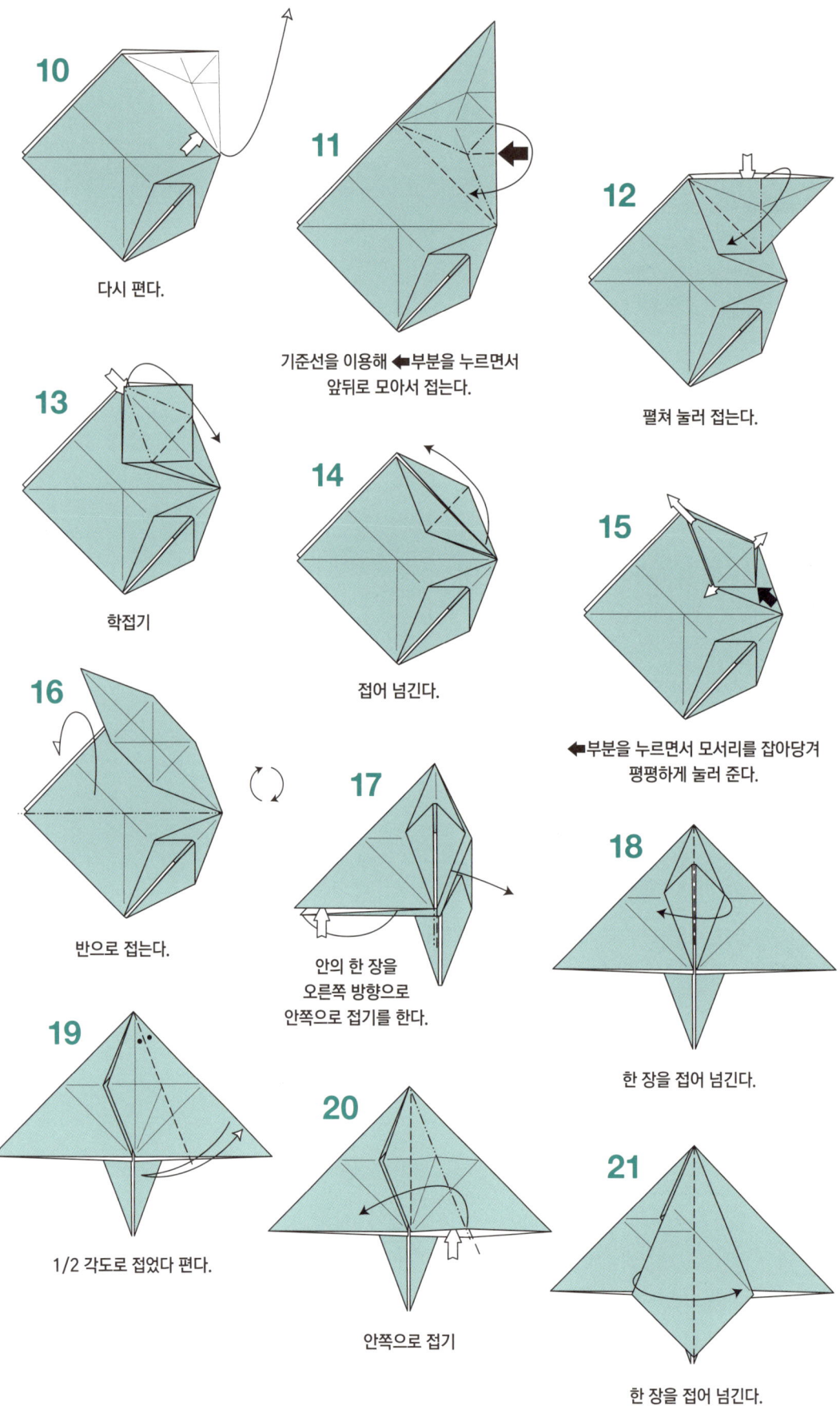

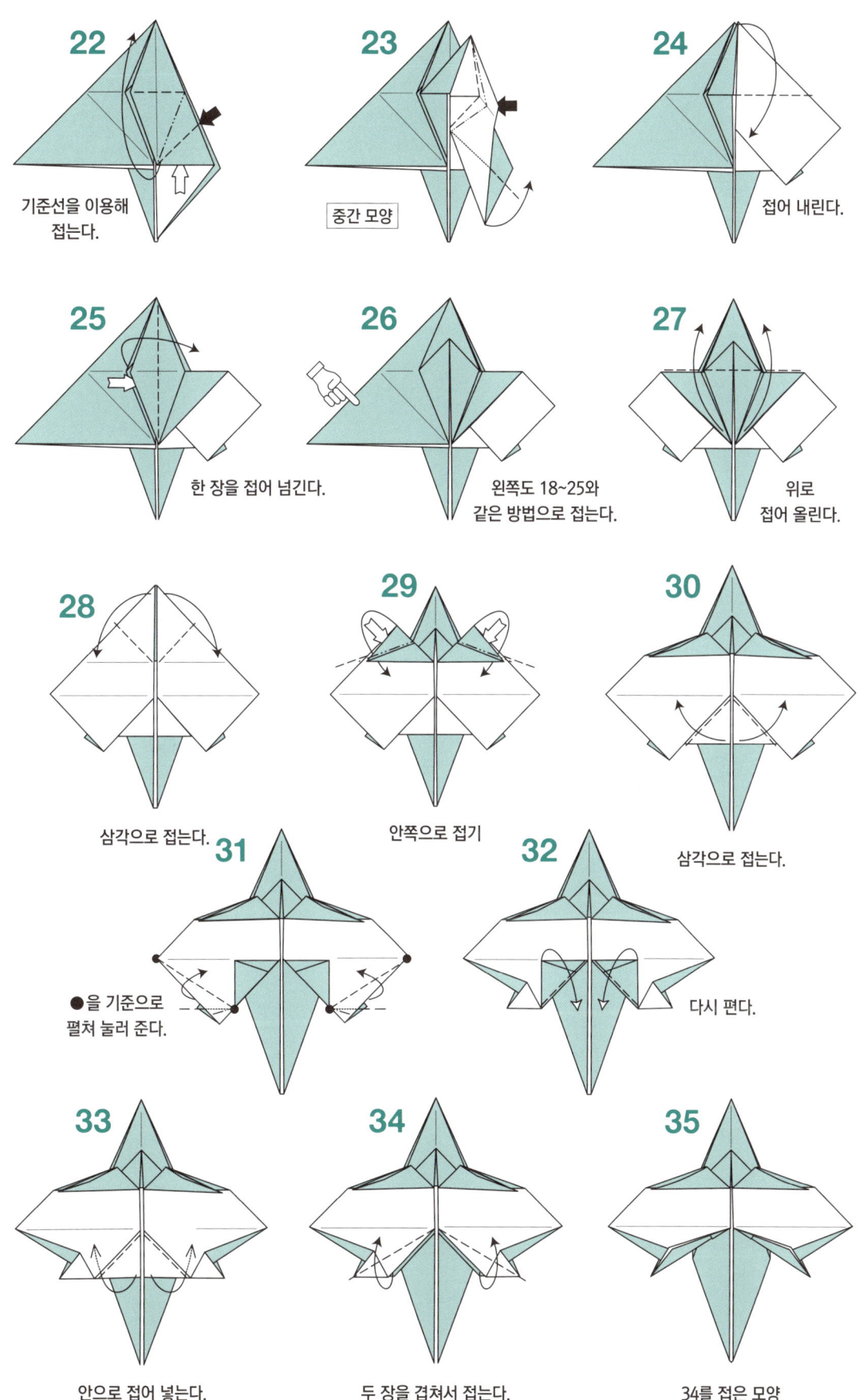

36 삼각으로 접는다.

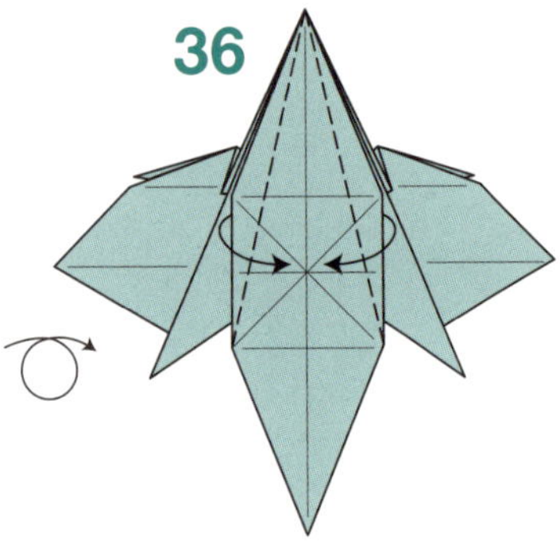

37 좌우 1/2 각도로 접는다.

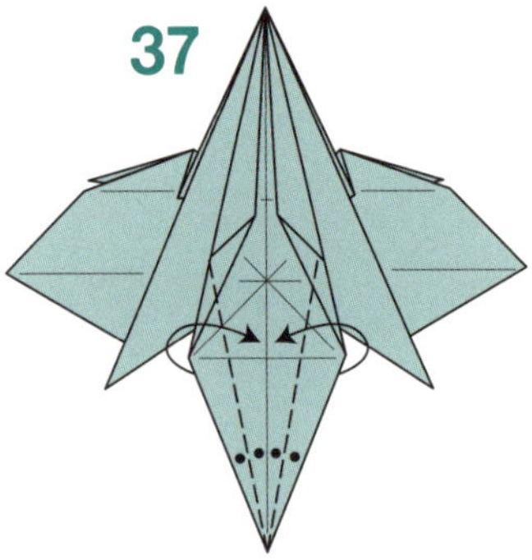

38 전체를 반으로 접는다.

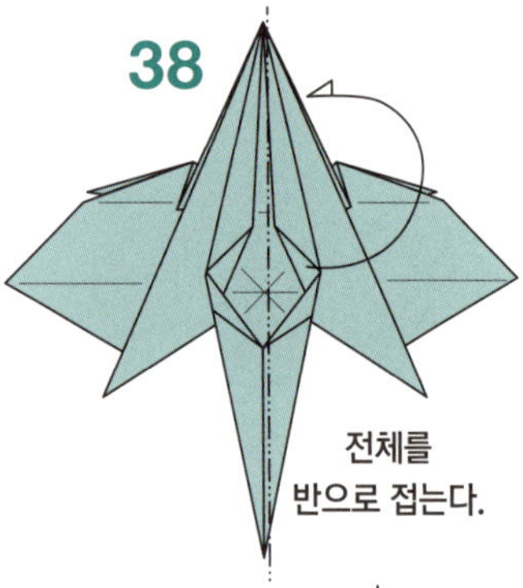

39

40 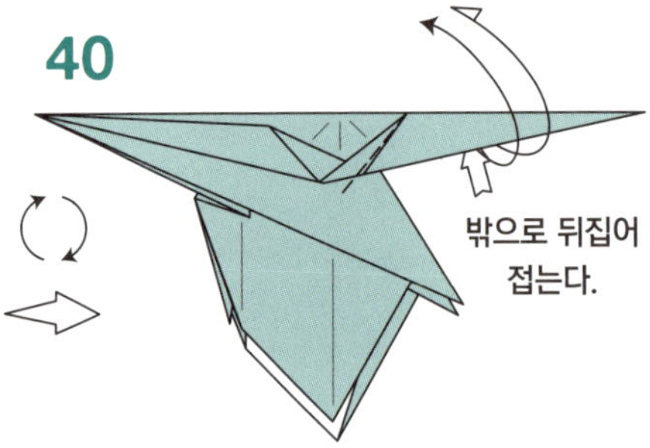 밖으로 뒤집어 접는다.

41 밖으로 뒤집어 접는다.

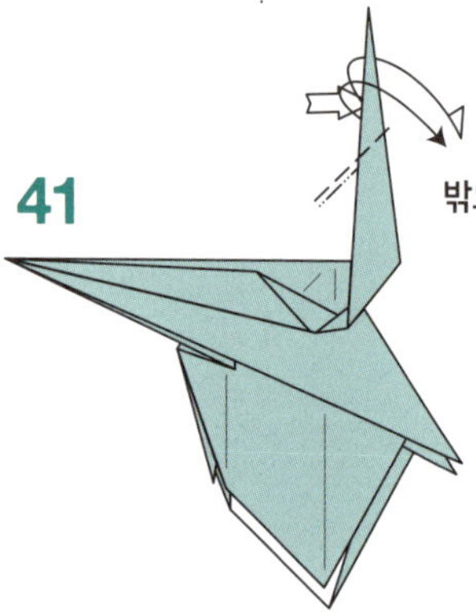

42 안으로 넣어 접으며 계단 접기를 한다.

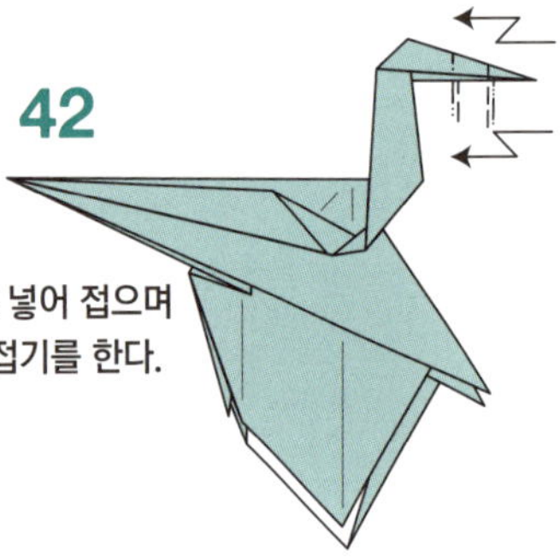

43 위로 접어 올린다.

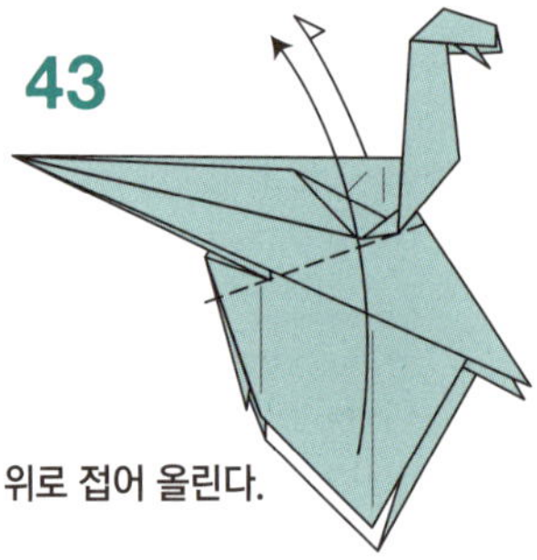

44 앞에서 2번째 틈으로 안쪽으로 접기를 한다. [반대쪽도 같은 방법으로]

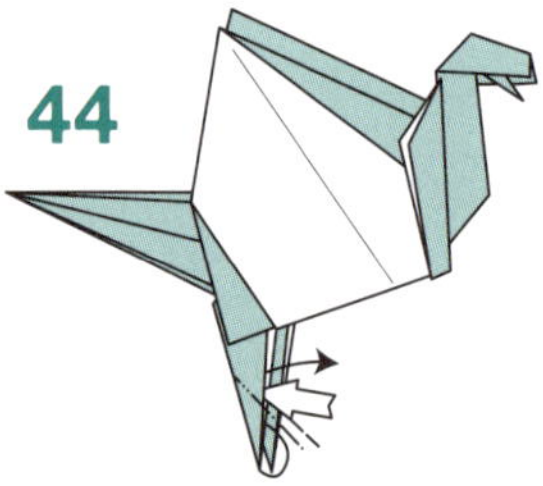

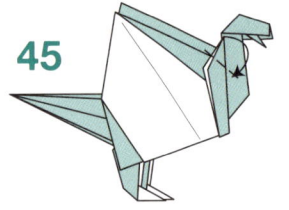

45 모서리를 접어 내린다. [반대쪽도 같은 방법으로]

46 계단 접기를 한다. [반대쪽도 같은 방법으로]

시조새 완성

상급
드로마에오사우루스
Dromaeosaurus

소형 육식 공룡으로 이빨이 매우 예리하며 뒷다리에는 날카로운 갈고리 발톱이 있었다. 종이접기에서는 목에서부터 몸통까지 눌러 곡선을 주는 방법으로 형태를 만들어 보았다.

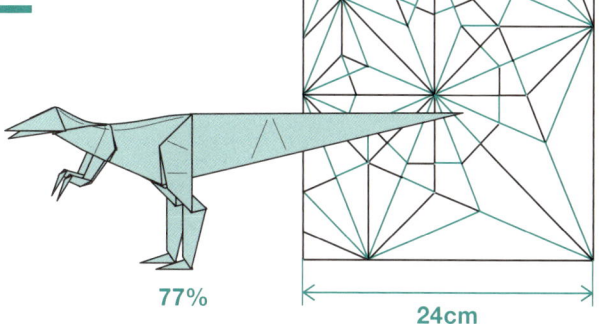

77% 24cm

1
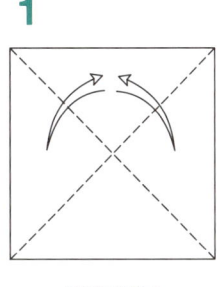
접었다 편다.

2
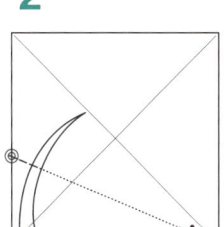
◎지점에 표시를 한다.

3
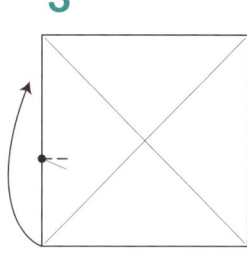
●을 기준으로 위로 접는다.

4
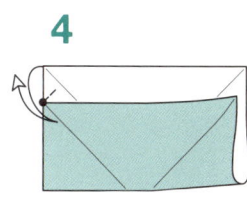
가장자리에 맞춰 표시를 한다.

5
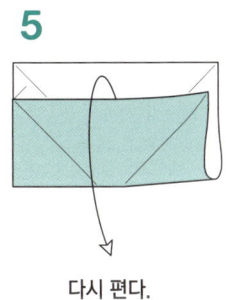
다시 편다.

6
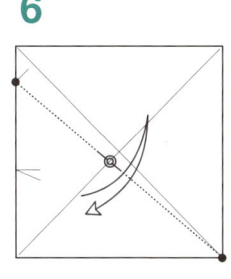
●을 기준으로 ◎지점에 표시를 한다.

7
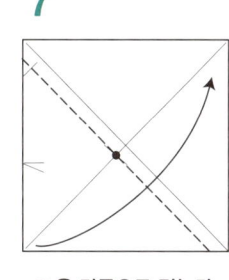
●을 기준으로 접는다.

8
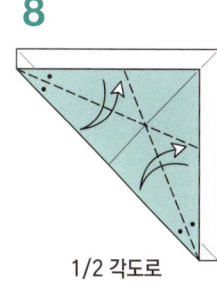
1/2 각도로 접었다 편다.

9

대각선에 맞춰 접는다.

10
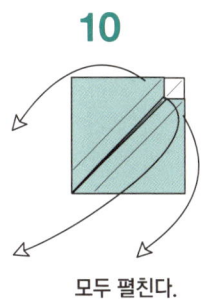
모두 펼친다.

11
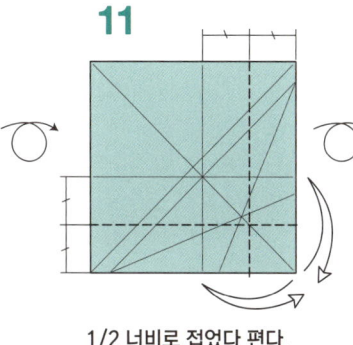
1/2 너비로 접었다 편다.

12
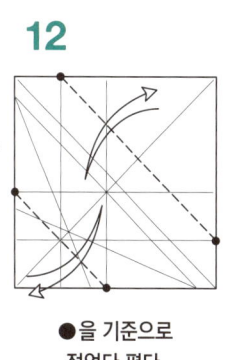
●을 기준으로 접었다 편다.

드로마에오사우루스 **67**

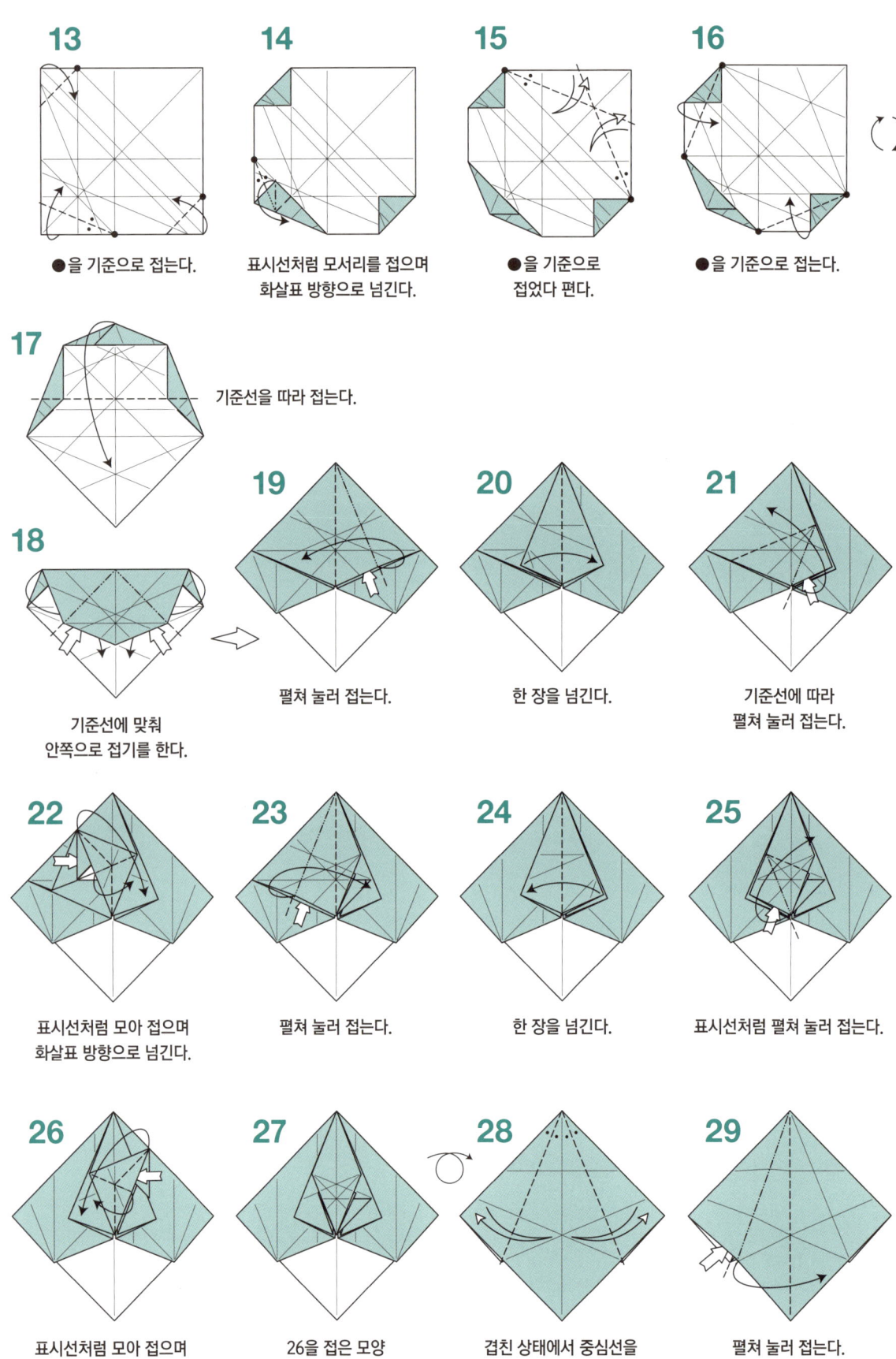

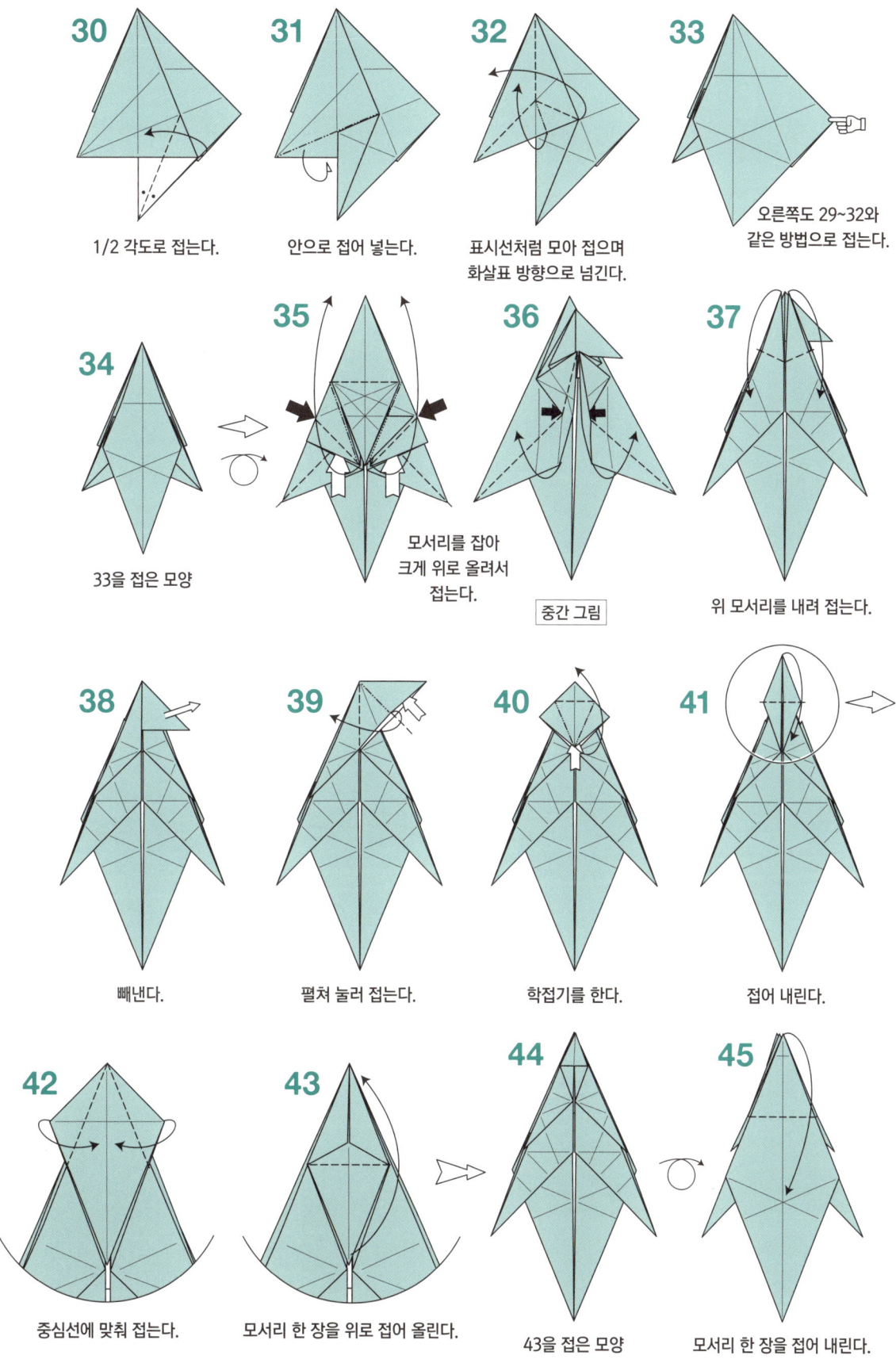

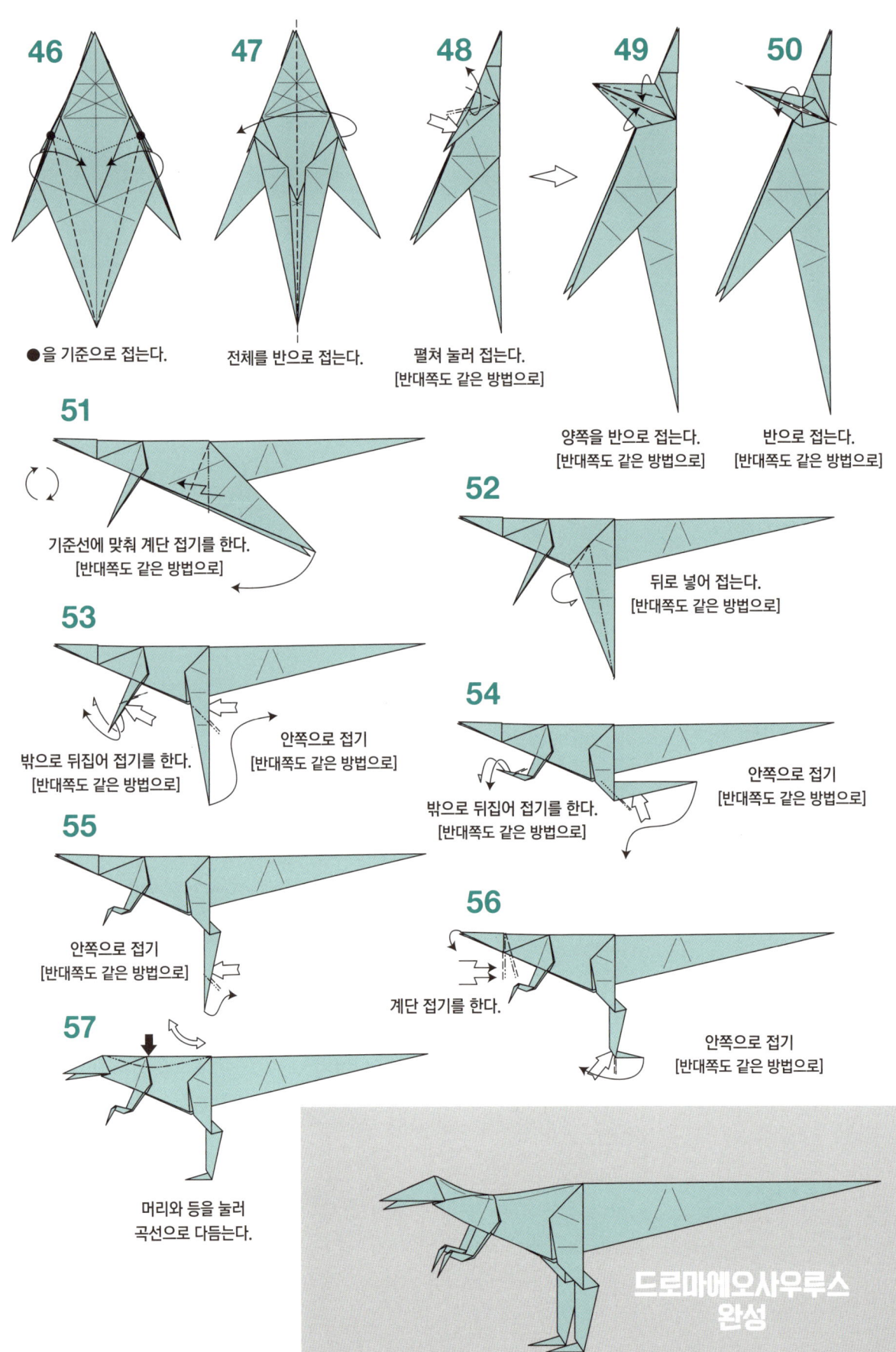

상급

딜로포사우루스
Dilophosaurus

머리에 두 개의 돌기가 있는 육식공룡이다. 두 장으로 접는 복합 작품이지만 풀은 필요 없다. 머리 부분은 좌우의 균형을 맞춰 접어 준다.

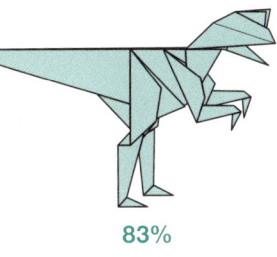
83%

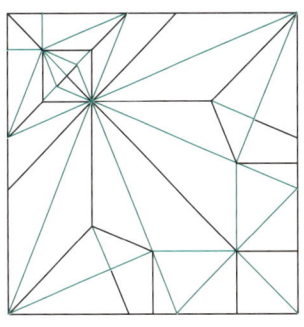
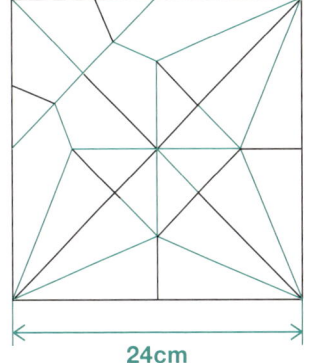

24cm

※ 같은 크기의 종이를 두 장 사용합니다.

(상반신)

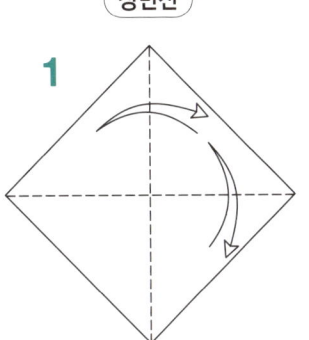

1. 접었다 편다.

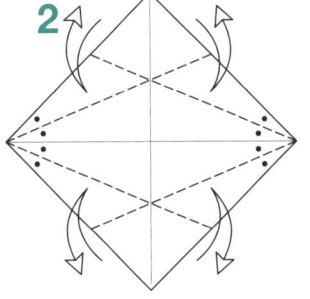

2. 중심선에 맞춰 접었다 편다.

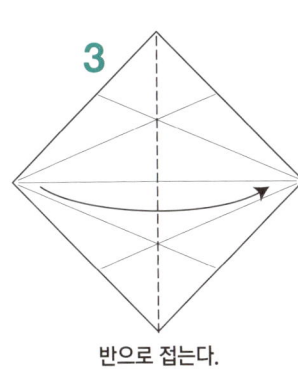

3. 반으로 접는다.

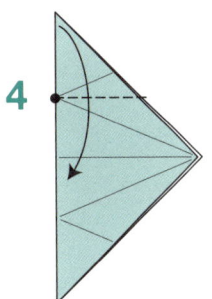

4. ●을 기준으로 접는다.

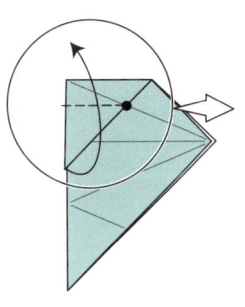

5. ●을 기준으로 접는다.

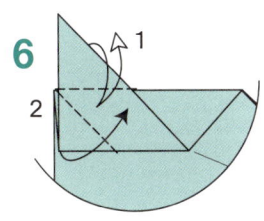

6. 변에 맞춰 기준선을 만들고 동시에 삼각으로 접는다.

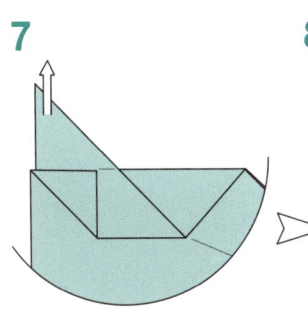

7. 다시 편다.

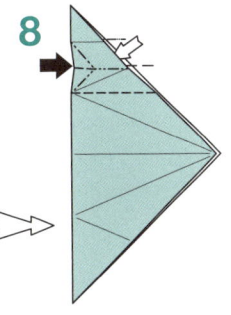

8. 기준선에 맞춰 안을 부풀려 눌러주며 접는다.

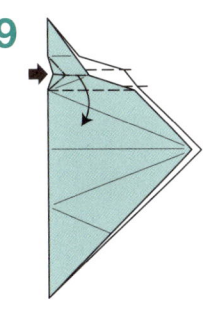

9. 중간 그림

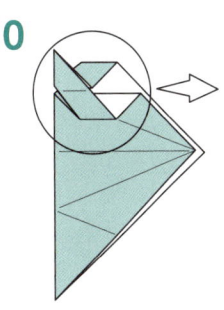

10. 모두 펼친다.

딜로포사우루스 71

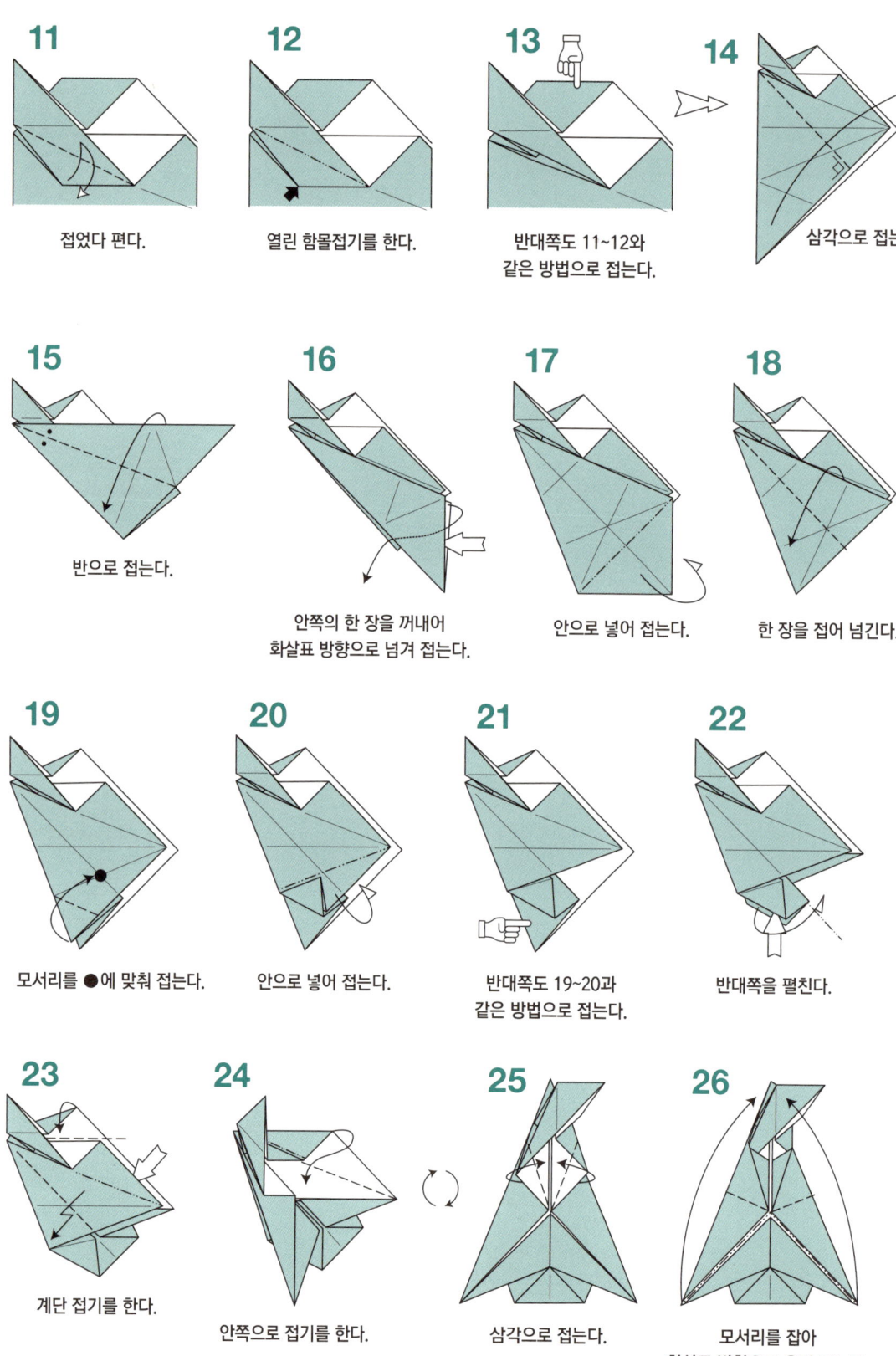

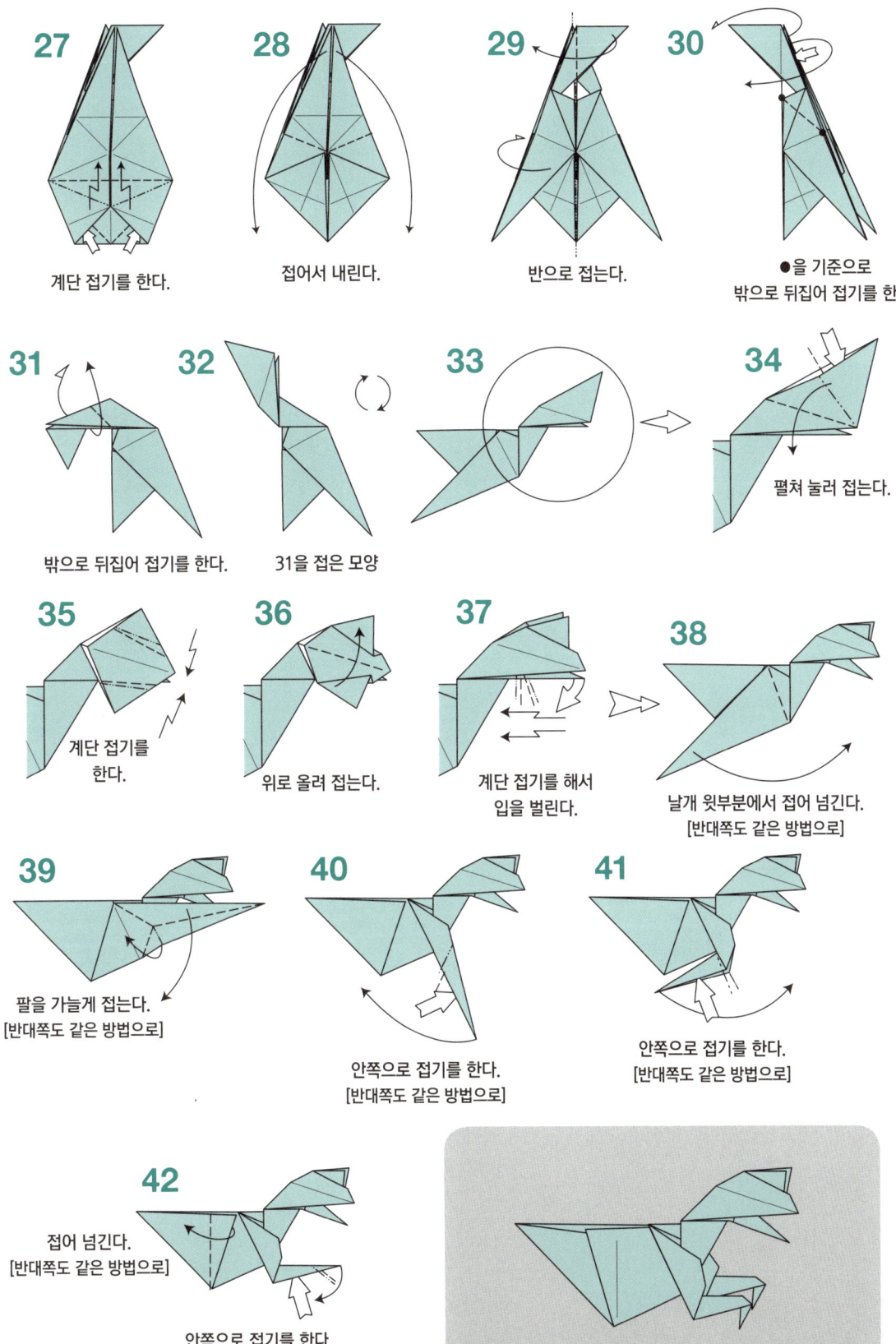

하반신

1. 대각선 기준선을 만들고 하나의 모서리를 삼각접기한다.
2. 반으로 접는다.
3. 펼쳐 눌러 접는다.
4. 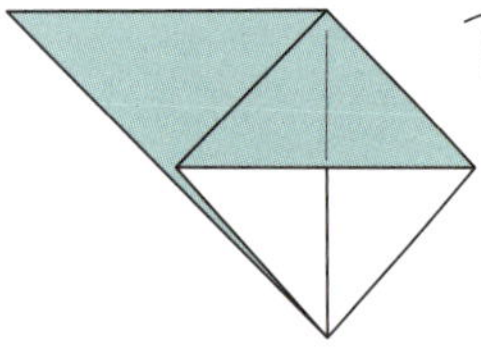
5. 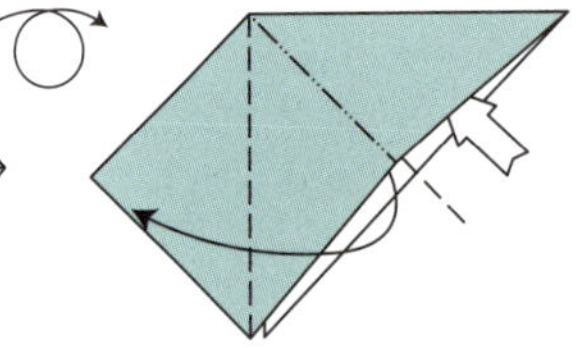 펼쳐 눌러 접는다.
6. 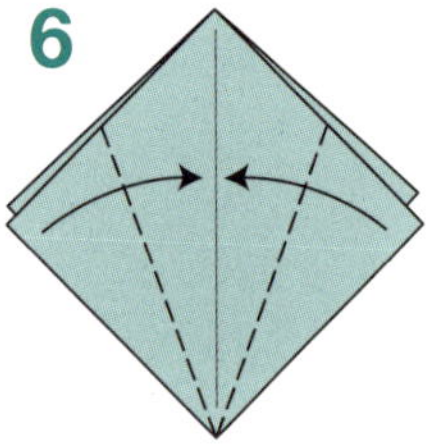
7. 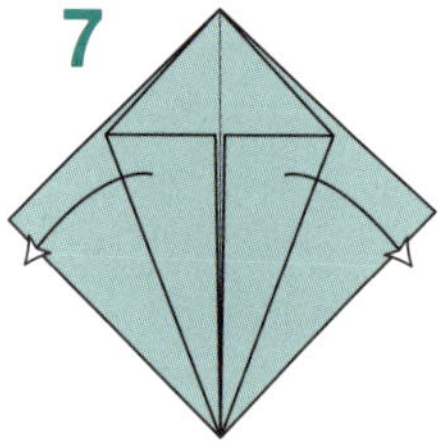 다시 편다.
8. 학접기한다.
9. 조금 뒤쪽으로 접는다.
10. 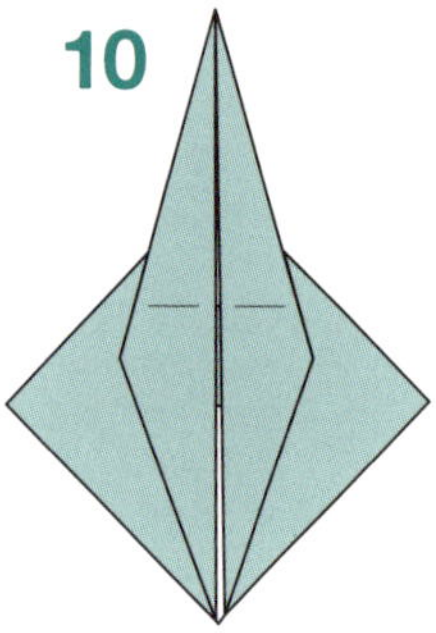
11. 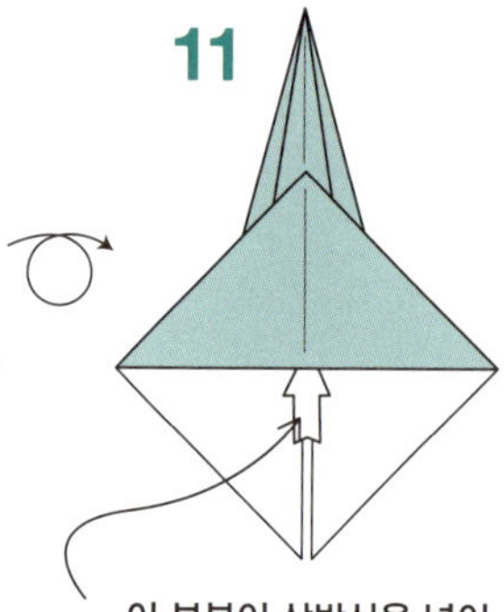 이 부분이 상반신을 넣어 결합하는 주머니가 된다.

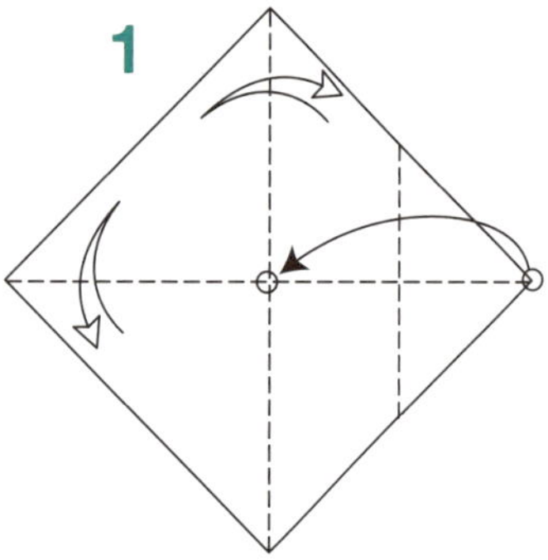

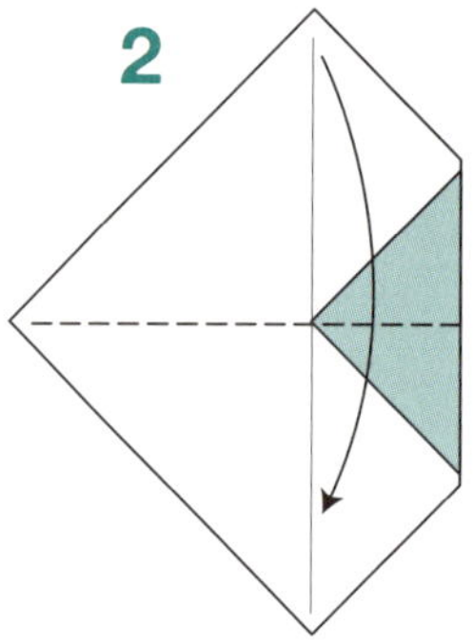

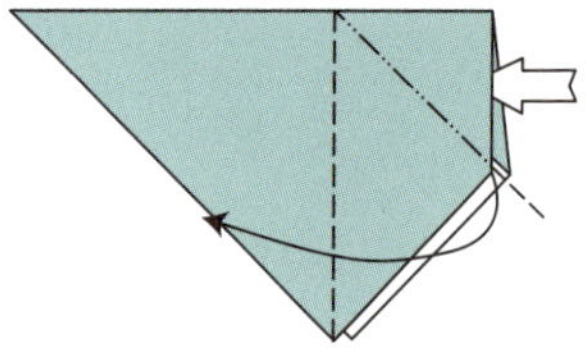

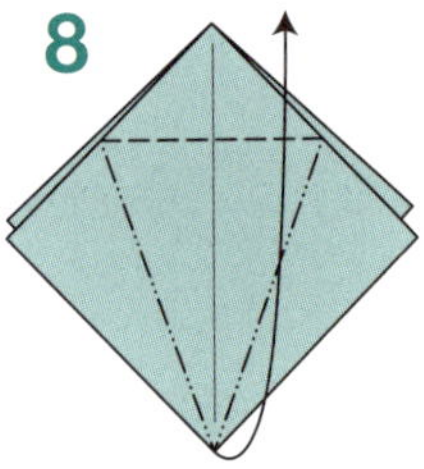

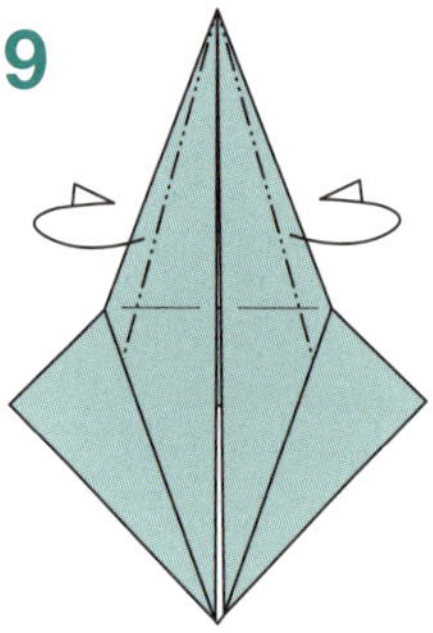

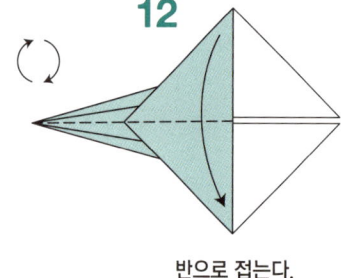

12. 반으로 접는다.

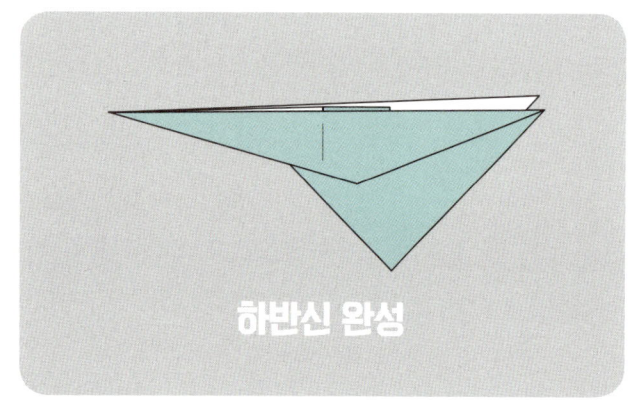

하반신 완성

상반신과 하반신의 조립

1 여기까지 끼워 넣는다.

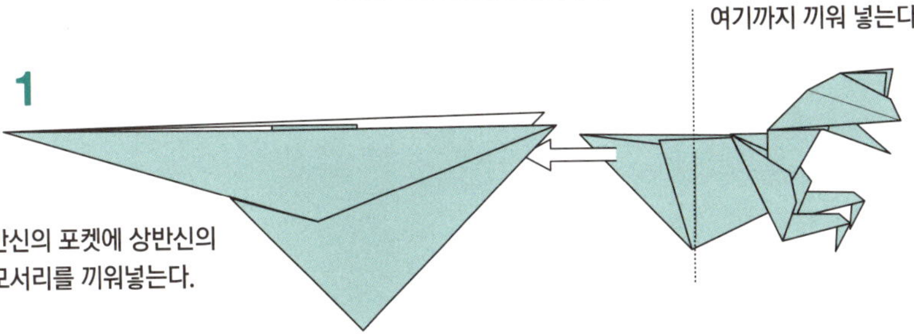

하반신의 포켓에 상반신의 모서리를 끼워넣는다.

2 모서리를 잡아 화살표 방향으로 접는다.
[반대쪽도 같은 방법으로]

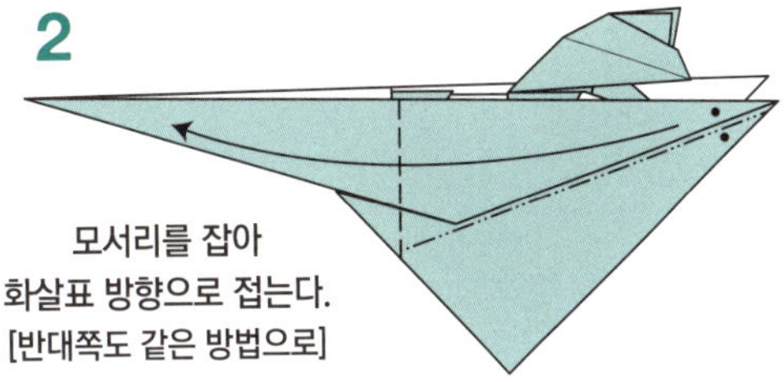

3 위의 한 장을 접어 넘긴다.
[반대쪽도 같은 방법으로]

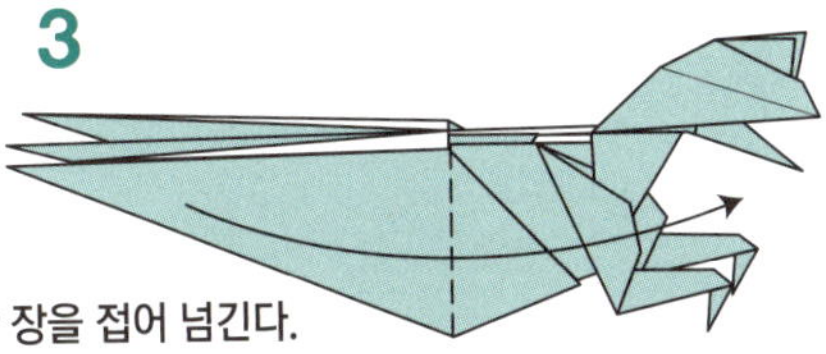

4 다리를 가늘게 모아 접는다.
[반대쪽도 같은 방법으로]

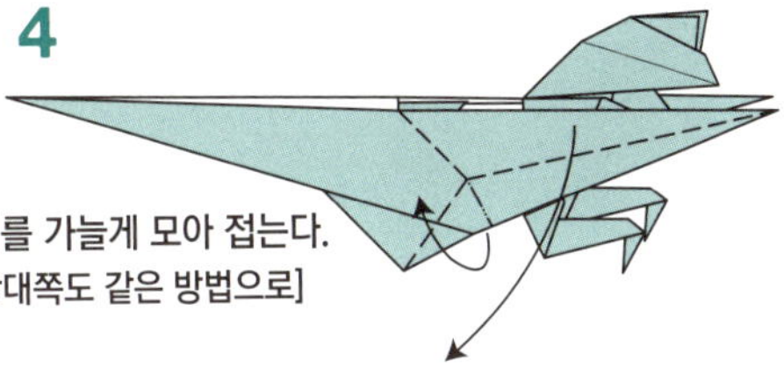

5 계단 접기를 한다.
[반대쪽도 같은 방법으로]

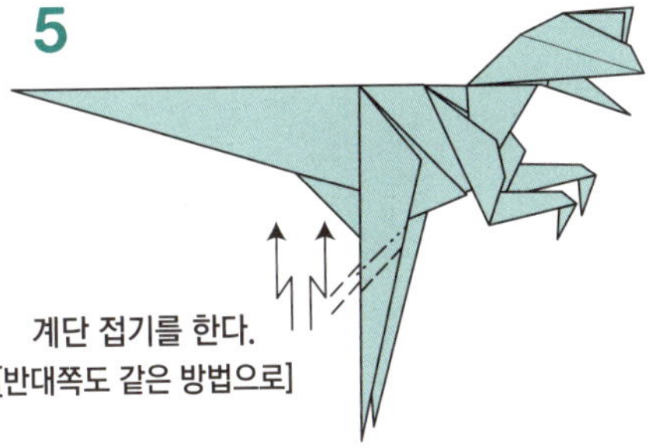

6 안쪽으로 접기를 한다.
[반대쪽도 같은 방법으로]

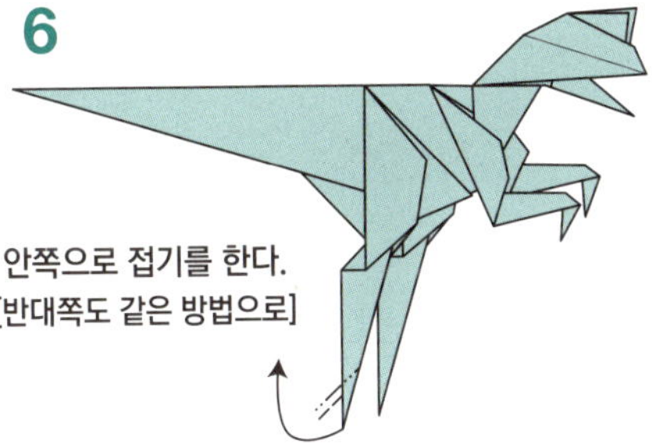

7 안쪽으로 접기를 한다.
[반대쪽도 같은 방법으로]

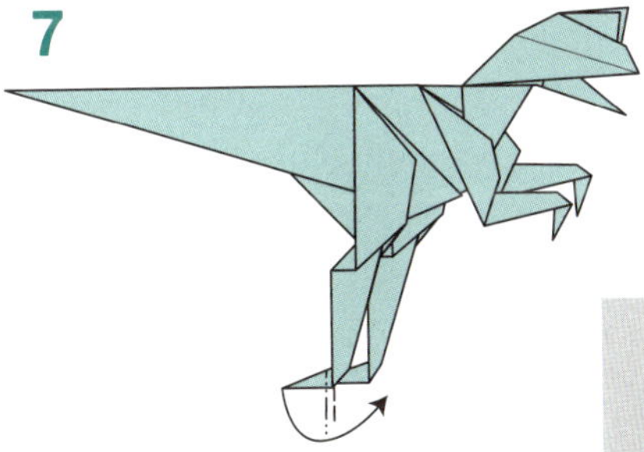

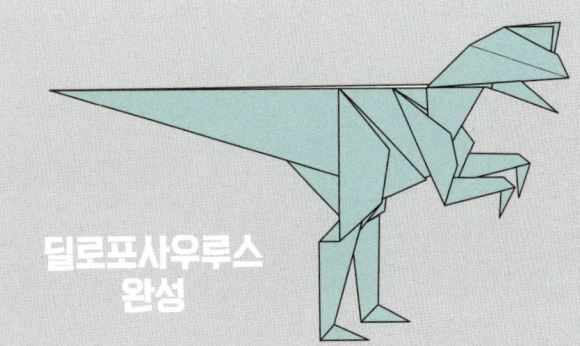

딜로포사우루스 완성

상급

데이노니쿠스
Deinonychus

몸집은 작지만 난폭한 육식 공룡이다. 뒷다리에 큰 갈고리발톱이 있었다. 뒷다리의 발톱 부분은 얇게 접어준다. 정확하게 접도록 한다.

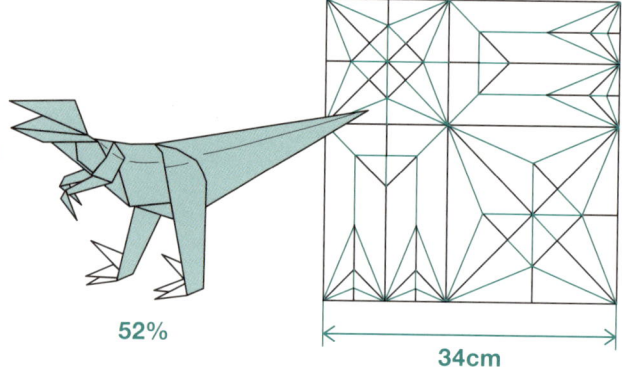

52%   34cm

1
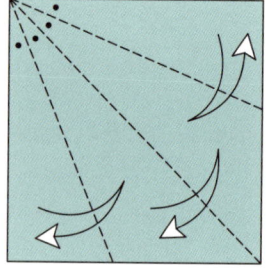
접었다 편다.

2
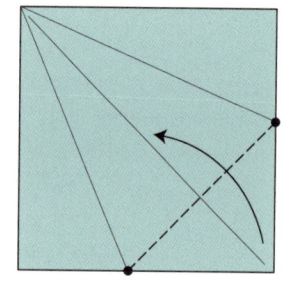
●을 기준으로 접는다.

3
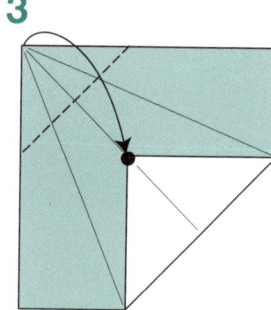
모서리를 ●에 맞춰 접는다.

4
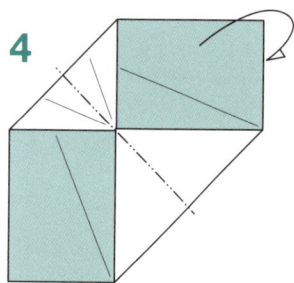
반으로 접는다.

5
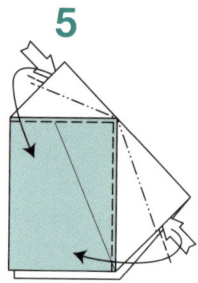
펼쳐 눌러 접는다.

6
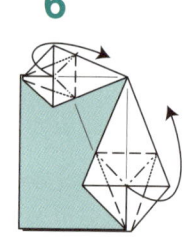
표시선처럼 화살표 방향으로 당겨 눌러 접는다.

7
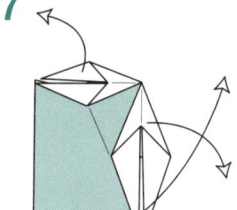
모두 다시 편다.

8
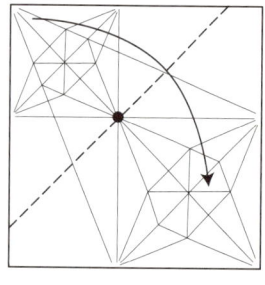
●을 기준으로 접는다.

9
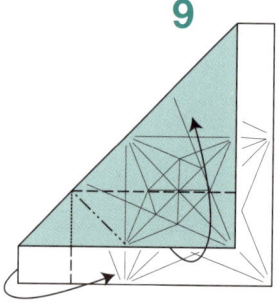
기준선에 따라 당겨서 접는다.

10
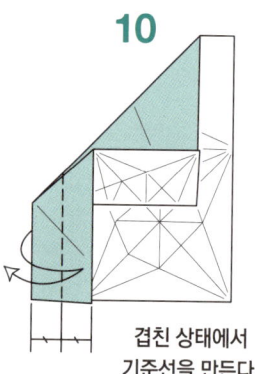
겹친 상태에서 기준선을 만든다.

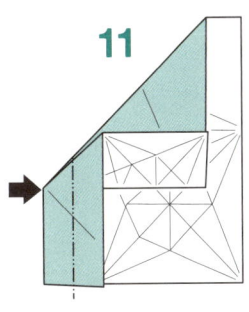
11 열린 함몰접기를 한다.

12

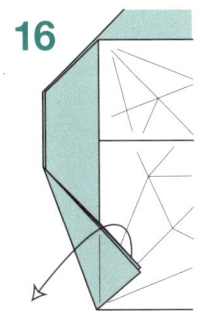
13 겹쳐서 접는다.

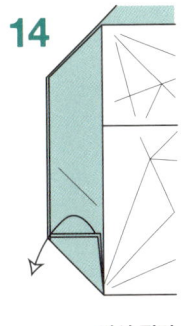
14 다시 편다.

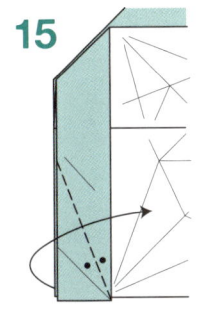
15 겹친 채로 꼭지점을 기준으로 반으로 접는다.

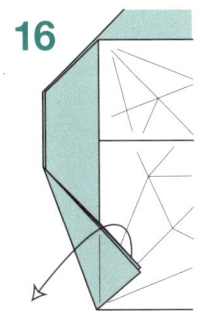
16 다시 편다.

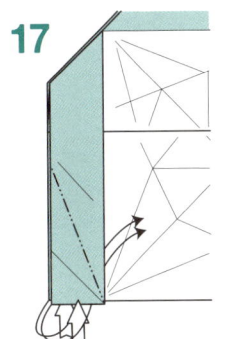
17 두 곳 모두 안쪽으로 접기

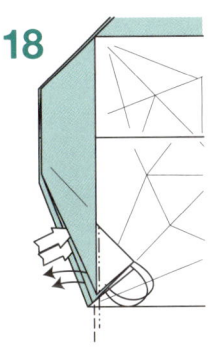
18 두 곳 모두 안쪽으로 접기

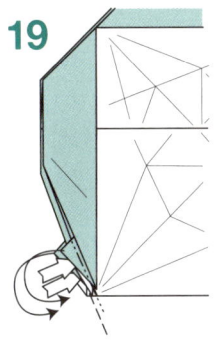
19 두 곳 모두 안쪽으로 접기

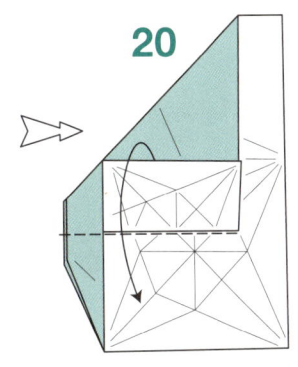
20 내려 접는다.

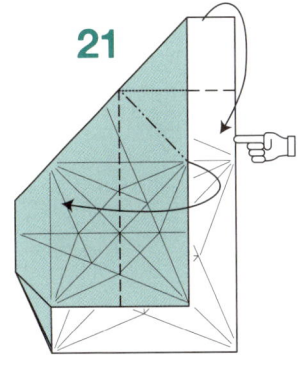
21 반대쪽도 9~20과 같은 방법으로 접는다.

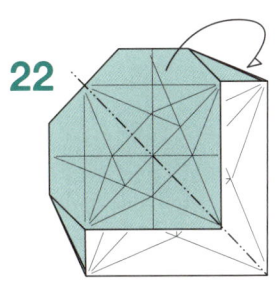
22 반으로 접는다.

데이노니쿠스

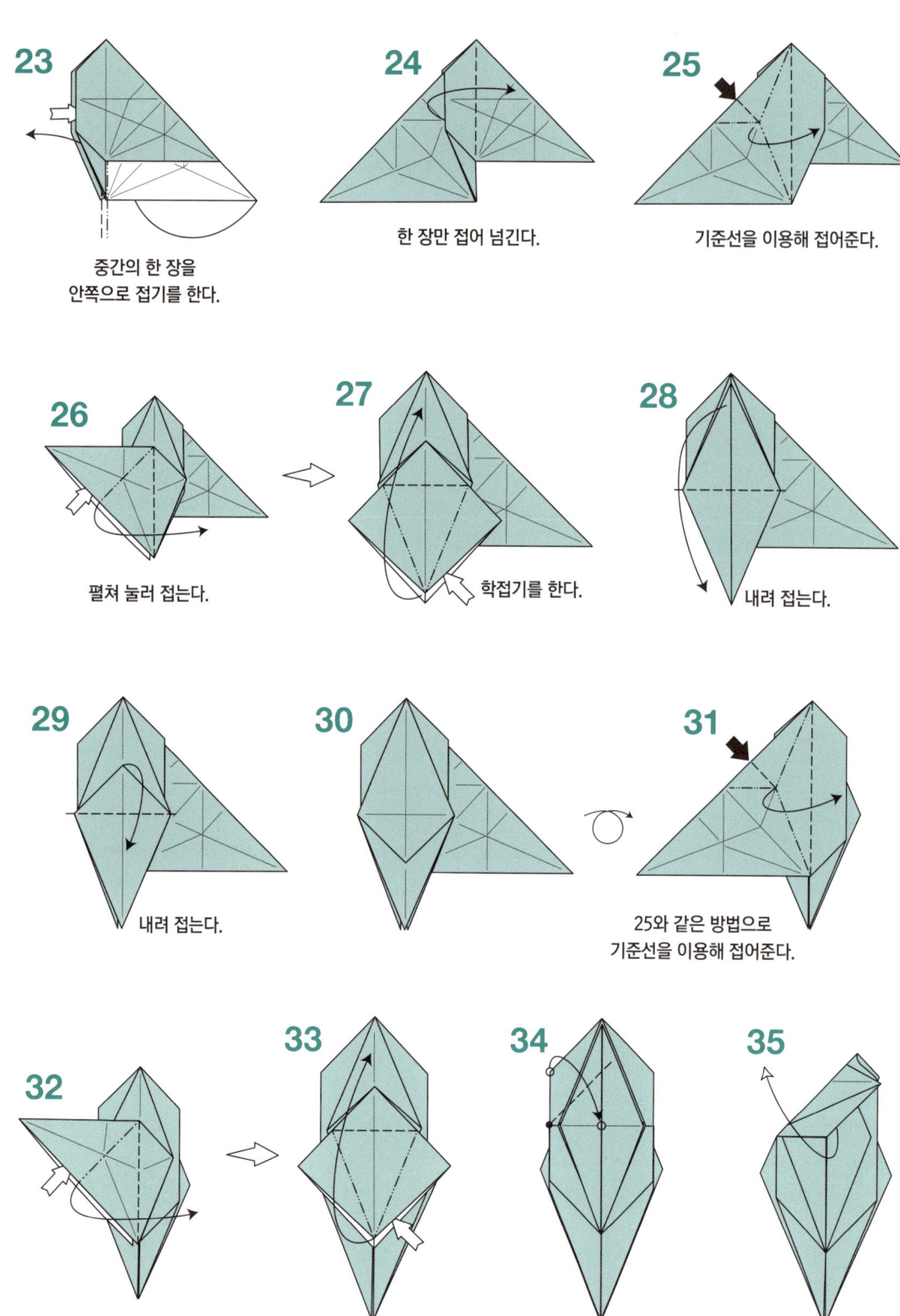

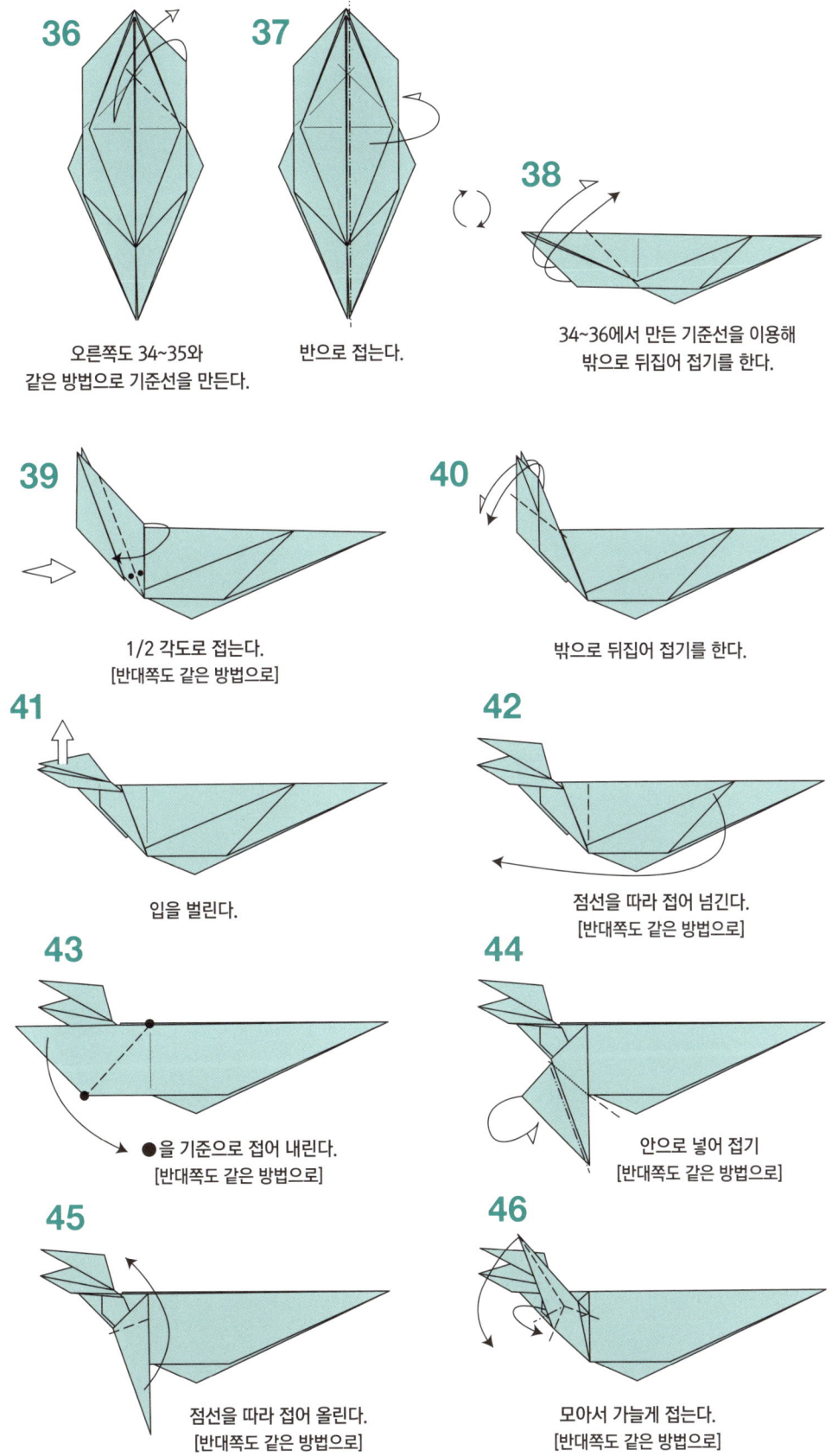

47
접어 내린다.
[반대쪽도 같은 방법으로]

48
접어 내린다.
[반대쪽도 같은 방법으로]

49
세 곳 모두 안쪽으로 접기
[반대쪽도 같은 방법으로]

50
발톱 하나는 위로 살짝 올린다.
[반대쪽도 같은 방법으로]

51
안으로 넣어 접기를 한다.
[반대쪽도 같은 방법으로]

52
밖으로 뒤집어 접기를 한다.
[반대쪽도 같은 방법으로]

53
등을 눌러 전체적으로
곡선이 되도록 다듬는다.

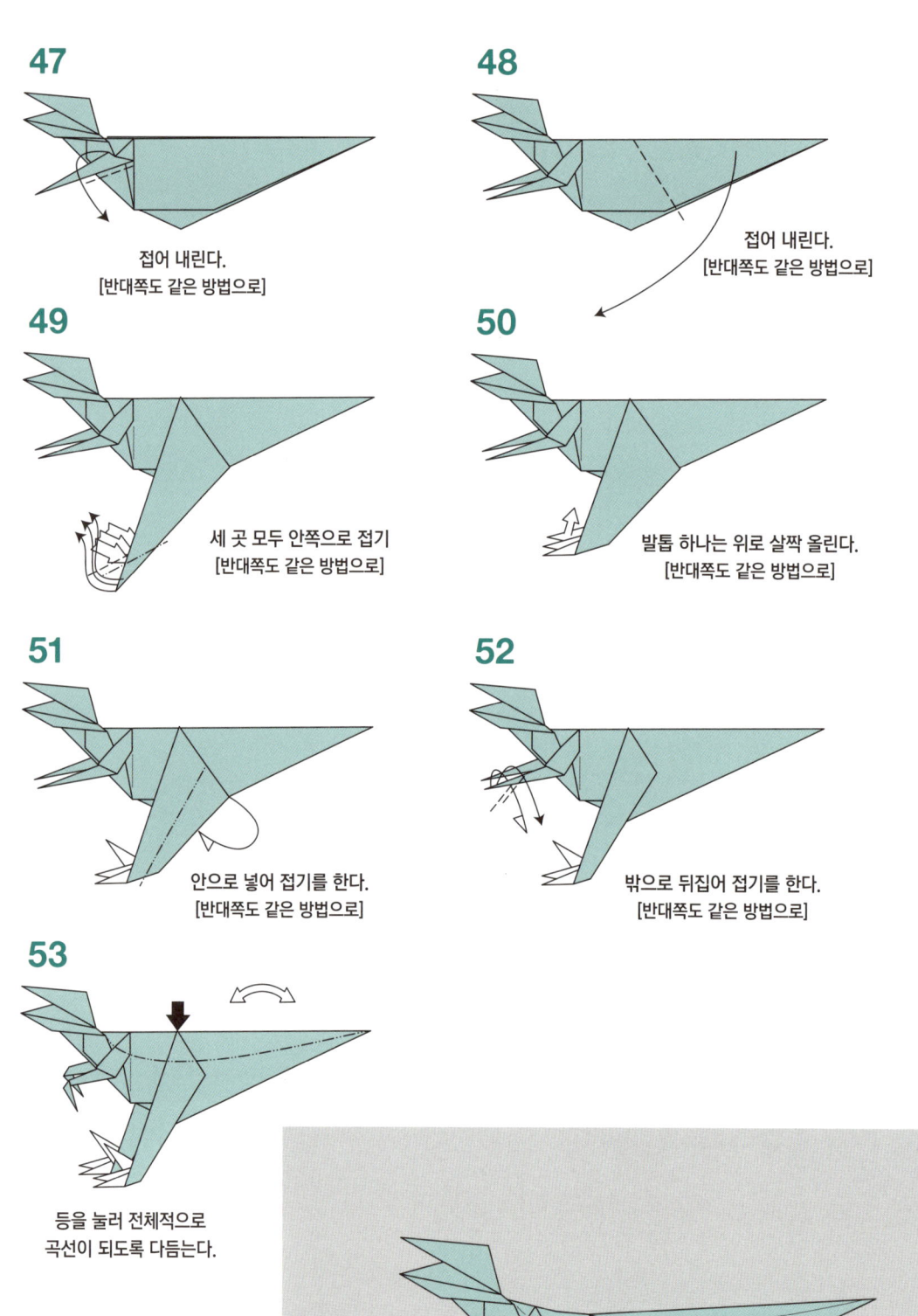

데이노니쿠스 완성

프테라노돈
Pteranodon

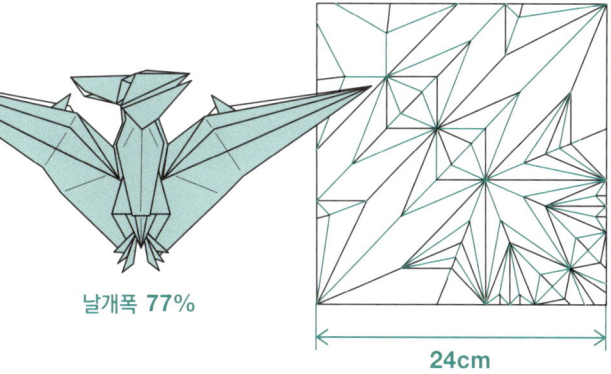

날개폭 77%

24cm

날개가 한 장의 얇은 막을 이루고 있는 것으로 추정되며, 종이접기에서도 날개를 종이 한 장으로 만들었다. 빛을 받으면 그림자를 즐길 수 있다.

1
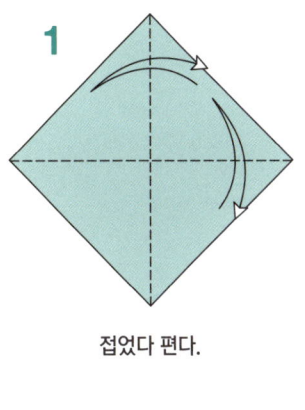

접었다 편다.

2
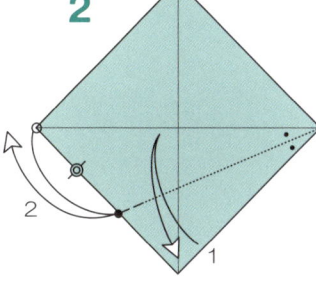

○과 ●을 맞춰 ◎지점에 표시를 한다.

3
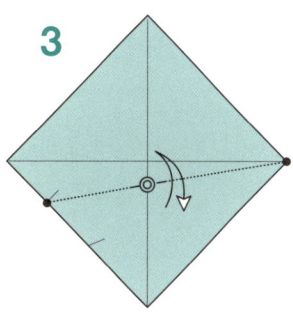

●을 연결하는 선을 기준으로 ◎지점에 표시를 한다.

4
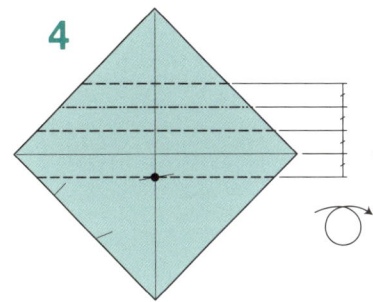

동일한 간격으로 기준선을 만든다.

5
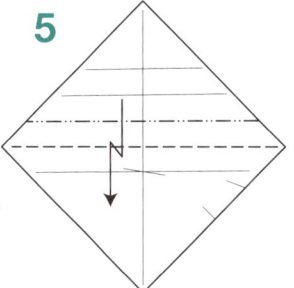

계단 접기를 한다.

6
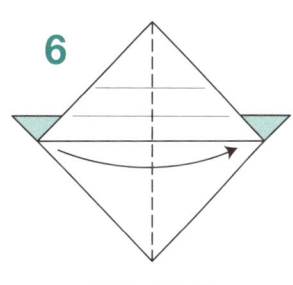

반으로 접는다.

7
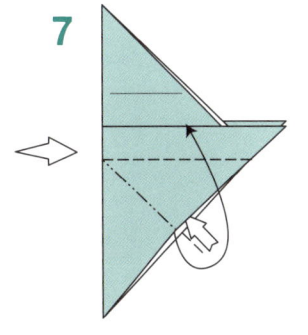

펼쳐 눌러 접는다.

8
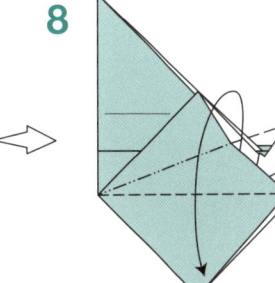

펼쳐 눌러 접는다.

9
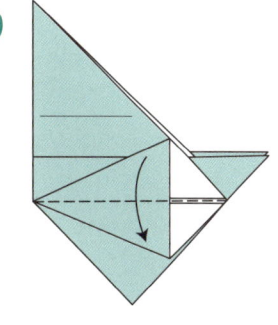

접어 내린다.

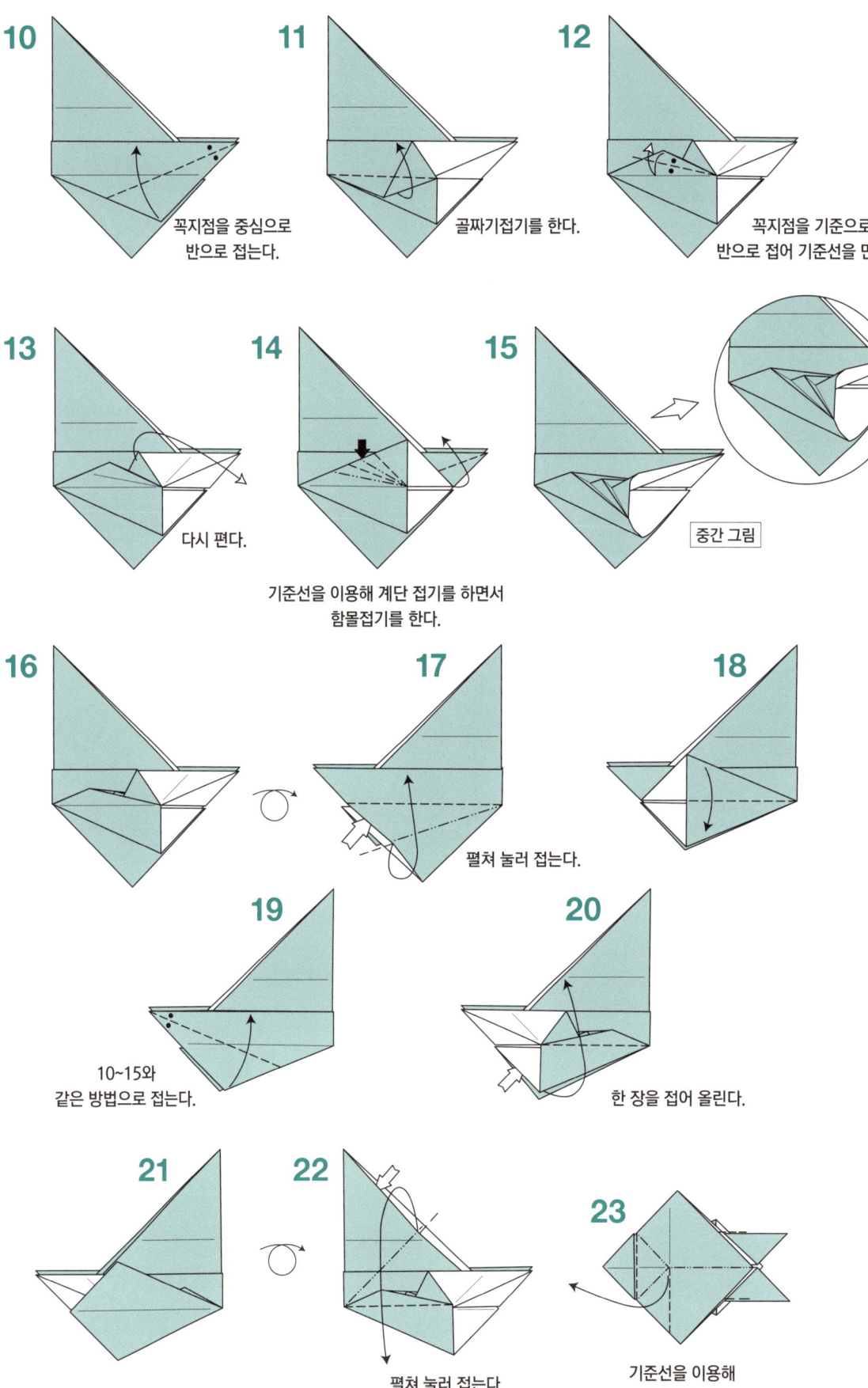

24
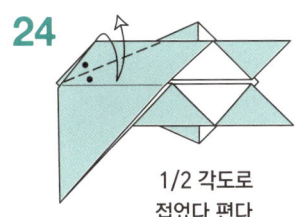
1/2 각도로 접었다 편다.

25
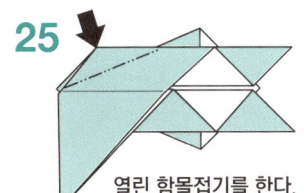
열린 함몰접기를 한다.

26
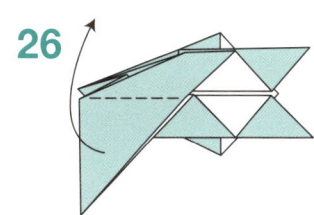

27
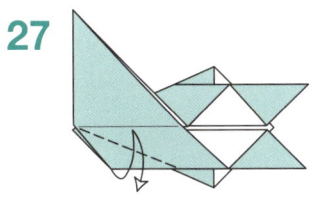
24와 같은 모양으로 기준선을 만든다.

28
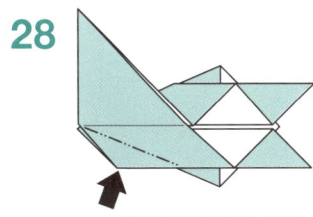
열린 함몰접기를 한다.

29
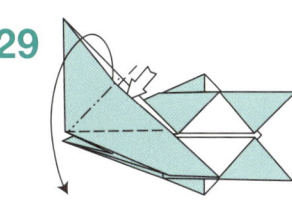
펼쳐 눌러 접는다.

30
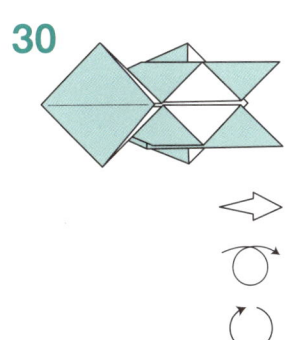

31
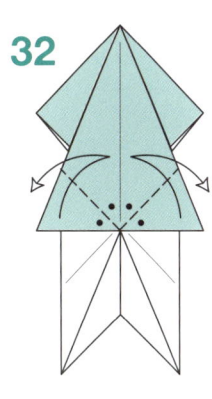
안으로 접어 넣는다.

32
양쪽을 반으로 접어 기준선을 만든다.

33
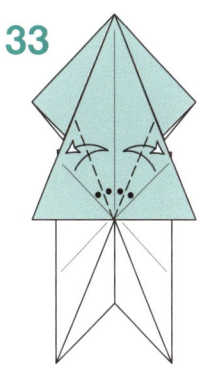
다시 반을 접어 기준선을 만든다.

34
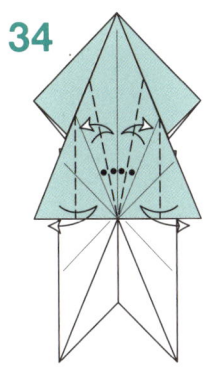
기준선을 만든다.

35
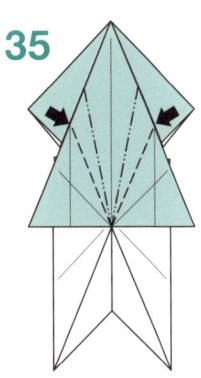
기준선으로 계단을 접으며 함몰접기를 한다.

36
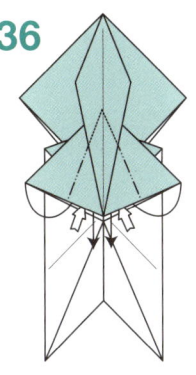
기준선을 이용해 안쪽으로 접기를 한다.

37
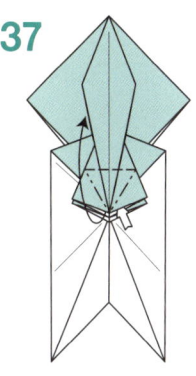
표시선처럼 모서리를 위로 펼쳐 눌러 접는다.

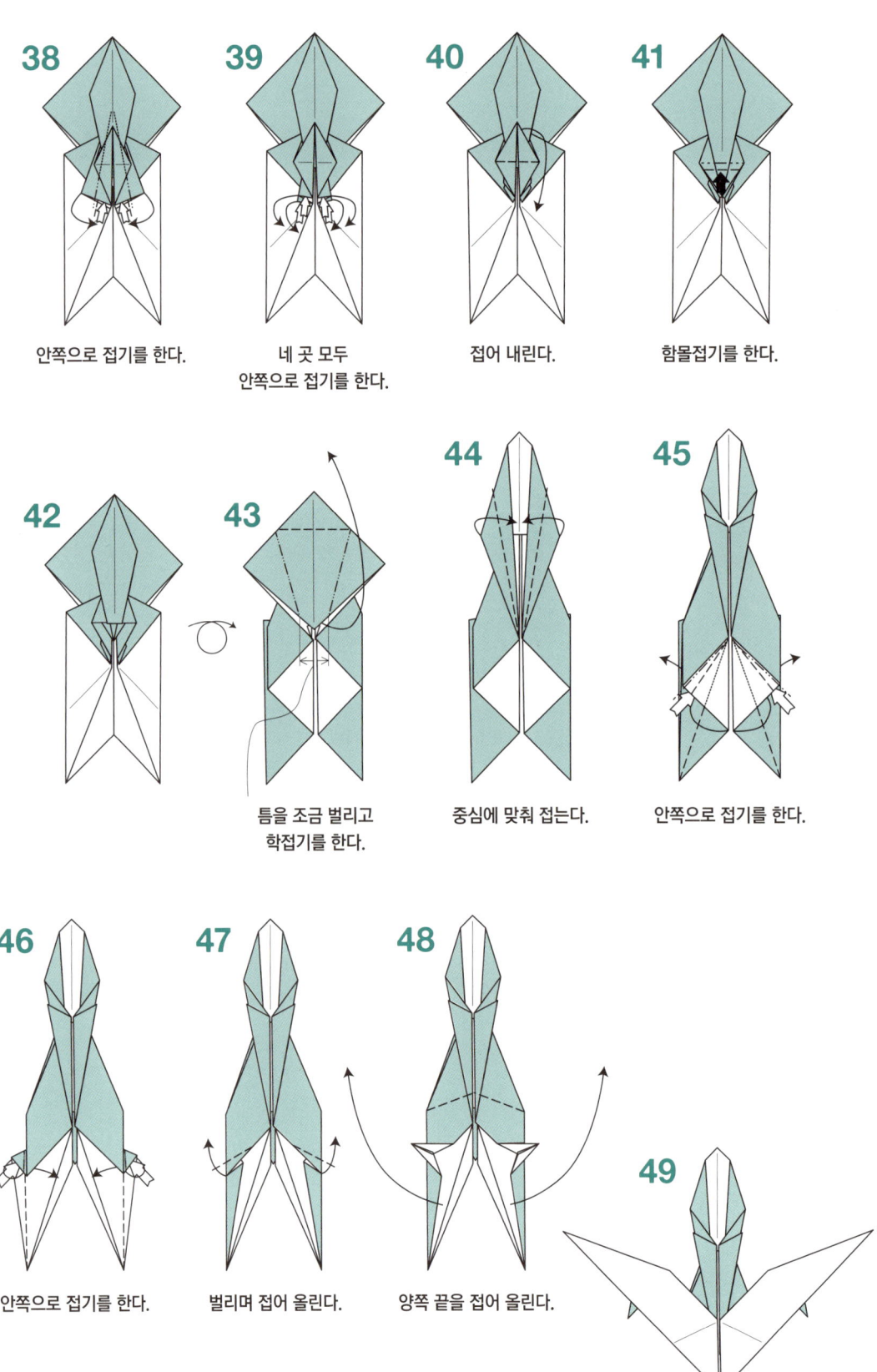

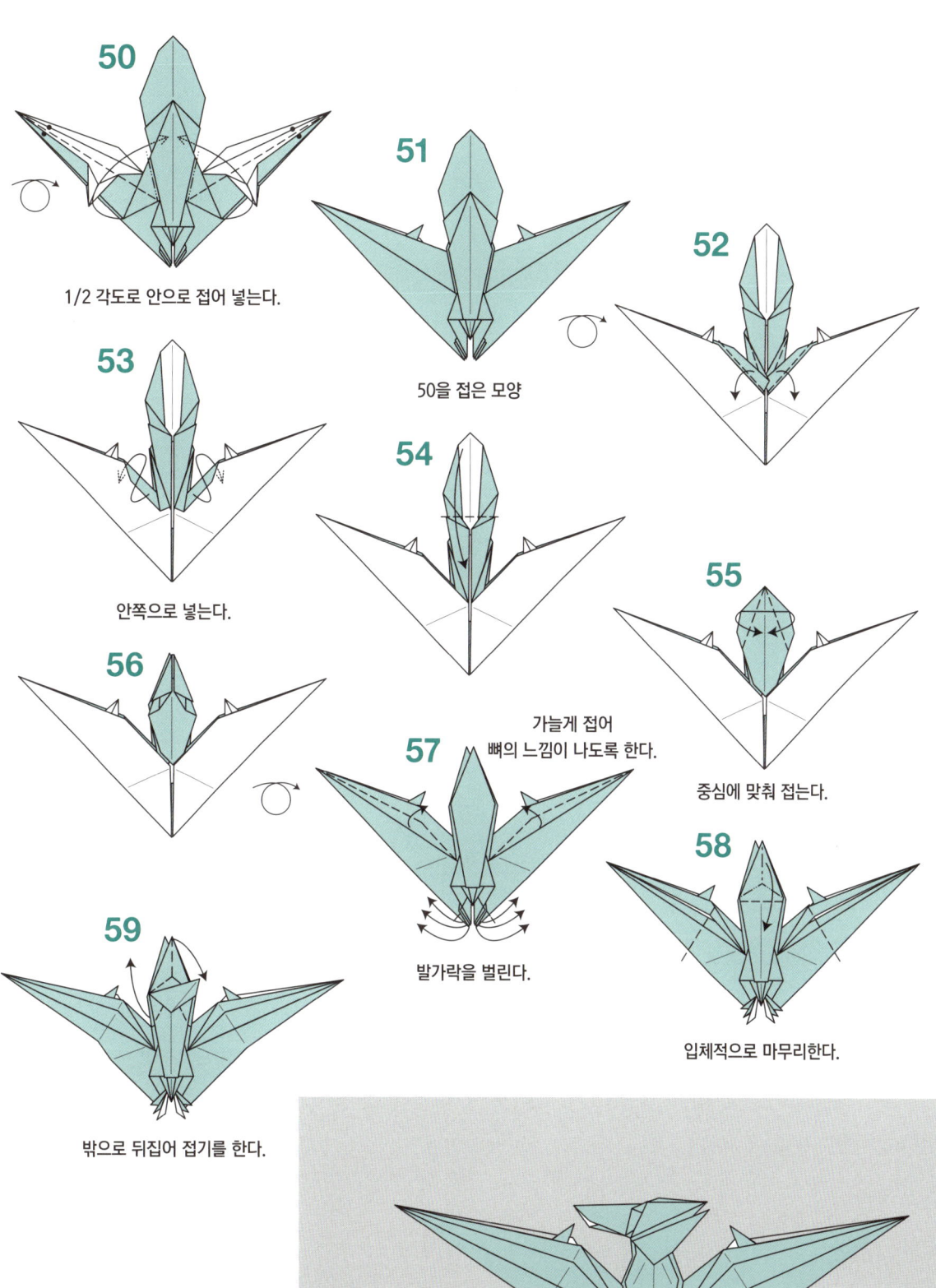

50 1/2 각도로 안으로 접어 넣는다.

51 50을 접은 모양

53 안쪽으로 넣는다.

55 중심에 맞춰 접는다.

57 가늘게 접어 뼈의 느낌이 나도록 한다. 발가락을 벌린다.

58 입체적으로 마무리한다.

59 밖으로 뒤집어 접기를 한다.

프테라노돈 완성

상급
모사사우루스
Mosasaurus

전 세계 바다에 서식했던 바다 파충류다. 악어와 같이 등을 가진 복원 형태를 토대로 만들었다. 등의 돌기 크기가 가지런하게 조절해 준다.

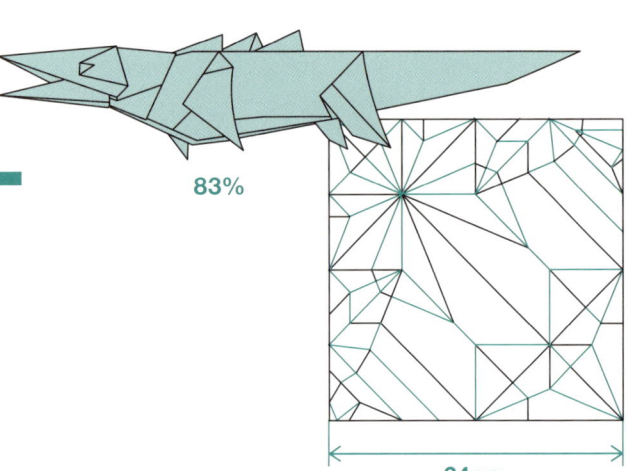

83%

24cm

1 접었다 편다.

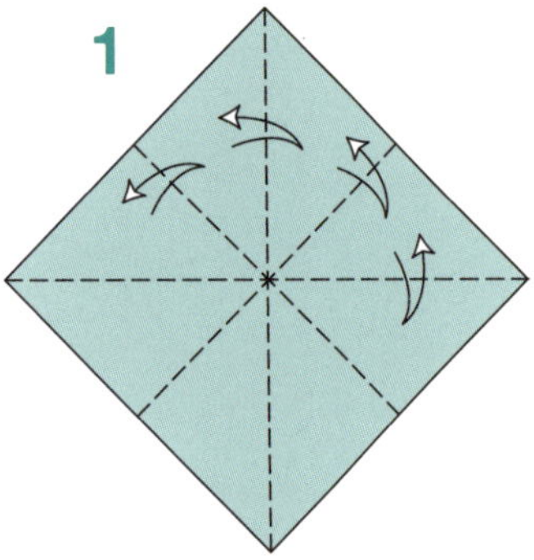

2 접었다 편다.

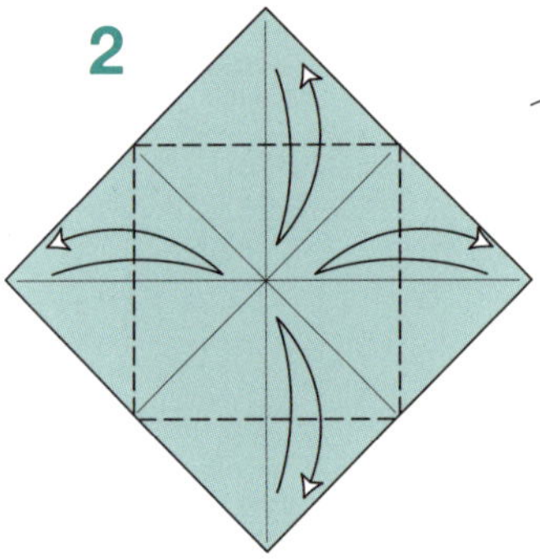

3 접었다 편다.

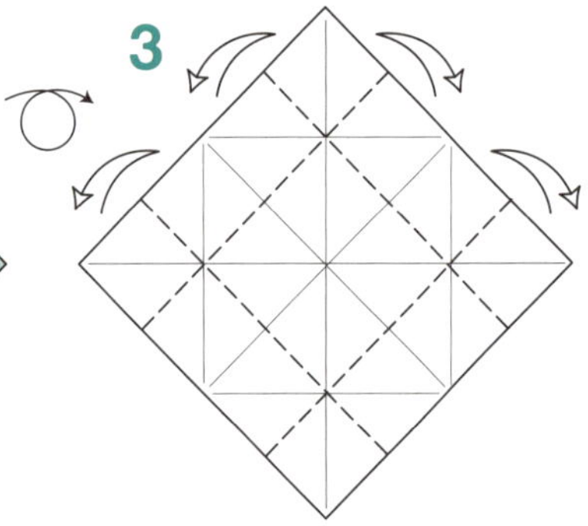

4 접었다 편다.

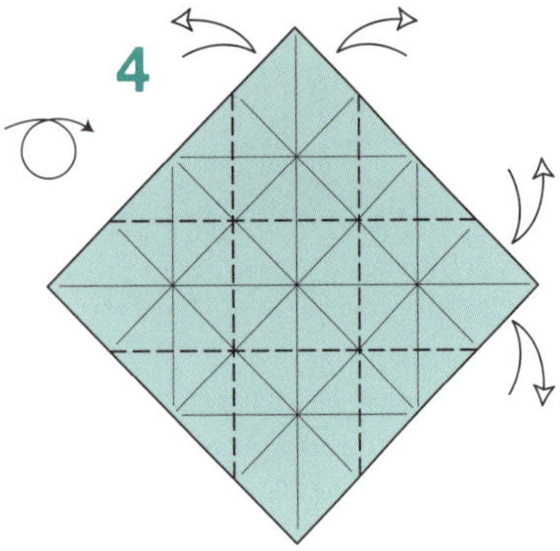

5 삼각으로 접는다.

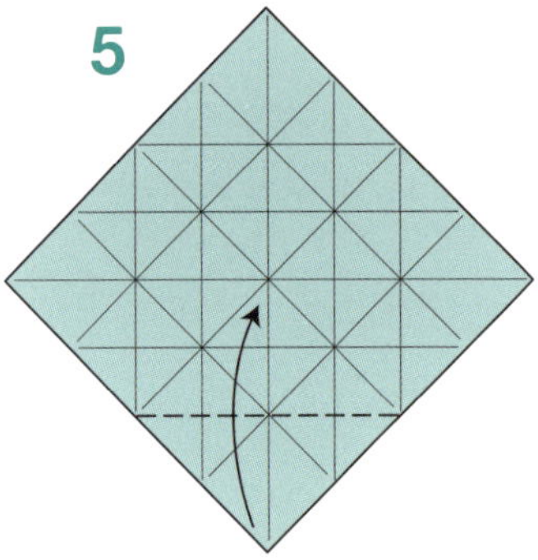

6 아래쪽 모서리를 모아 접는다.

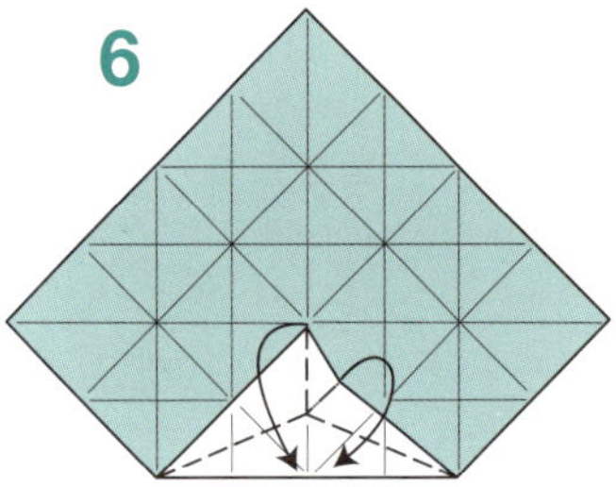

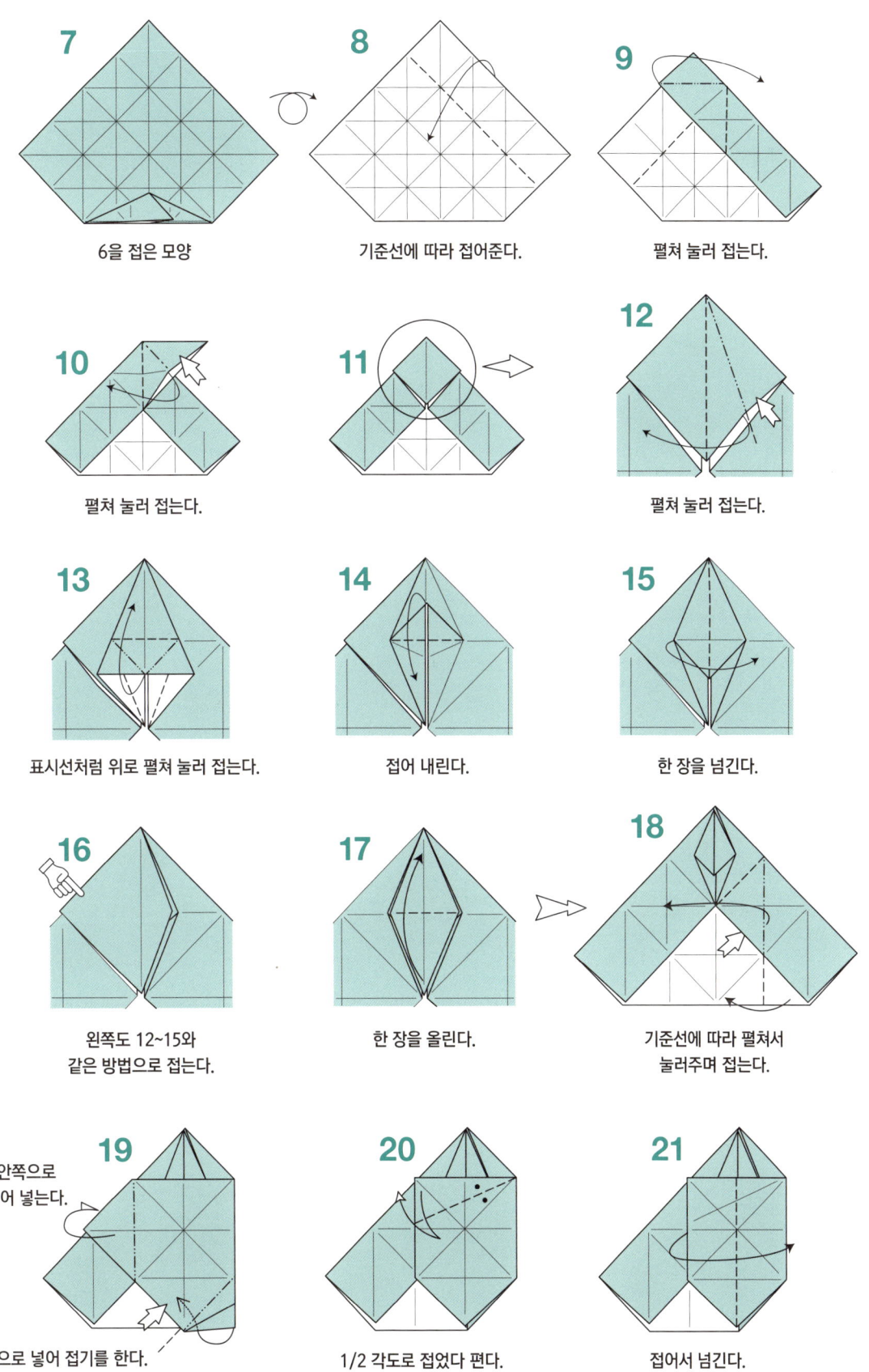

모사사우루스

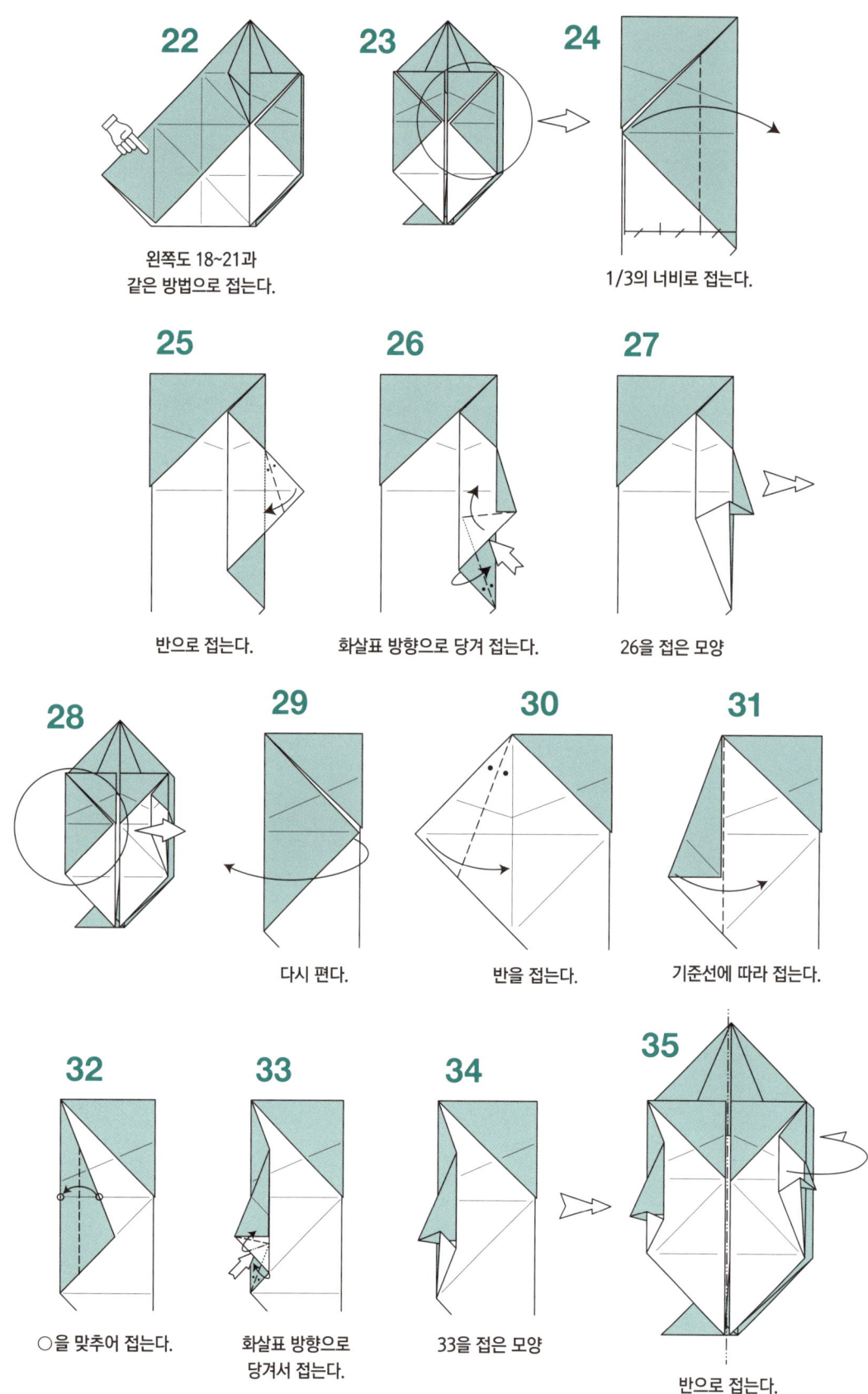

36 빼낸다.

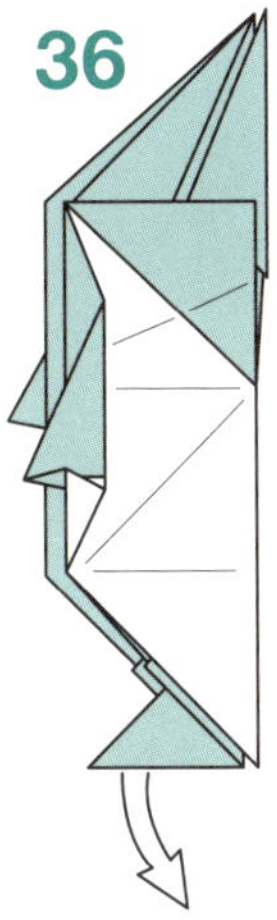

37 겹친 채로 접었다 편다.

38 삼각 모서리를 눌러 접으며 좌우 대칭이 되도록 펴준다.

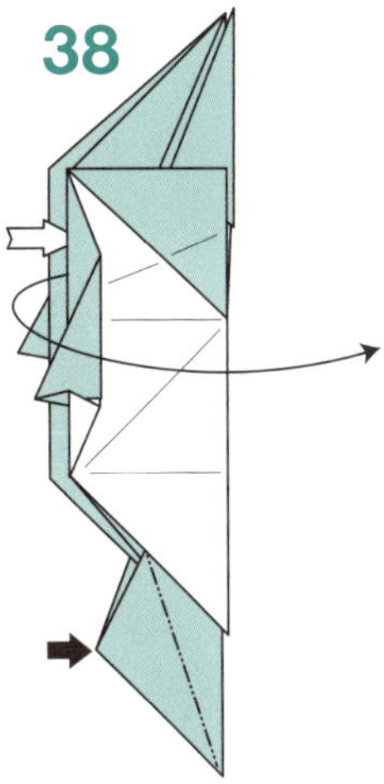

39 반으로 접는다.

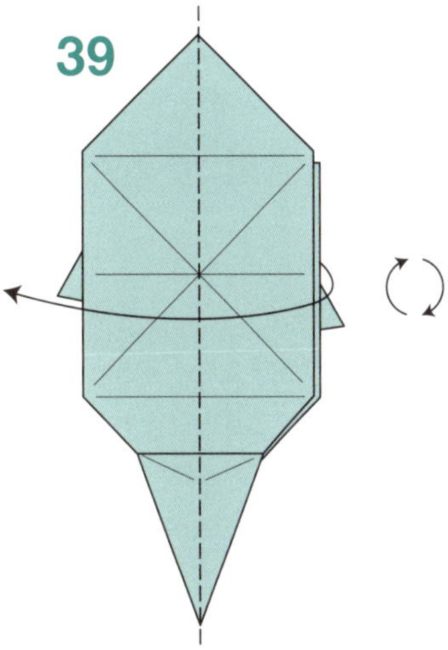

40 20에서 접은 기준선에 맞춰 펼쳐 눌러 접는다.
[반대쪽도 같은 방법으로]

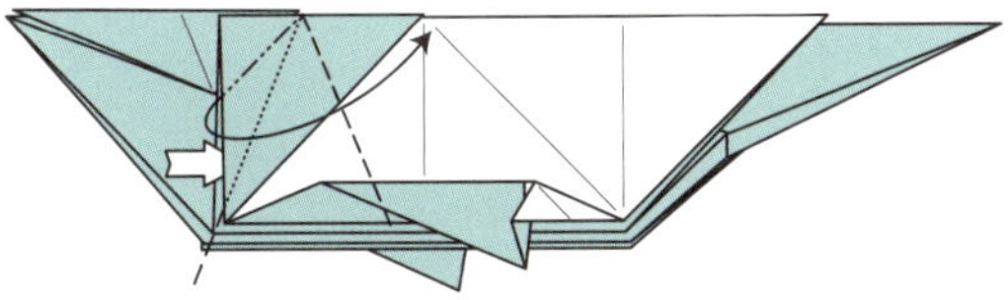

41 접어 넘긴다.
[반대쪽도 같은 방법으로]

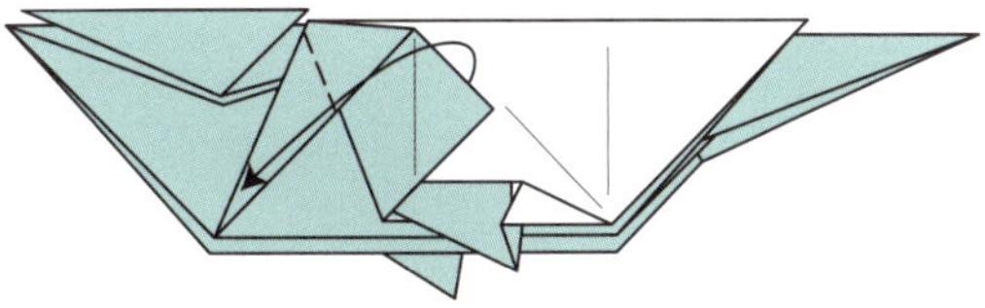

42 절반 너비로 접어 올린다.
[반대쪽도 같은 방법으로]

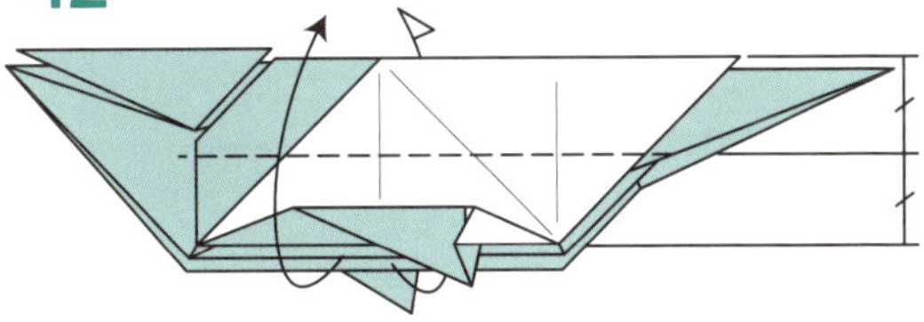

43 표시선처럼 접는다.
[반대쪽도 같은 방법으로]

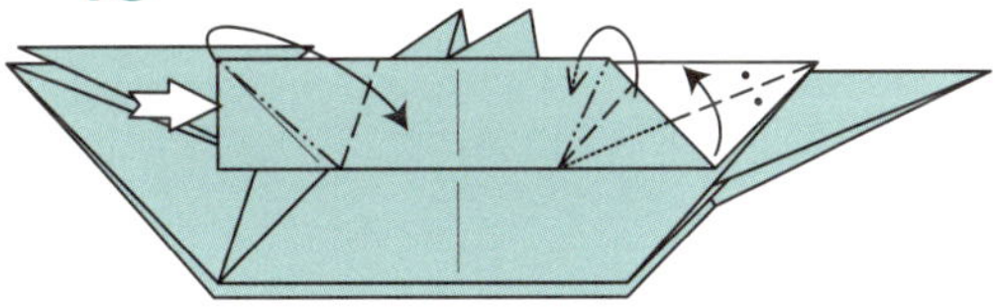

44

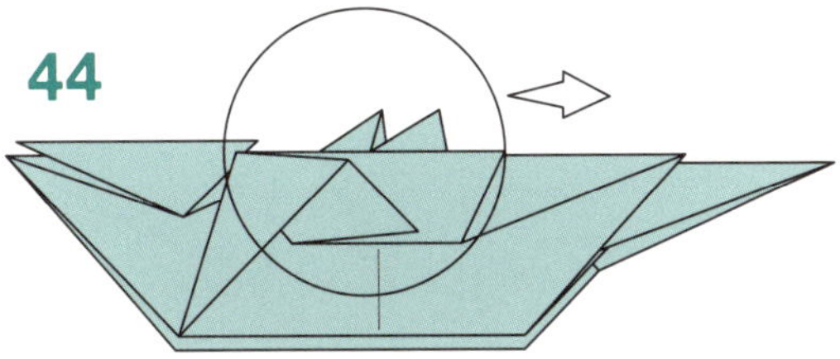

45 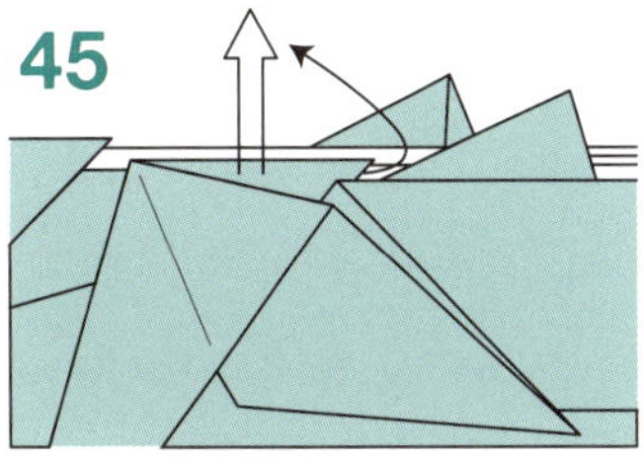 다른 돌기와 크기가 같아지도록 안쪽에서 꺼낸다.

모사사우루스

46

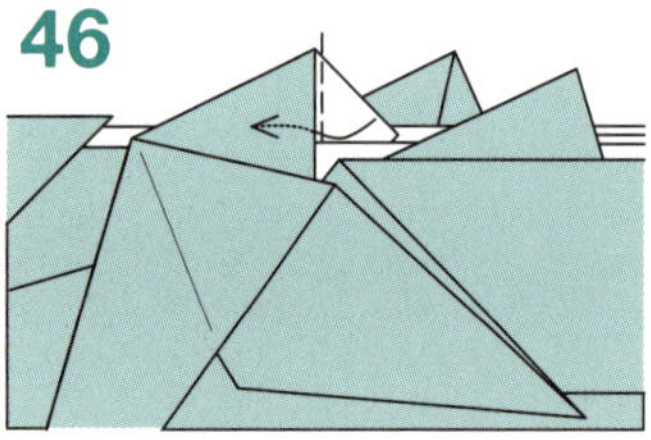

안으로 접어 넣는다.

47

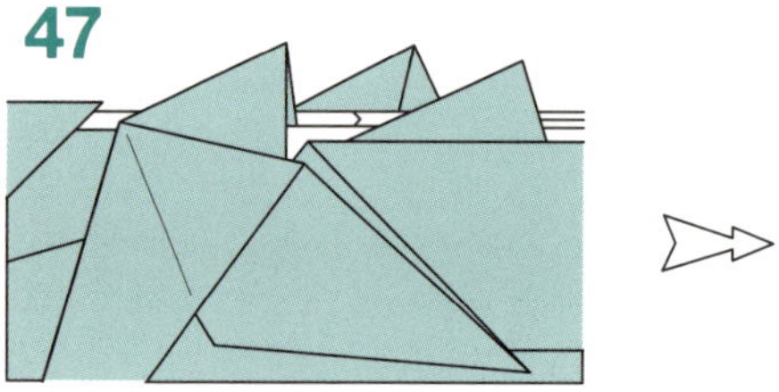

46을 접은 모양

48

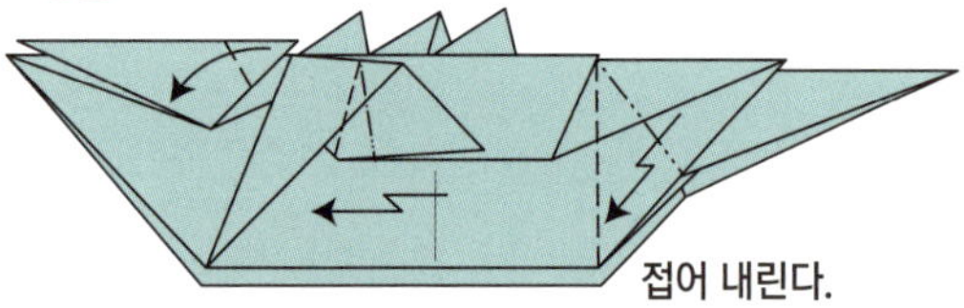

계단 접기를 한다.
[반대쪽도 같은 방법으로]

접어 내린다.
[반대쪽도 같은 방법으로]

49

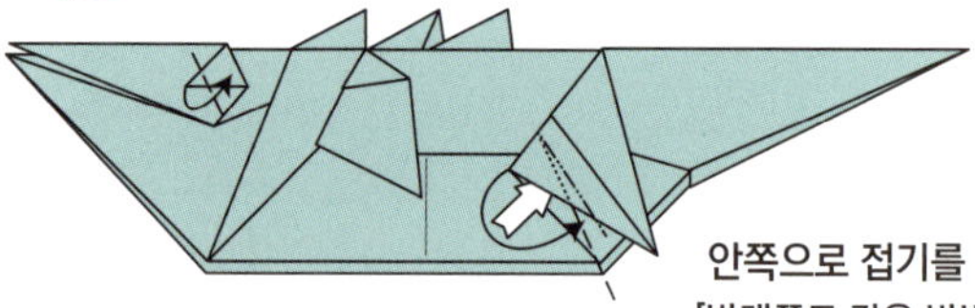

삼각으로 접어 눈을 만든다.
[반대쪽도 같은 방법으로]

안쪽으로 접기를 한다.
[반대쪽도 같은 방법으로]

50

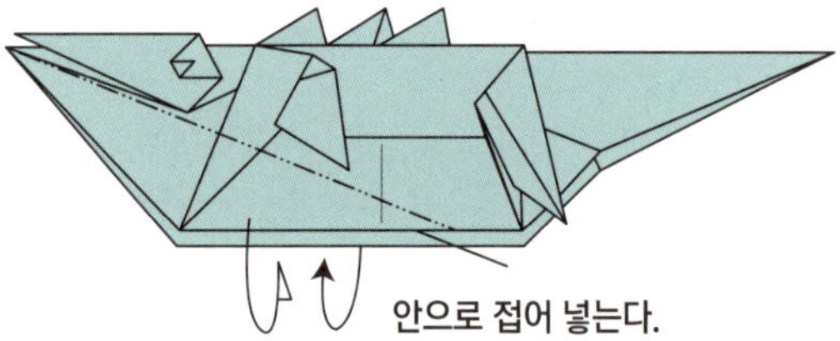

안으로 접어 넣는다.

51

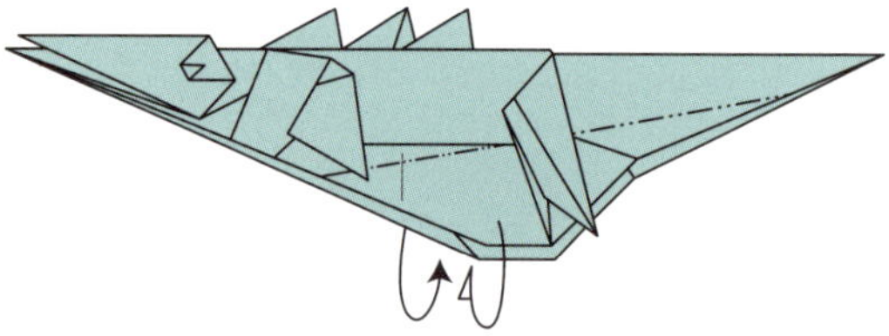

안으로 접어 넣는다.

52

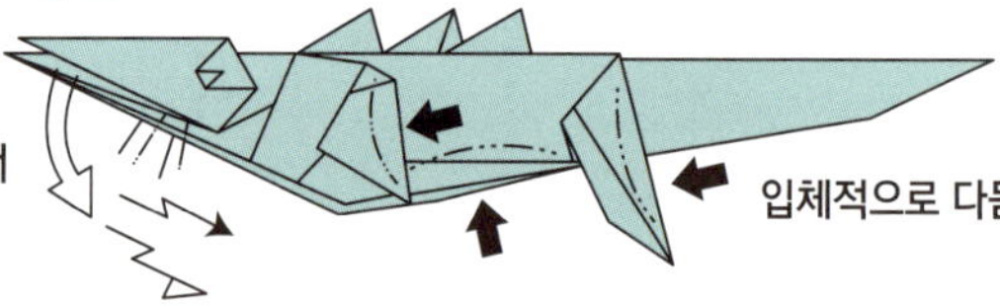

계단 접기를 해서
입을 벌린다.

입체적으로 다듬는다.

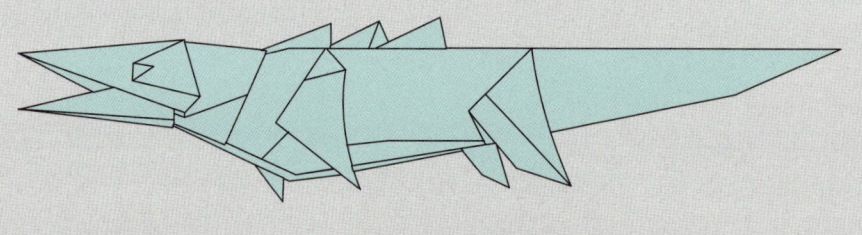

모사사우르스 완성

오르니토미무스
Ornithomimus

타조공룡이라고도 불리며 발가락이 세 개인 뒷다리, 가늘고 긴 팔, 새의 머리를 가지고 있다. 타조와 마찬가지로 발이 빨랐을 것으로 추정된다.

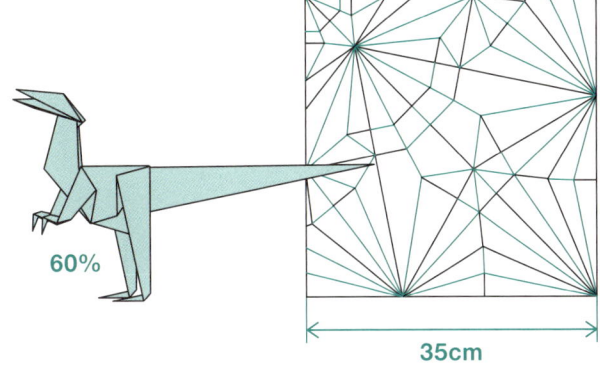

60%

35cm

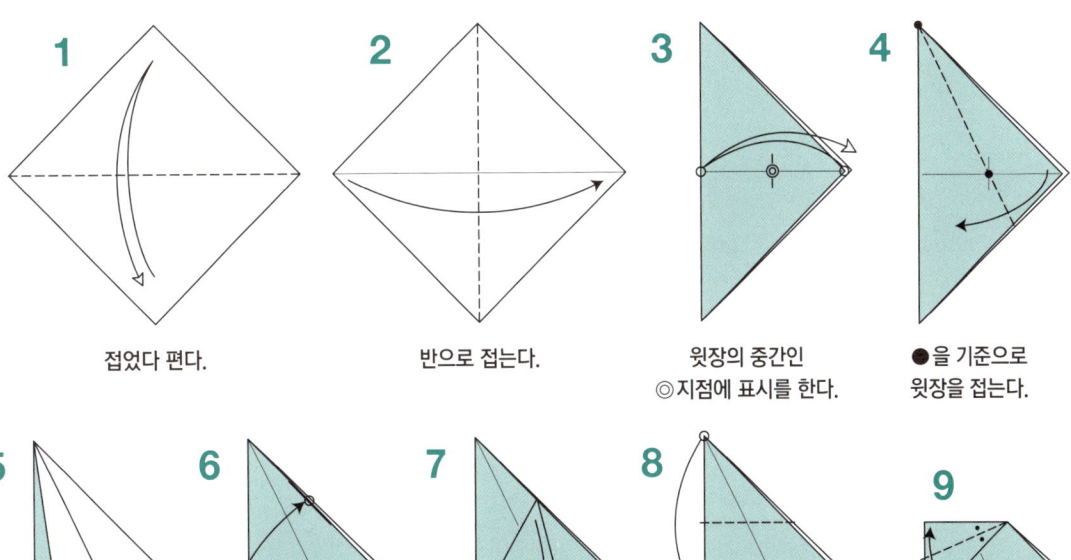

1. 접었다 편다.
2. 반으로 접는다.
3. 윗장의 중간인 ◎지점에 표시를 한다.
4. ●을 기준으로 윗장을 접는다.
5. 다시 편다.
6. ●을 기준으로 ○과 ○이 만나도록 접는다.
7. 다시 편다.
8. ○을 맞추어 접는다.
9. 1/2 각도로 접는다.

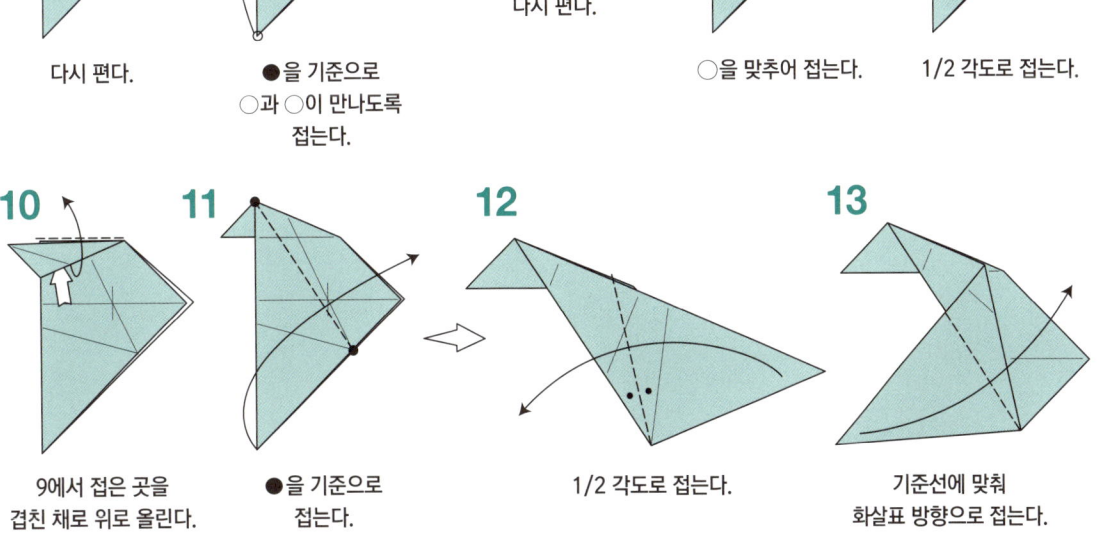

10. 9에서 접은 곳을 겹친 채로 위로 올린다.
11. ●을 기준으로 접는다.
12. 1/2 각도로 접는다.
13. 기준선에 맞춰 화살표 방향으로 접는다.

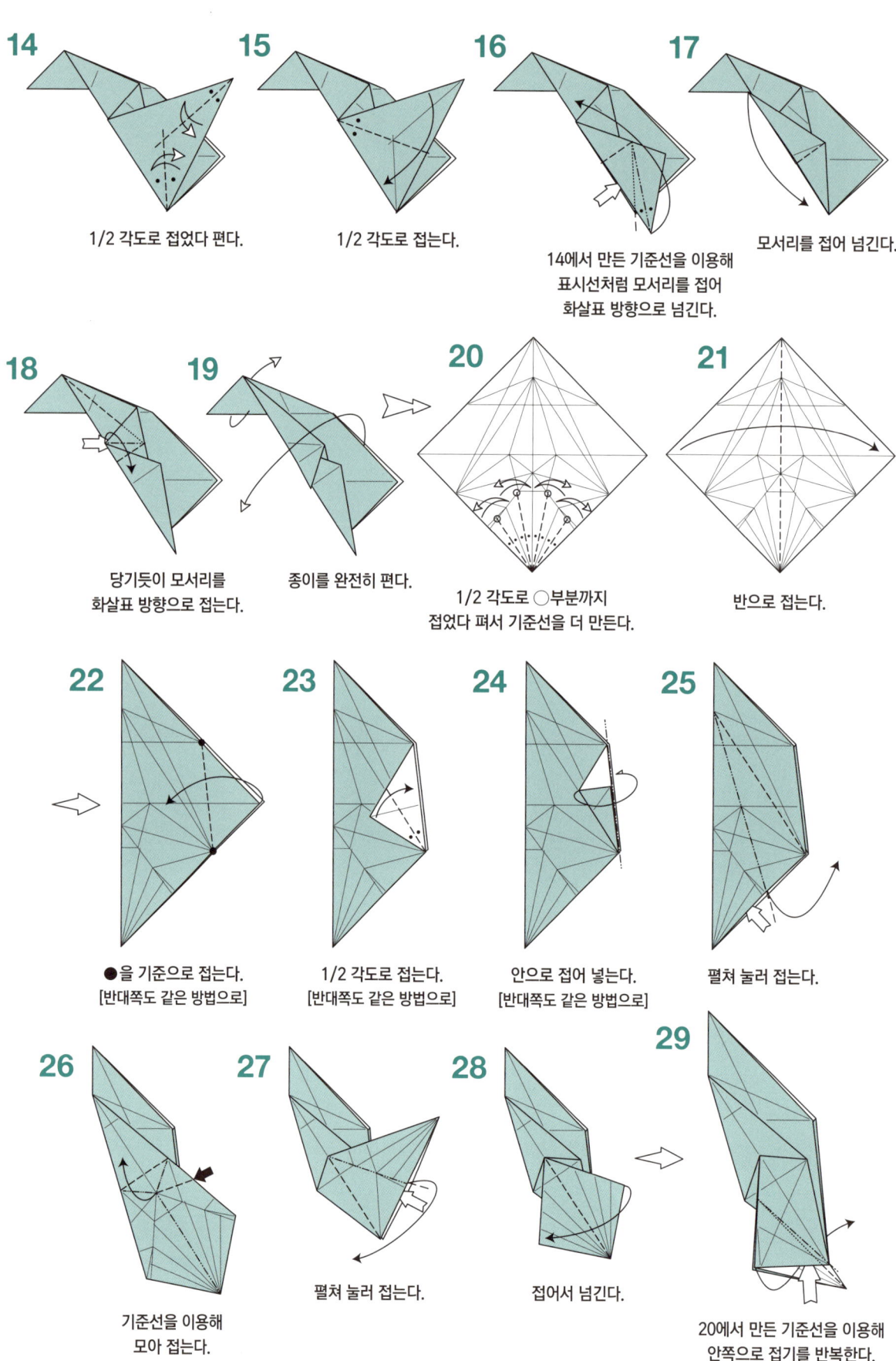

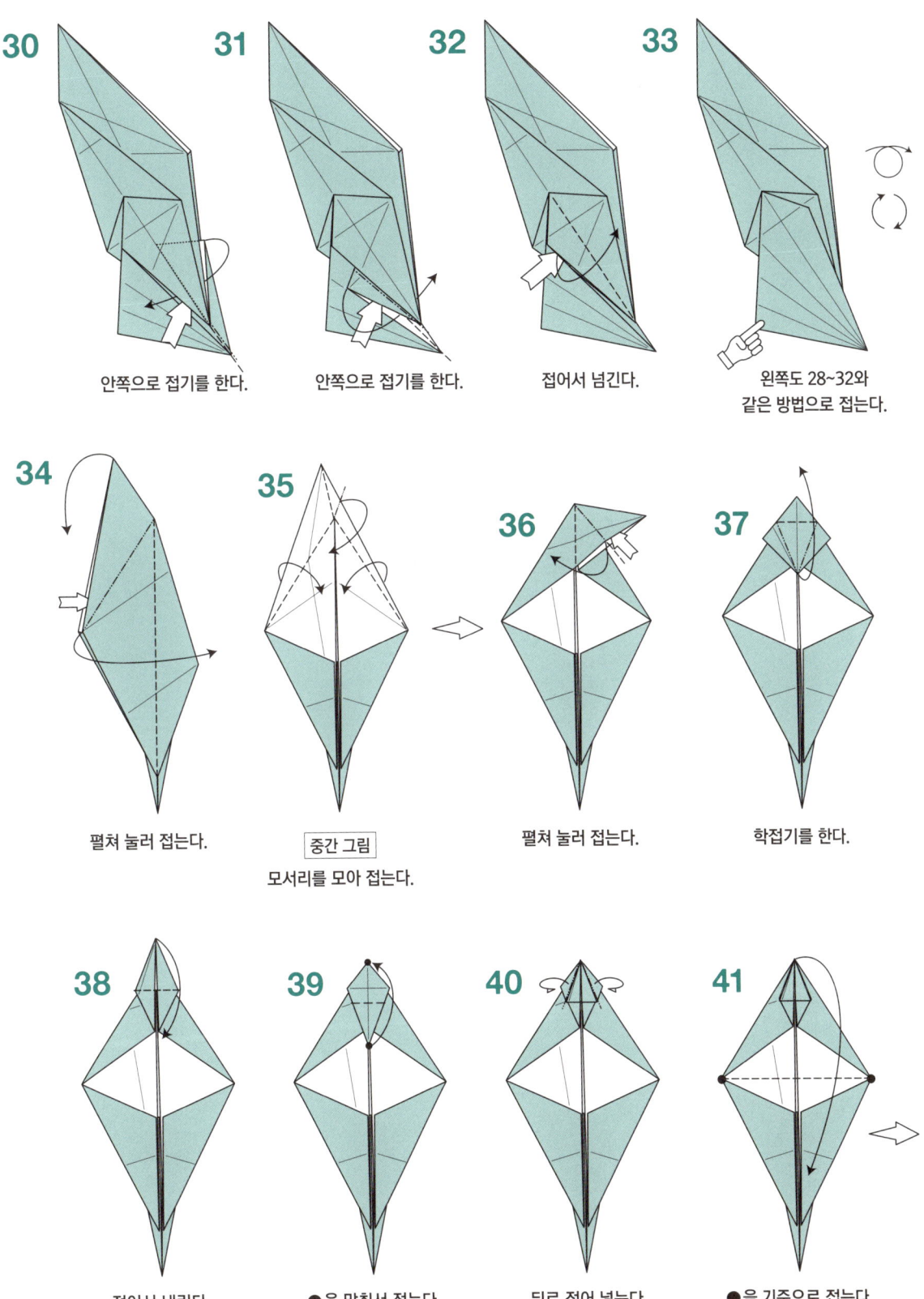

오르니토미무스

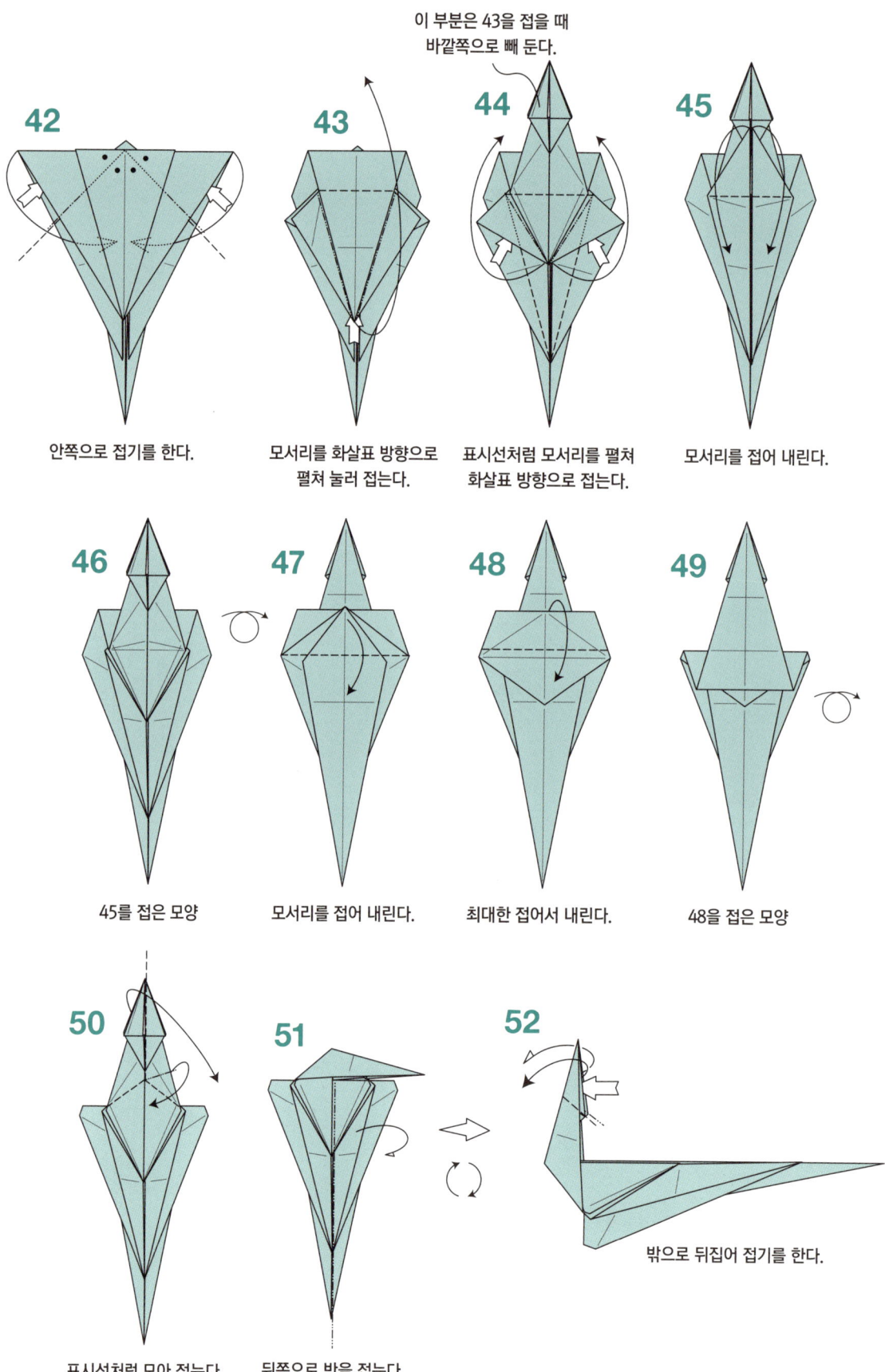

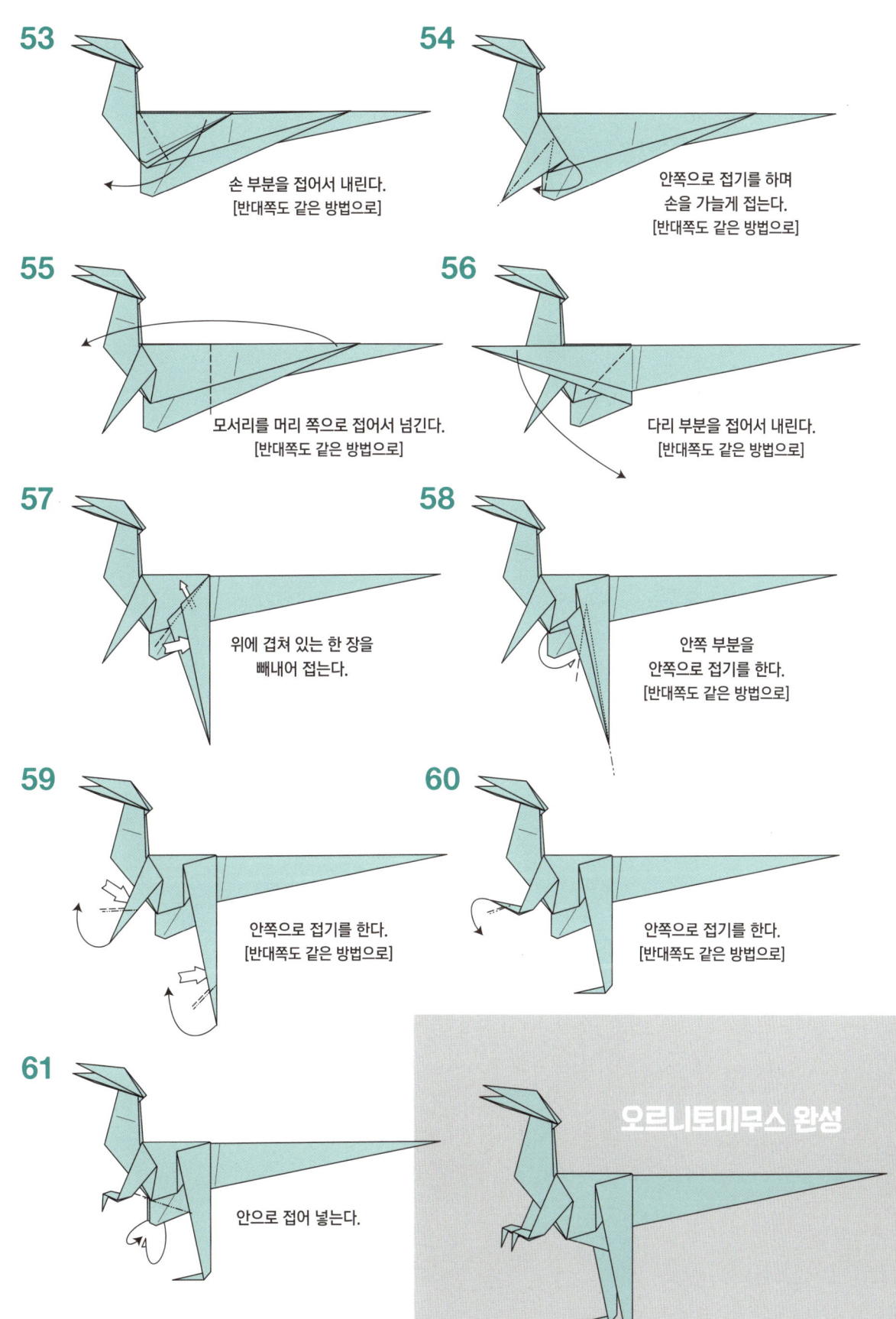

파라사우롤로푸스
Parasaurolophus

오리주둥이 공룡의 하나이며 머리 꼭대기에서 뒤쪽으로 돌기가 뻗어 있다. 돌기 안으로 공기를 통과시켜 큰 소리를 냈다고 한다.

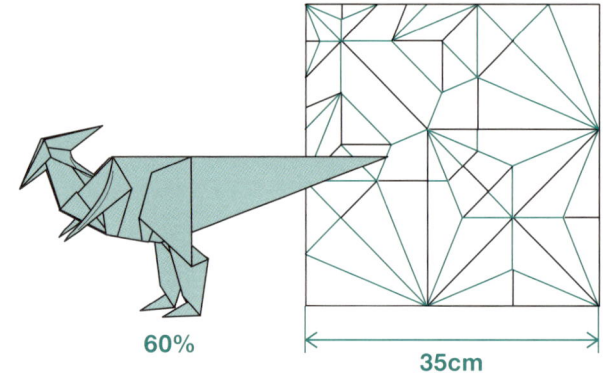

60%   35cm

1

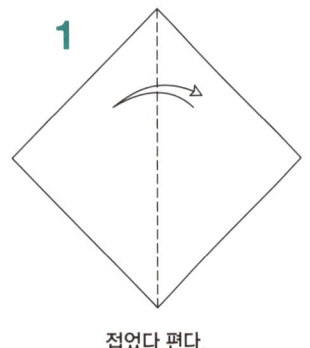

접었다 편다.

2

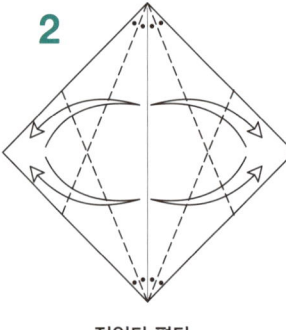

접었다 편다.

3

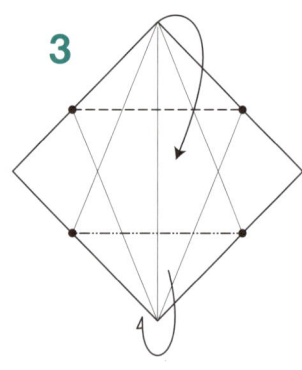

●을 기준으로 위쪽은 골짜기접기를 하고 아래쪽은 산접기를 한다.

4

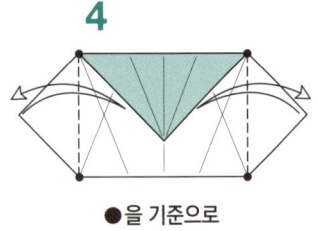

●을 기준으로 기준선을 만든다.

5

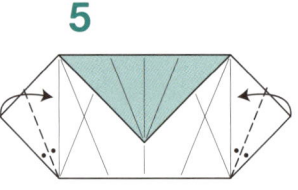

1/2 각도로 접는다.

6

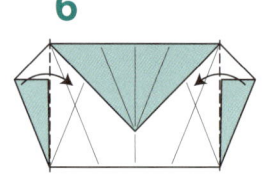

기준선을 따라 접는다.

7

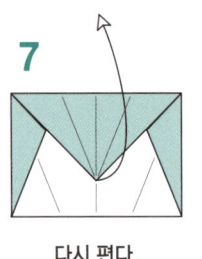

다시 편다.

8

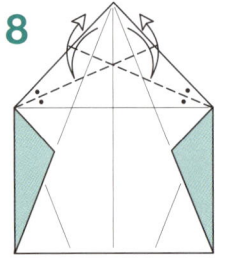

1/2 각도로 접었다 편다.

9

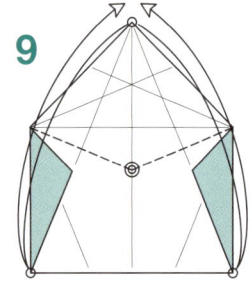

○을 맞춰 ◎ 위치까지 접었다 편다.

10

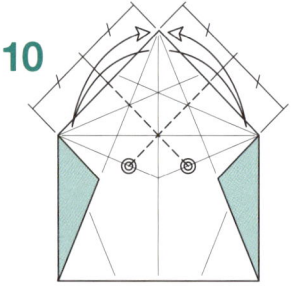

중간 너비에서 ◎ 위치까지 접었다 편다.

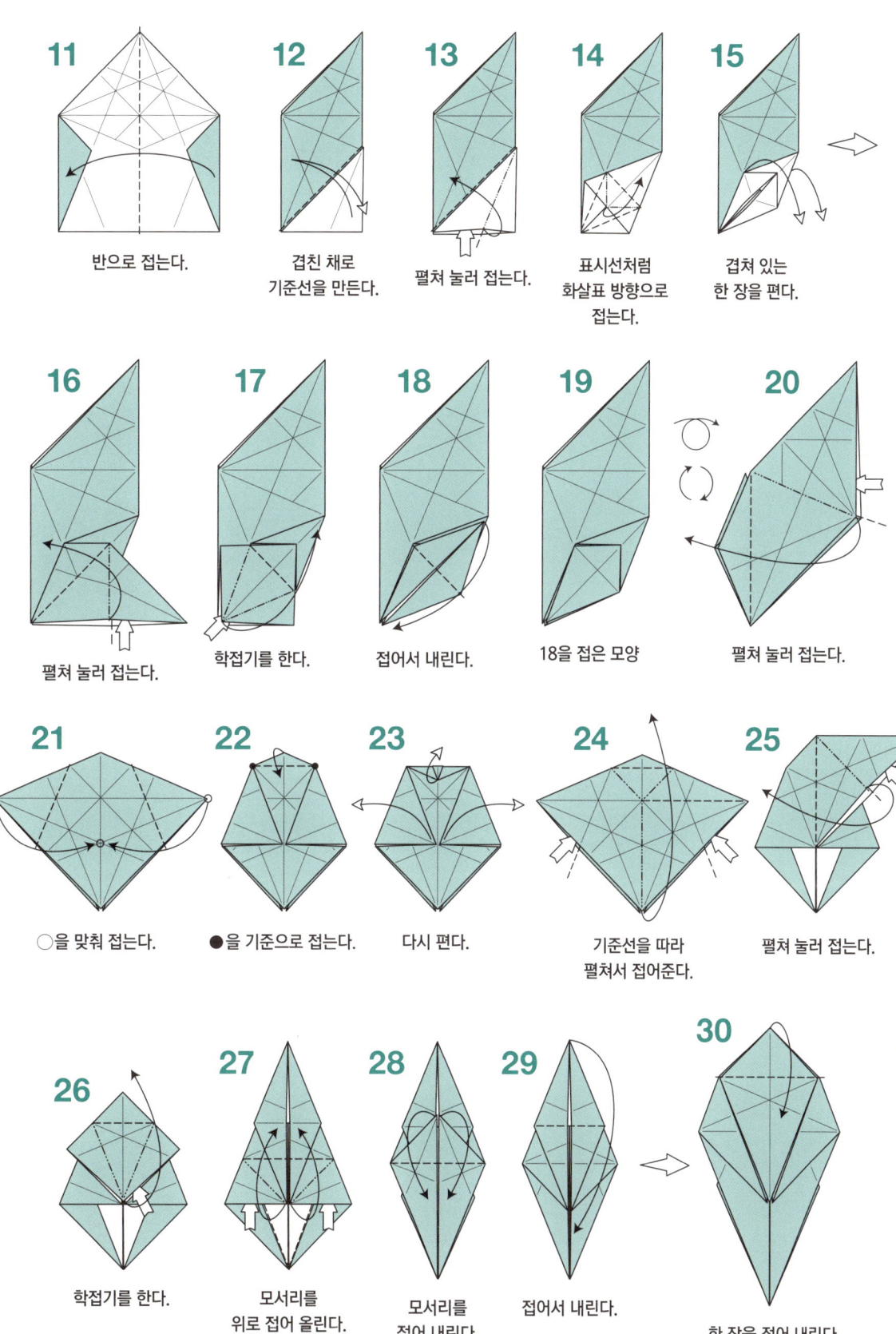

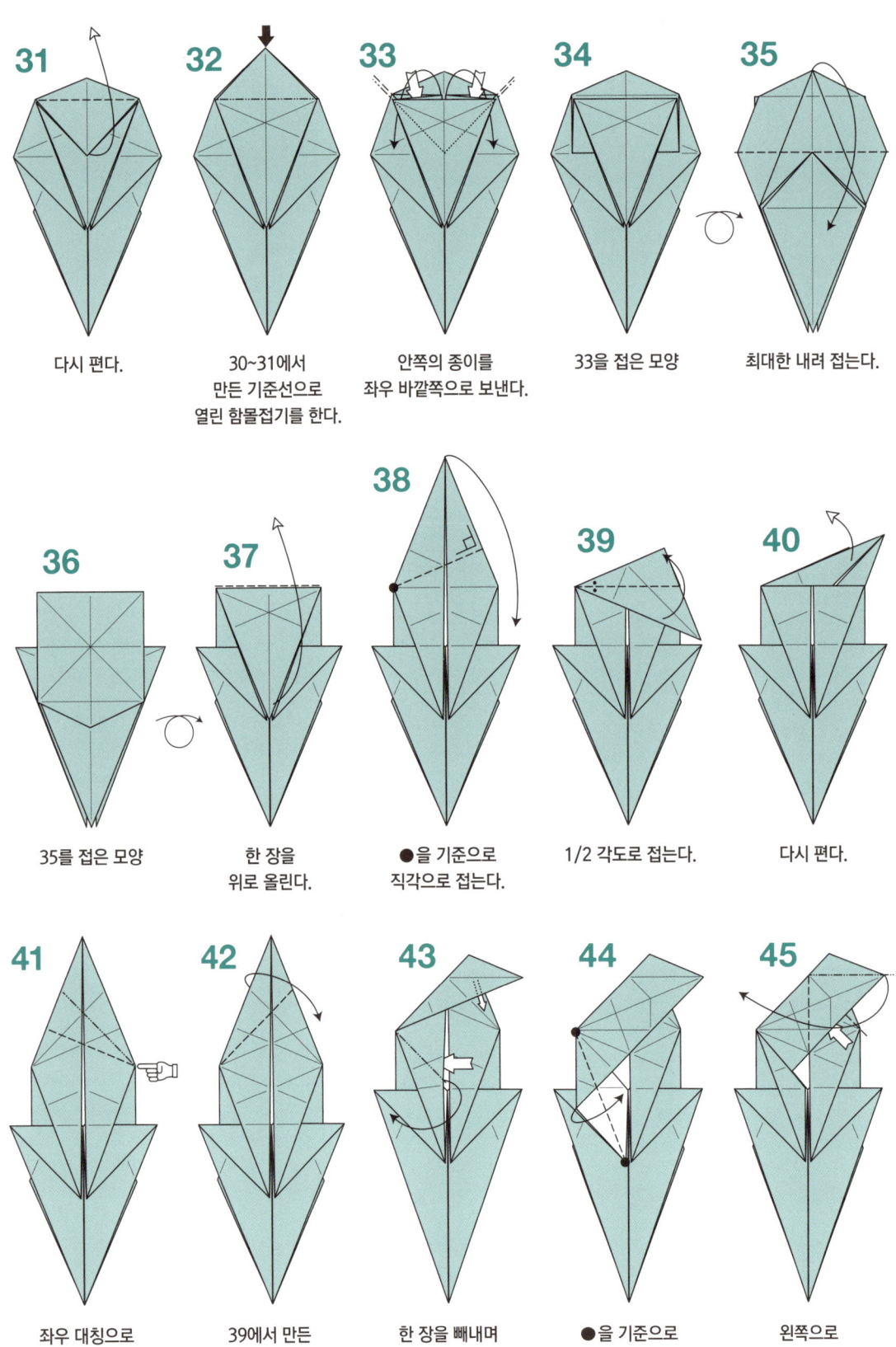

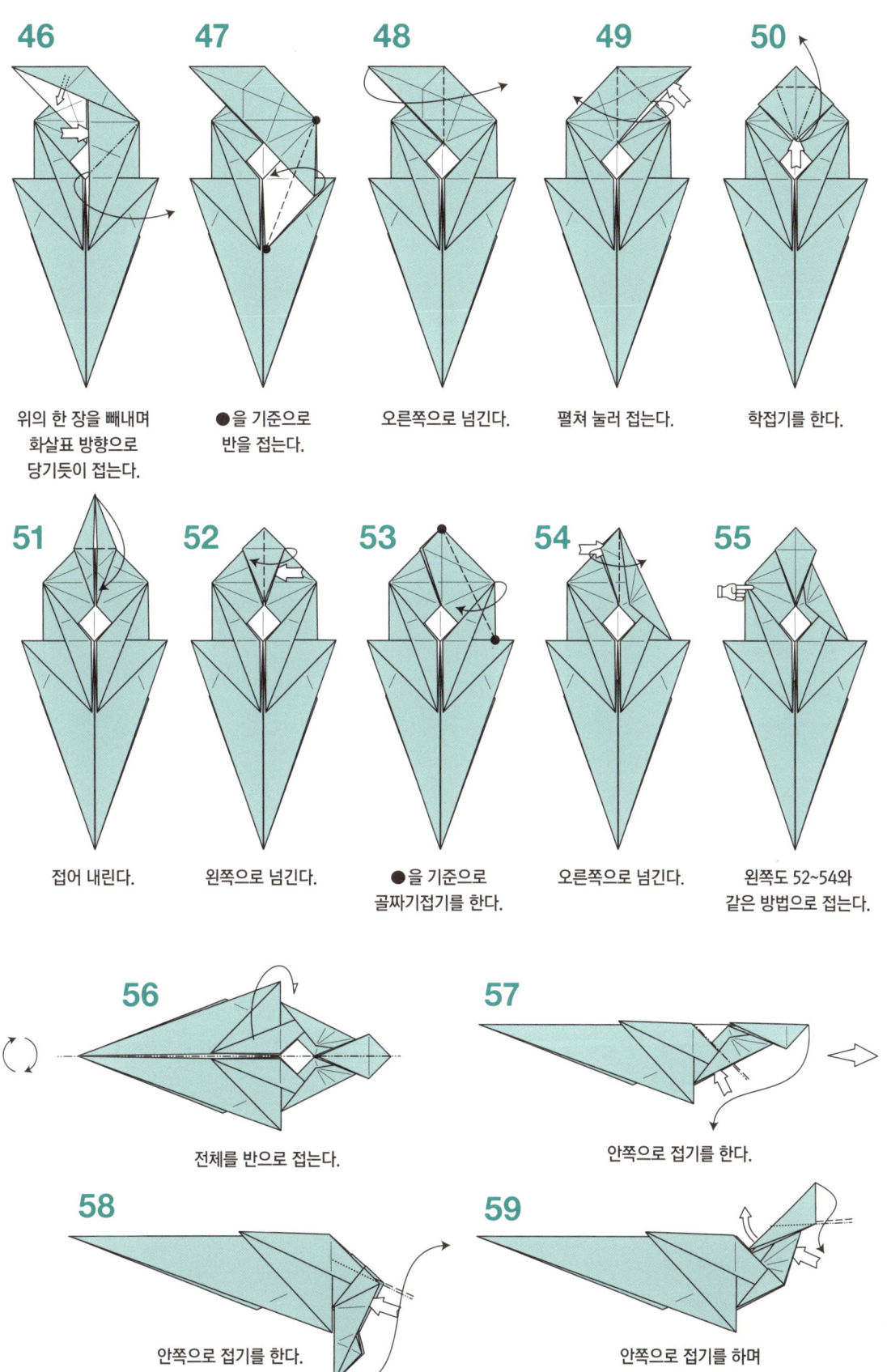

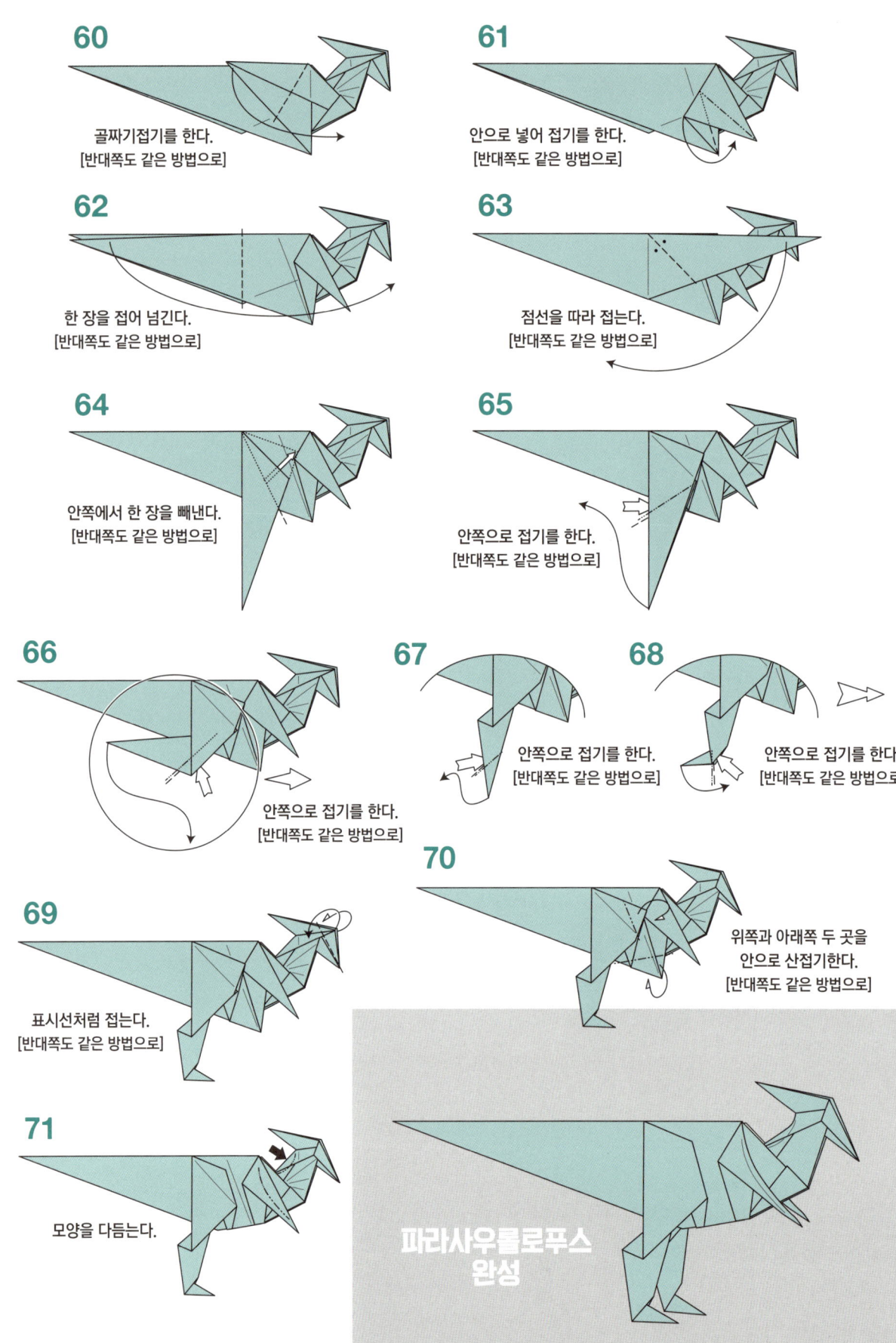

케라토사우루스
Ceratosaurus

무서운 육식공룡이다. 코 위에 뿔이 있었다. 종이접기를 하면 머리 부분에 뒷면의 색이 나오기 때문에 앞과 뒤의 색이 동일한 종이를 추천한다.

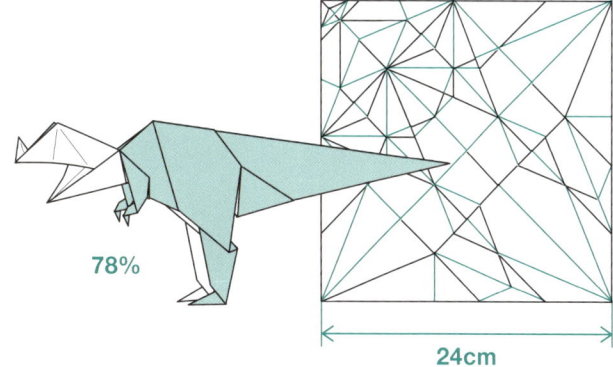

78%

24cm

1

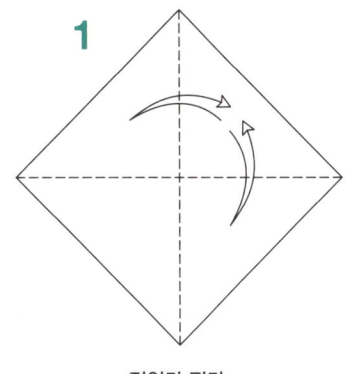

접었다 편다.

2

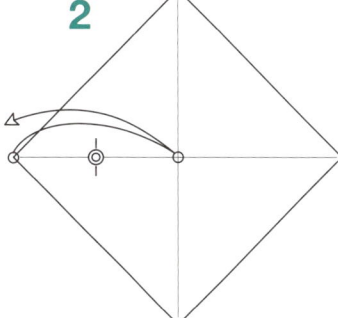

○을 맞춰 ◎위치에 표시를 한다.

3

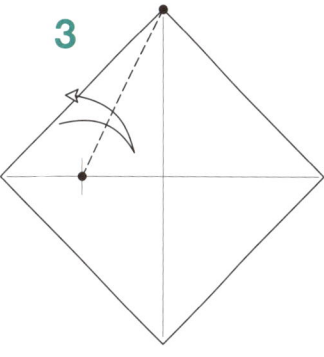

●을 기준으로 접었다 편다.

4

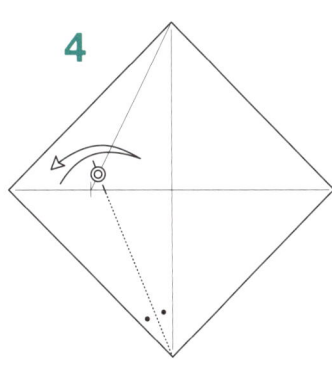

1/2 각도로 접으며 3에서 접은 기준선과 만나는 교점(◎)에 표시를 한다.

5

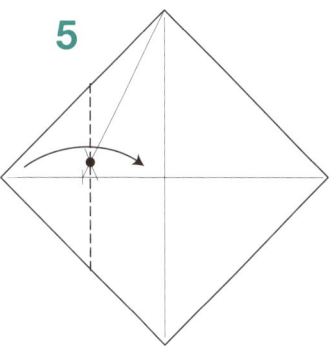

●을 기준으로 접는다.

6

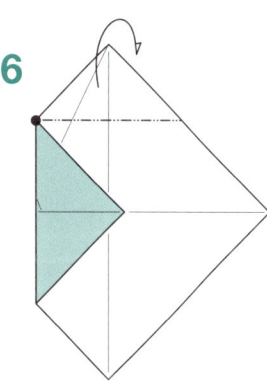

●을 기준으로 뒤쪽으로 접는다.

7

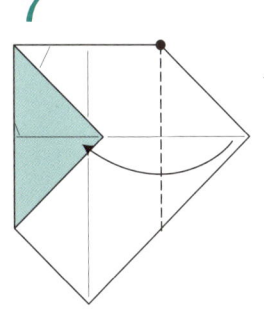

●을 기준으로 접는다.

8

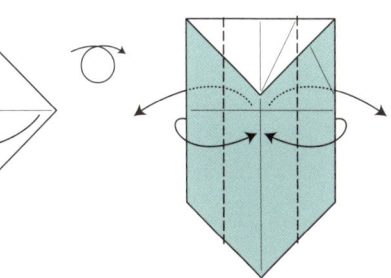

좌우 뒷장을 펴면서 중심에 맞춰 접는다.

9

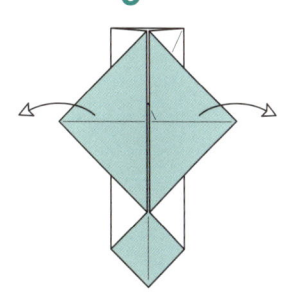

좌우로 펼친다.

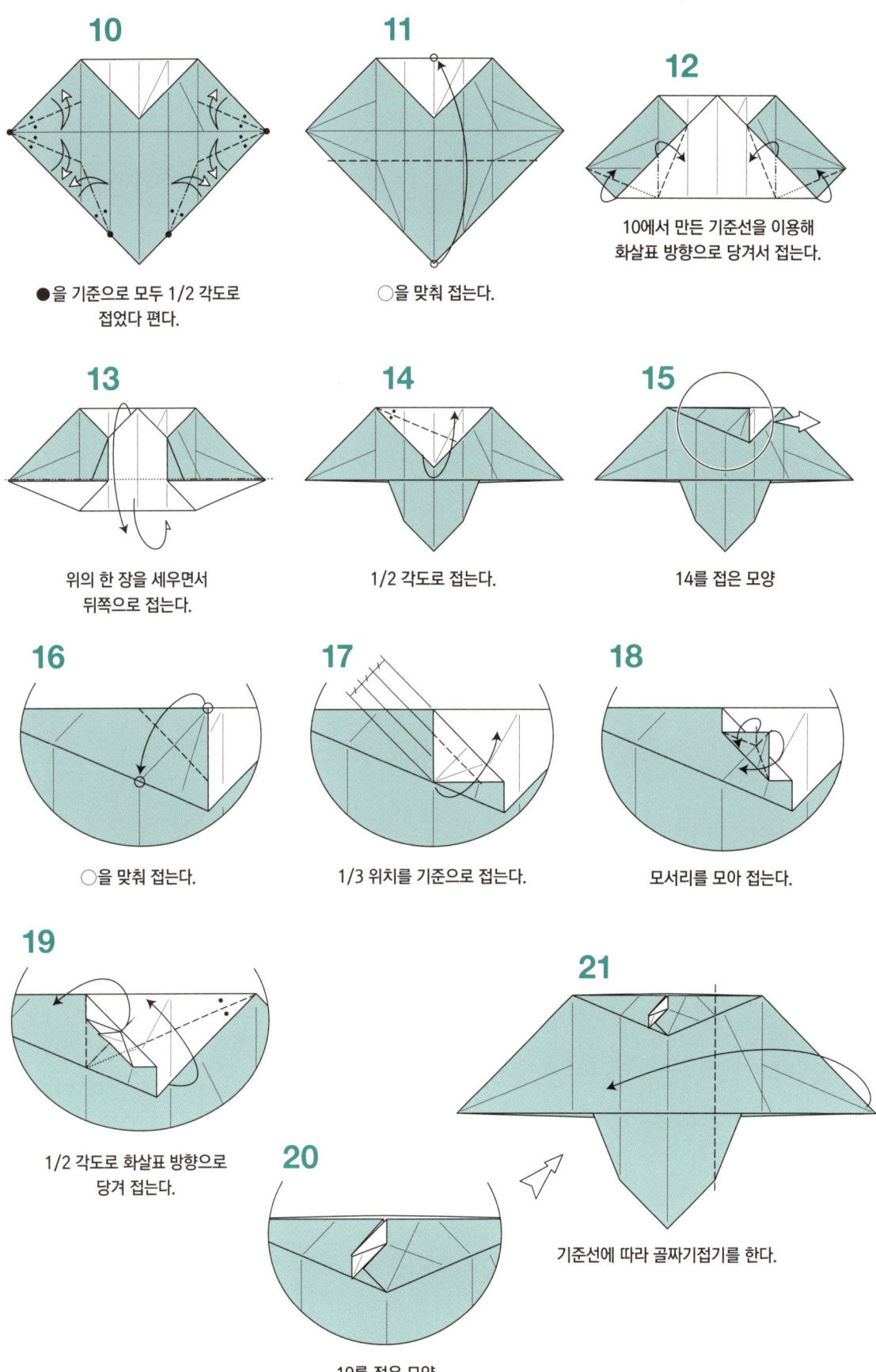

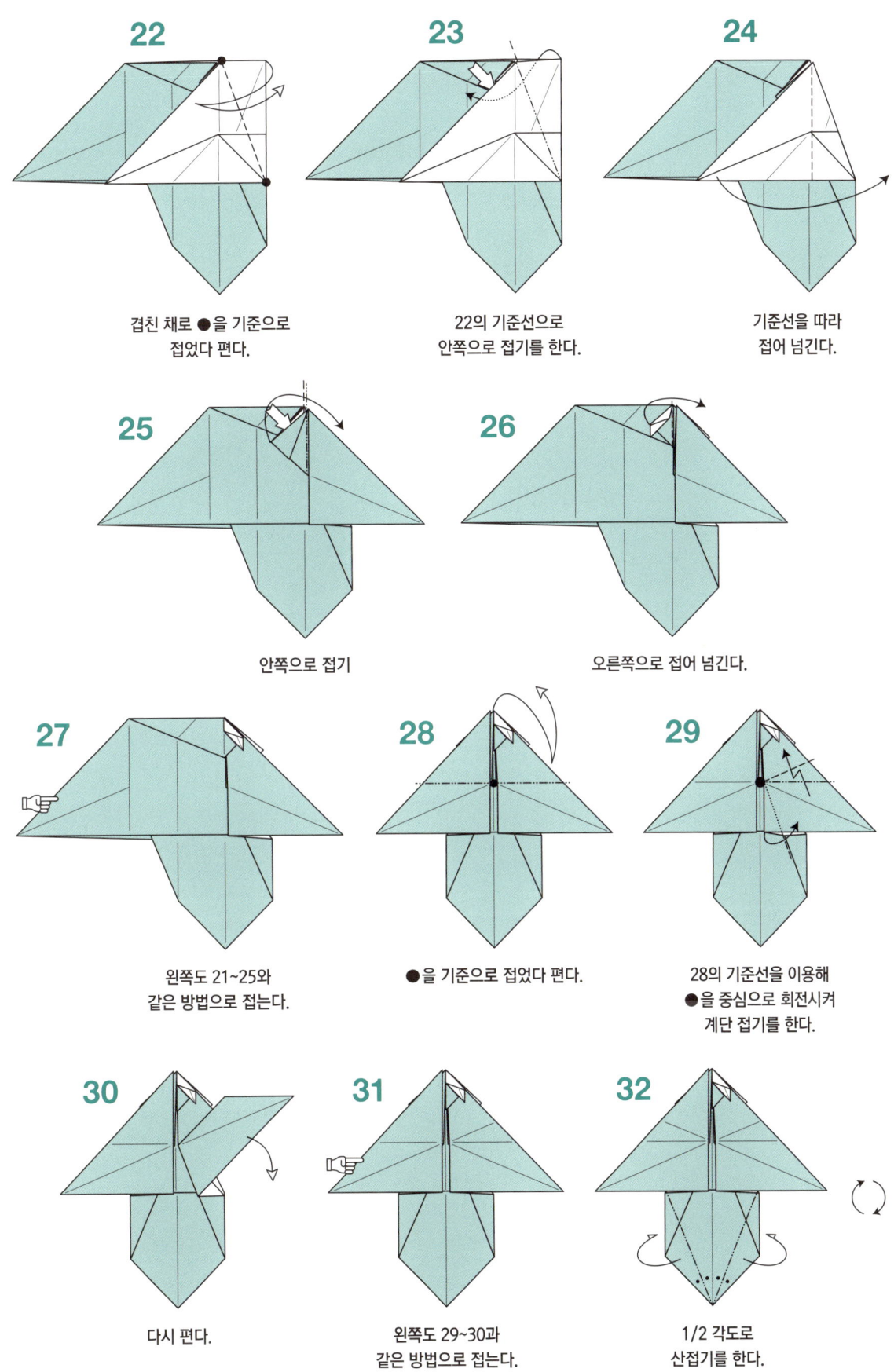

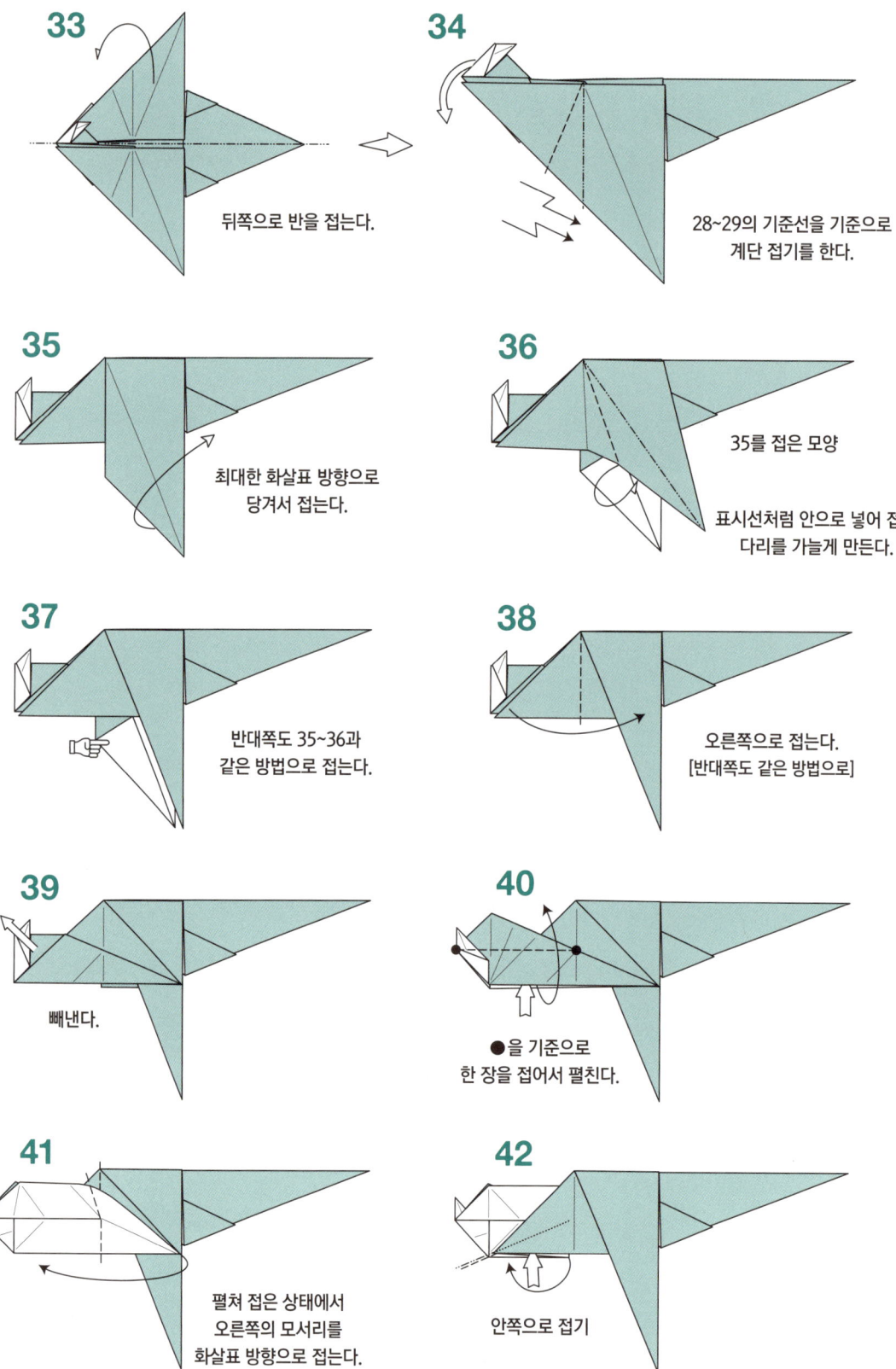

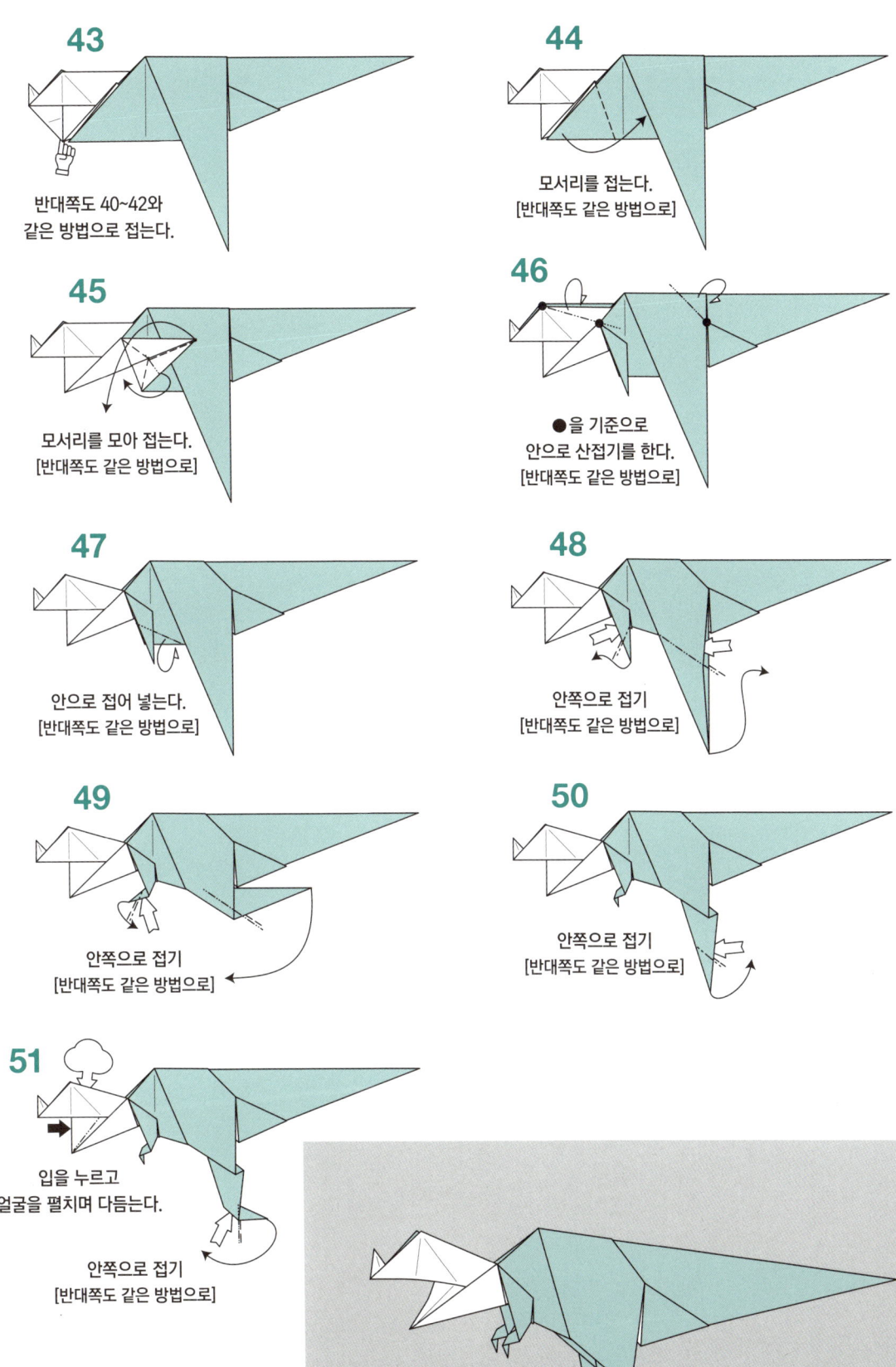

안킬로사우루스
Ankylosaurus

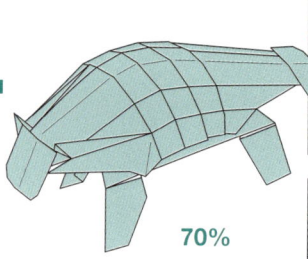

등의 튼튼한 갑옷과 꼬리의 큰 곤봉으로 적으로부터 몸을 보호했다. 마무리 단계에서 계단 접기한 몸통 부분을 잡아당겨 곡선 모양의 등으로 다듬는다.

70%

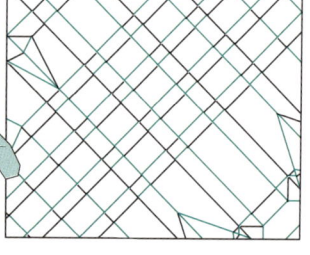

15cm

※ 같은 크기의 종이 두 장을 사용합니다.

몸통

1
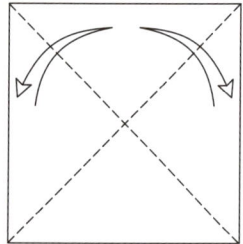
접었다 펴서 기준선을 만든다.

2
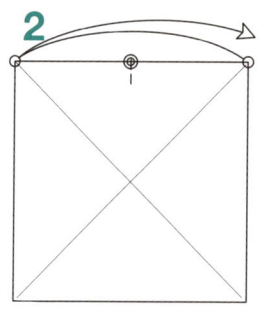
○을 맞추어 ◎부분에 기준선을 만든다.

3
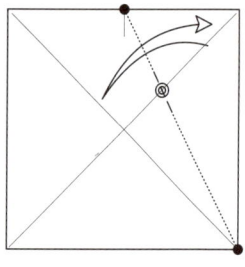
●을 기준으로 ◎부분에 표시를 한다.

4
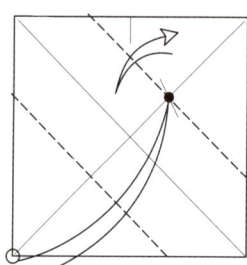
●을 기준으로 접었다 펴고 ○을 ●에 맞추어 접었다 편다.

5
모서리를 ●에 맞추어 기준선을 만든다.

6
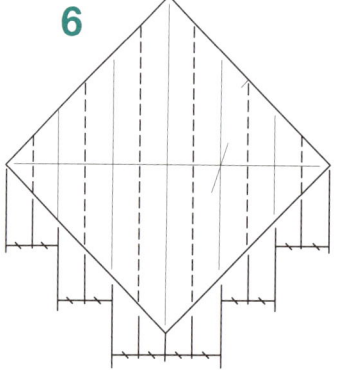
1/2 너비로 기준선을 접는다.

7
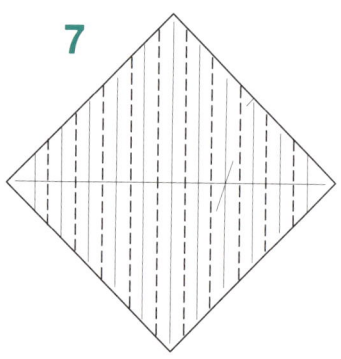
양쪽 끝을 제외하고 다시 1/2 너비로 기준선을 접는다.

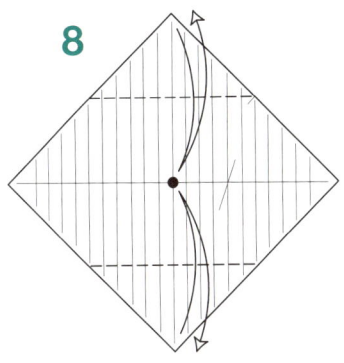

접었다 편다.

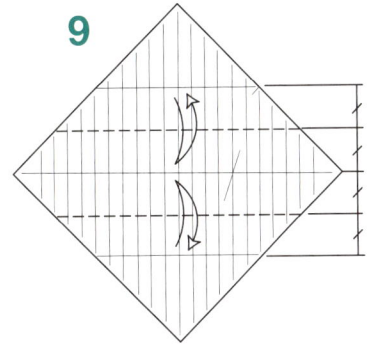

1/2 너비로 기준선을 접었다 편다.

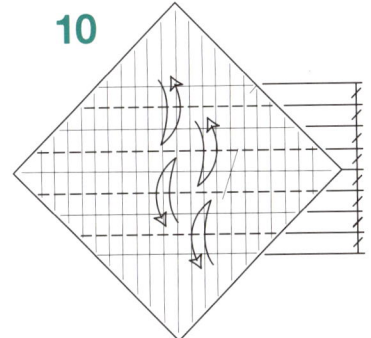

다시 1/2 너비로 기준선을 접었다 편다.

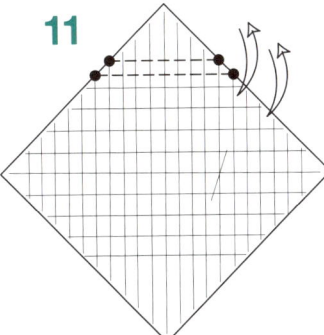

기준선을 접었다 편다.

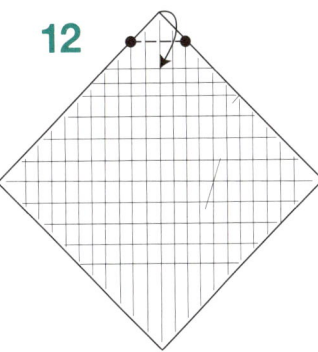

●을 기준으로 접는다.

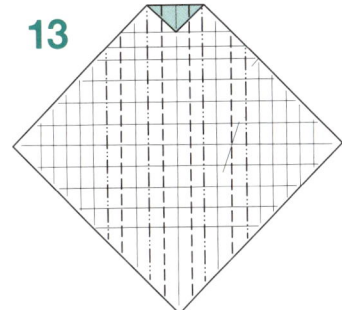

기준선의 안과 밖을 다시 접는다.

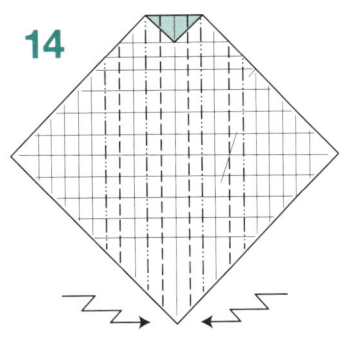

계단 접기를 한다.

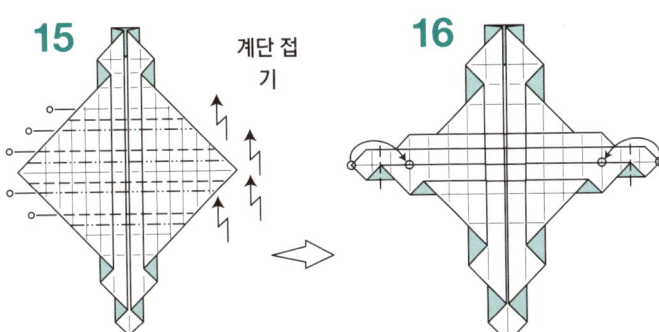

○── 은 이미 접어놓은 기준선을 나타낸다.

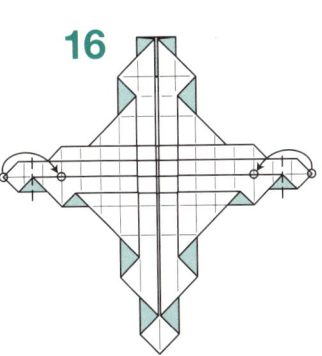

○을 맞추어 접는다.

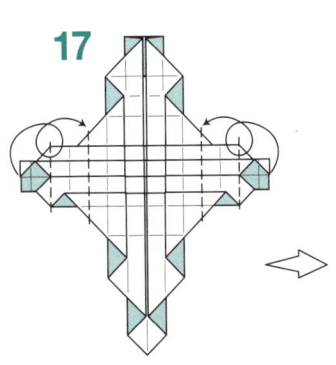

접어놓은 기준선으로 말듯이 접는다.

안킬로사우루스

18
당겨 접는다.

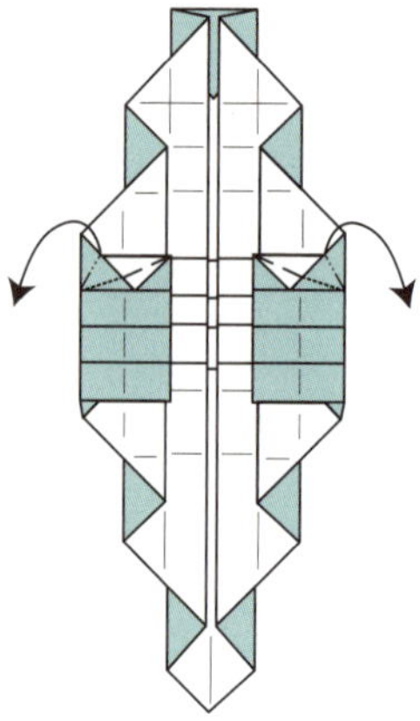

19
기준선을 접었다 편다.

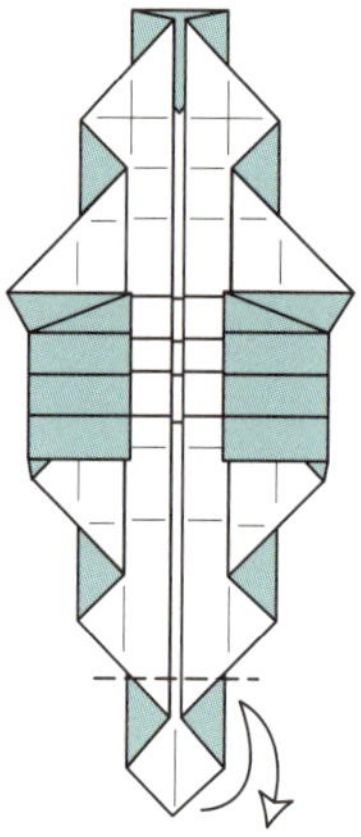

20
삼각으로 접는다.

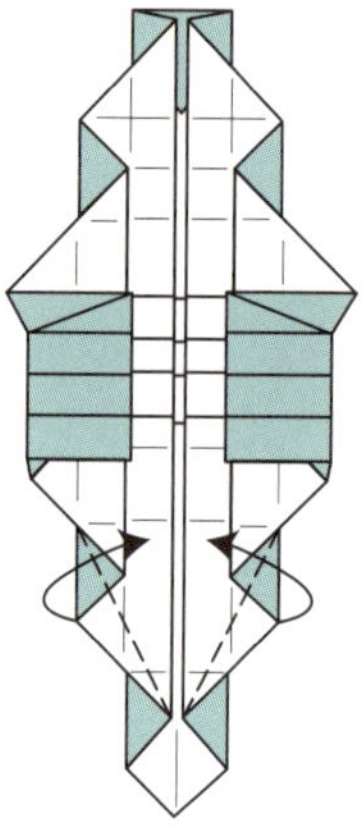

21
20을 접은 모양

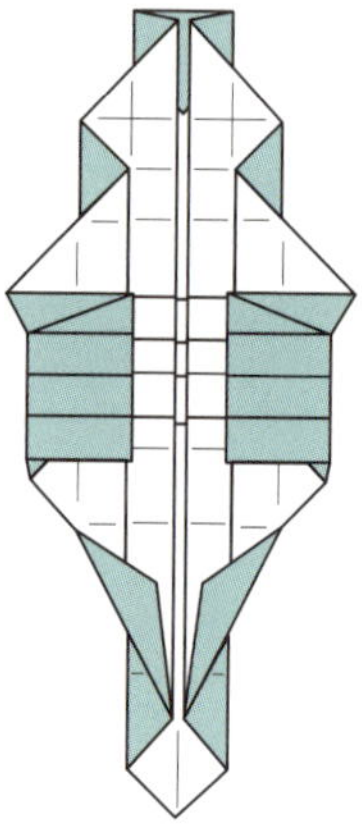

22
계단 접기
접어 올린다.

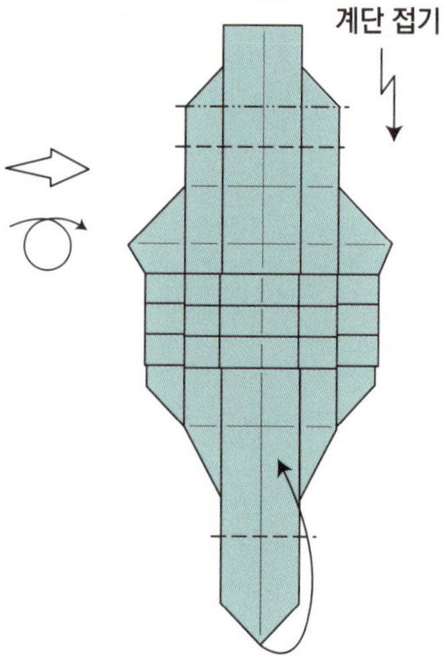

23
당겨 접는다.
펼쳐 눌러 접는다.

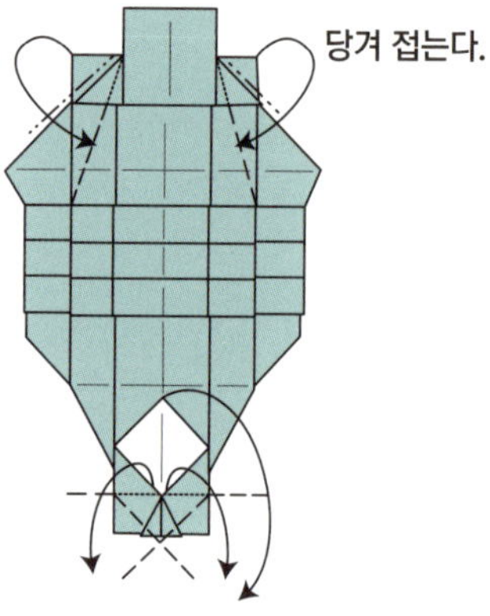

24
끝을 밖으로 접는다.

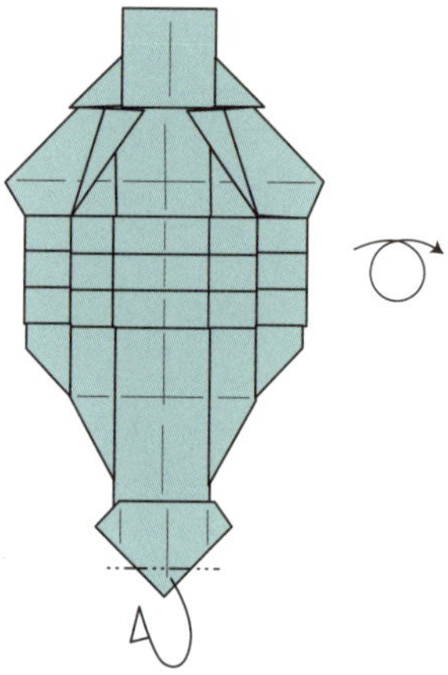

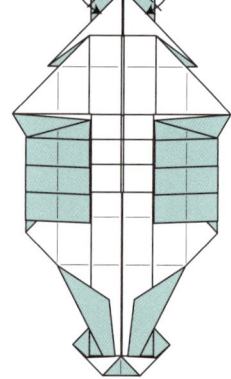

25
삼각으로 접는다.

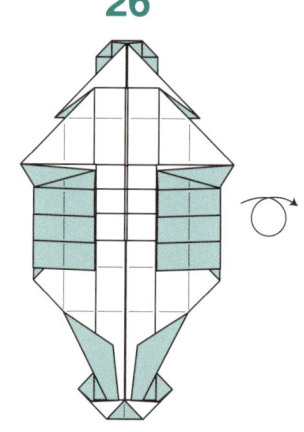

26
25를 접은 모양

몸통 완성

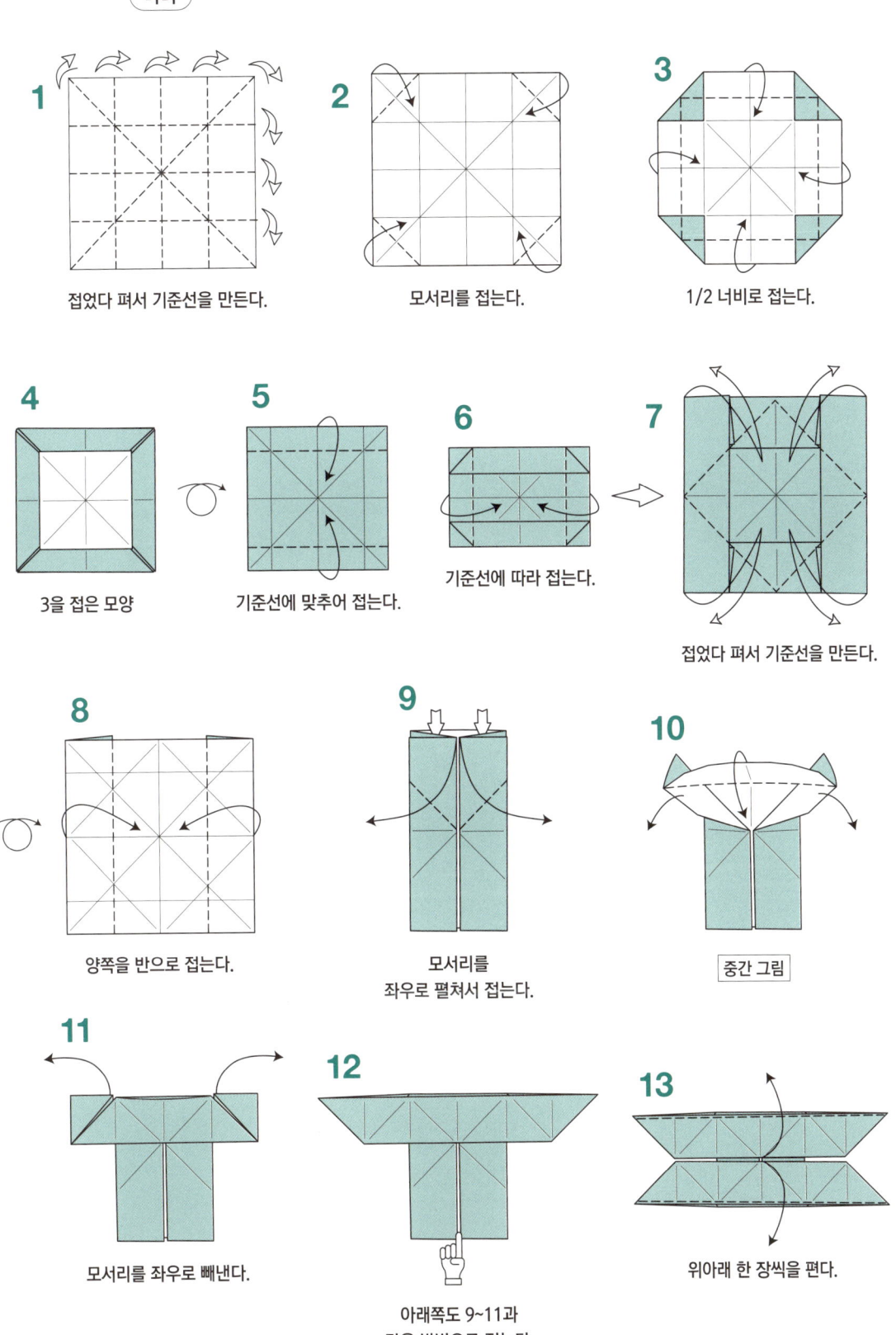

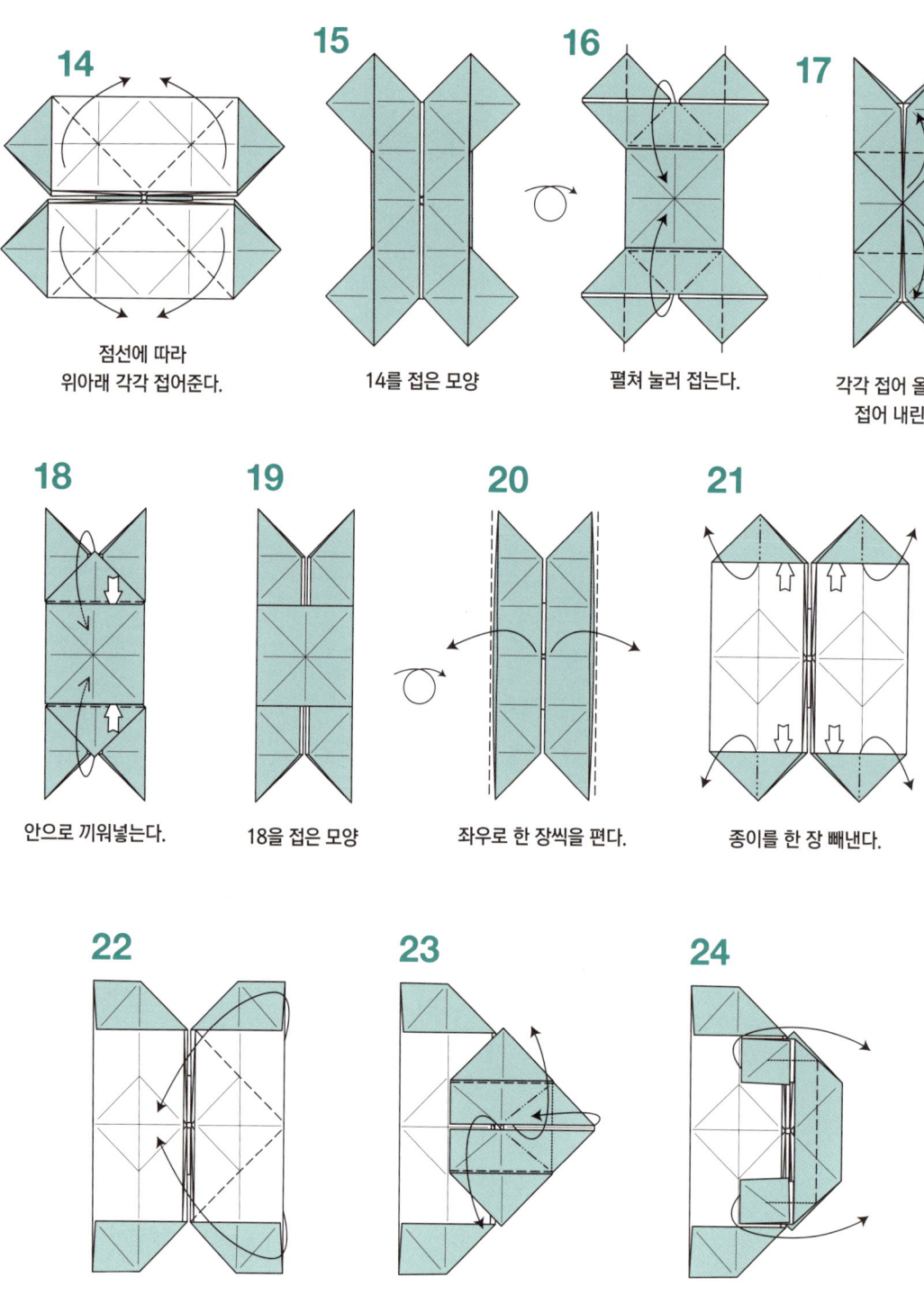

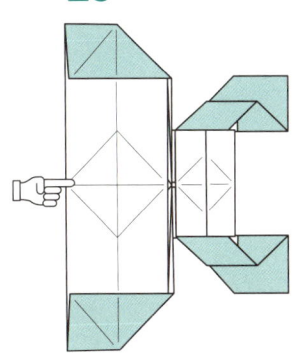

오른쪽도 22~24와 같은 방법으로 접는다.

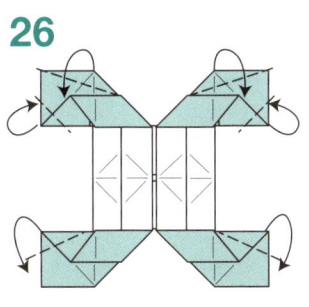

모서리를 접는다.

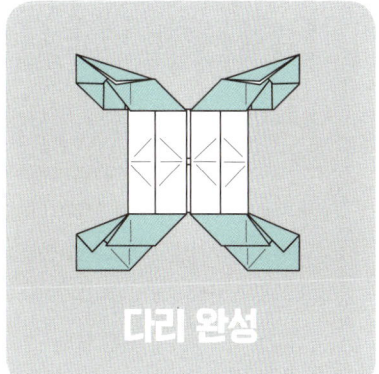

다리 완성

몸통과 다리 조립

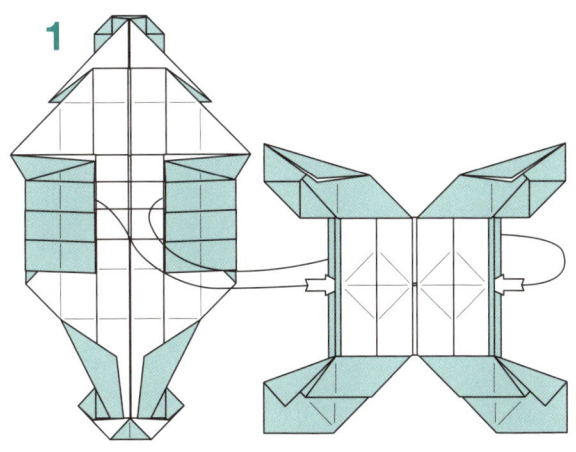

몸의 접합 부분을 다리 양옆의 포켓에 끼워 넣는다.

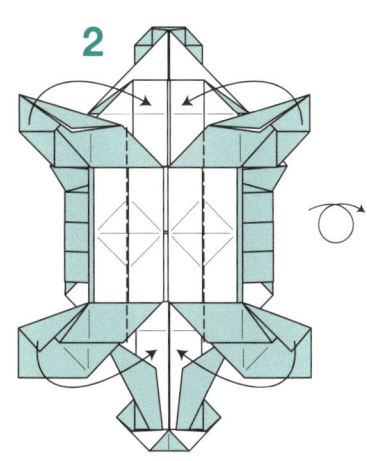

가운데로 모아 세우며 접는다.

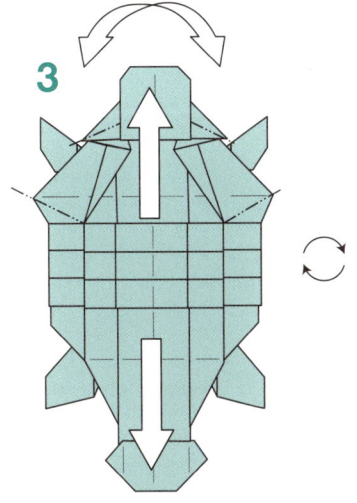

주름 부분을 펼쳐 등에 곡선을 만든다.
2와 3 과정을 동시에 한다.

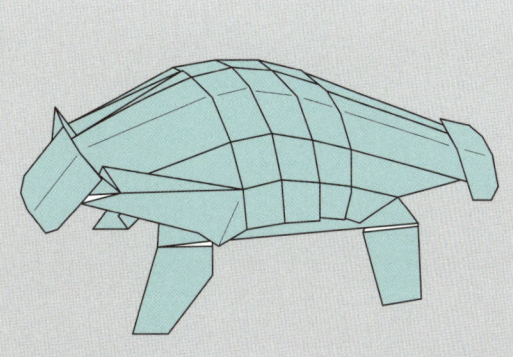

안킬로사우루스 완성

안킬로사우루스 111

파키케팔로사우루스
Pachycephalosaurus

머리뼈가 매우 두꺼워 동족끼리 머리를 부딪치며 싸웠을 것으로 추정하고 있다. 머리에 종이 뒷면의 색이 드러나므로 양면 색종이를 사용하면 재미있는 작품을 완성할 수 있다.

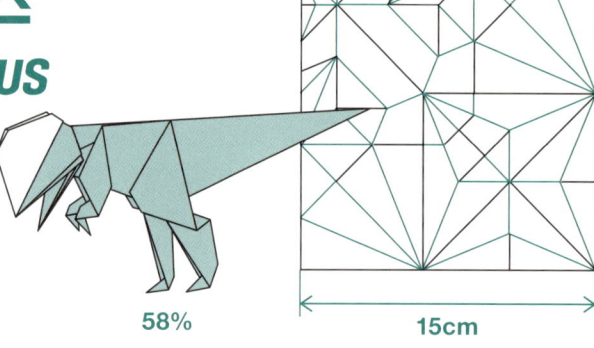

58%   15cm

1

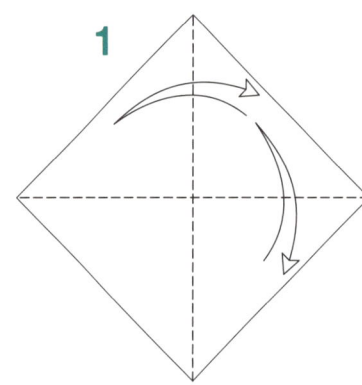

접었다 편다.

2

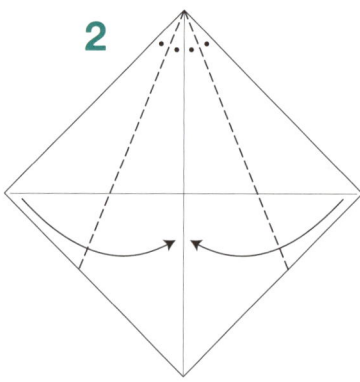

1/2 각도로 접는다.

3

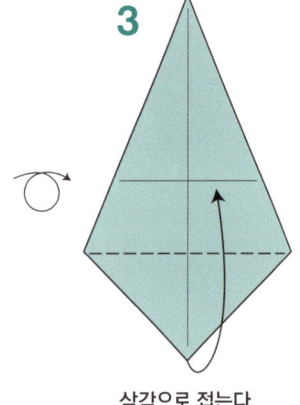

삼각으로 접는다.

4

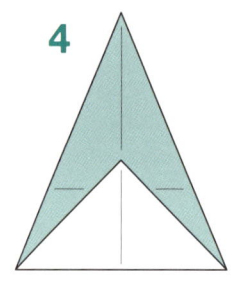

3을 접은 모양

5

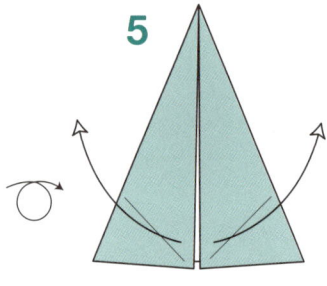

다시 펼친다.

6

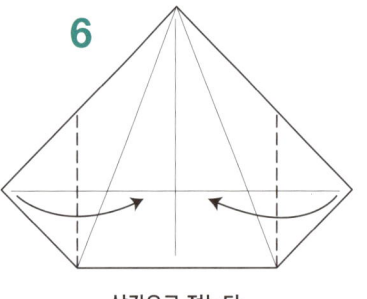

삼각으로 접는다.

7

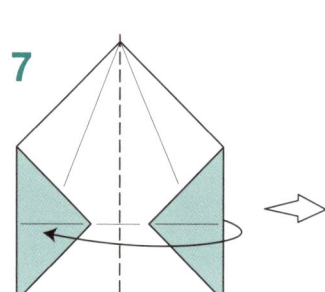

반으로 접는다.

8

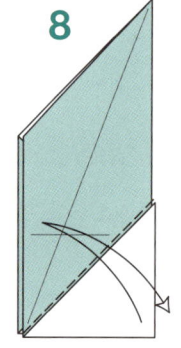

기준선을 접었다 편다.

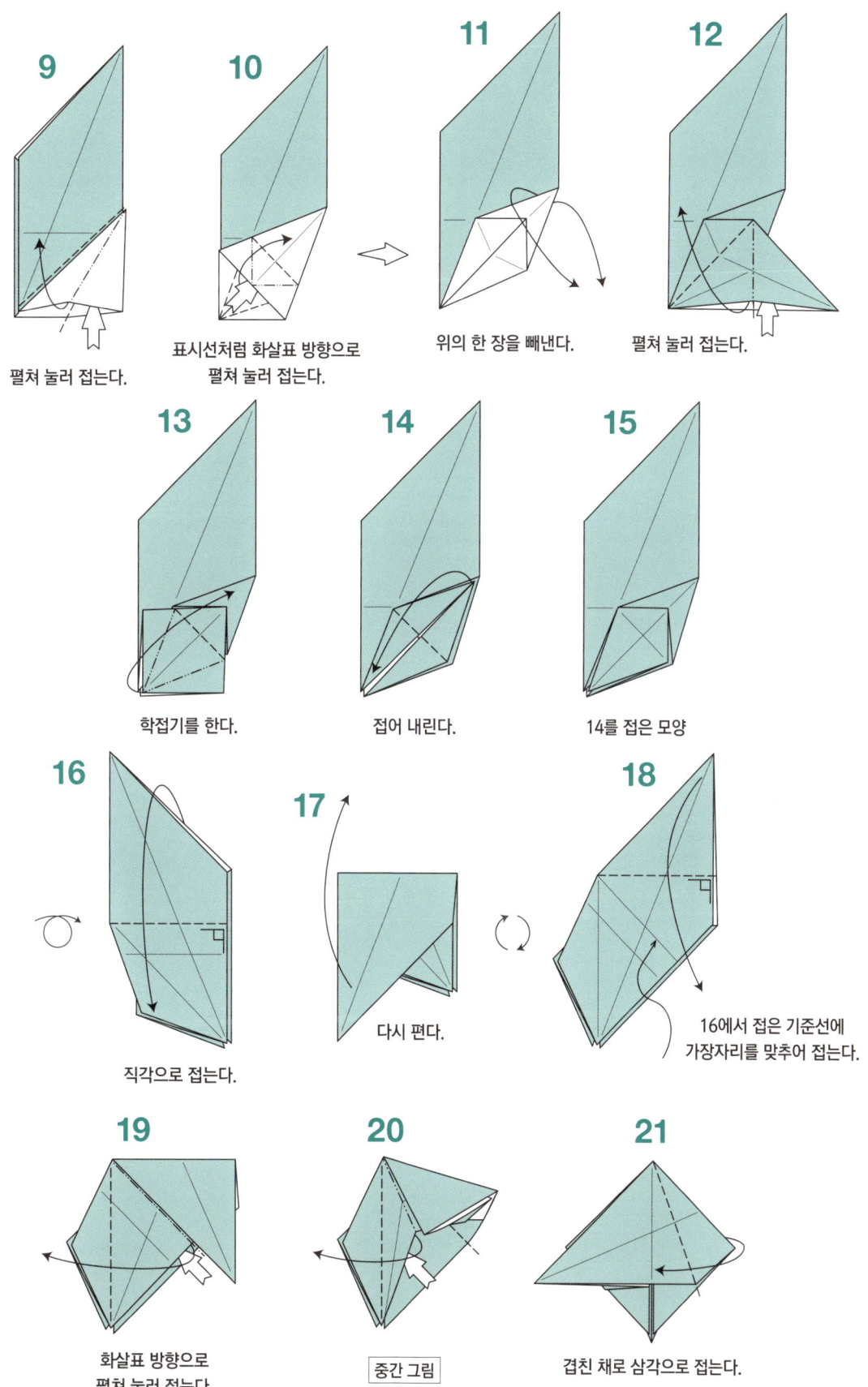

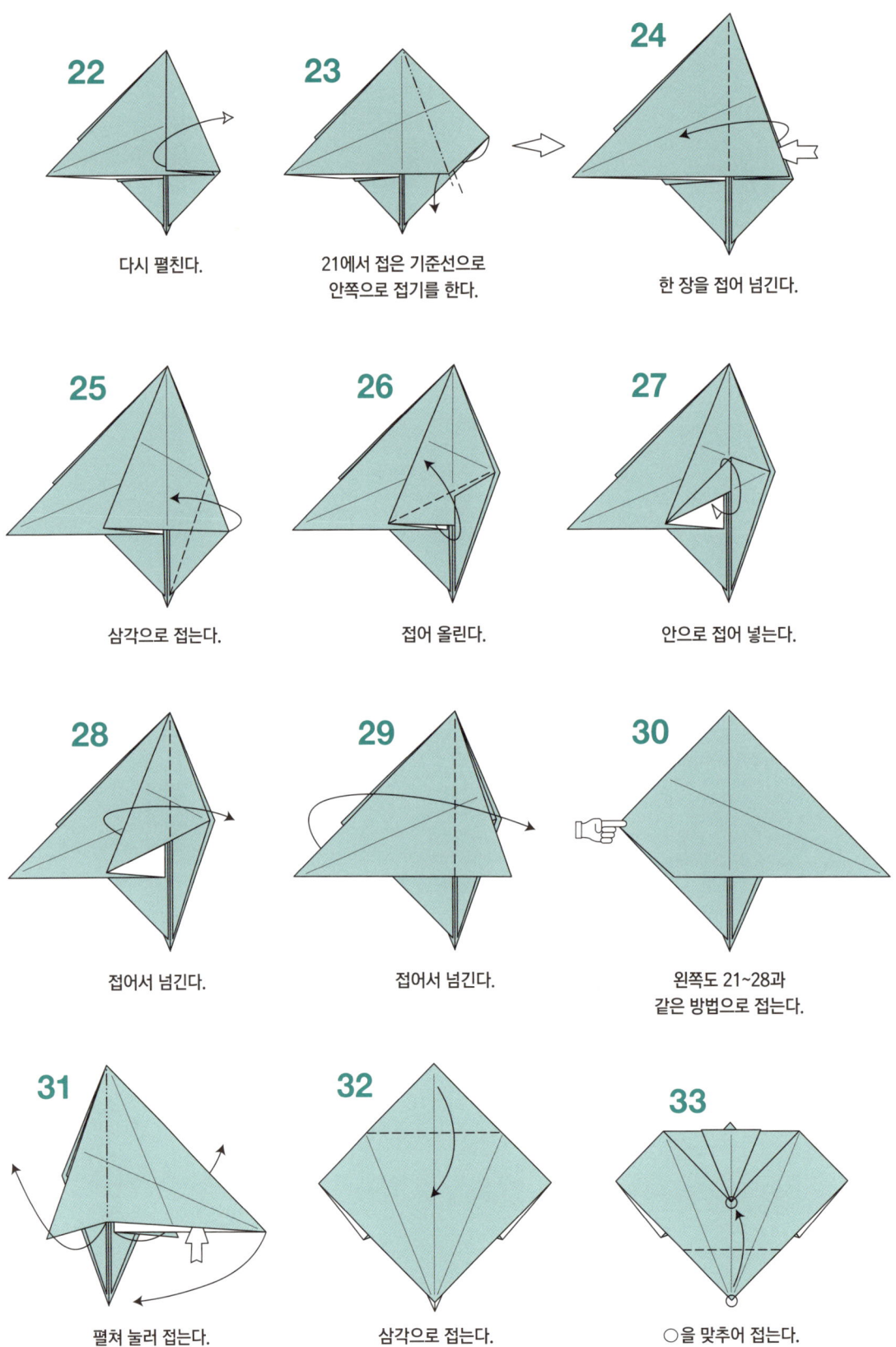

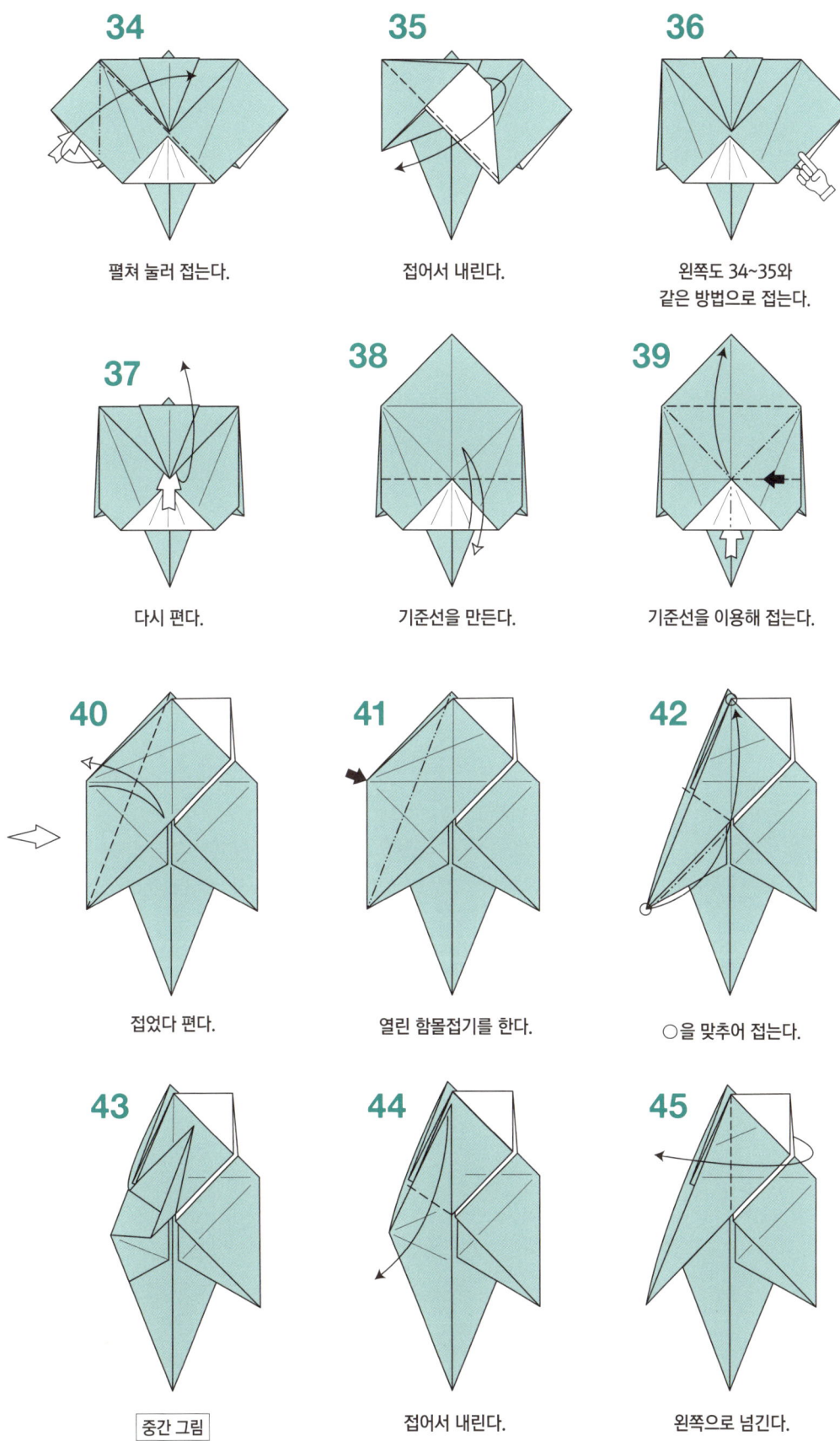

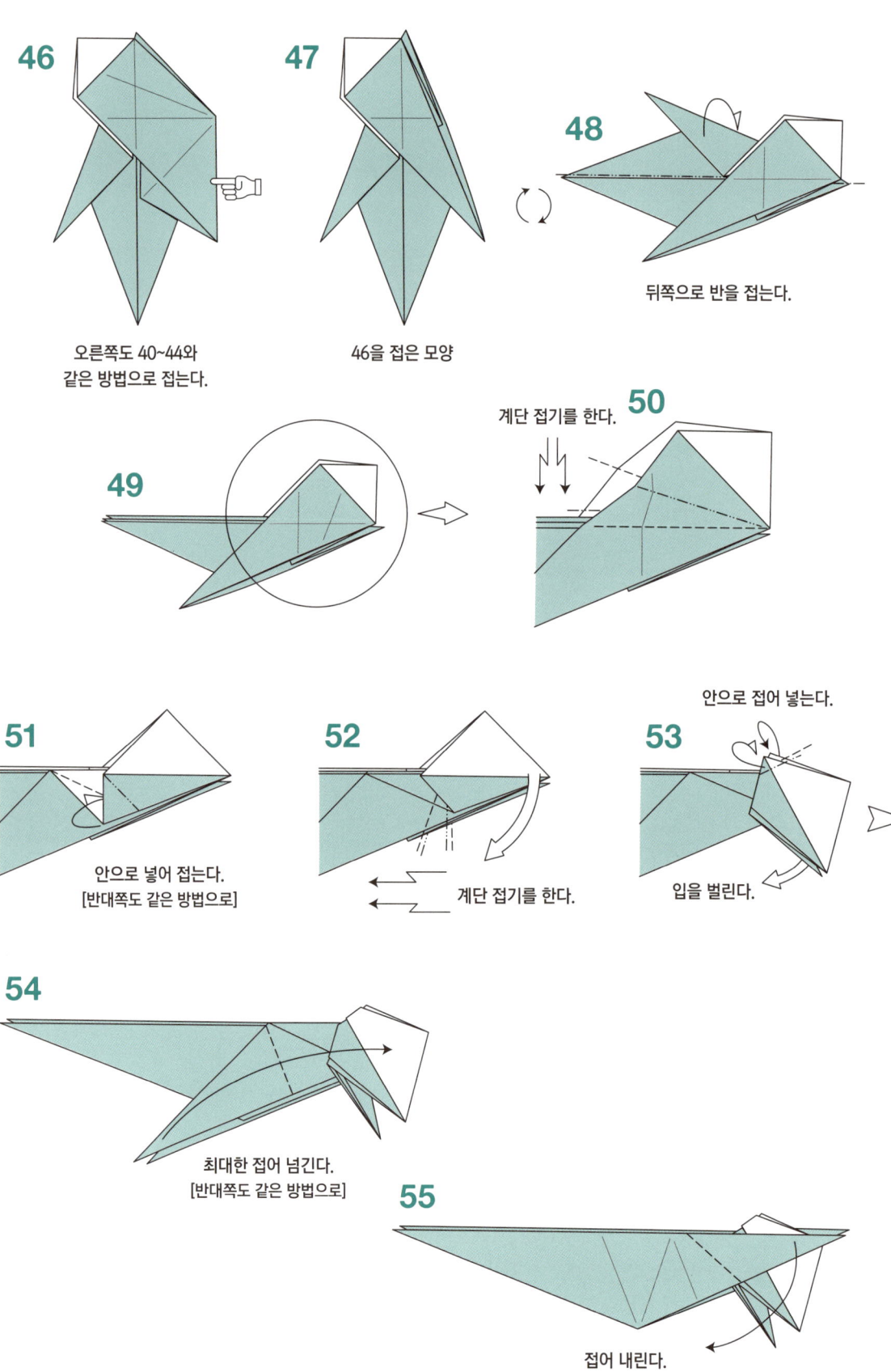

56

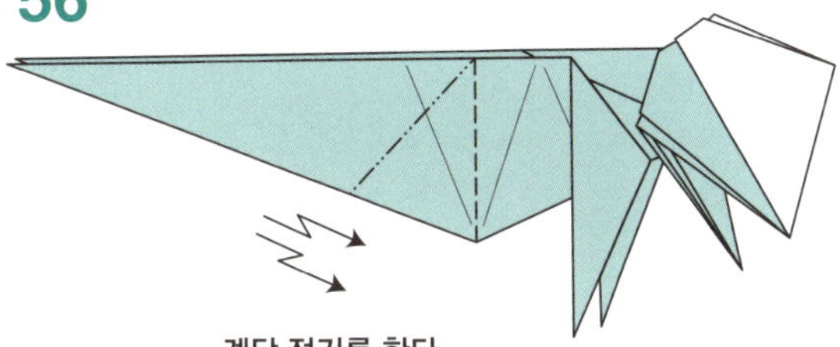

계단 접기를 한다.
[반대쪽도 같은 방법으로]

57

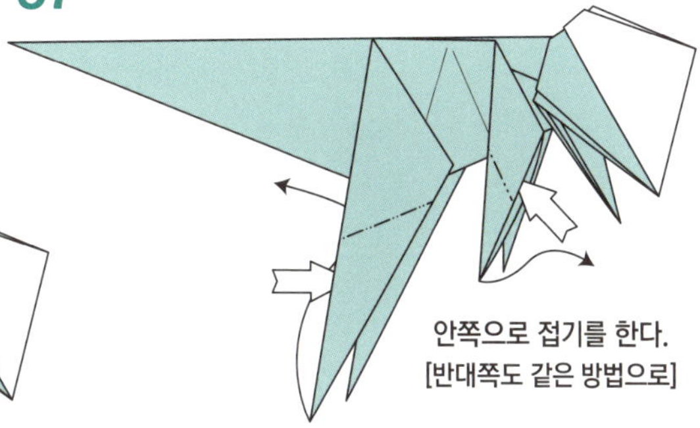

안쪽으로 접기를 한다.
[반대쪽도 같은 방법으로]

58

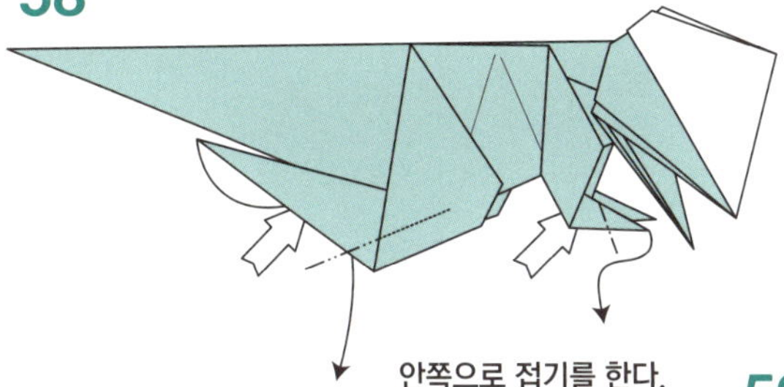

안쪽으로 접기를 한다.
[반대쪽도 같은 방법으로]

59

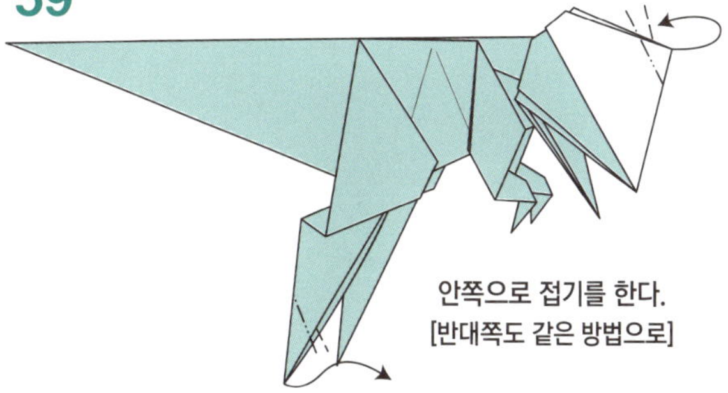

안쪽으로 접기를 한다.
[반대쪽도 같은 방법으로]

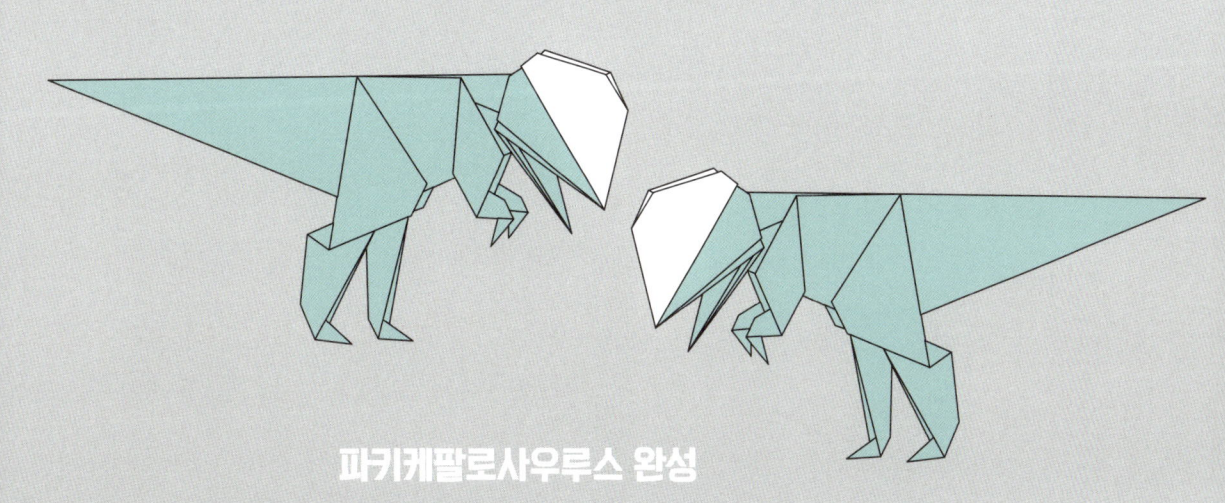

파키케팔로사우루스 완성

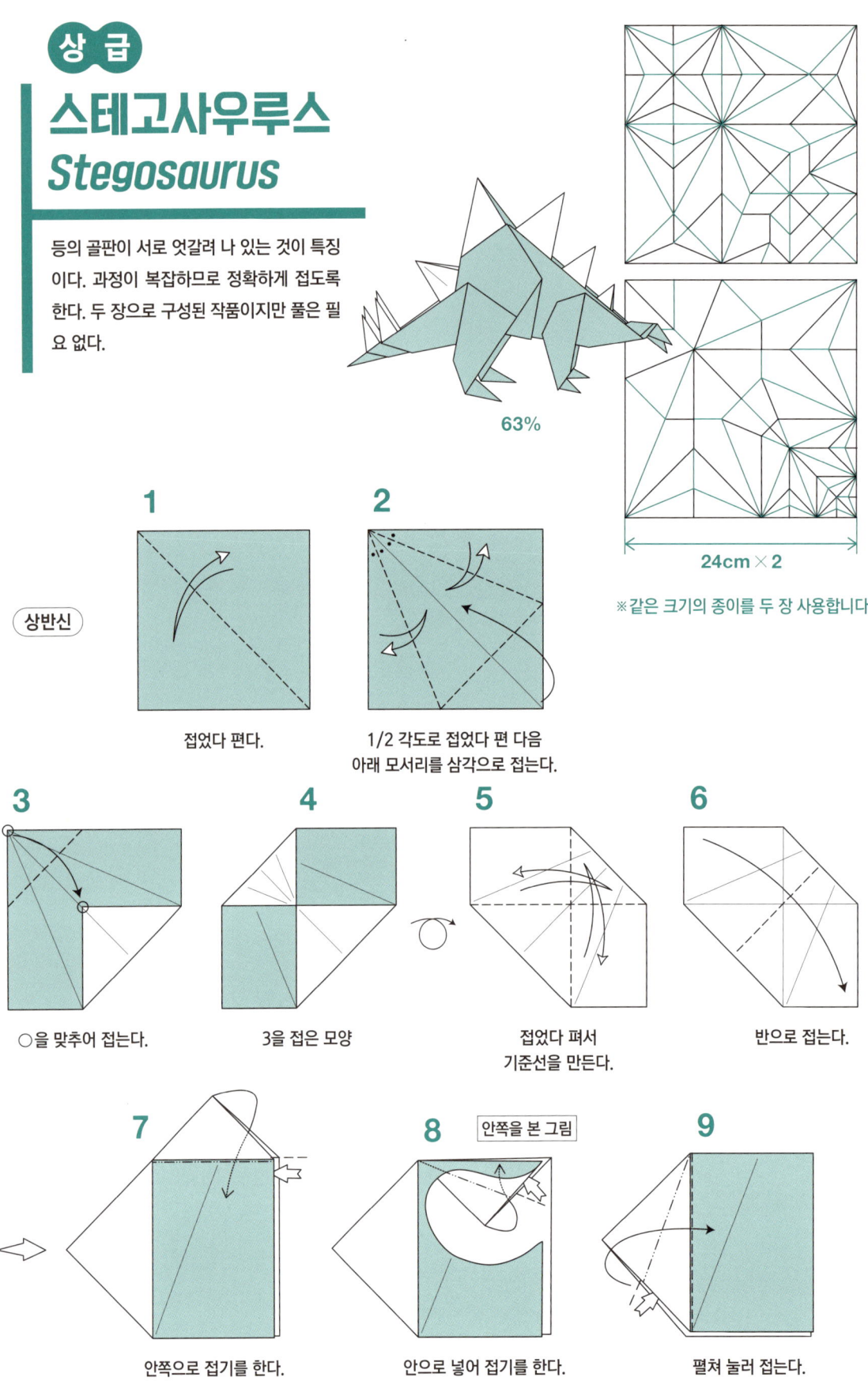

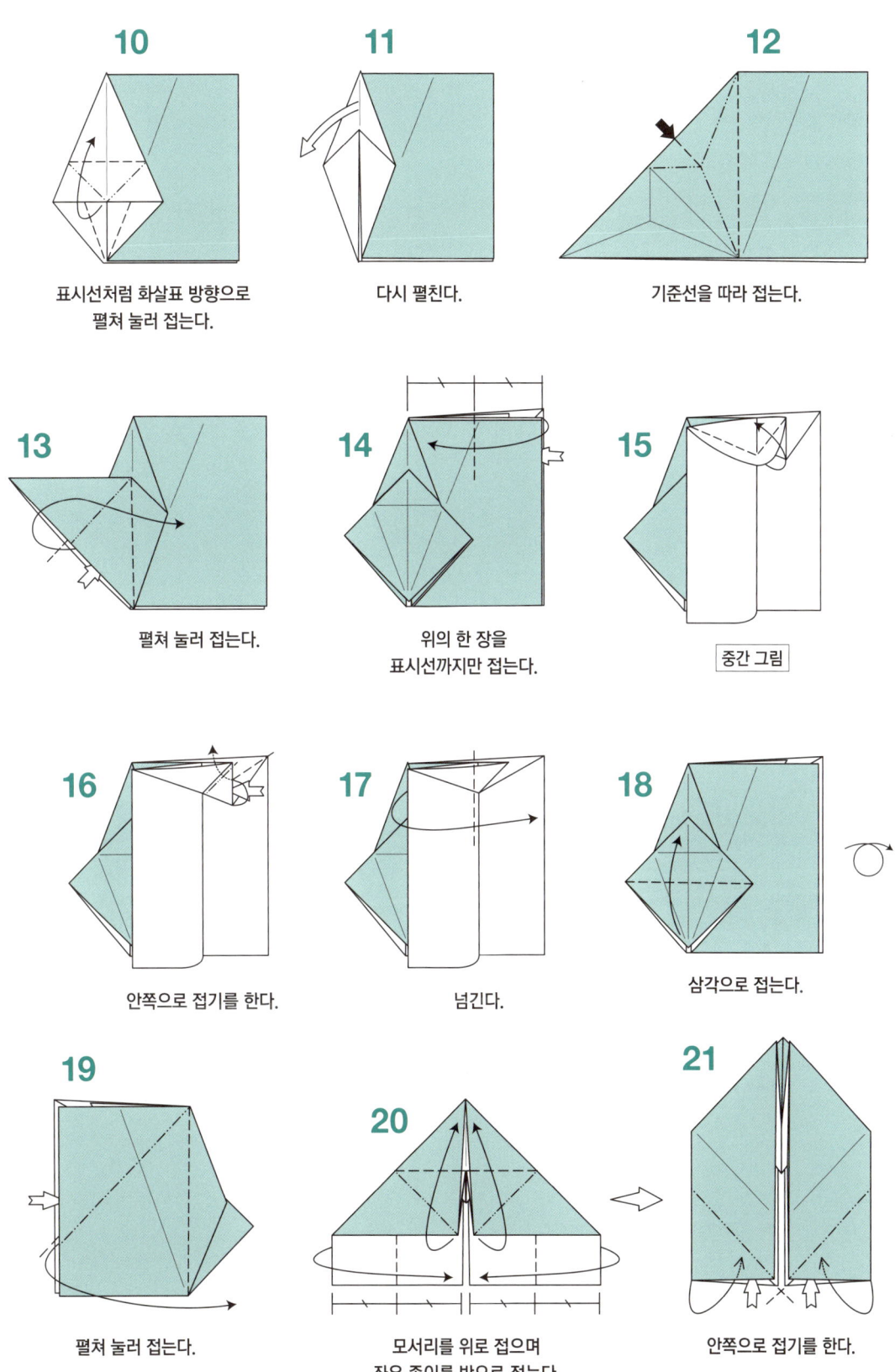

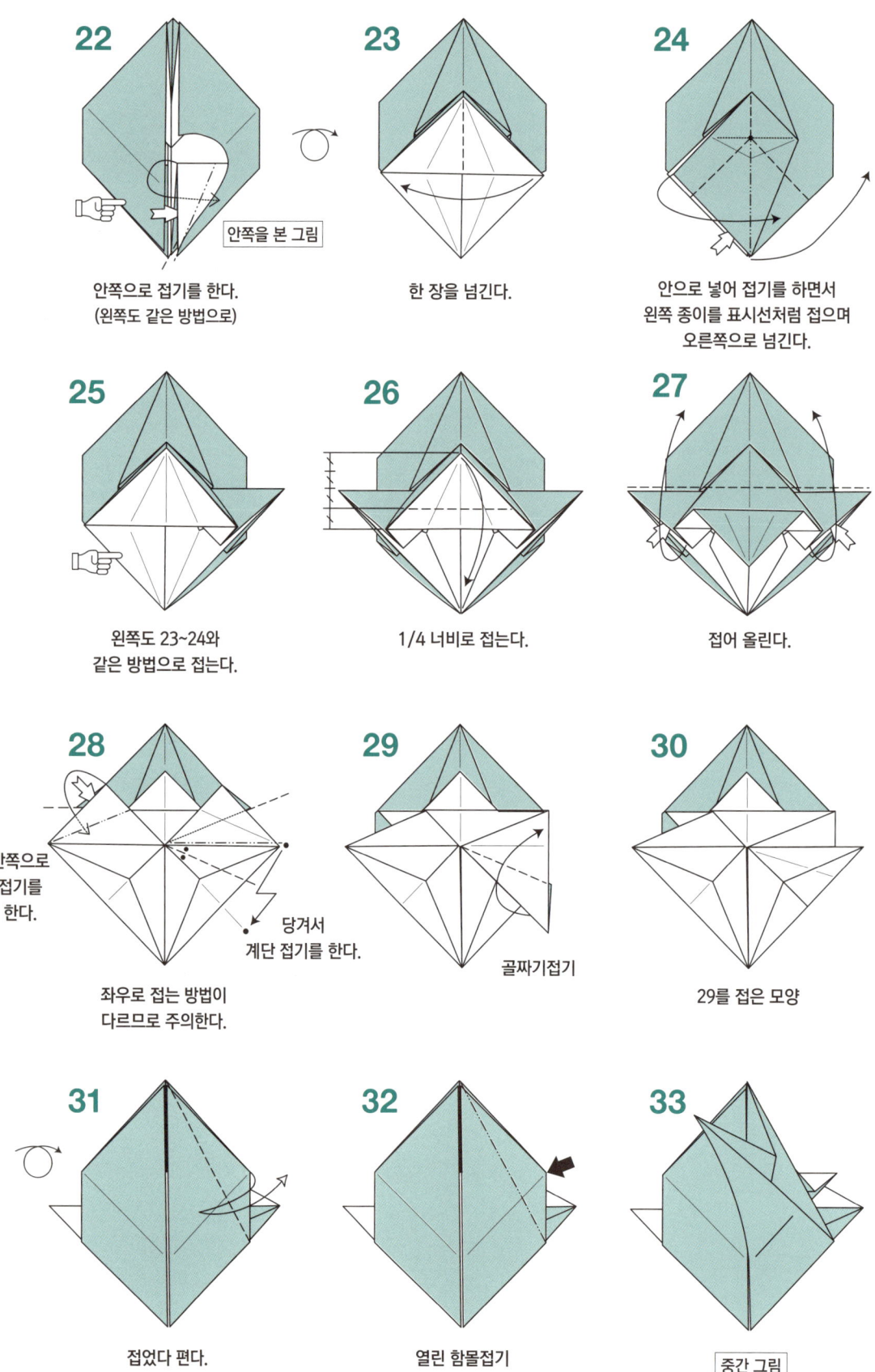

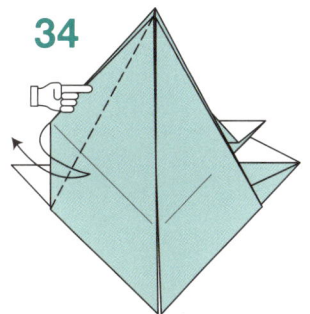
왼쪽도 31~33과 같은 방법으로 접는다.

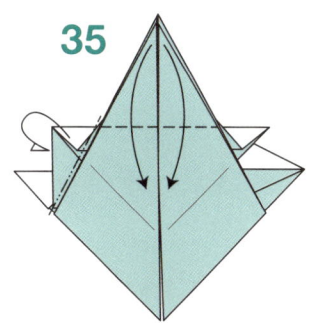
왼쪽 모서리는 뒤로 접고
위의 두 모서리는 접어서 내린다.

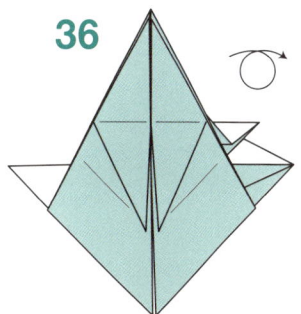
35를 접은 모양

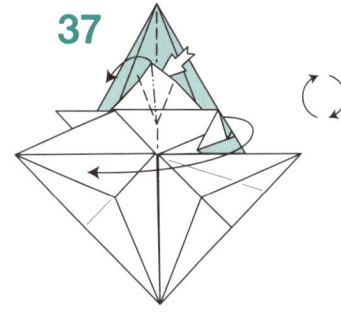
중앙 부분을 표시선처럼 접으며
전체를 반으로 접는다.

안쪽으로 접기를 한다.

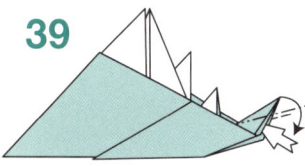
안쪽으로 접기를 한다.

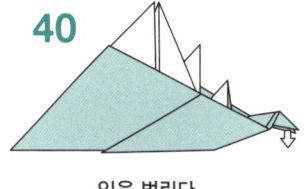
입을 벌린다.

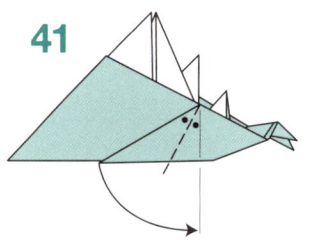
1/2 각도로 접는다.
반대쪽도 같은 방법으로 접는다.

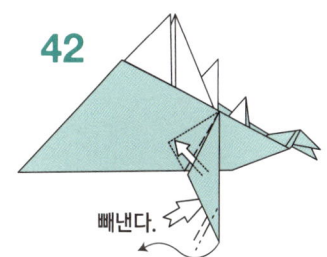
빼낸다.
안쪽으로 접기를 한다.

안쪽으로 접어 넣는다.

안으로 넣어 접기를 한다.

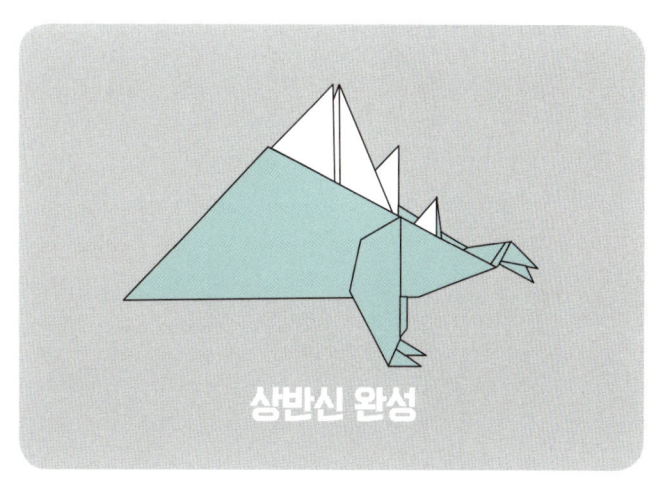
상반신 완성

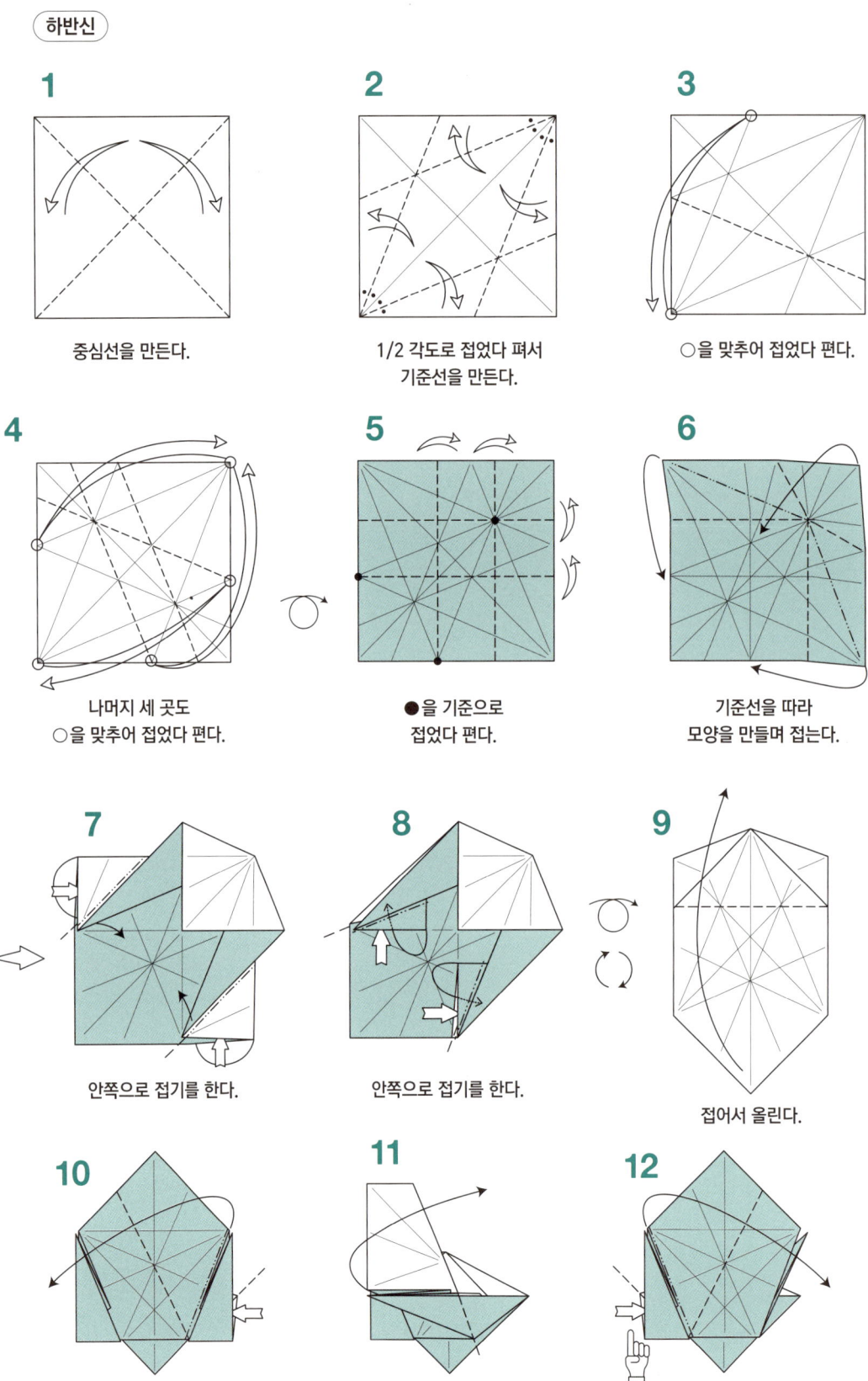

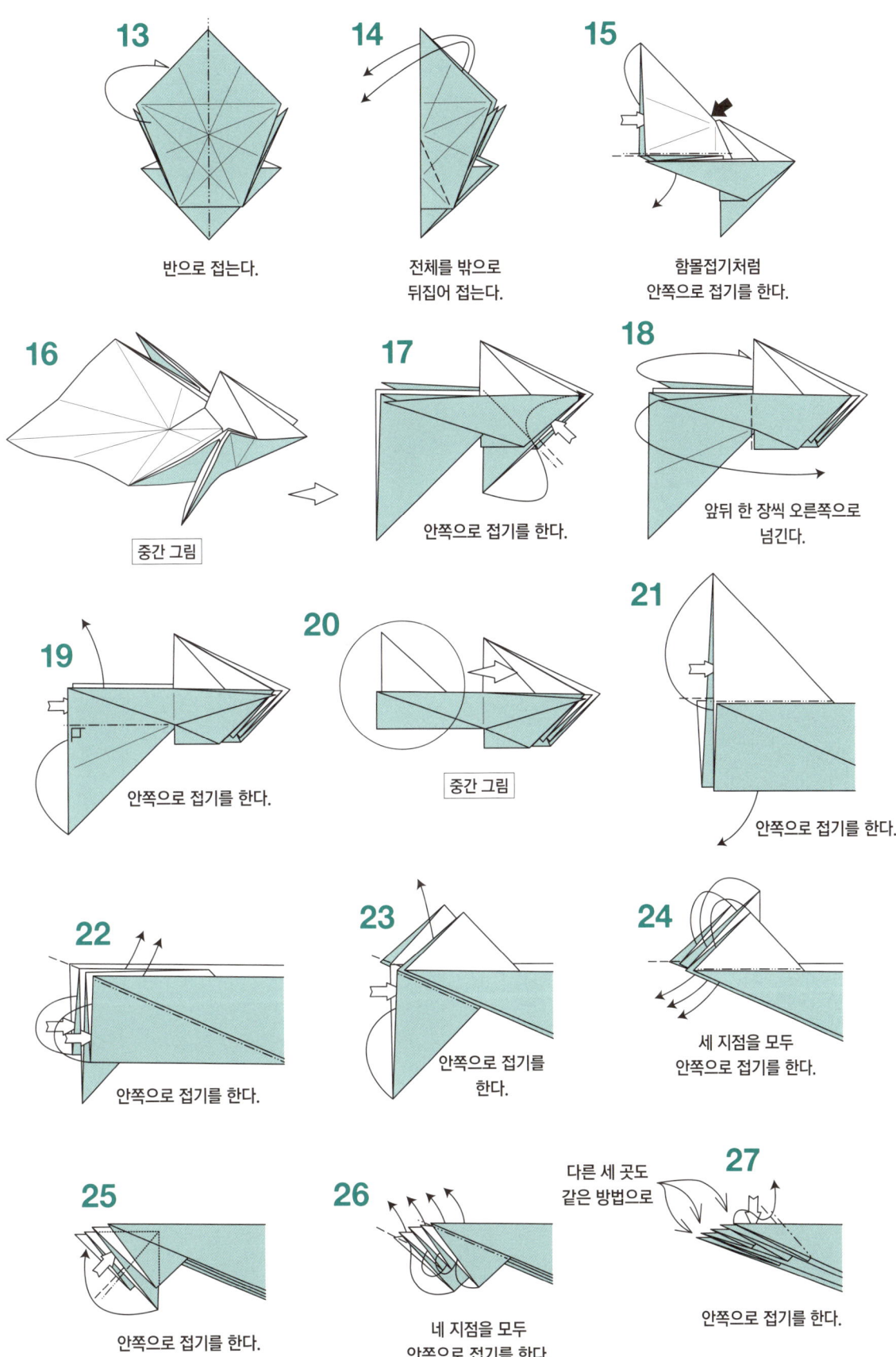

28
●을 중심으로 회전시키며 잡아당긴다.

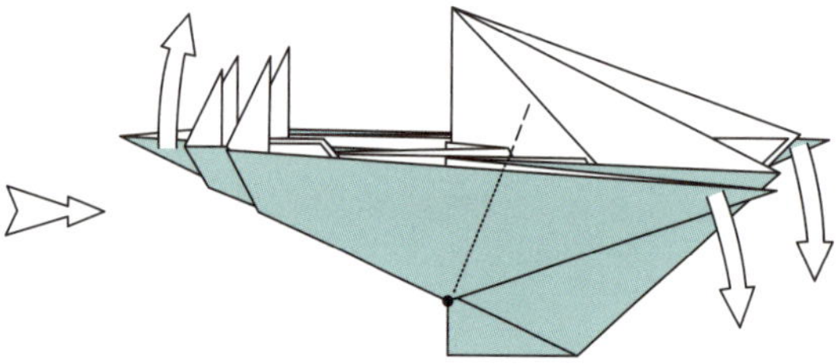

29
안쪽으로 접기를 한다.
[반대쪽도 같은 방법으로]

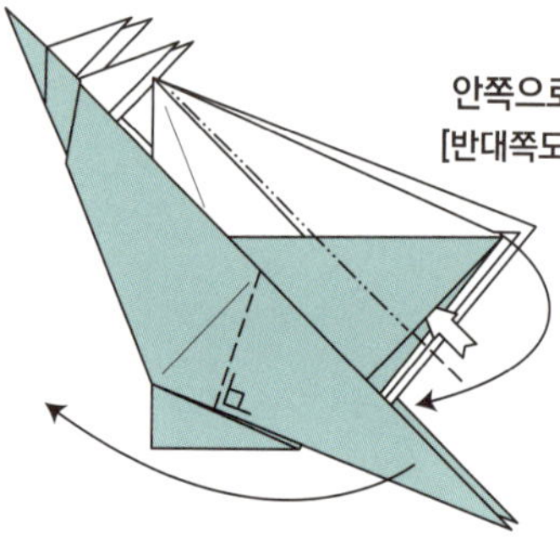

발을 직각으로 접는다.
[반대쪽도 같은 방법으로]

(상반신과 하반신 결합하기)

1
상반신을 끼워넣는다.

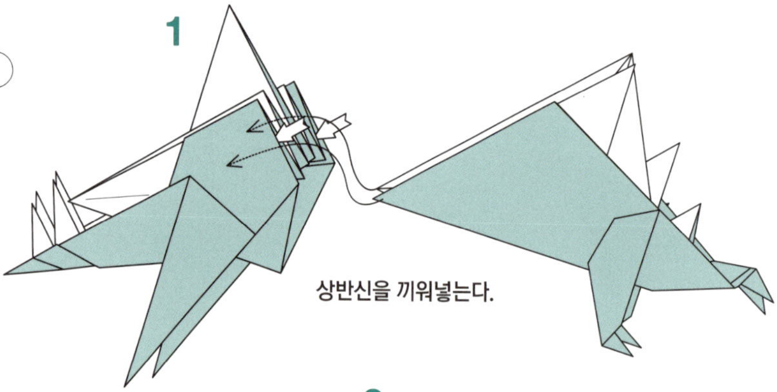

2
안쪽으로 접기를 한다.
[반대쪽 같은 방법으로]

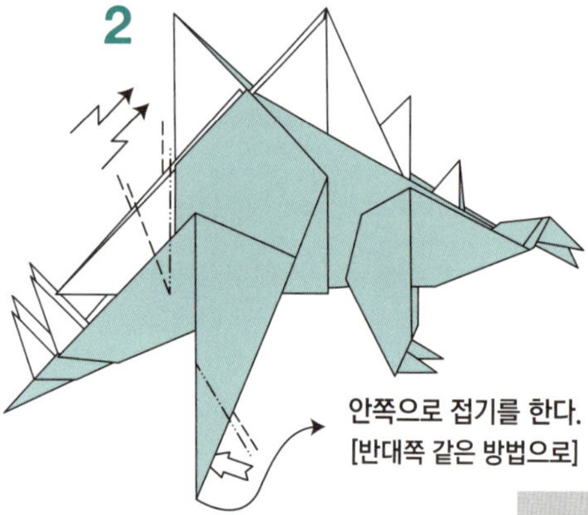

계단 접기를 하여 상반신이
빠지지 않도록 잠금장치를 한다.

3
벌린다.

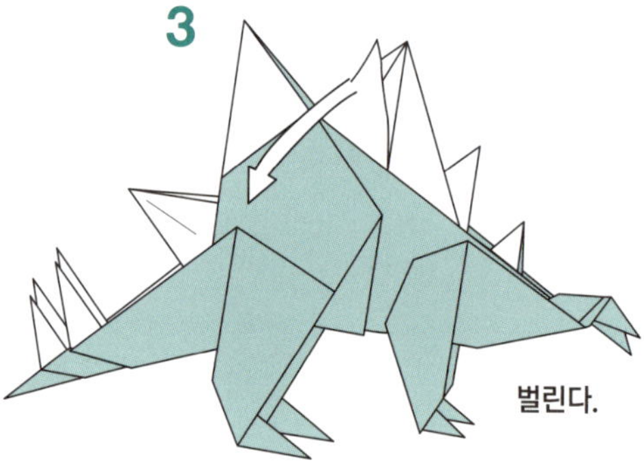

4
안으로 접어 넣는다.

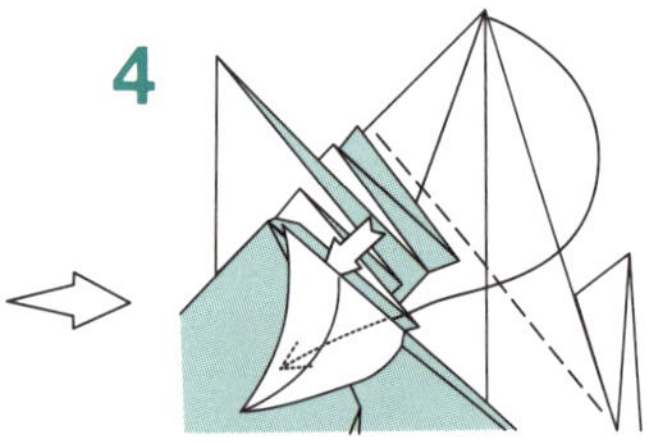

스테고사우루스 완성

트리케라톱스
Triceratops

뿔 공룡의 하나로, 눈 위에 2개, 코 위에 1개 모두 3개의 뿔이 나 있다. 머리 뒷부분에서 목 위까지 뻗어 있는 프릴도 특징으로 꼽힌다.

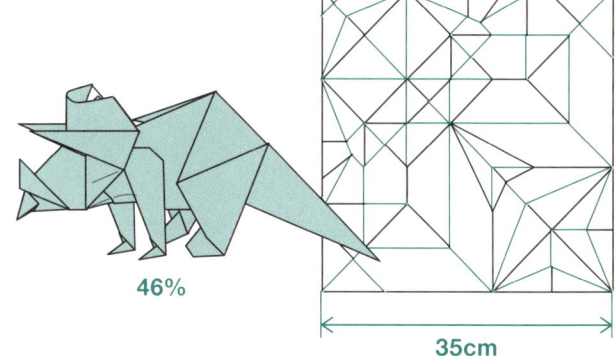

46%

35cm

1
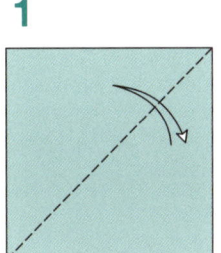
접었다 편다.

2
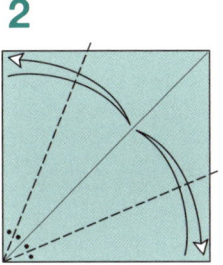
접었다 편다.

3
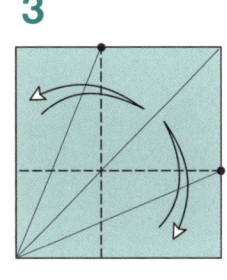
●을 기준으로 접었다 편다.

4
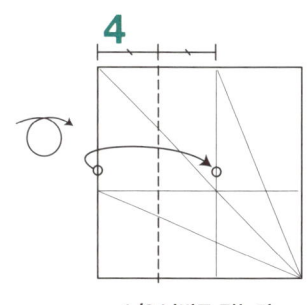
1/2 너비로 접는다.

5
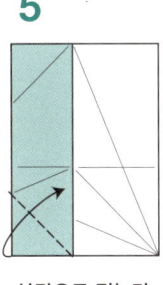
삼각으로 접는다.

6
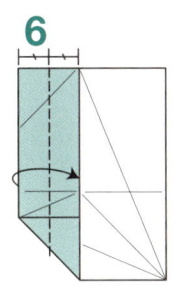
1/2 너비로 접는다.

7
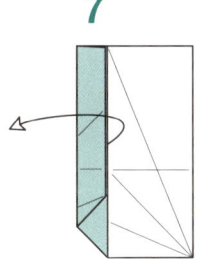
모두 펼친다.

8
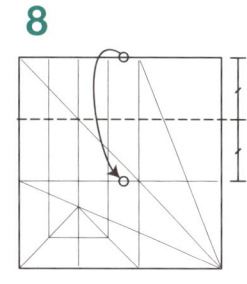
1/2 너비로 접는다.

9
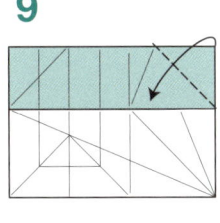
삼각으로 접는다.

10
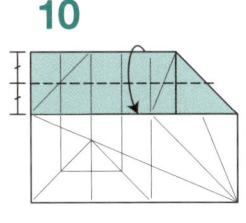
1/2 너비로 접는다.

11
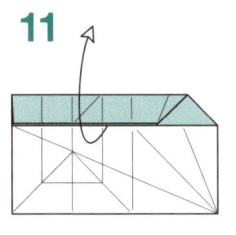
모두 펼친다.

12
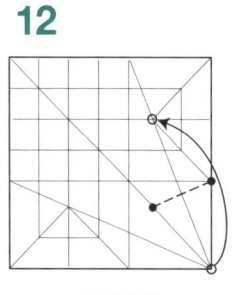
○을 맞추어 ●과 ●을 접는다.

트리케라톱스 125

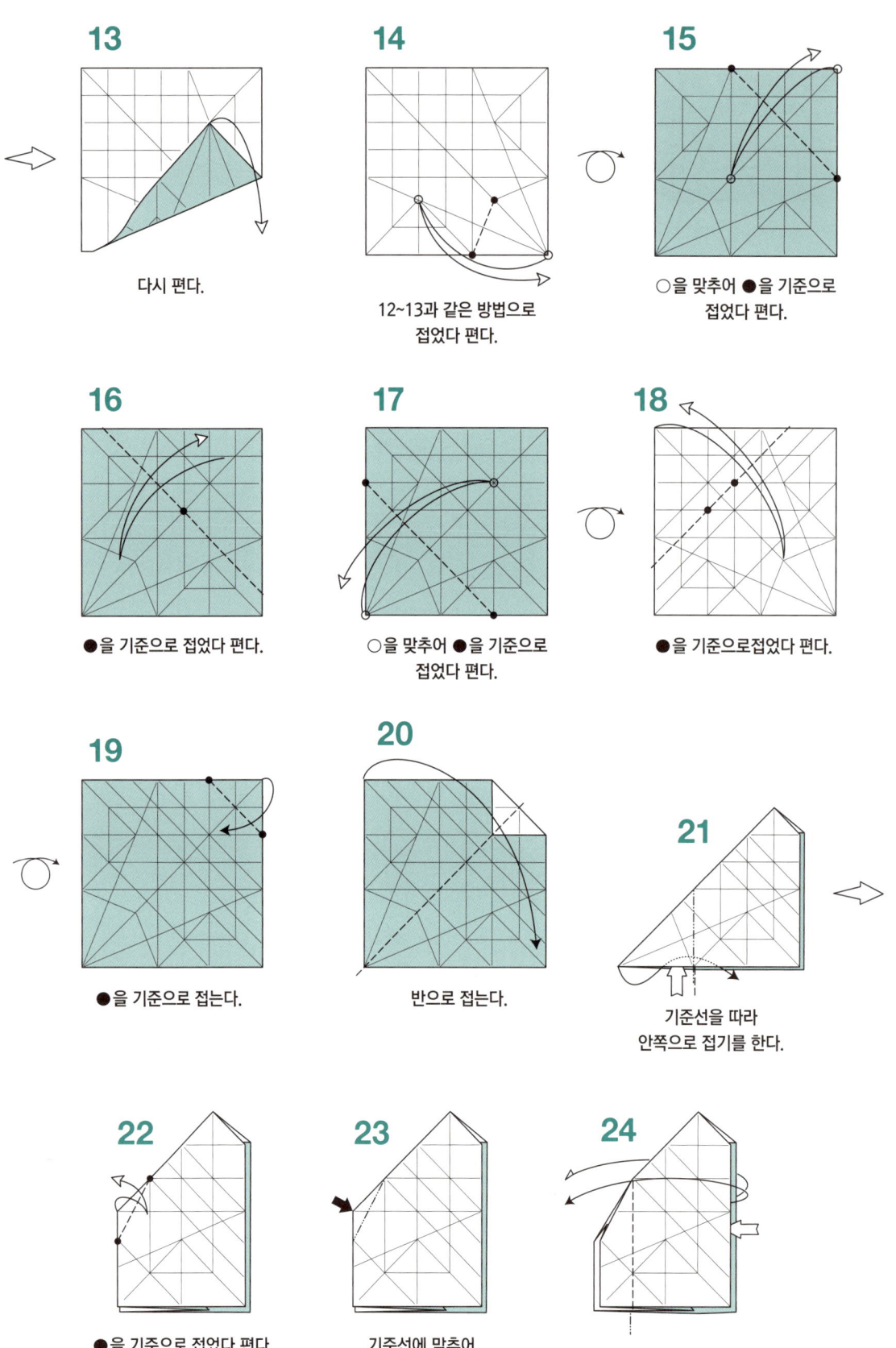

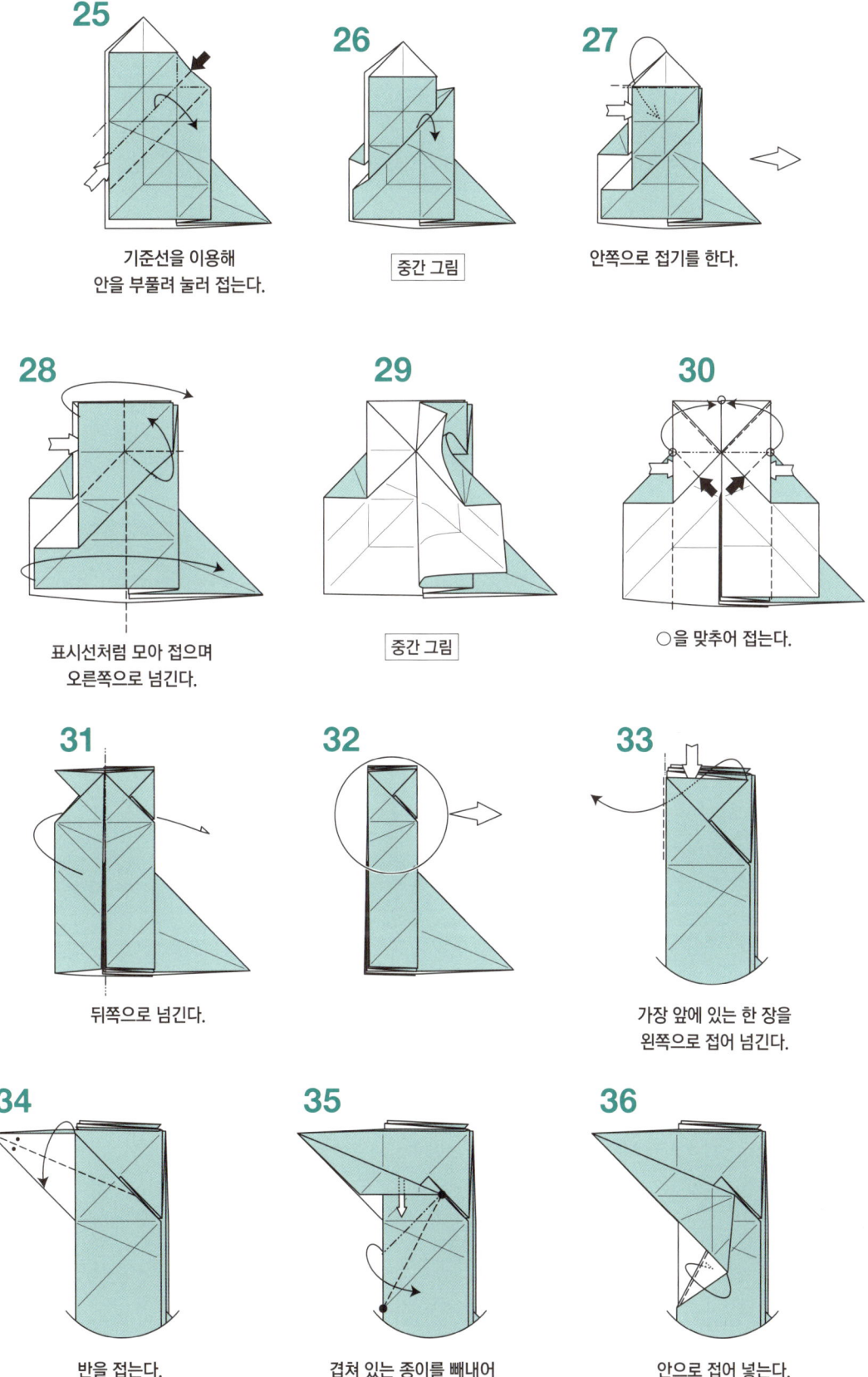

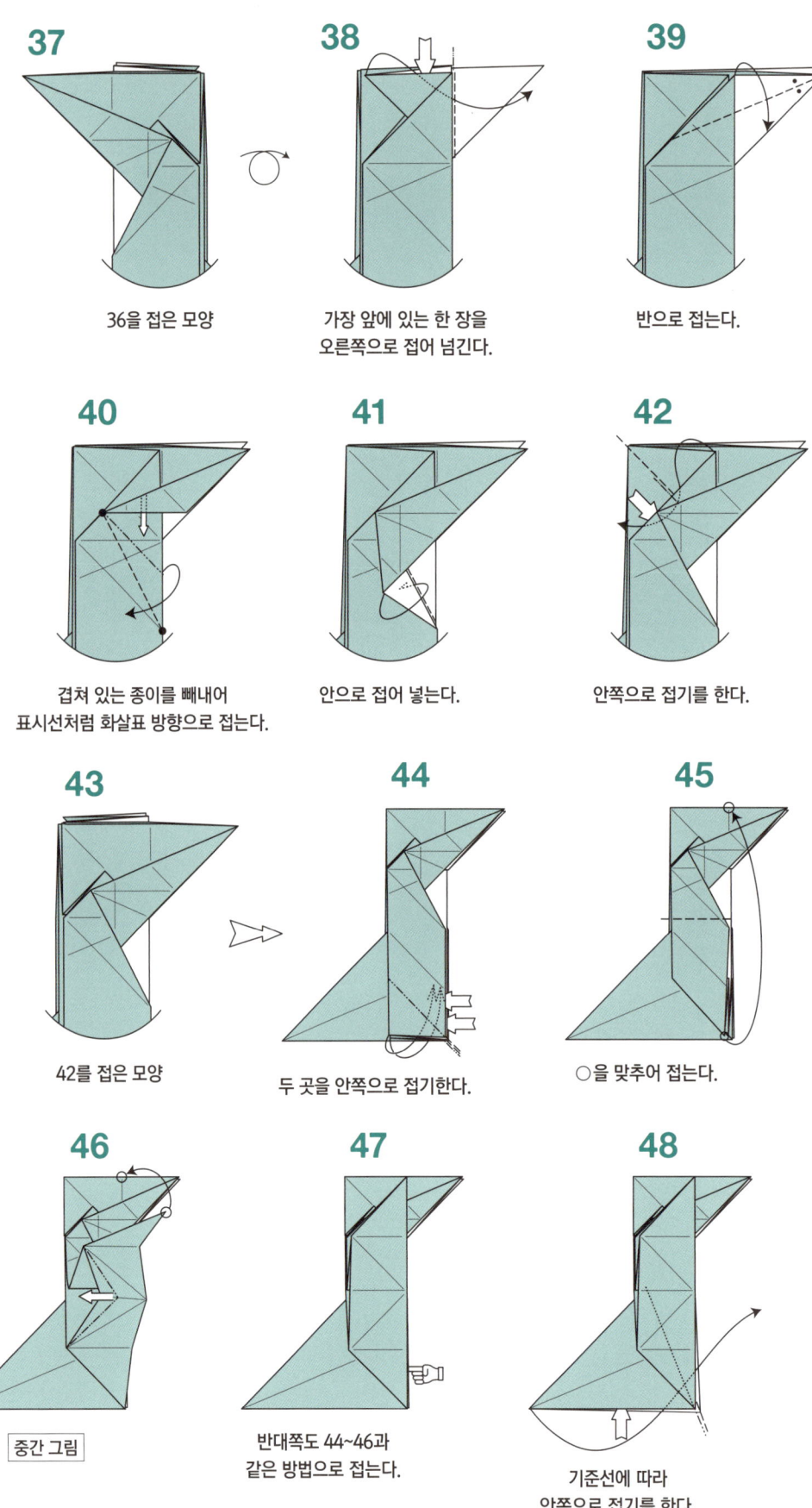

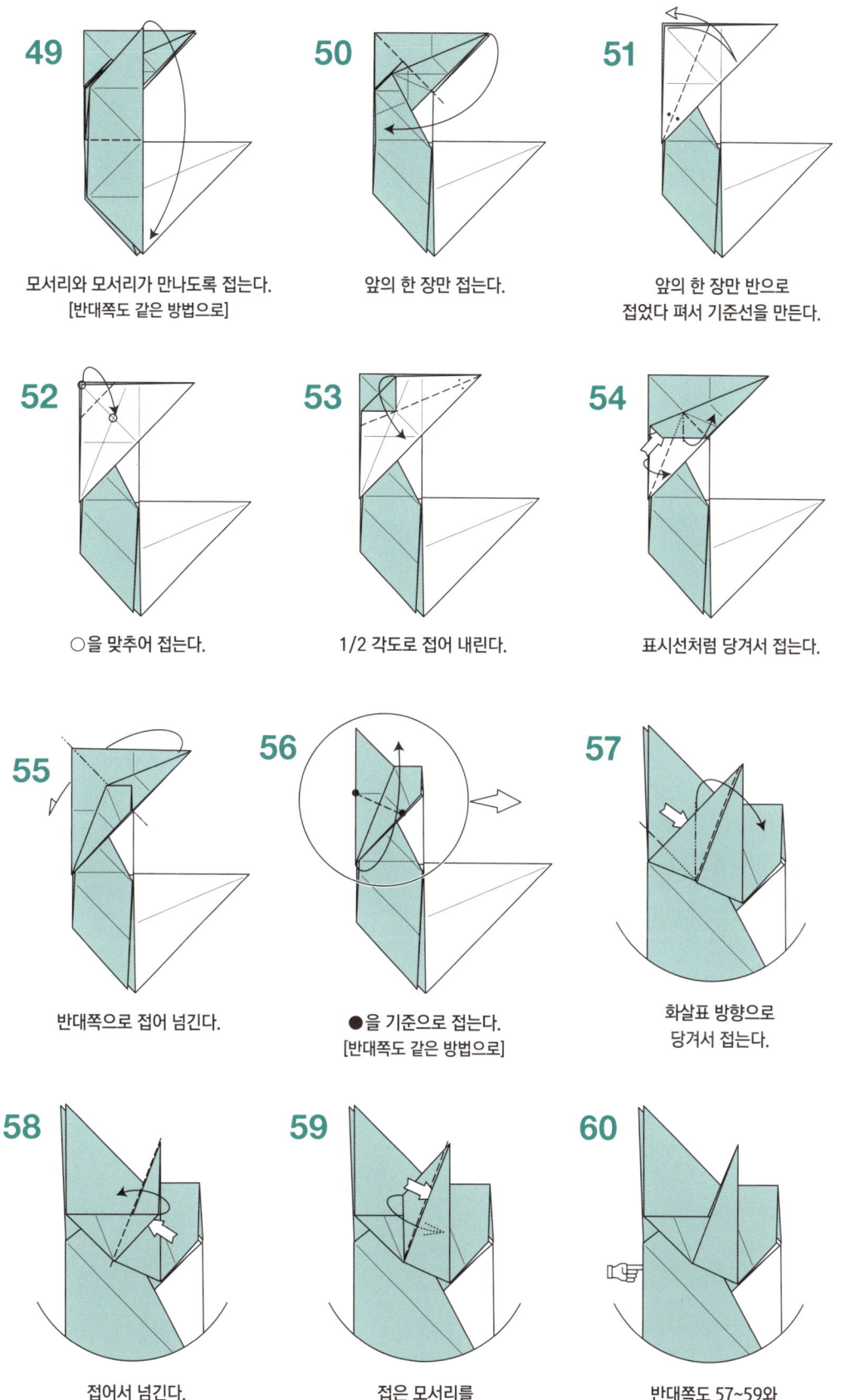

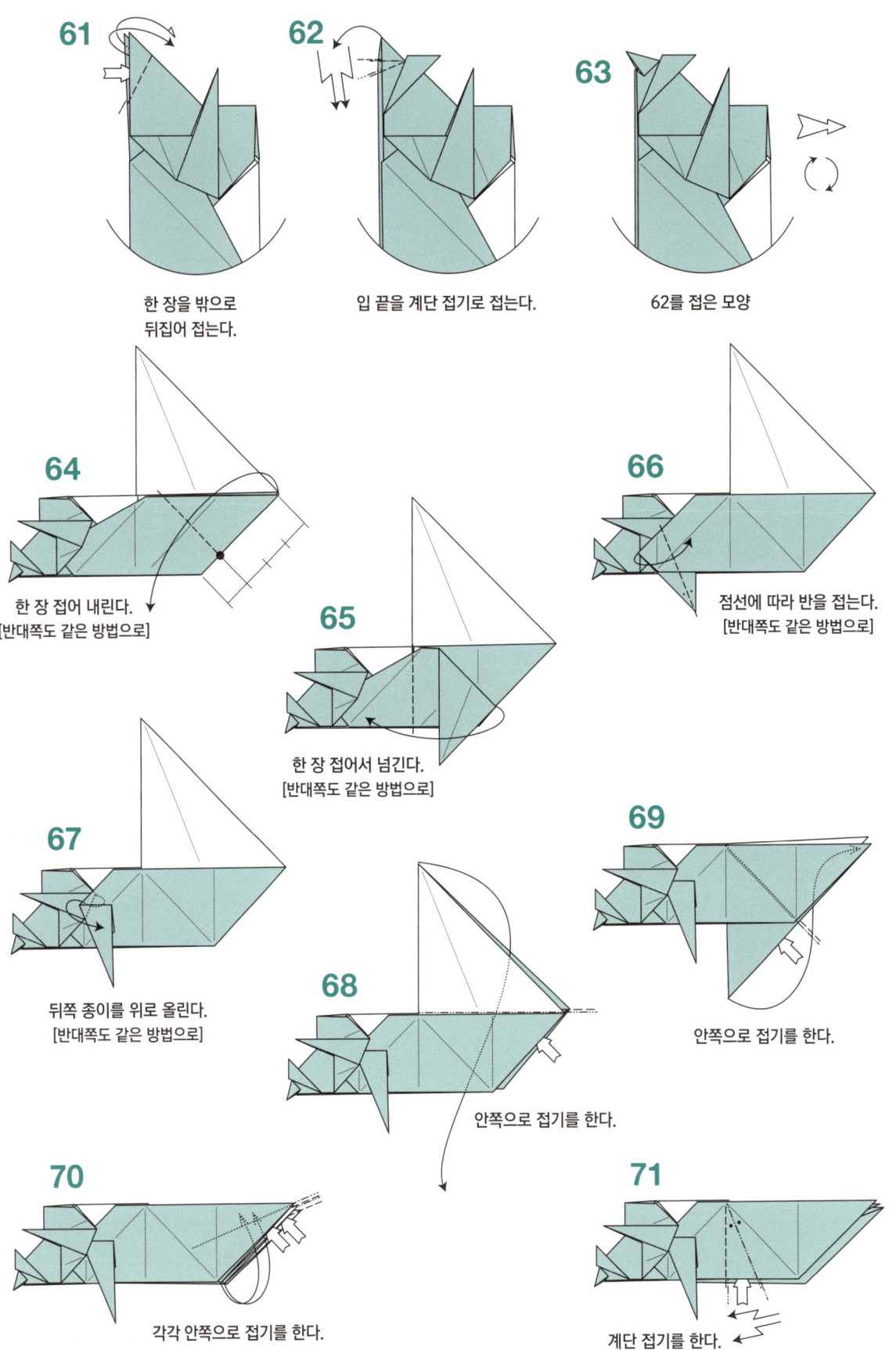

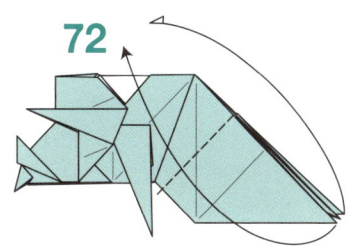

72 한 장을 접어 넘긴다.
[반대쪽도 같은 방법으로]

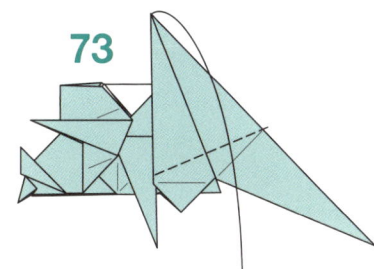

73 한 장을 접어 내린다.
[반대쪽도 같은 방법으로]

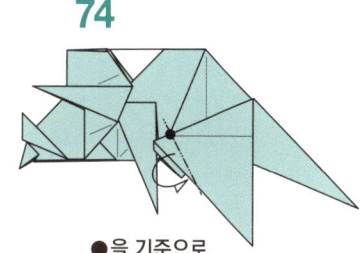

74 ●을 기준으로 겹친 상태에서 안으로 접어 넣는다.
[반대쪽도 같은 방법으로]

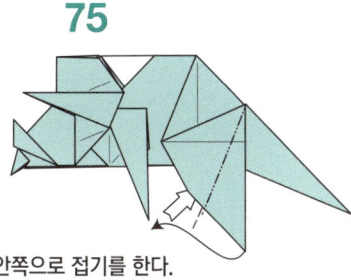

75 안쪽으로 접기를 한다.
[반대쪽도 같은 방법으로]

76 안쪽으로 접기를 한다.
[반대쪽도 같은 방법으로]

77 안쪽으로 접기를 한다.
[반대쪽도 같은 방법으로]

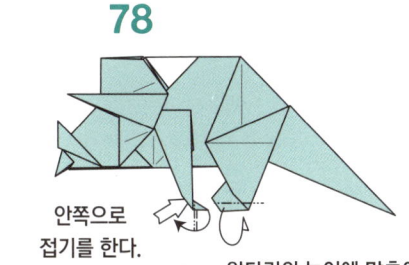

78 안쪽으로 접기를 한다.
[반대쪽도 같은 방법으로]

앞다리의 높이에 맞추어 뒤로 산접기한다.
[반대쪽도 같은 방법으로]

79 겹친 상태에서 뒤로 접어 넣는다.
[반대쪽도 같은 방법으로]

80 몸이 곡선이 되도록 다듬는다.

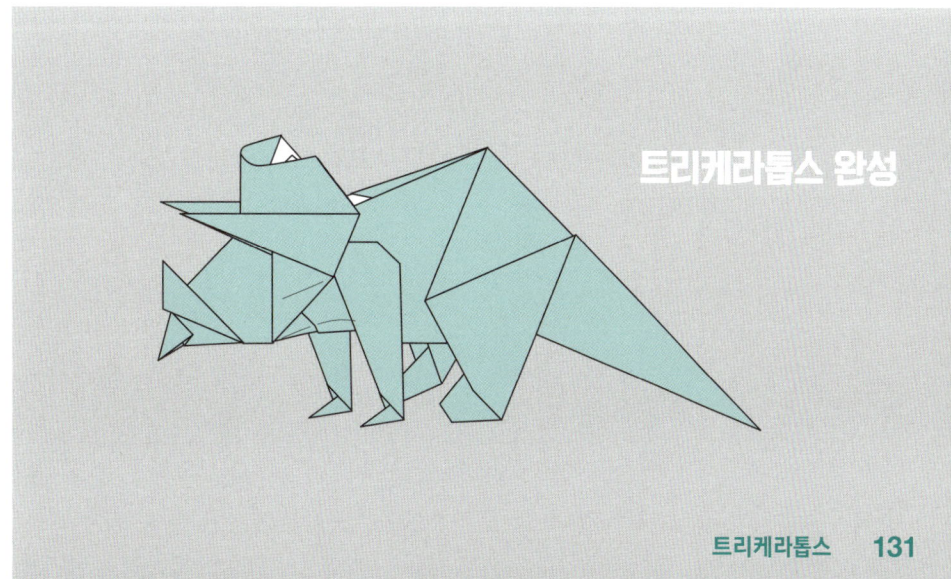

트리케라톱스 완성

트리케라톱스

트리케라톱스 (머리뼈)
The Triceratops skull

머리뼈만 발굴된 정경을 떠올리며 창작했다. 프릴 주변에 있는 돌기는 종이가 여러 겹이어서 무거우므로 얇은 종이를 추천한다.

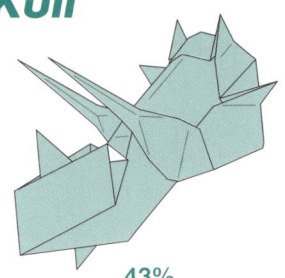
43%

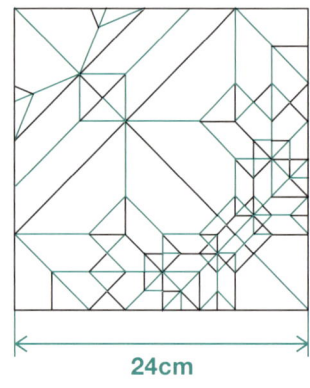
24cm

1
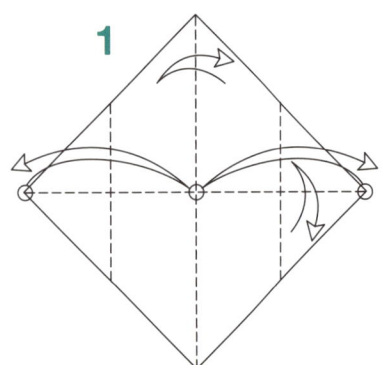
대각선의 기준선과 ○을 맞추어 1/2의 기준선을 접는다.

2
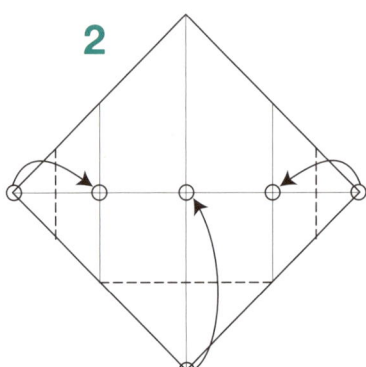
○을 맞추어 접는다.

3
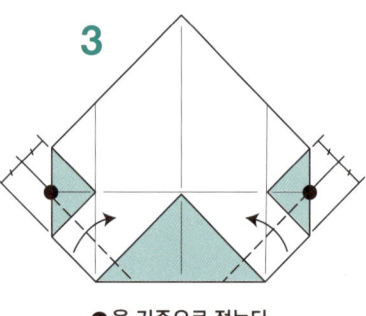
●을 기준으로 접는다.

4
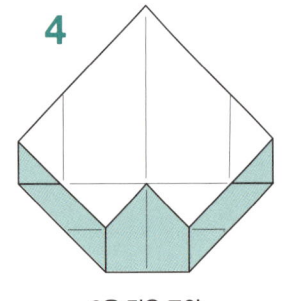
3을 접은 모양

5
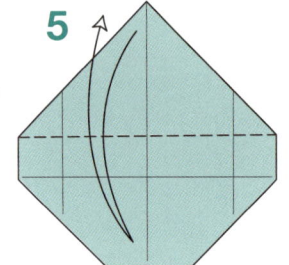
접었다 편다.

6
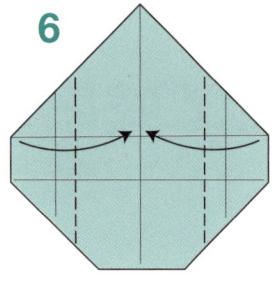
중심선에 맞추어 접는다.

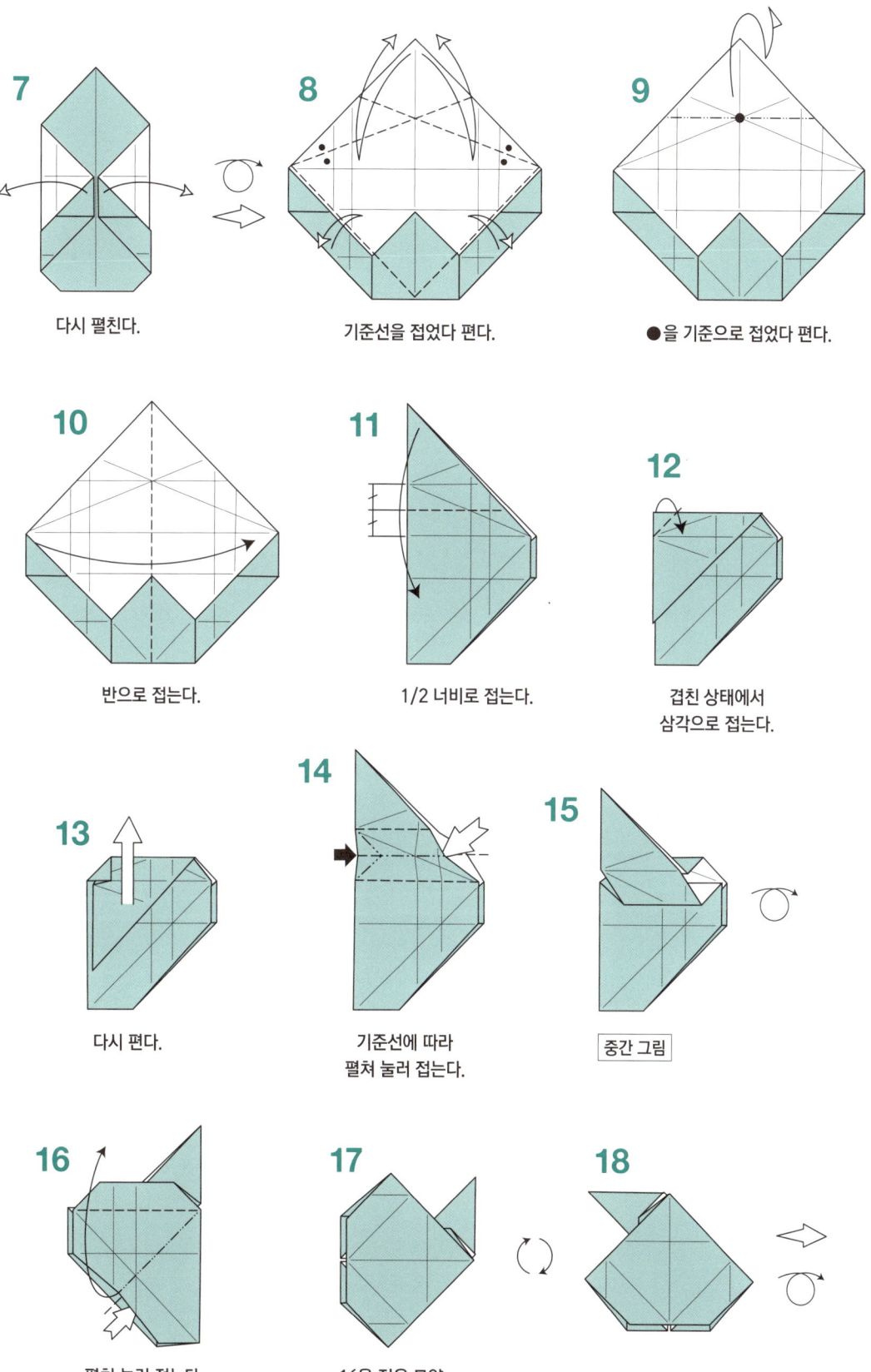

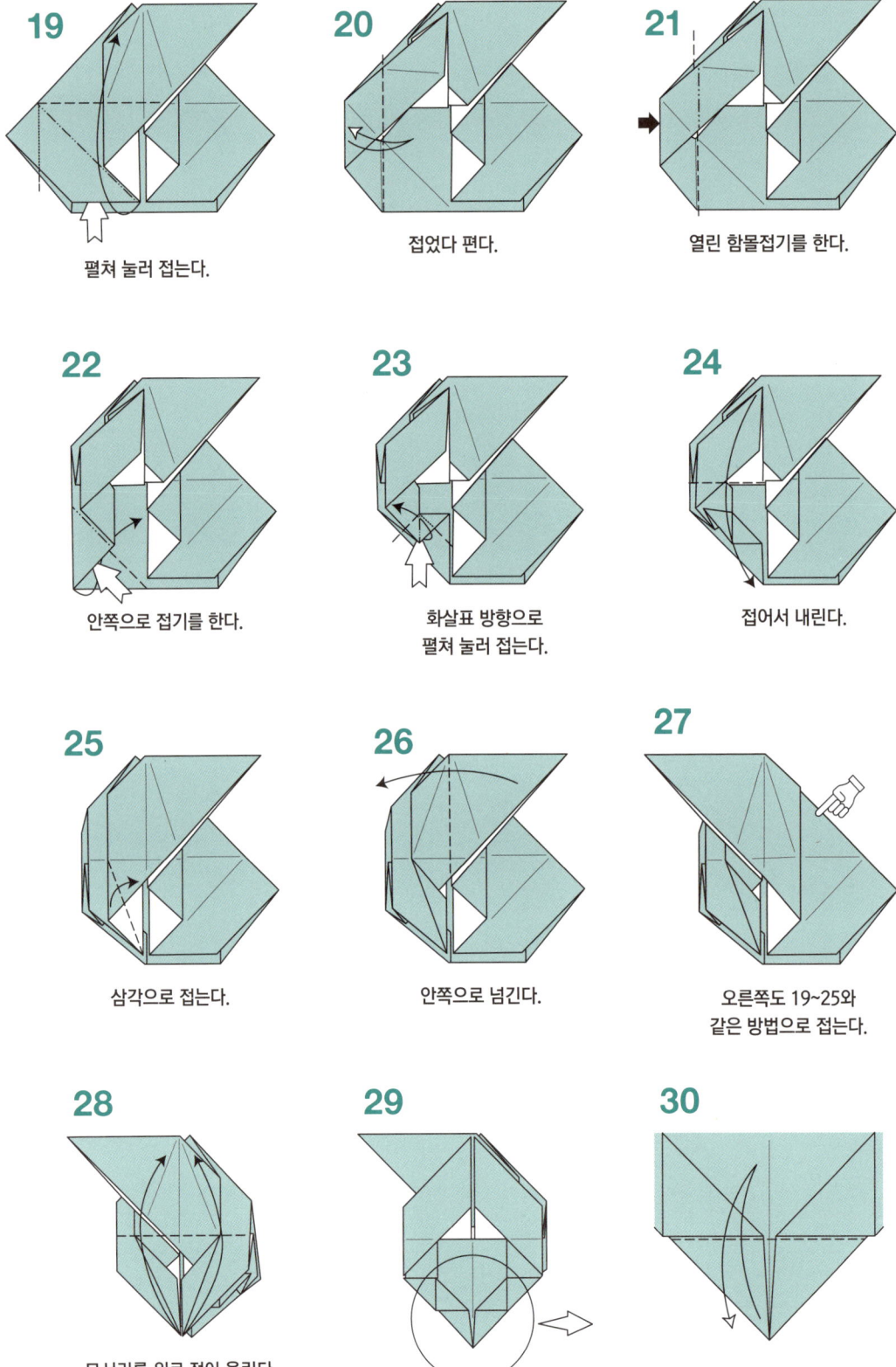

31
안쪽으로 접어 넣는다.

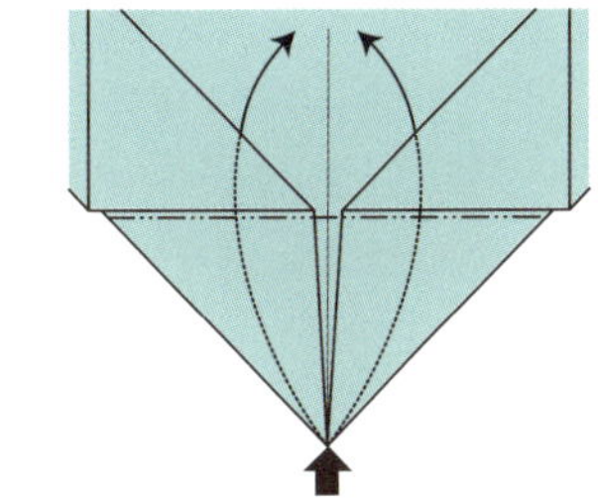

32
모서리를 좌우로 펼치며 접는다.

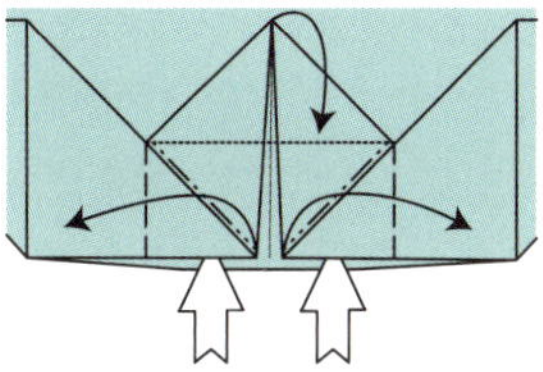

33
32를 접은 모양

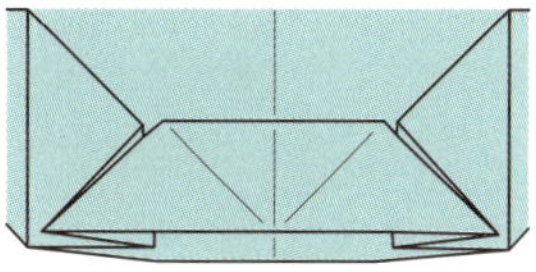

34
모서리를 밑으로 접어 내린다.

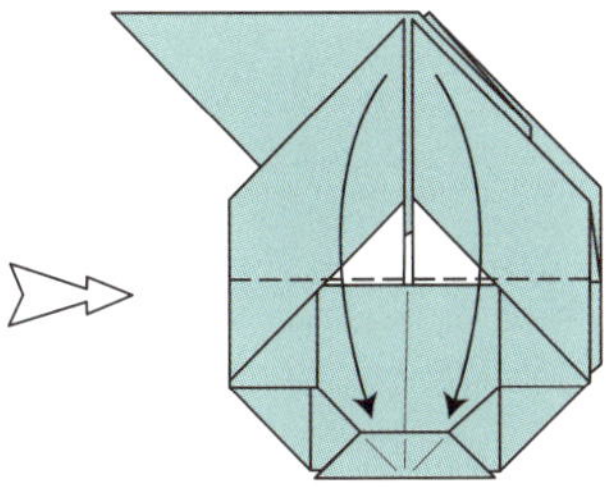

35
반으로 접는다.

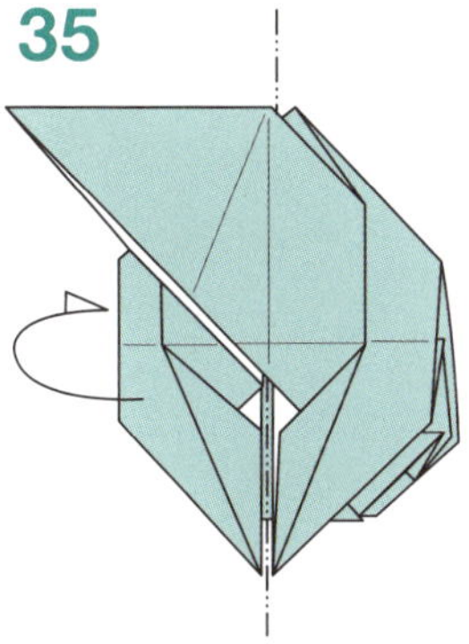

36
계단 접기를 한다.

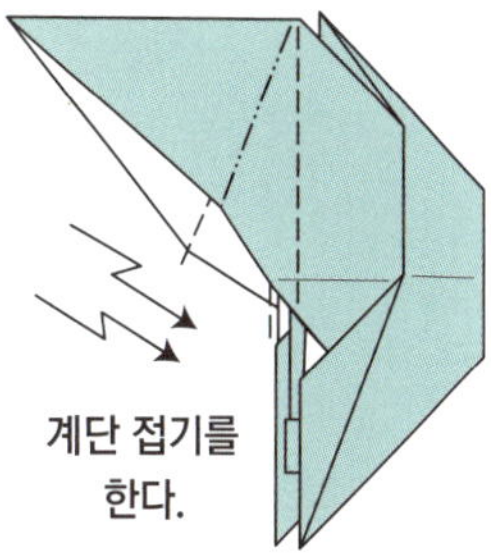

37
1/2 각도로 접는다.
[반대쪽도 같은 방법으로]

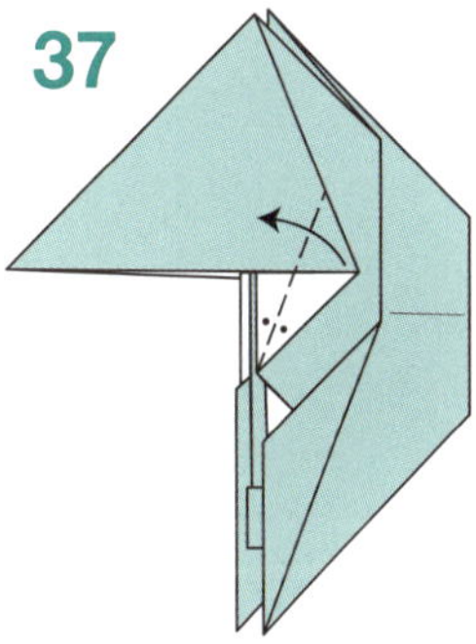

38
●을 기준으로 A선이 ○과 만나도록 접는다.

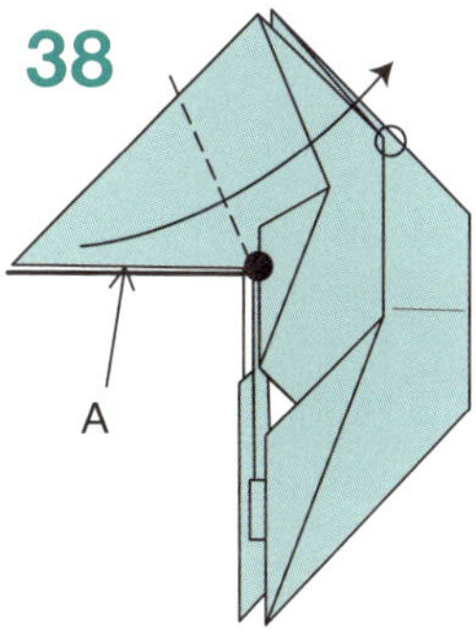

39
점선에 따라 접는다.

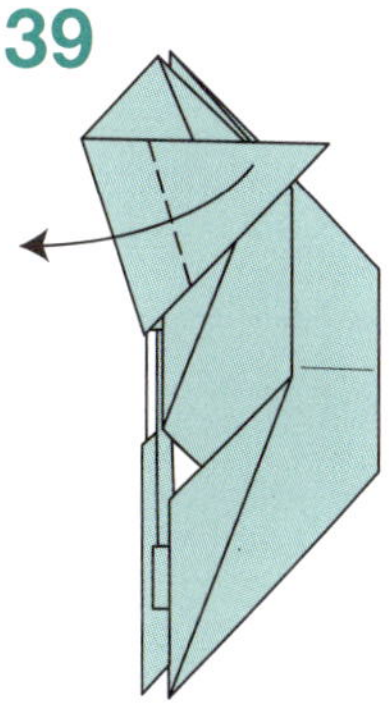

40
다시 편다.

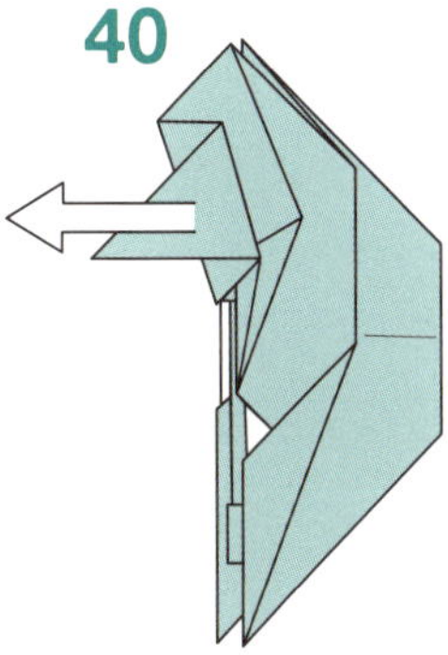

41
38~39에서 접은 기준선을 이용해 안쪽으로 계단 접기 한다.

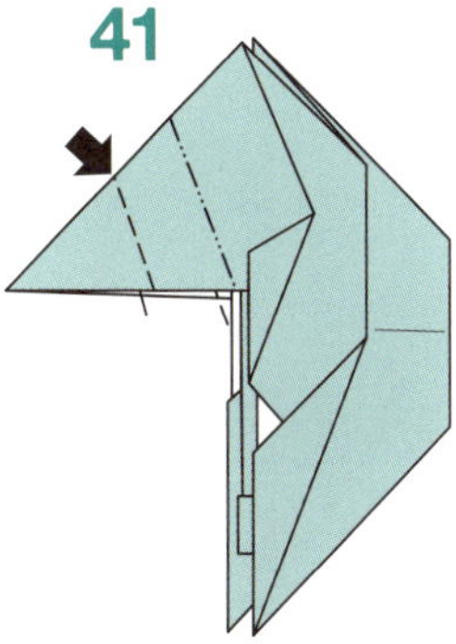

42
점선에 따라 접어 올린다.
[반대쪽도 같은 방법으로]

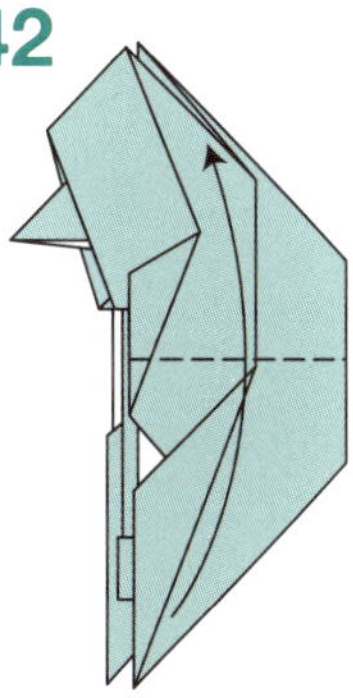

트리케라톱스(머리뼈) 135

43

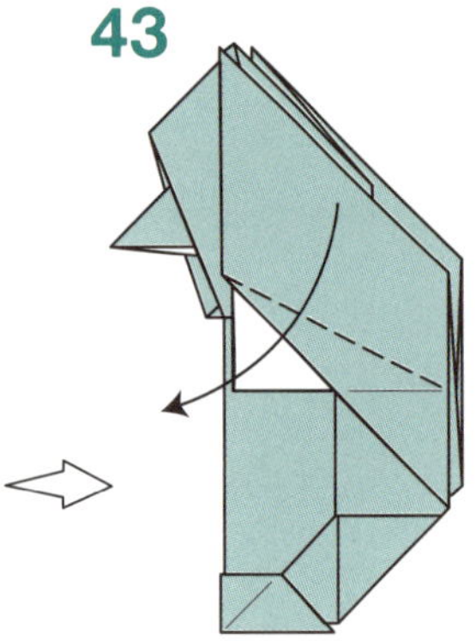

접어 내린다.
[반대쪽도 같은 방법으로]

44

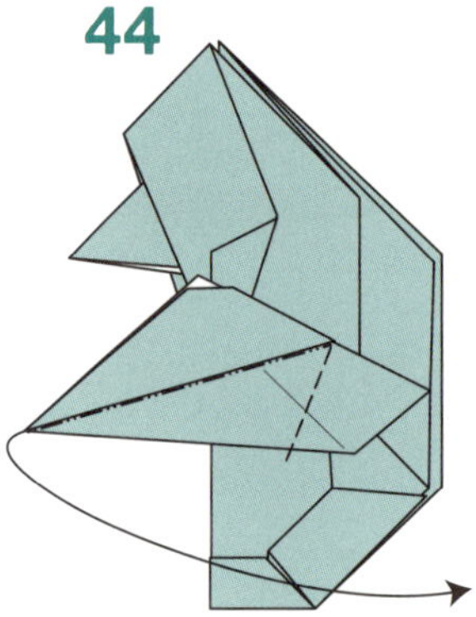

모서리를 잡아
화살표 방향으로 접는다.
[반대쪽도 같은 방법으로]

45

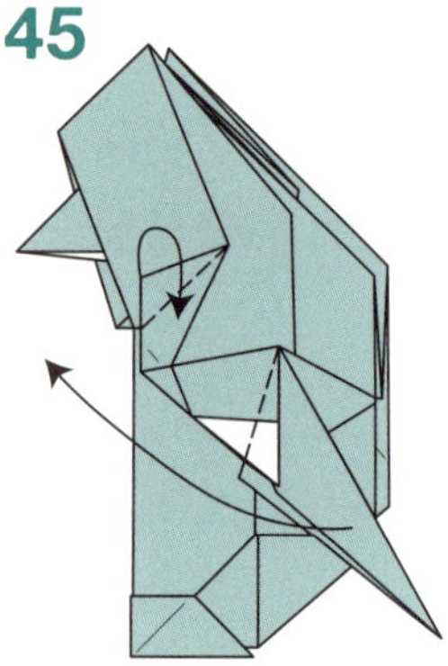

화살표 방향으로 접는다.
[반대쪽도 같은 방법으로]

46

모서리를 세운다.

한 장을
안쪽으로 접어 넣는다.
[반대쪽도 같은 방법으로]

47

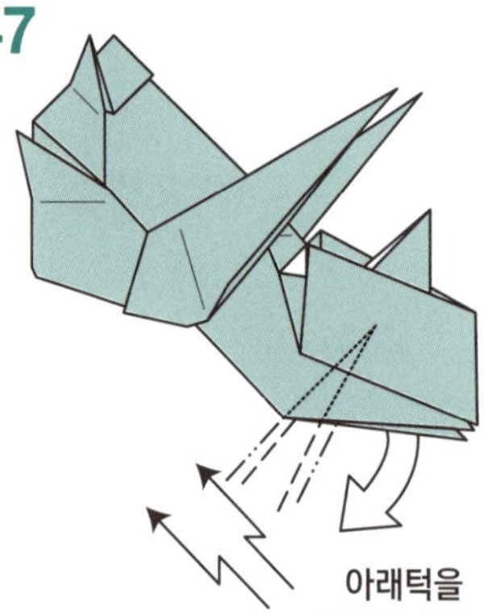

아래턱을
계단 접기 한다.

48

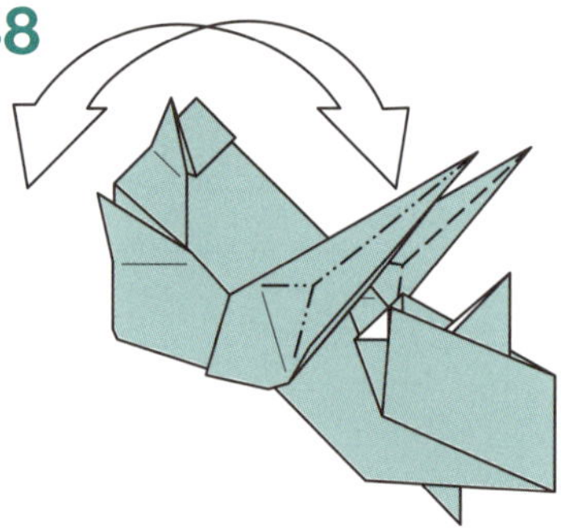

전체적으로 곡선을 다듬고
모서리를 가늘게 접는다.

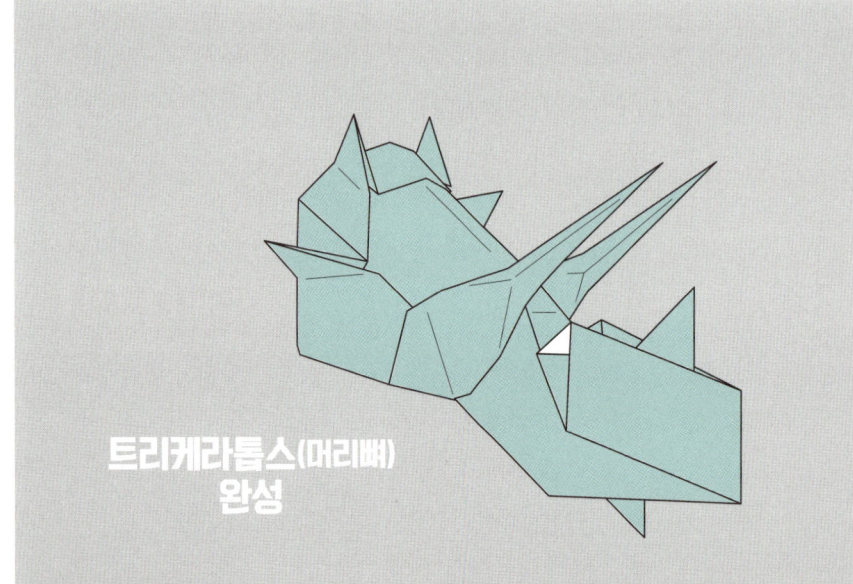

**트리케라톱스(머리뼈)
완성**

최상급
아노말로카리스
Anomalocaris

캄브리아기의 대표적 고생물로, 머리 앞면에는 새우의 꼬리를 닮은 아래쪽으로 굽은 두 개의 촉수가 있고 머리 아래쪽에는 원형의 입을 지니고 있다.

50%

35cm

1

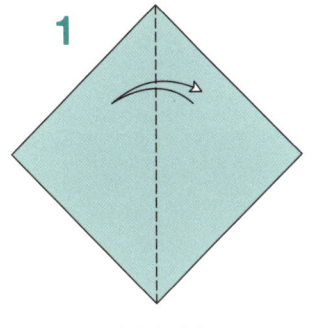

접었다 편다.

2

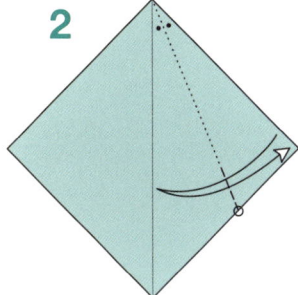

○부분에 표시를 한다.

3

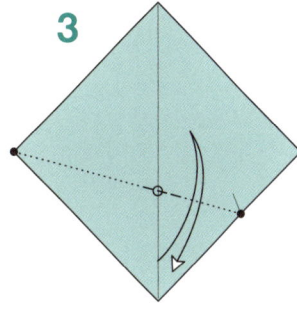

●을 연결하는 선을 기준으로 ○ 부분에 표시를 한다.

4

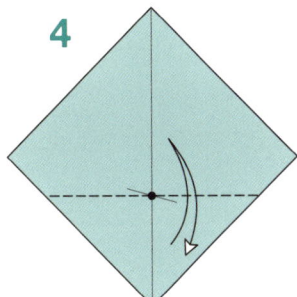

●을 기준으로 접었다 편다.

5

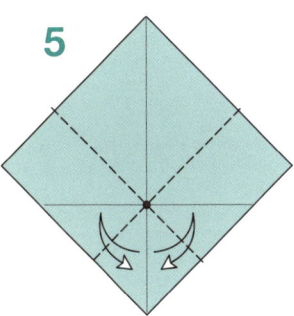

●을 기준으로 접었다 편다.

6

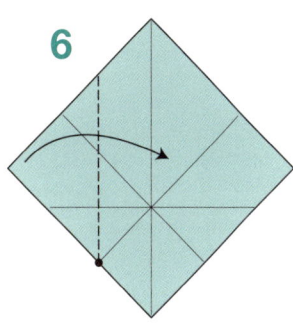

●을 기준으로 접는다.

7

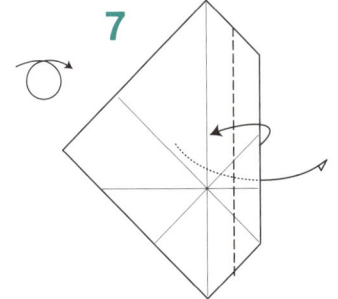

뒤쪽을 펼치면서
1/2 너비로 접는다.

8

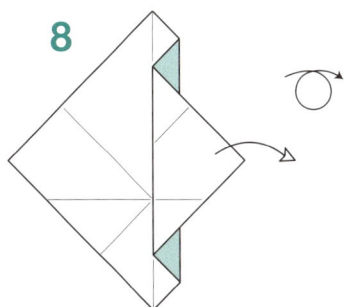

다시 편다.

9

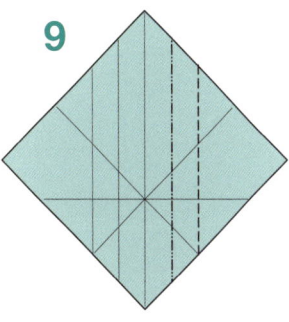

오른쪽도 6~8과 같은 방법으로
기준선을 접는다.

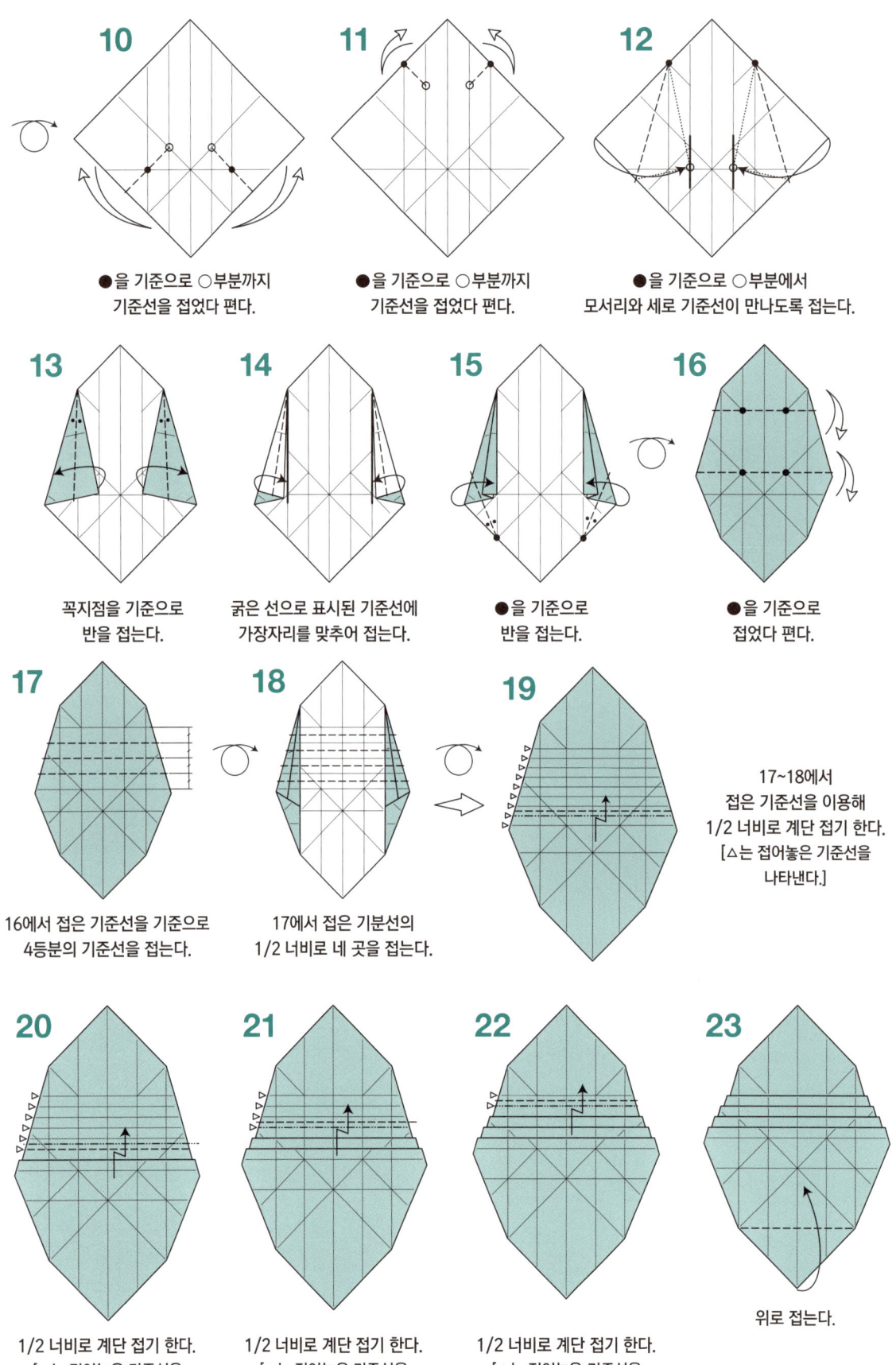

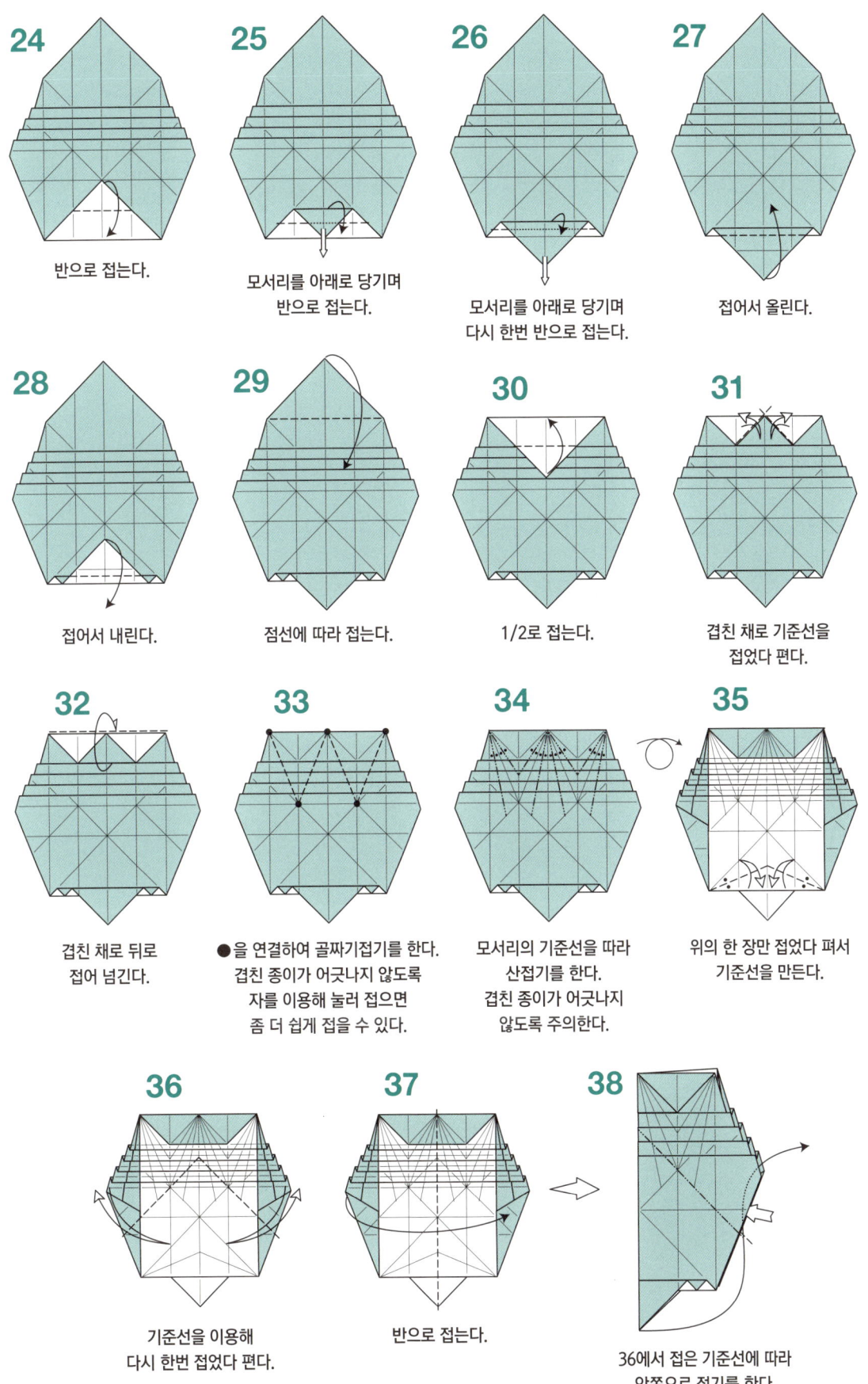

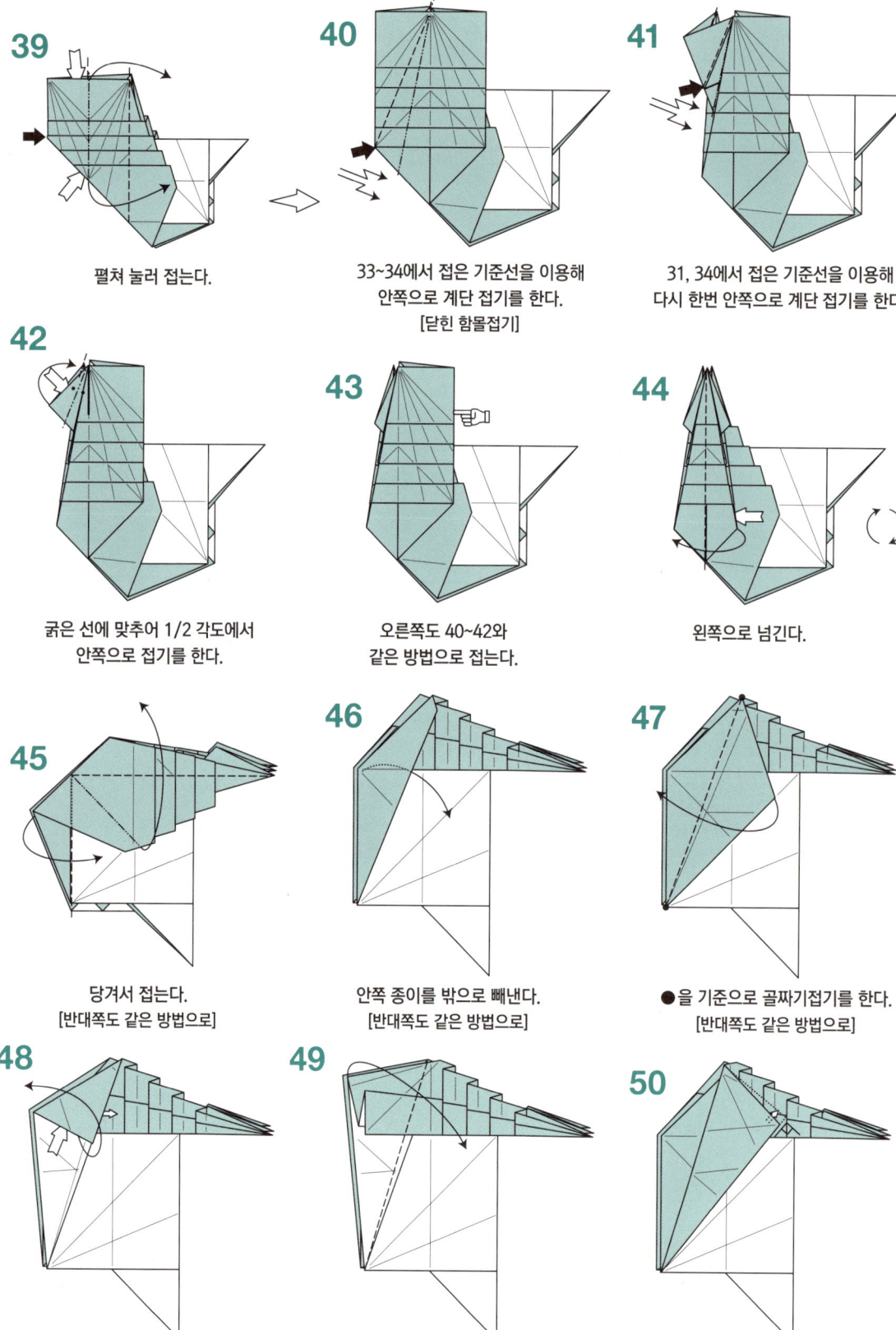

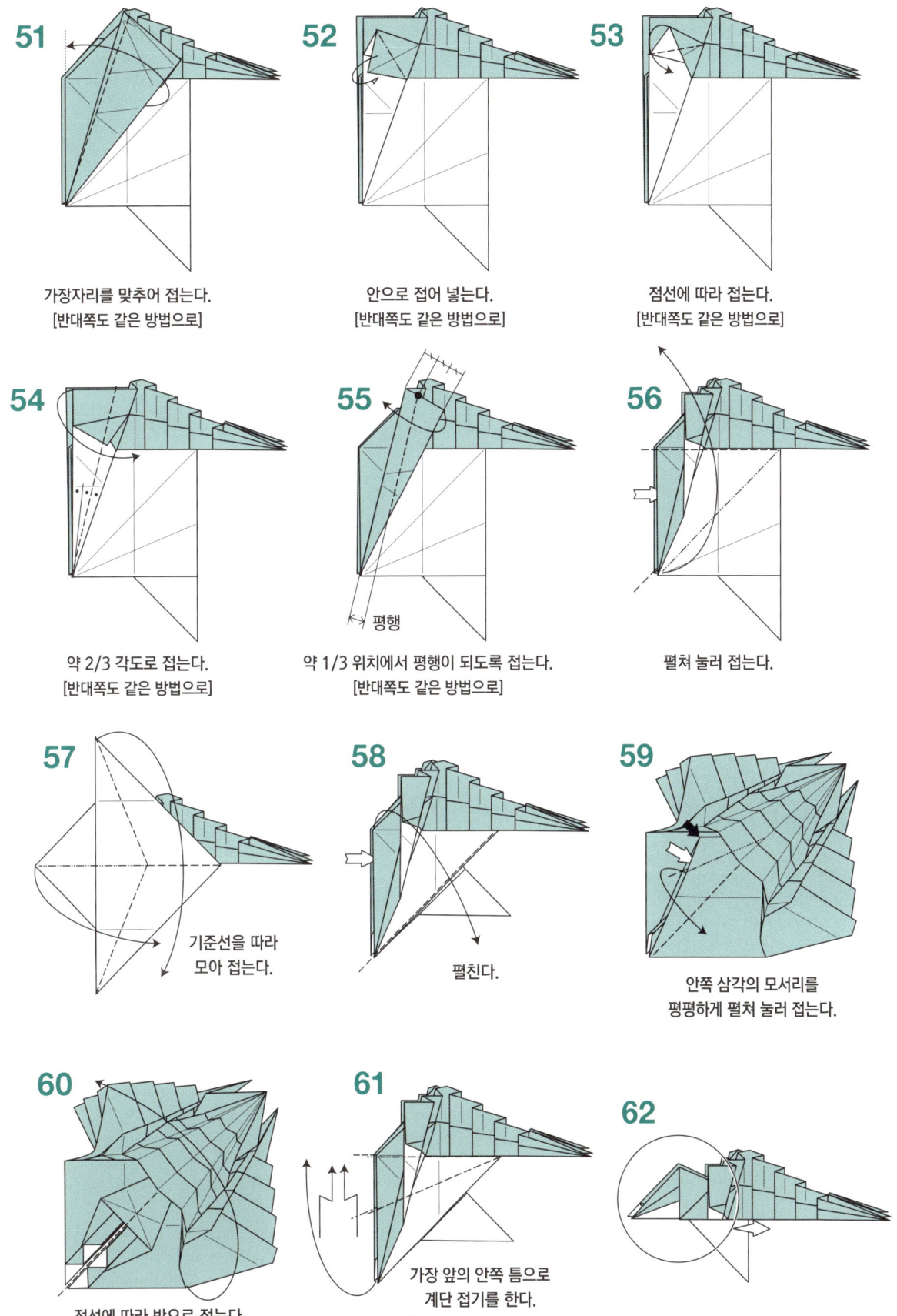

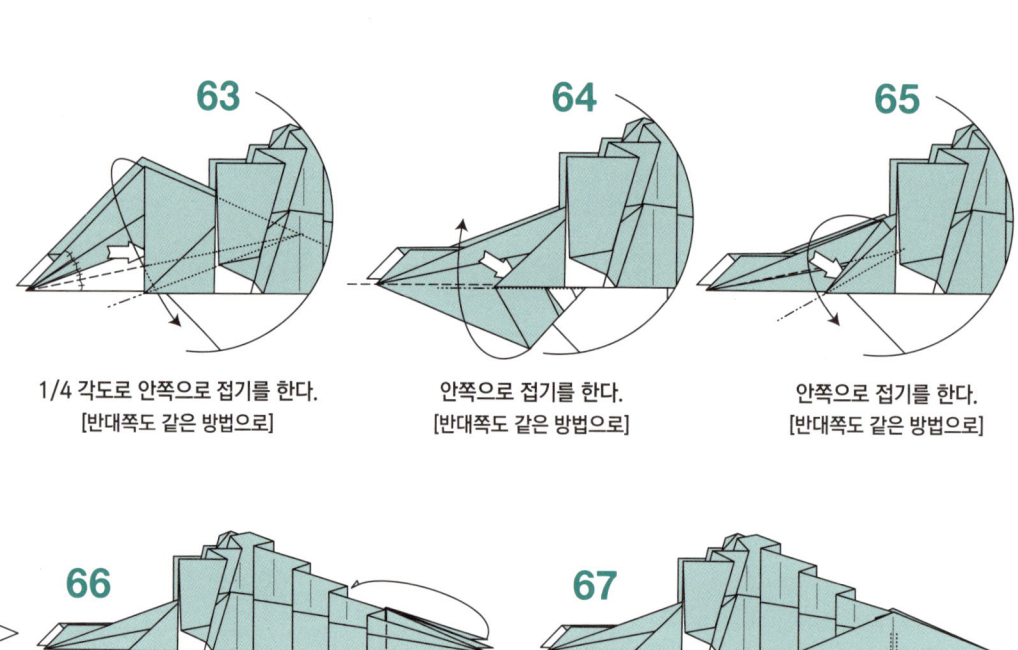

63. 1/4 각도로 안쪽으로 접기를 한다. [반대쪽도 같은 방법으로]
64. 안쪽으로 접기를 한다. [반대쪽도 같은 방법으로]
65. 안쪽으로 접기를 한다. [반대쪽도 같은 방법으로]

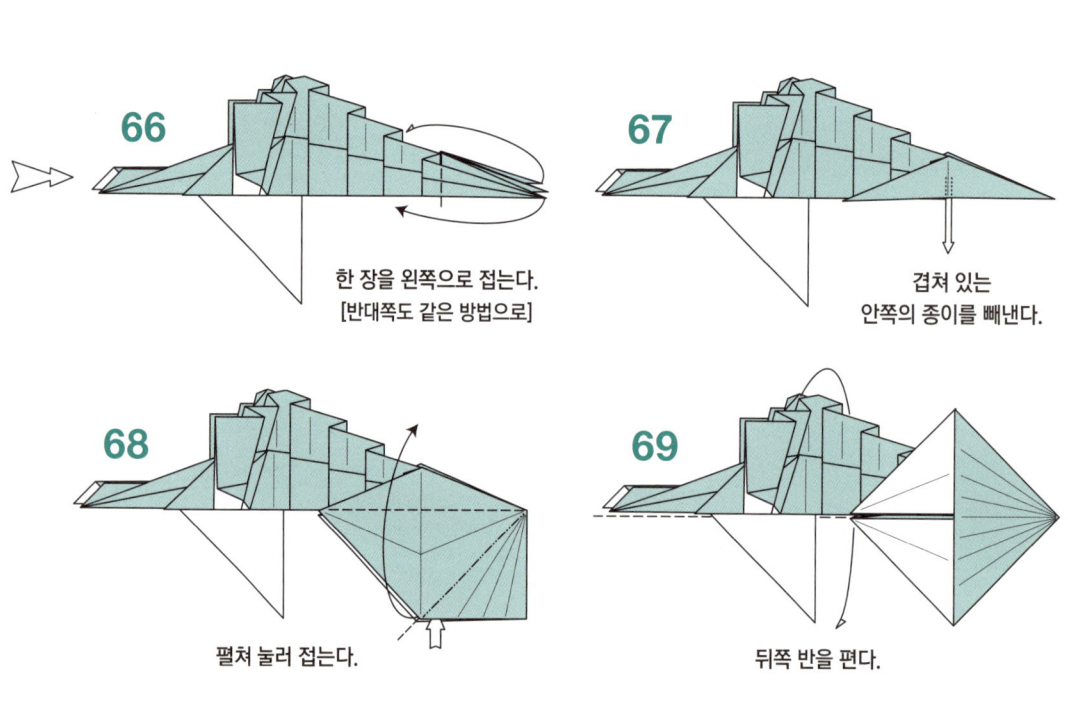

66. 한 장을 왼쪽으로 접는다. [반대쪽도 같은 방법으로]
67. 겹쳐 있는 안쪽의 종이를 빼낸다.
68. 펼쳐 눌러 접는다.
69. 뒤쪽 반을 편다.

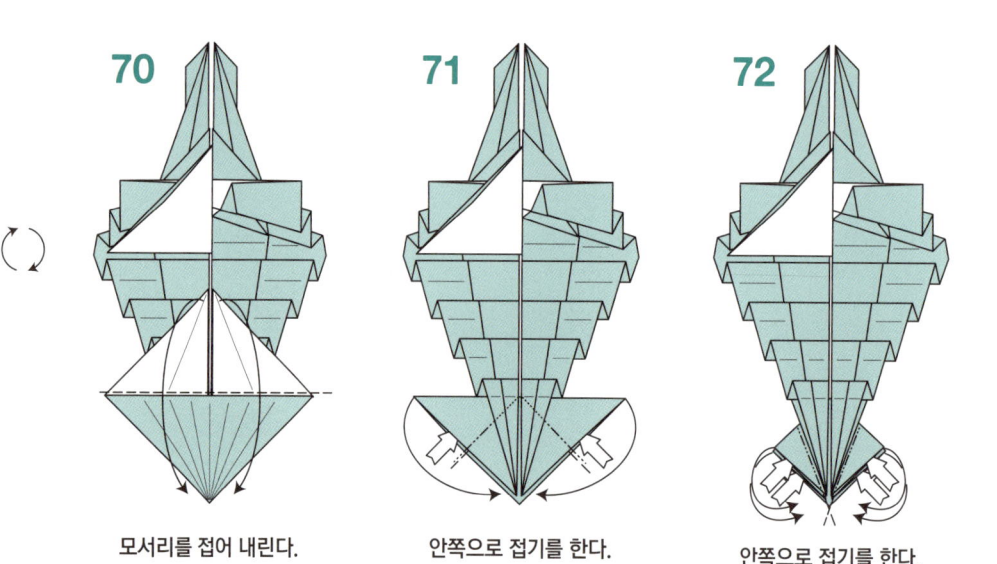

70. 모서리를 접어 내린다.
71. 안쪽으로 접기를 한다.
72. 안쪽으로 접기를 한다.

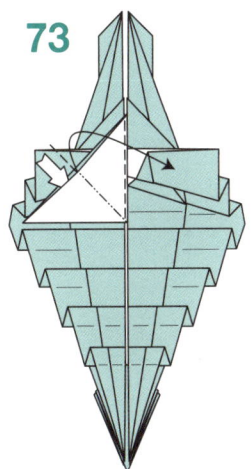
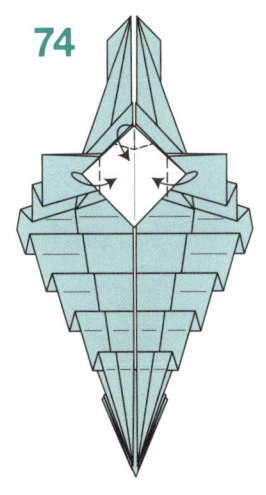
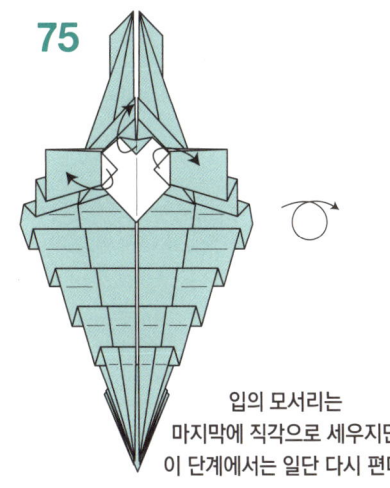

펼쳐 눌러 접는다.

세 모서리를 접어 입을 만든다.

입의 모서리는 마지막에 직각으로 세우지만 이 단계에서는 일단 다시 편다.

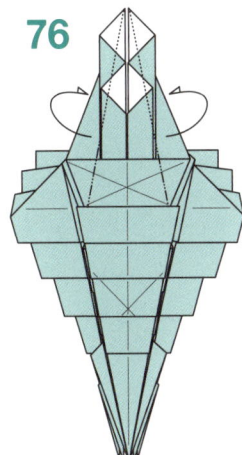
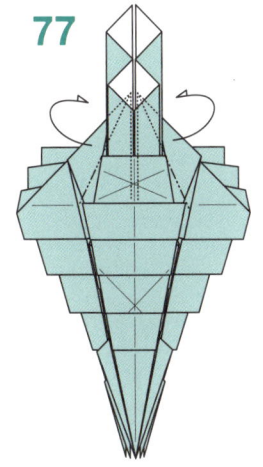
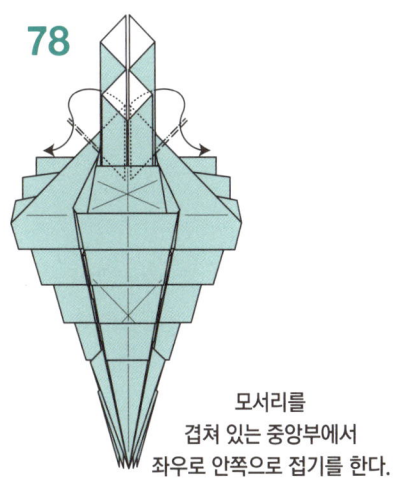

뒤로 산접기를 한다.

1/2 각도에서 뒤로 산접기를 한다.

모서리를 겹쳐 있는 중앙부에서 좌우로 안쪽으로 접기를 한다.

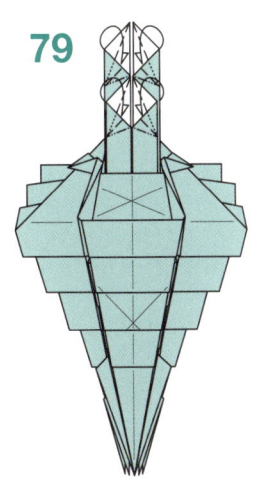
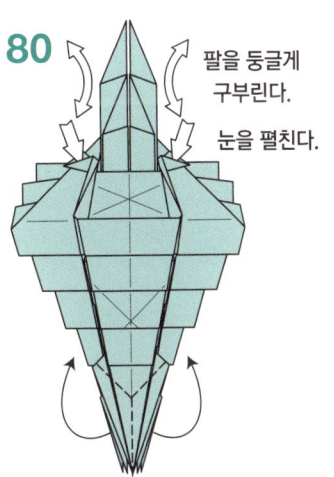

네 곳을 표시선처럼 당기며 접는다.

75에서 편 입을 수직으로 세우고, 꼬리를 모아 접는다.

팔을 둥글게 구부린다.
눈을 펼친다.

아노말로카리스 완성

암모나이트
Ammonoidea

바다에 널리 분포하며 3억 년 이상 번영했었다. 형태와 크기가 다양한 화석들이 발견되고 있다.

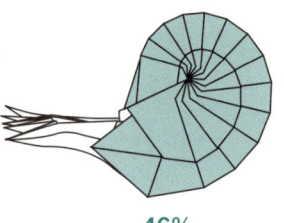

46%

35cm

1
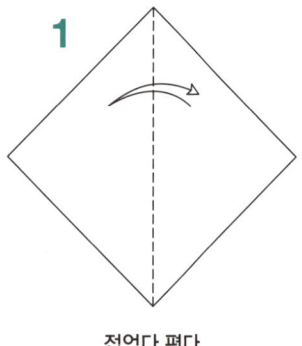
접었다 편다.

2
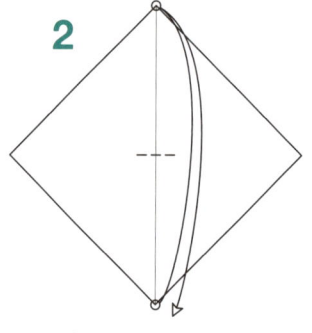
1/2 지점에 표시를 한다.

3
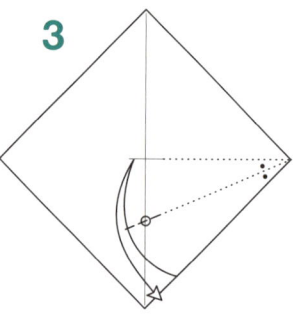
○지점에 표시를 한다.

4
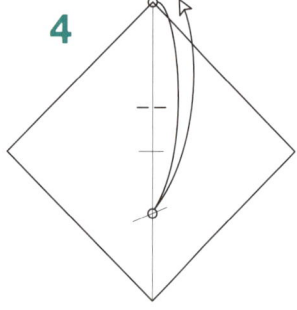
○을 맞추어 표시를 한다.

5
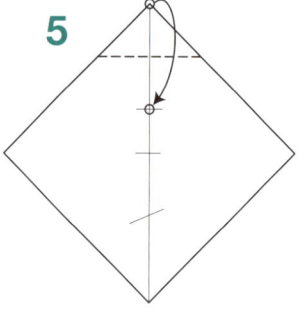
○을 맞추어 접는다.

6
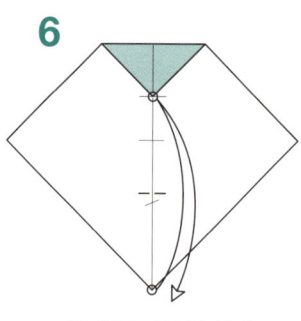
○을 맞추어 표시를 한다.

7
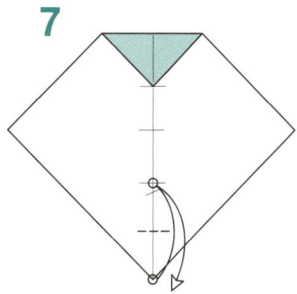
○을 맞추어 표시를 한다.

8
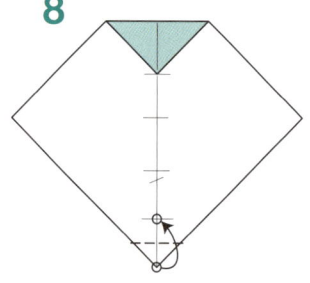
○을 맞추어 접는다.

9
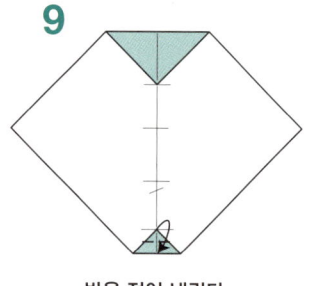
반을 접어 내린다.

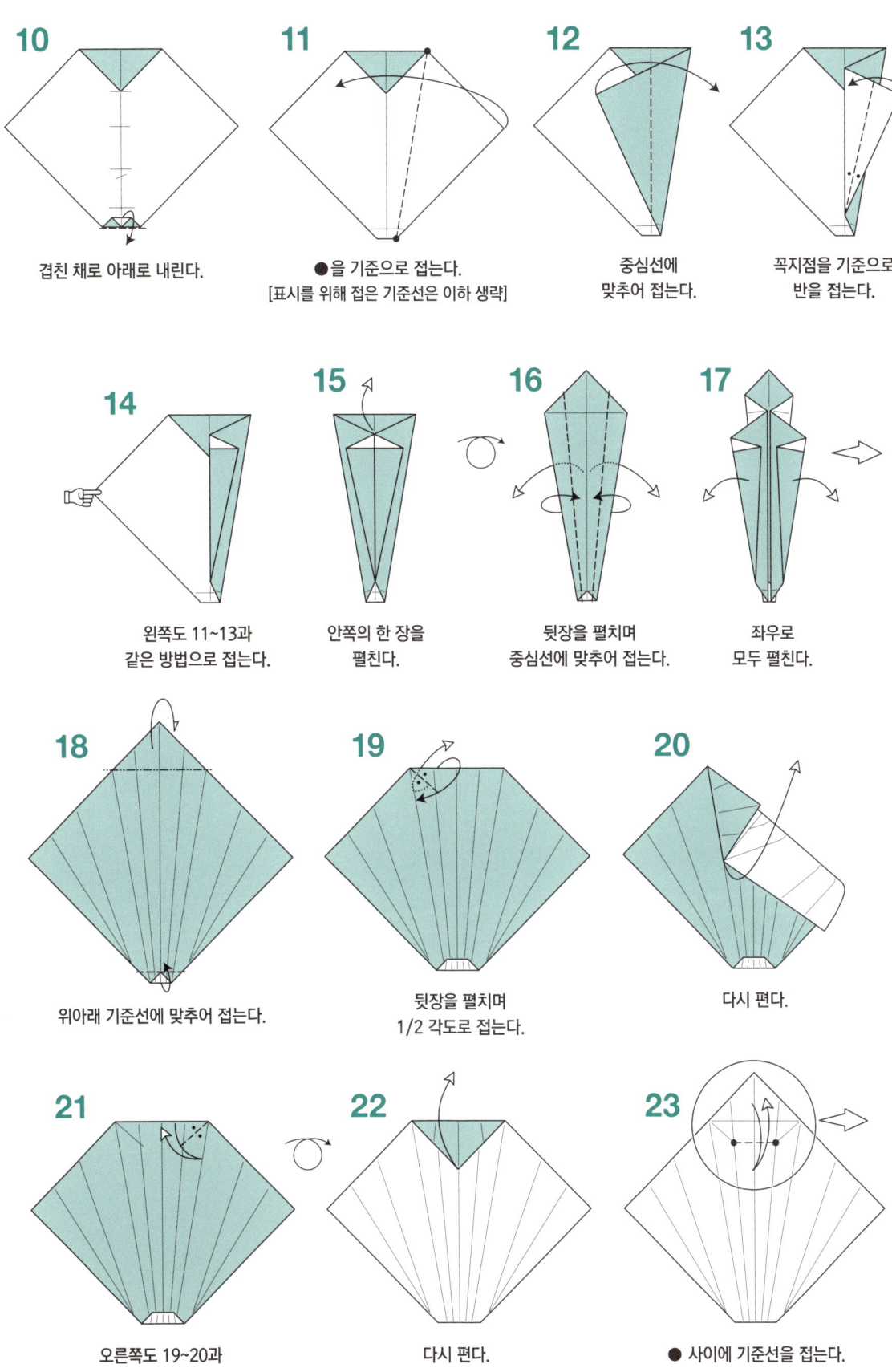

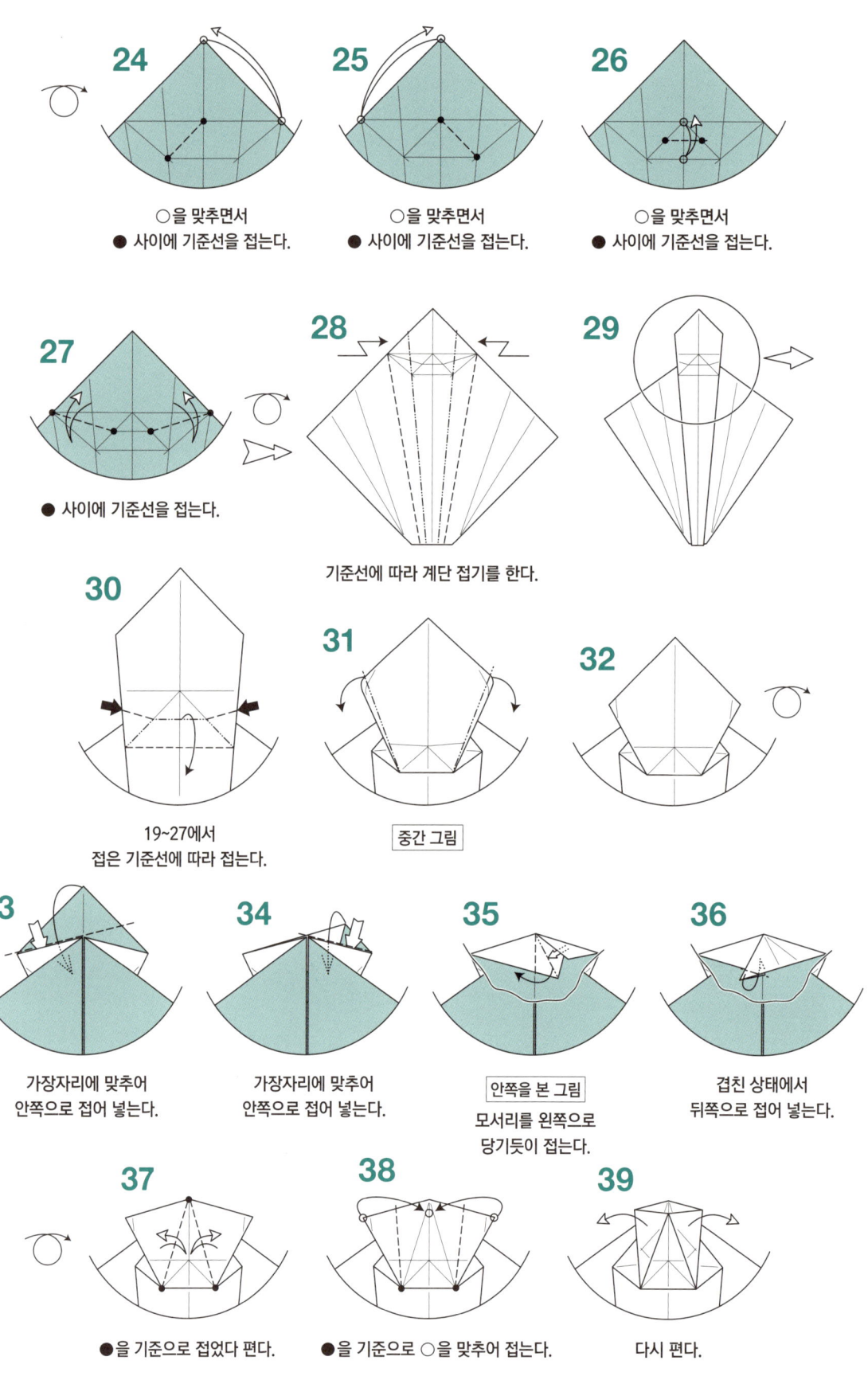

40

38에서 접은 기준선에 따라 안쪽으로 접기를 한다.

41

40을 접은 모양

42

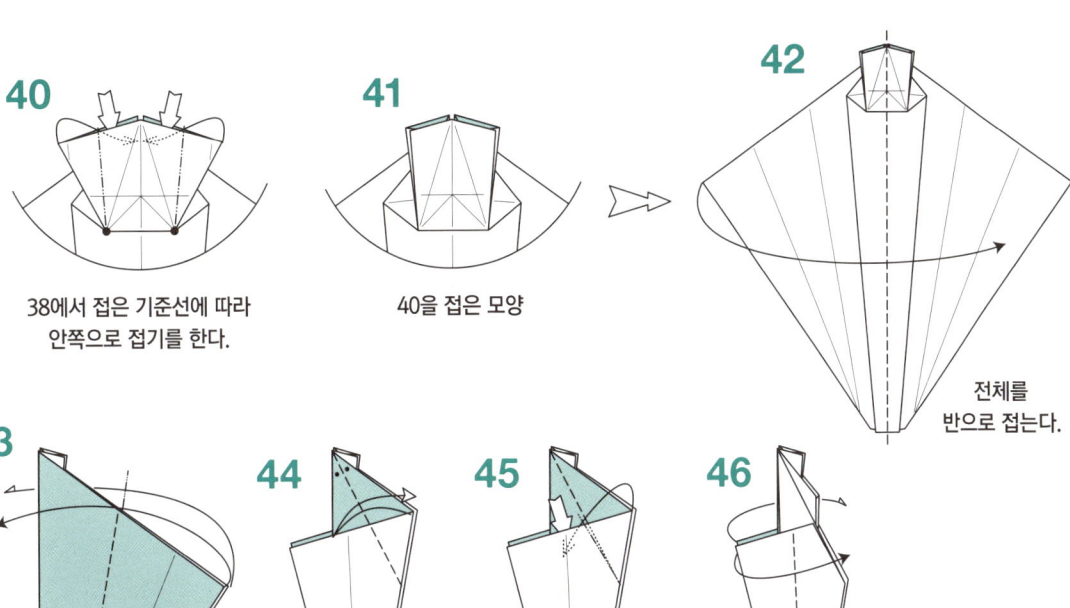

전체를 반으로 접는다.

43

기준선에 따라 접는다.
[반대쪽도 같은 방법으로]

44

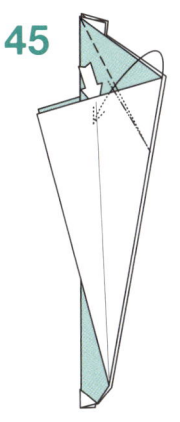

점선에 따라 접었다 편다.
[반대쪽도 같은 방법으로]

45

44에서 접은 기준선에 따라 안쪽으로 접기를 한다.
[반대쪽도 같은 방법으로]

46

기준선에 따라 접는다.
[반대쪽도 같은 방법으로]

47

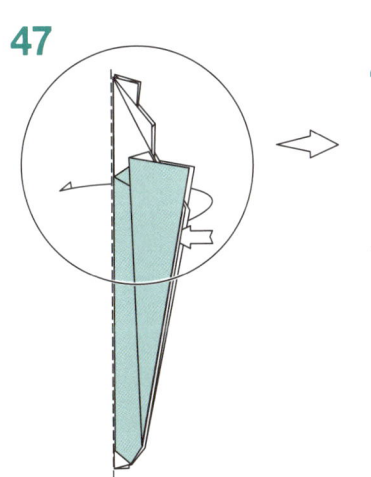

중심에서 반대쪽으로 반을 펼친다.

48

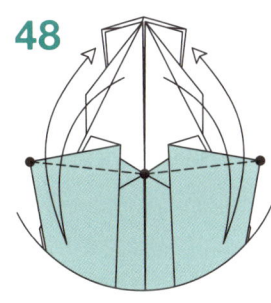

●을 연결하는 선으로 전체에 기준선을 접었다 편다.

49

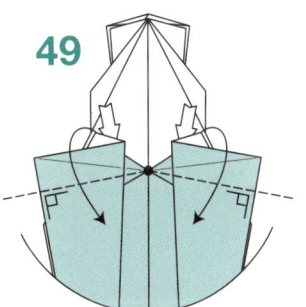

아래로 직각이 되도록 접는다.

50

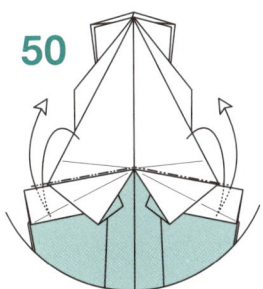

49에서 접은 변에 맞추어 종이를 겹친 상태에서 산접기를 한다.

51

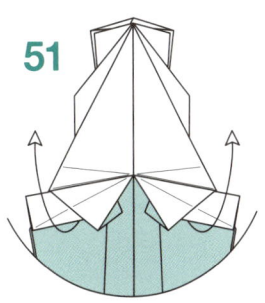

다시 편다.

암모나이트　147

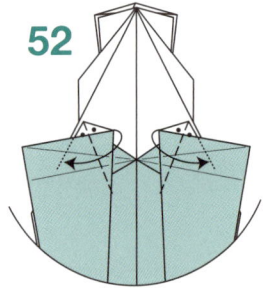
1/2 각도로 접는다.

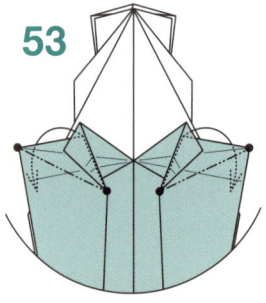
●을 연결하는 선으로 당겨 접는다.

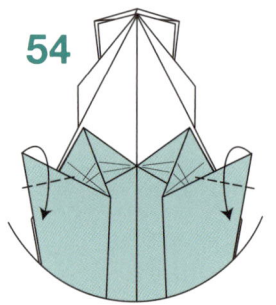
49에서 접은 기준선에 따라 접는다.

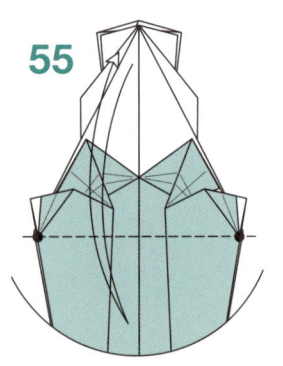
●을 연결하는 선에 따라 겹친 채로 기준선을 접었다 편다.

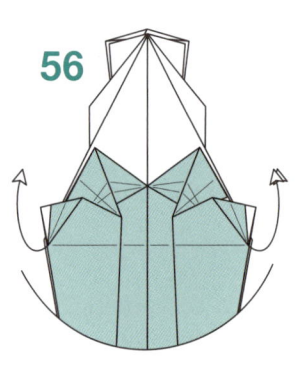
다시 편다.

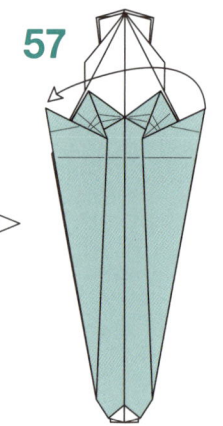
한 장을 왼쪽으로 펼친다.

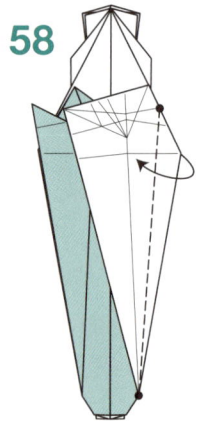
●을 기준으로 접는다.

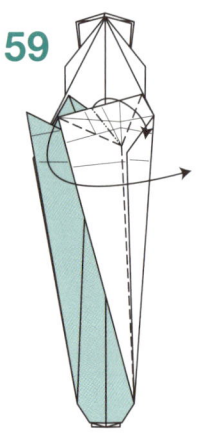
기준선에 따라 접어서 57의 형태로 되돌린다

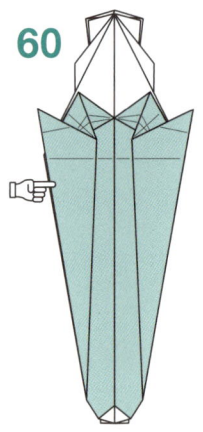
오른쪽도 57~59와 같은 방법으로 접는다.

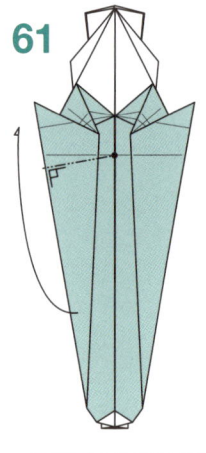
●을 기준으로 가장자리가 맞도록 직각으로 접는다.

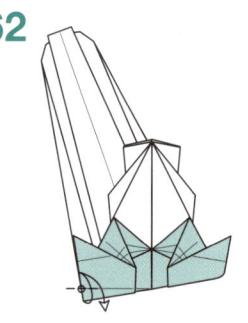
기준선을 이용해 두 장이 겹쳐 있는 ○ 지점에 표시를 한다.

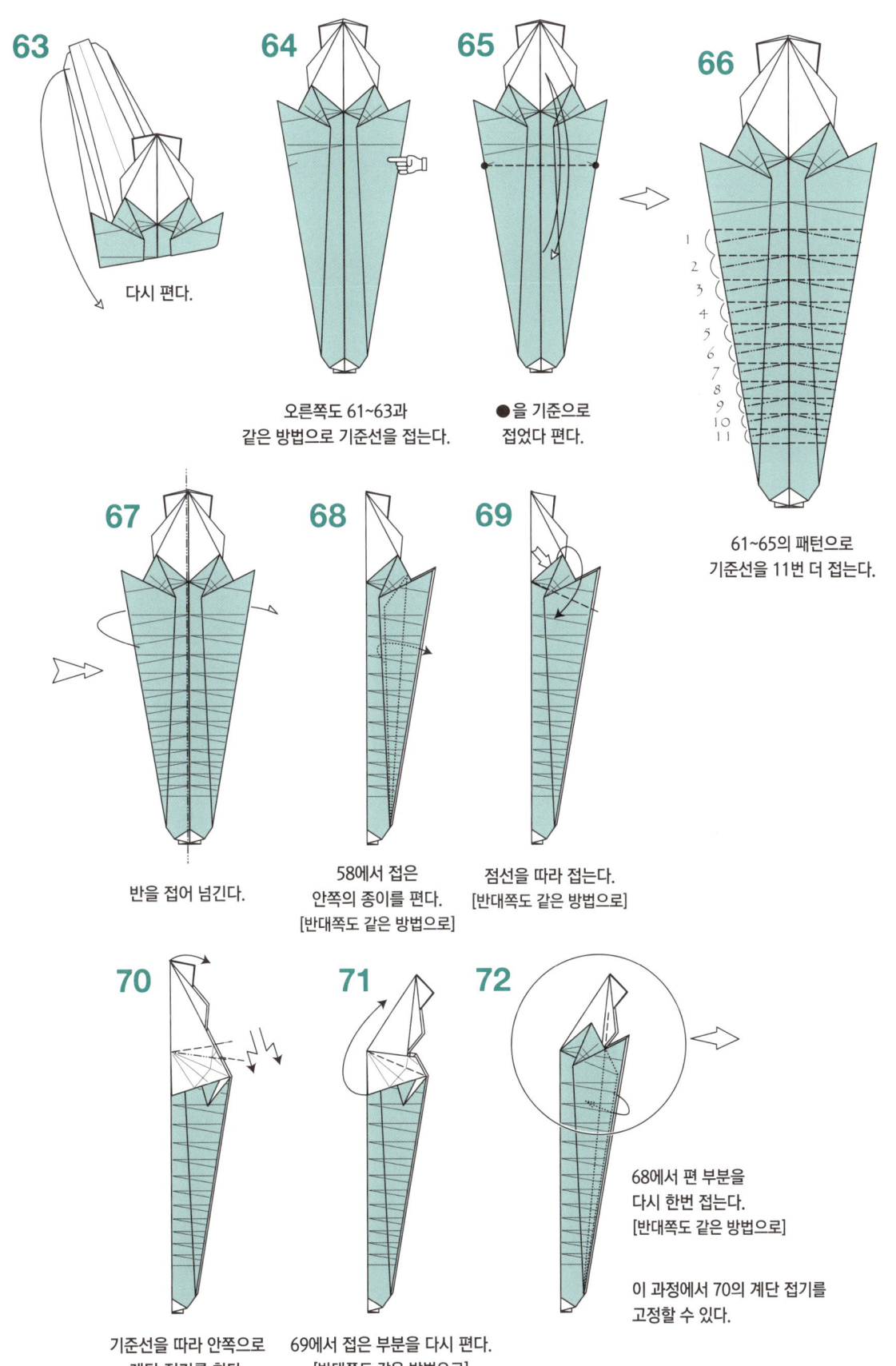

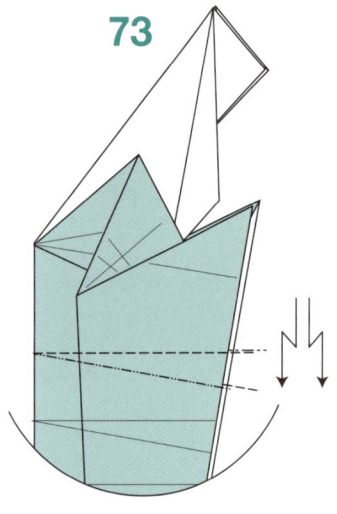

기준선에 따라
계단 접기를 한다.

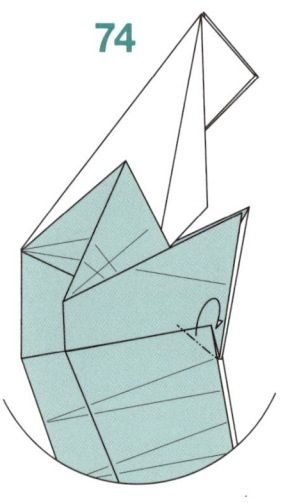

모서리를 뒤쪽으로 산접기를 한다.
[반대쪽도 같은 방법으로]

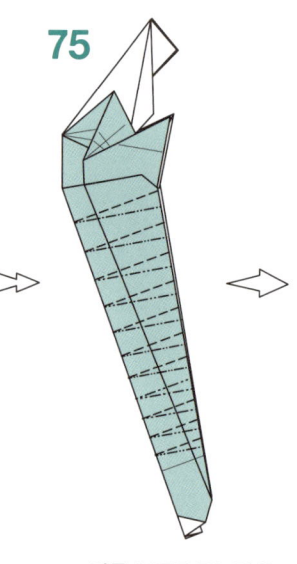

다른 11곳도 73~74와
같은 방법으로 접는다.

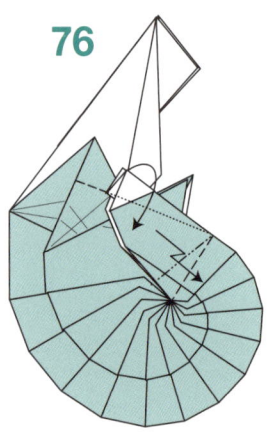

당겨서 계단 접기를 한다.
[반대쪽도 같은 방법으로]

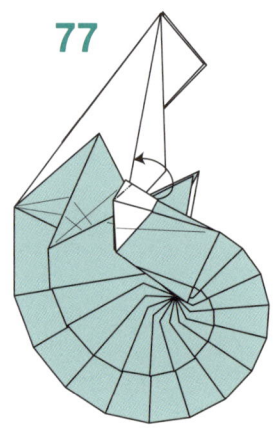

겹친 종이를 당겨서 빼낸다.

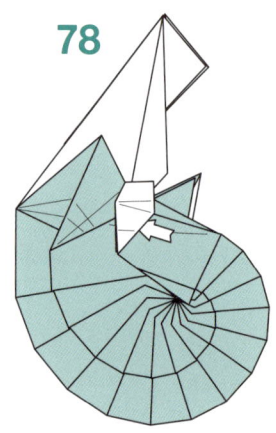

다음 과정에서
사용할 포켓이 된다.

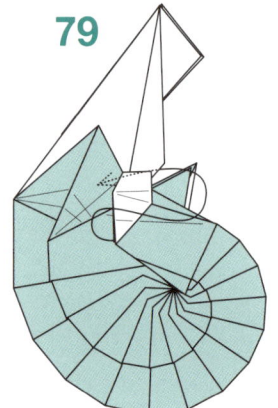

중심으로 대칭이 되도록 끼워 넣는다.

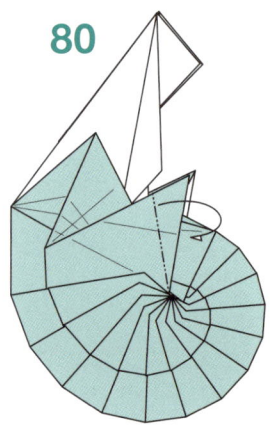

삼각의 모서리를 접어
78의 포켓에 끼워 넣어 고정한다.
[반대쪽도 같은 방법으로]

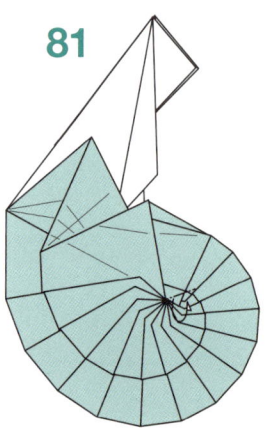

모서리를 뒤쪽으로 산접기를 한다.
[반대쪽도 같은 방법으로]

82

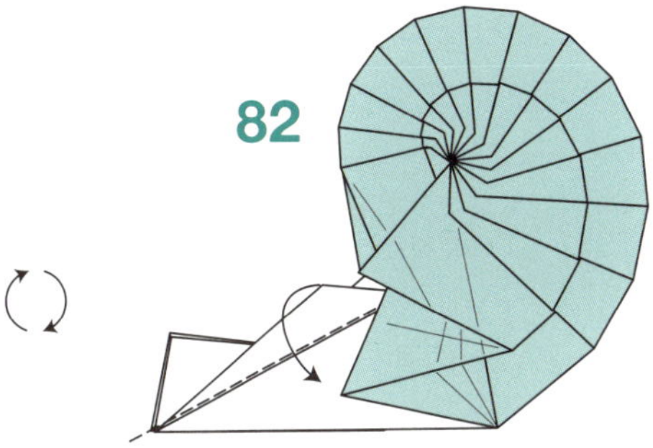

가장자리를 따라 골짜기접기를 한다.
[반대쪽도 같은 방법으로]

83

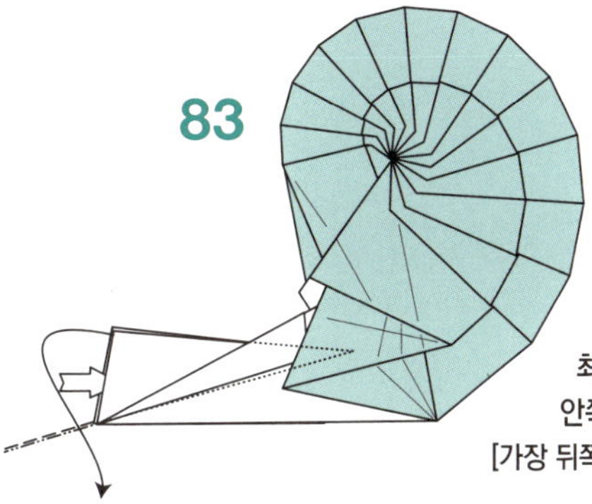

가장 앞부분을
최대한 안으로 넣어
안쪽으로 접기를 한다.
[가장 뒤쪽도 같은 방법으로 접는다.]

84

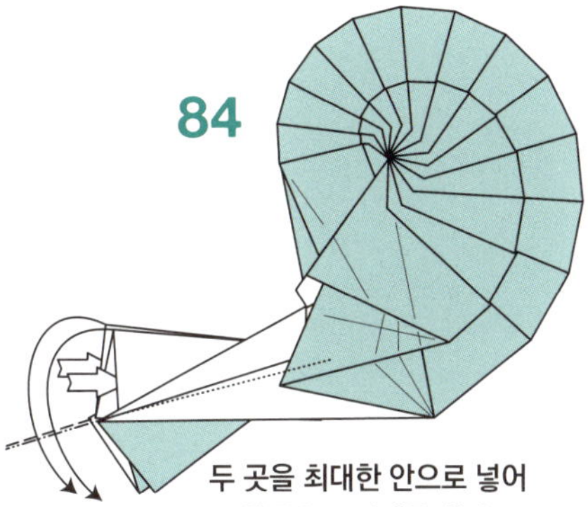

두 곳을 최대한 안으로 넣어
안쪽으로 접기를 한다.

85

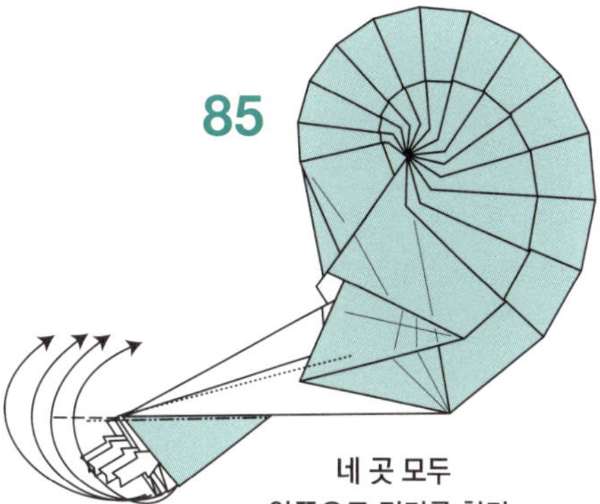

네 곳 모두
안쪽으로 접기를 한다.

86

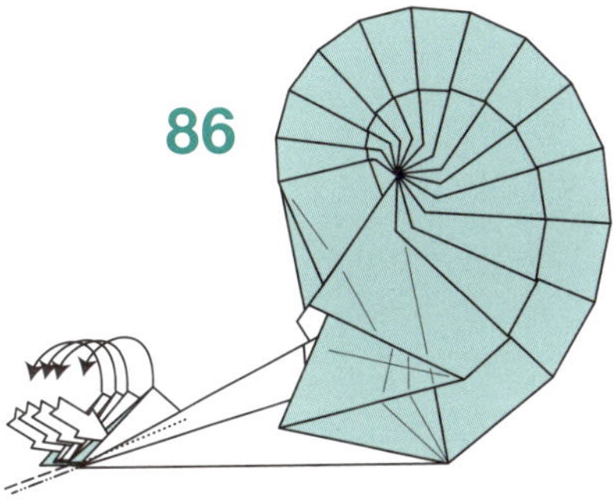

네 곳 모두 안쪽으로 접기를 한다.

87

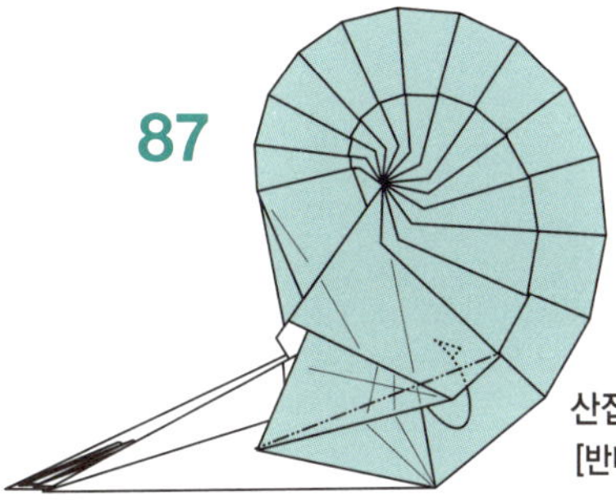

산접기하여 접어 넣는다.
[반대쪽도 같은 방법으로]

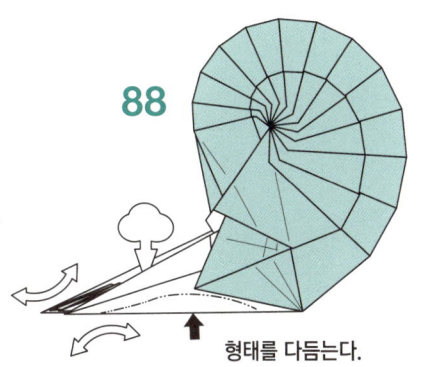

88

형태를 다듬는다.

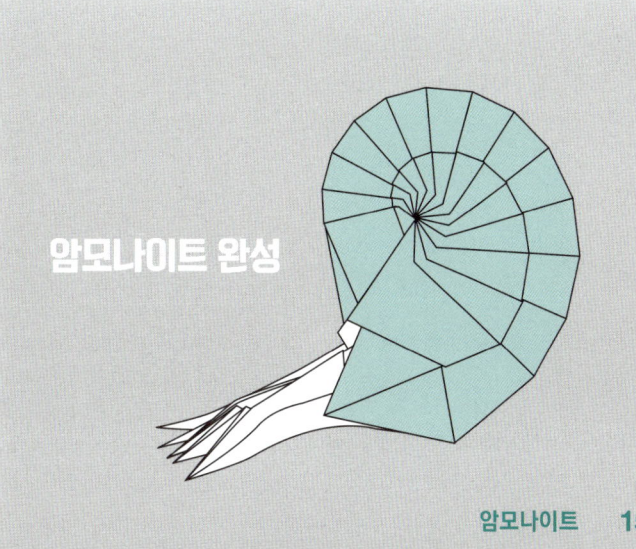

암모나이트 완성

티라노사우루스
Tyrannosaurus

거대한 육식공룡이다. 그 박력을 표현하기 위해 종이접기에서도 머리와 뒷다리 부분이 입체적이 될 수 있도록 고안해 보았다.

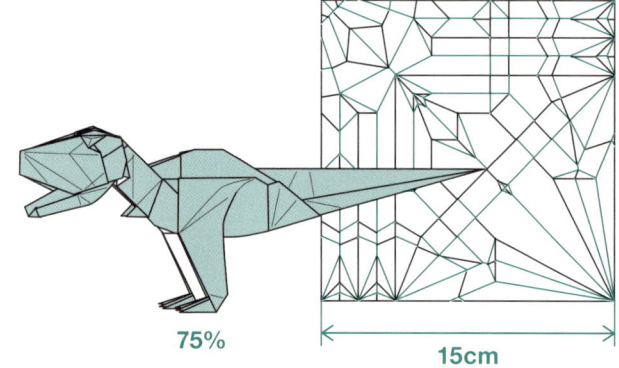

75%   15cm

1
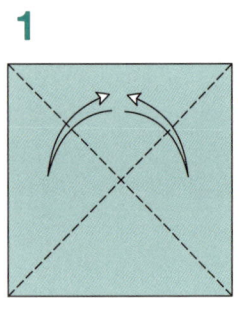
접었다 편다.

2
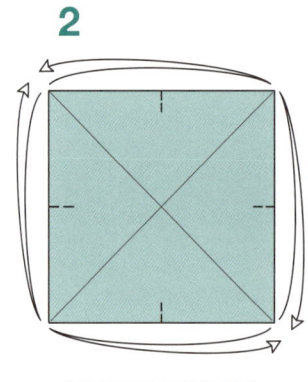
1/2 지점에 표시를 한다.

3
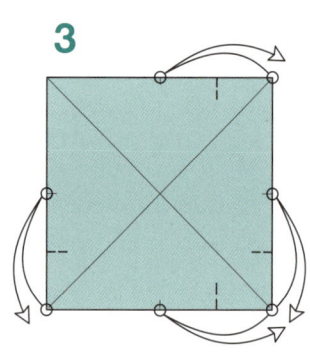
○을 맞추어 표시를 한다.

4
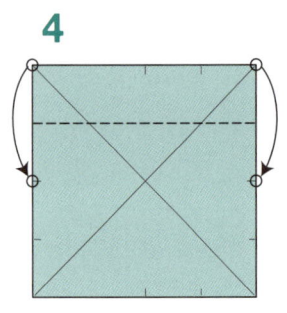
○을 맞추어 접는다.

5
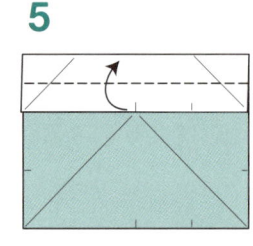
반으로 접는다.

6
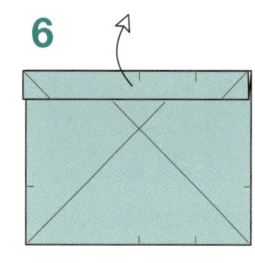
다시 펼친다.

7
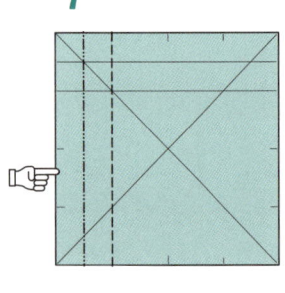
왼쪽도 4~6과
같은 방법으로 접는다.

8
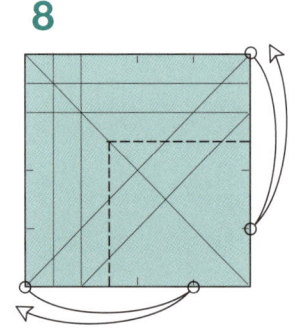
○을 맞추어 기준선을 접었다 편다.

9
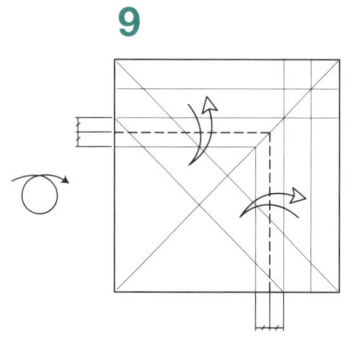
1/2 너비로 기준선을 접었다 편다.

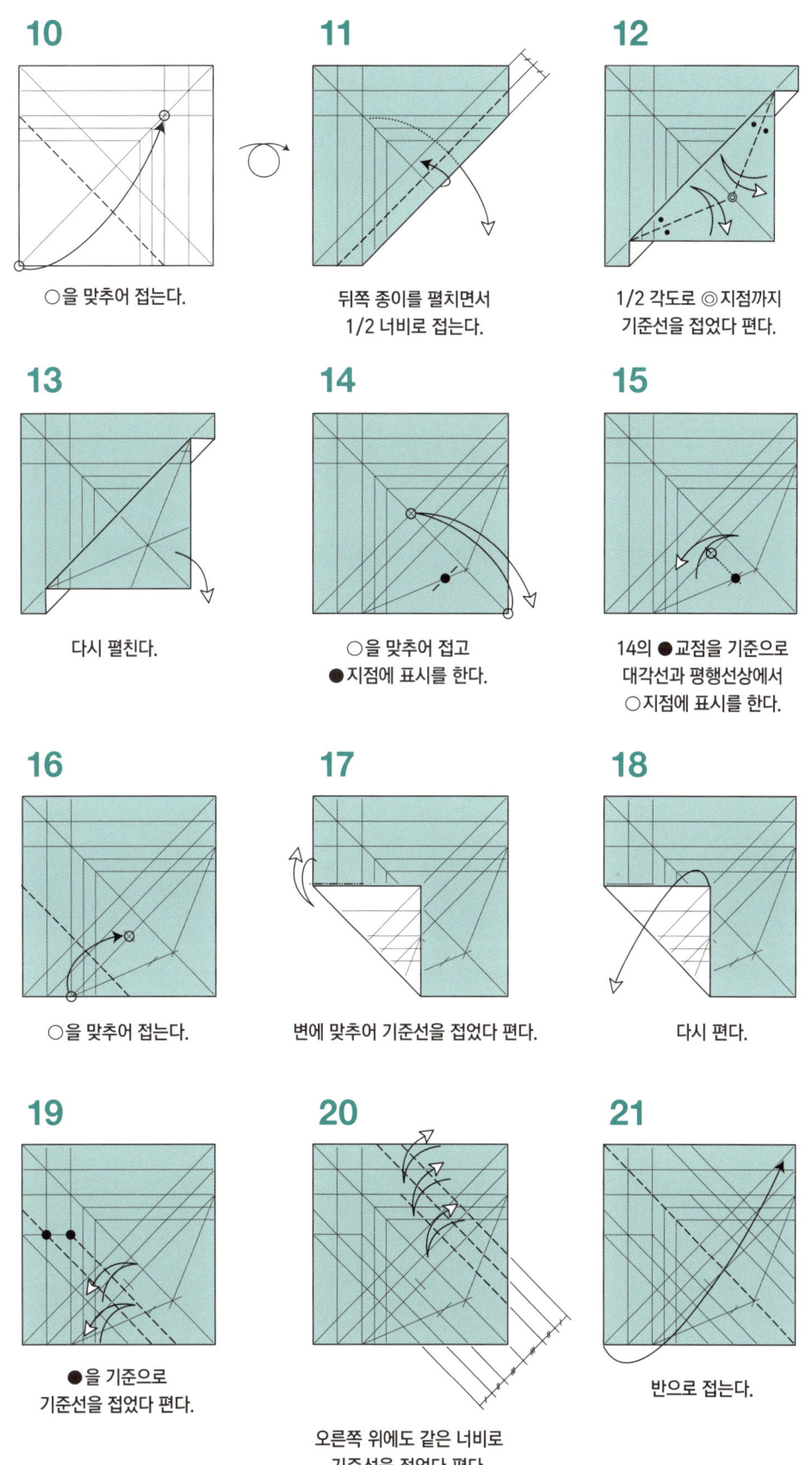

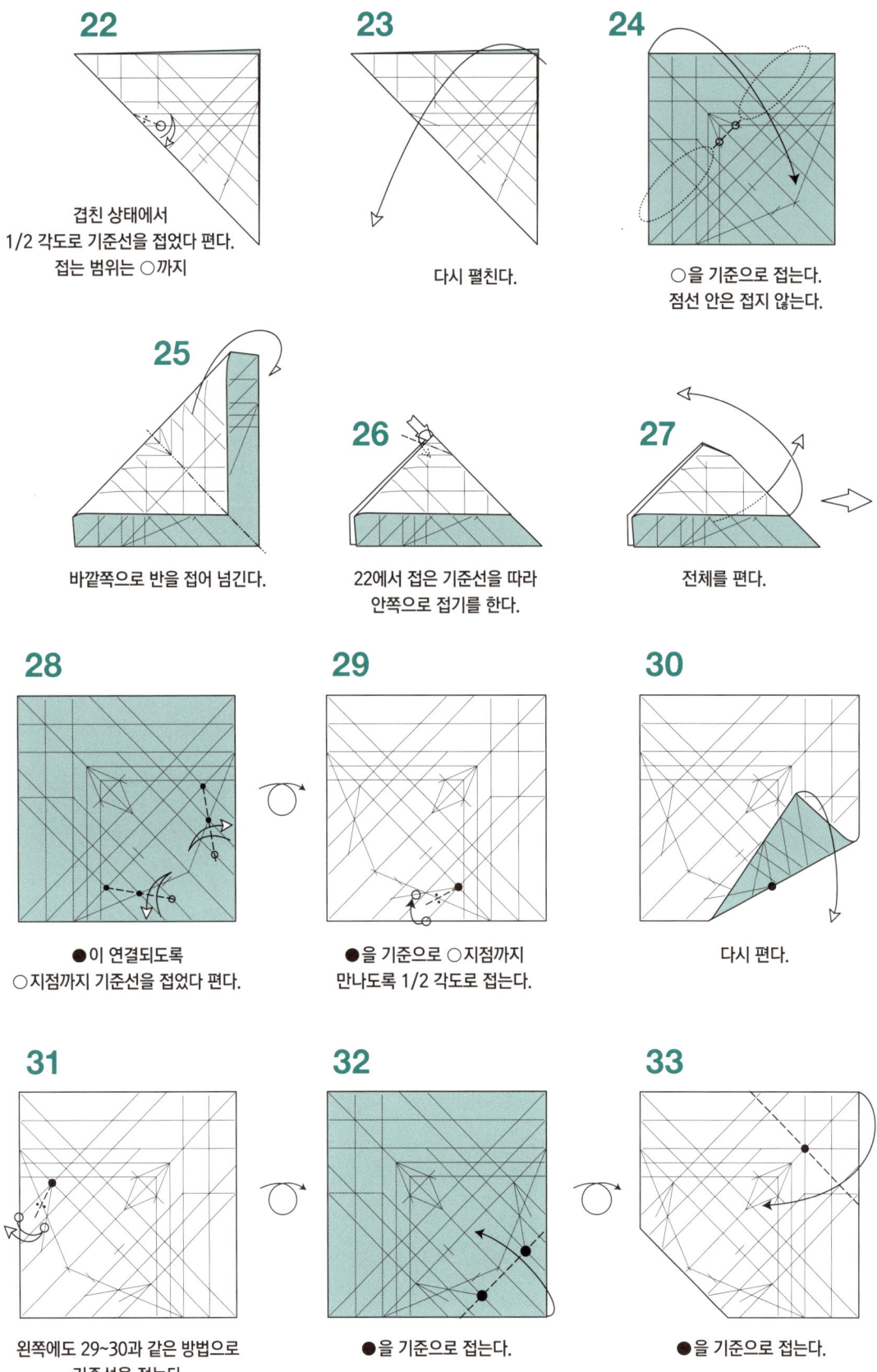

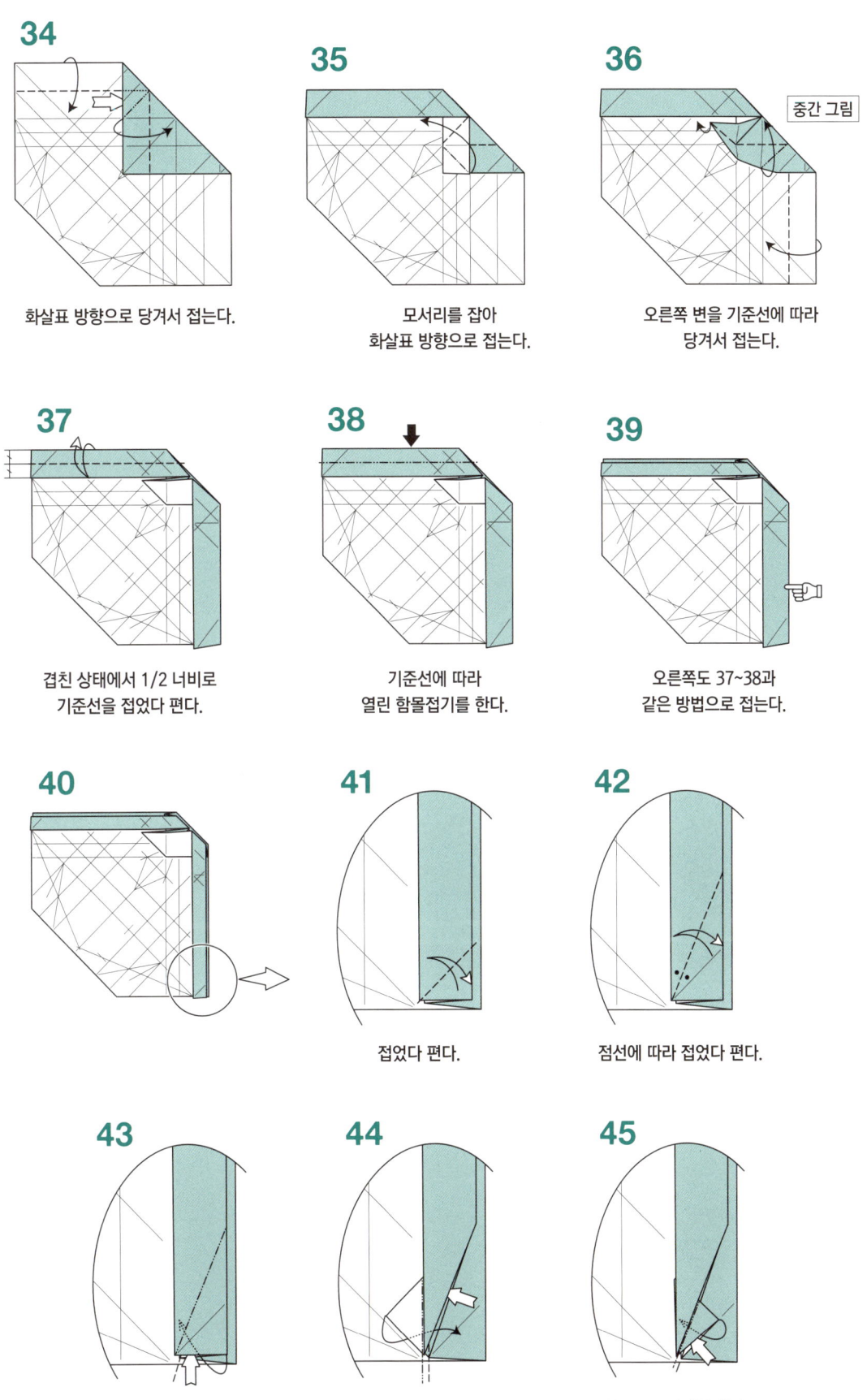

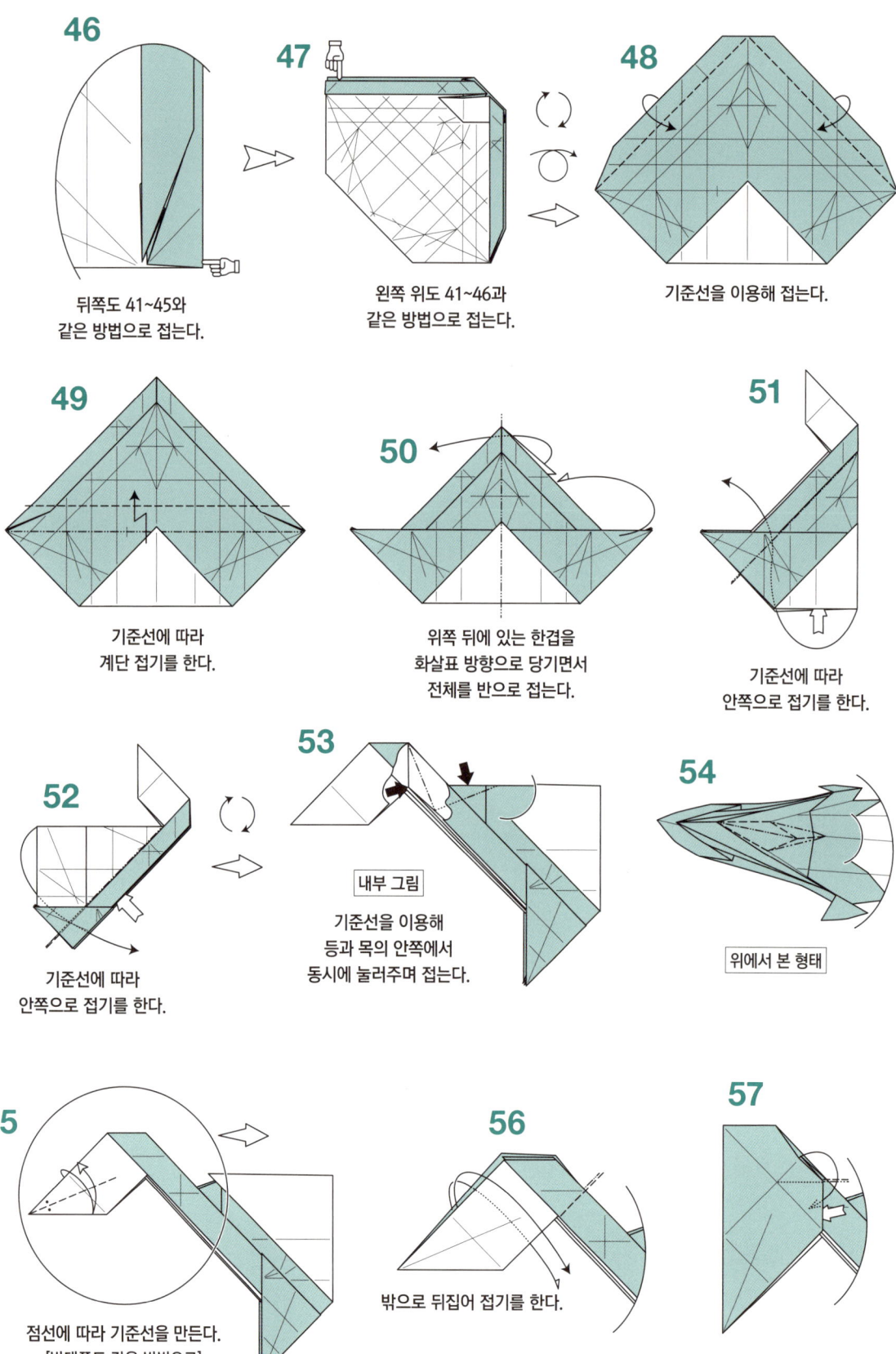

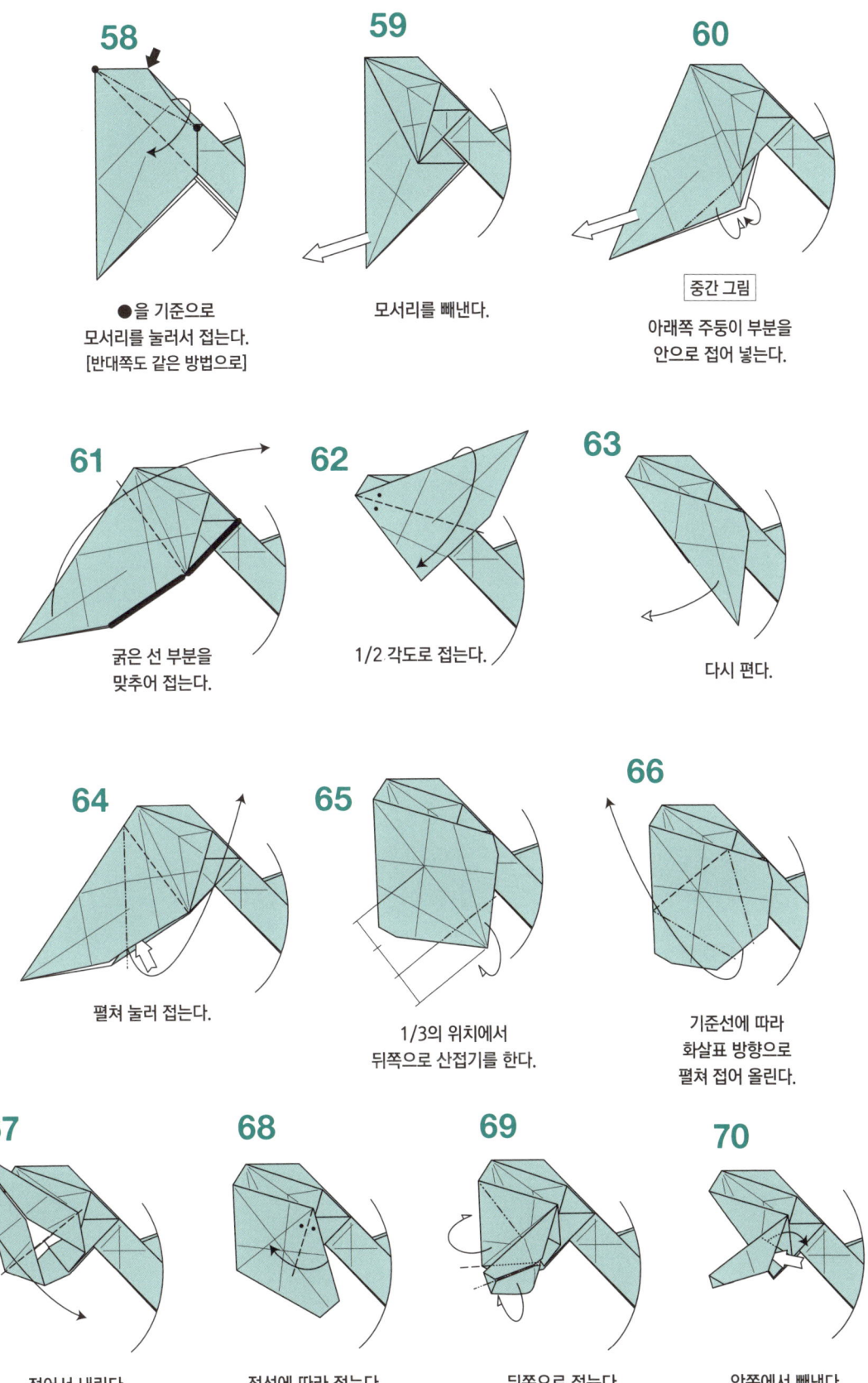

157

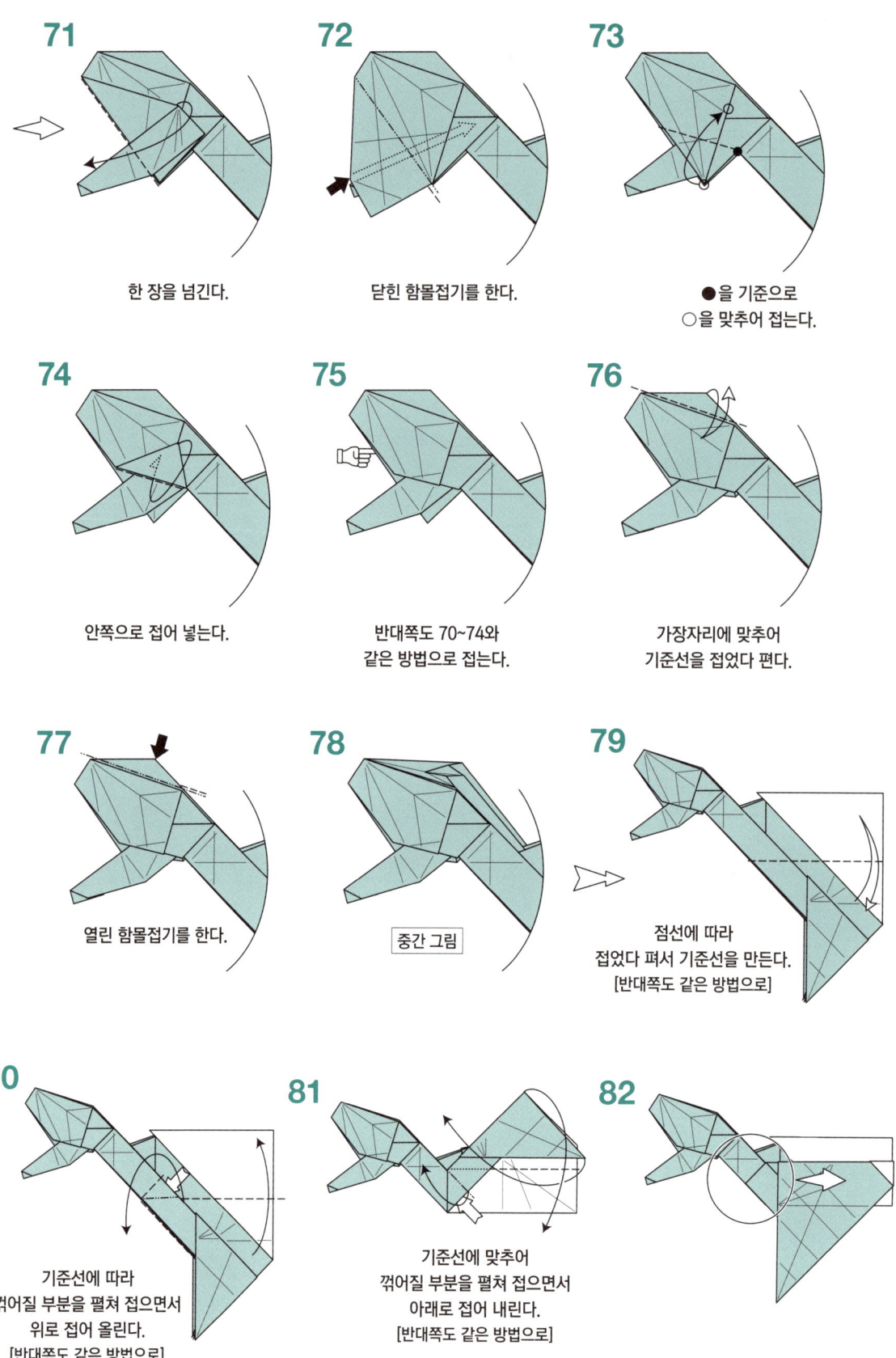

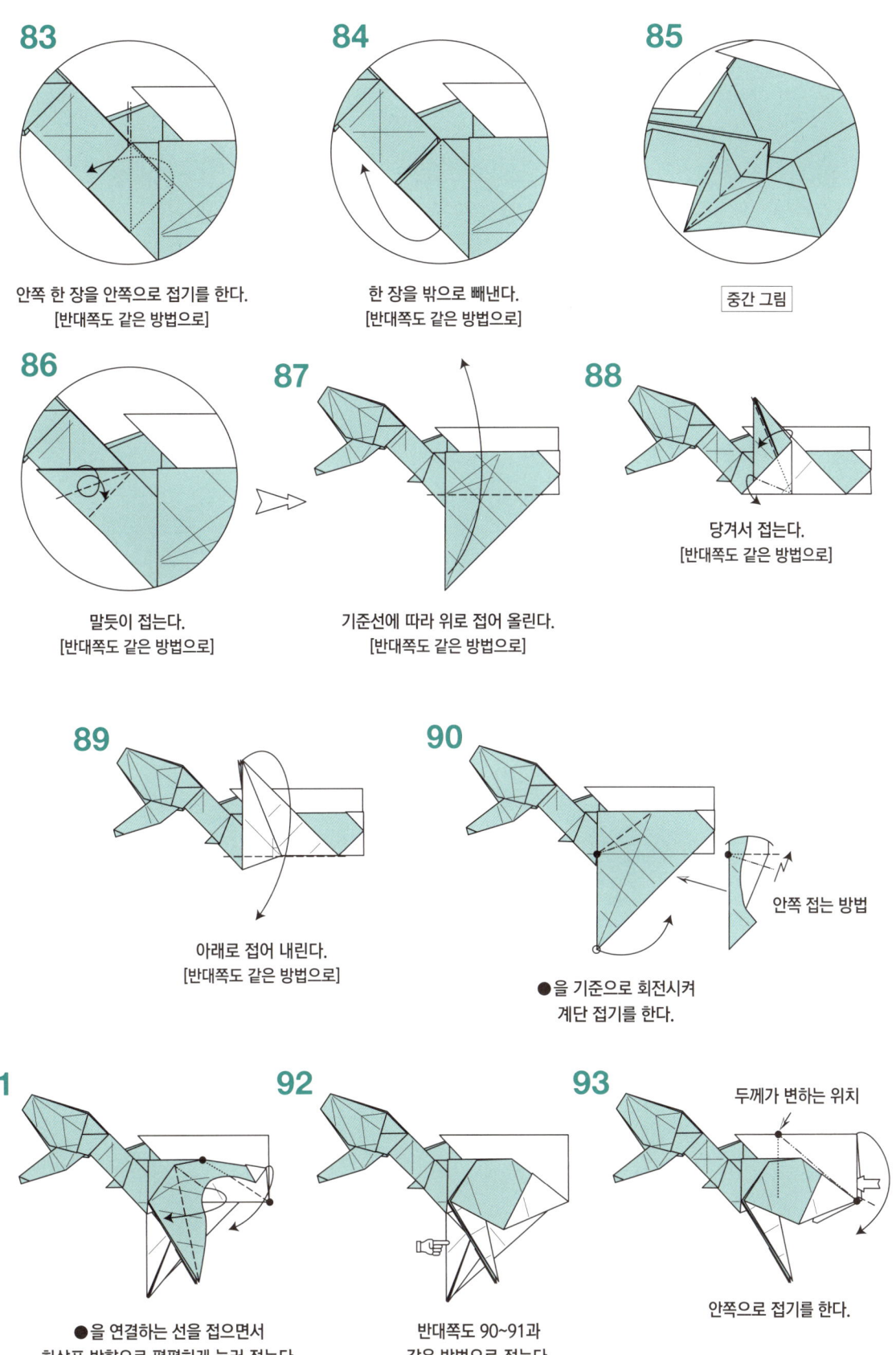

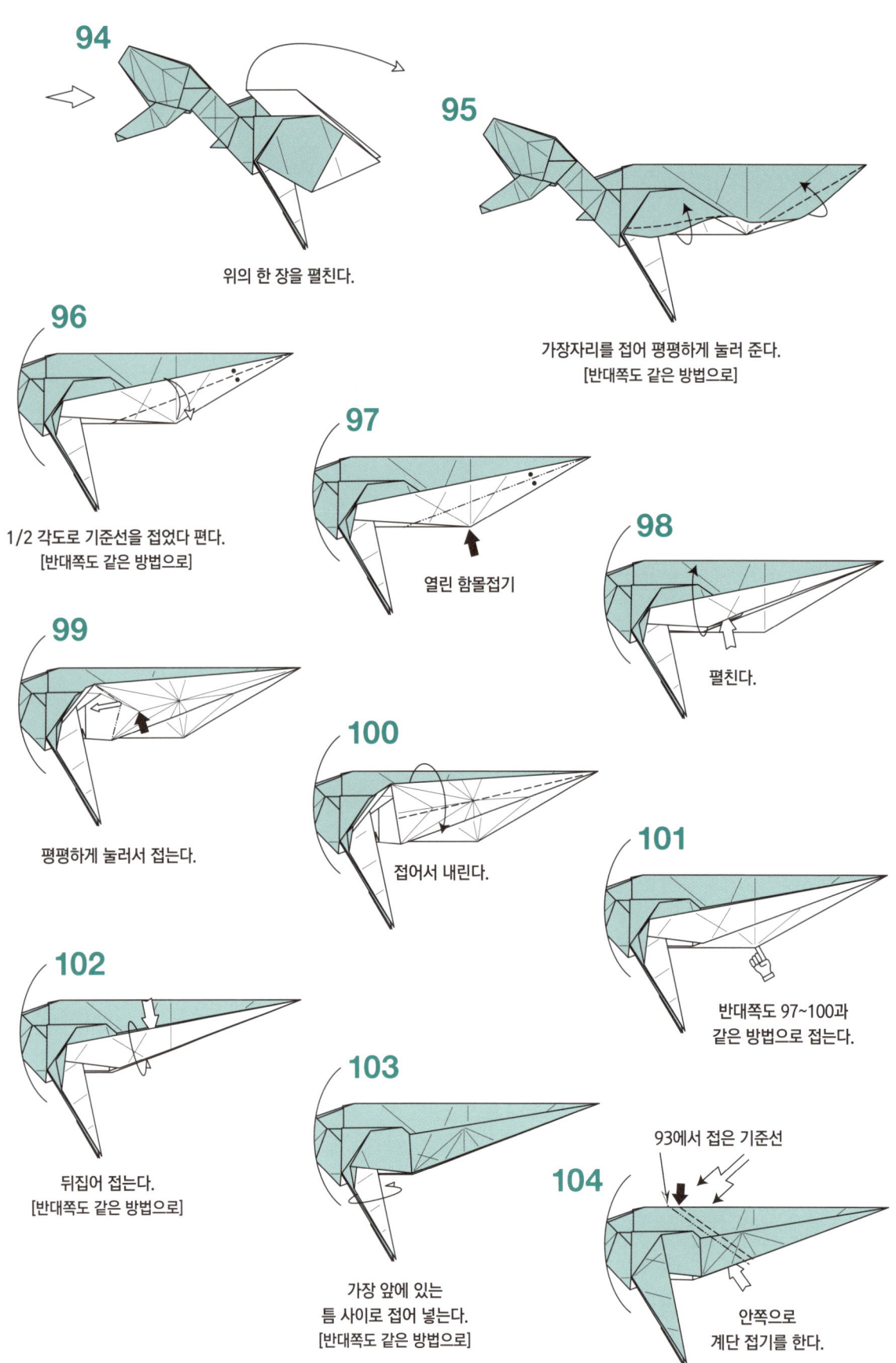

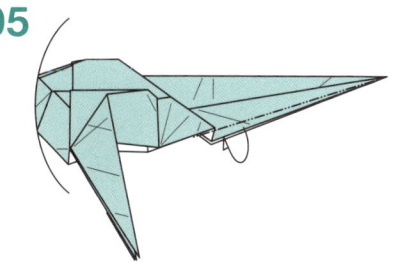

안으로 접어 넘긴다.
[반대쪽도 같은 방법으로]

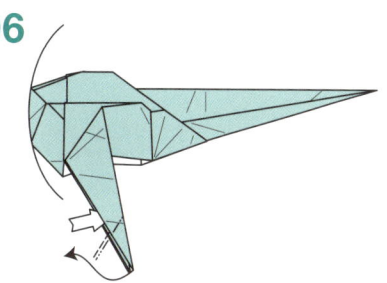

가장 앞에 있는 틈에서 안으로 접기를 한다.
[반대쪽도 같은 방법으로]

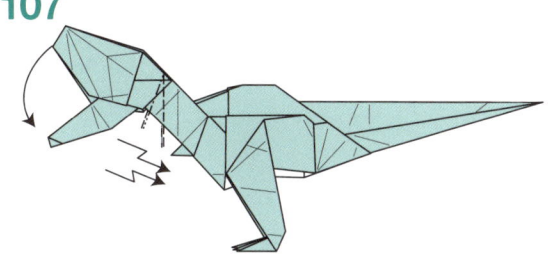

목 부분을 계단 접기하고
머리 방향을 조정한다.

안쪽으로 접어 넣는다.
[반대쪽도 같은 방법으로]

모서리를 눌러서 눈을 접는다.
[반대쪽도 같은 방법으로]

얼굴과 넓적다리를 입체적으로 펼친다.
[반대쪽도 같은 방법으로]

티라노사우루스 완성

 최 상 급

티라노사우루스(머리뼈)
The Tyrannosaurus skull

박력 있는 머리뼈다. 완성 후에는 턱을 움직일 수도 있다. 네 장을 합체하는 작품으로, 풀을 이용해 조립하면 된다.

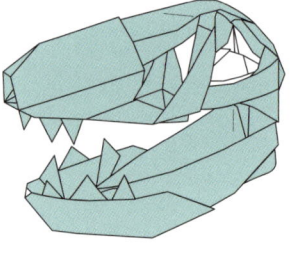 56%

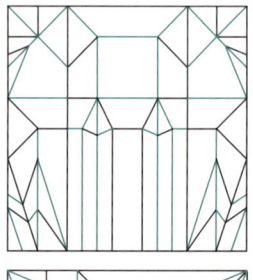
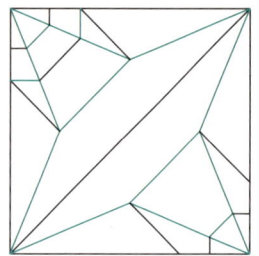
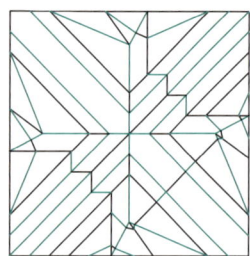
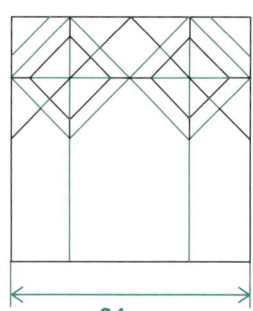

24cm

※같은 크기의 종이 네 장을 사용합니다.

Part 1

1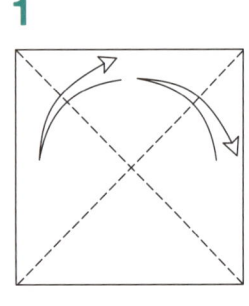
접었다 편다.

2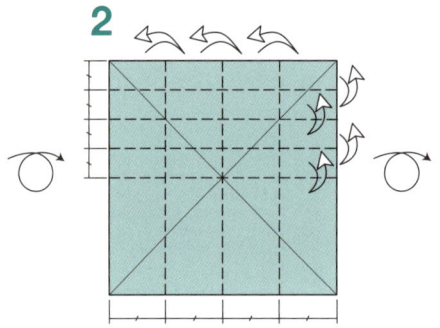
기준선을 접는다.

3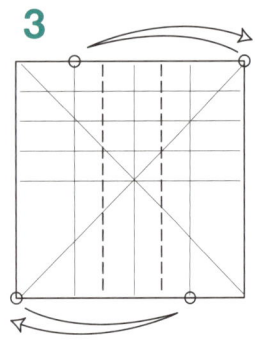
○을 맞추어 기준선을 접었다 편다.

4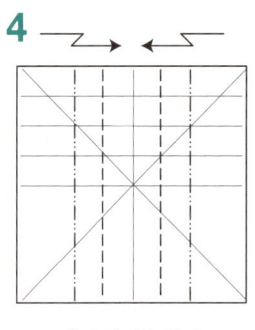
계단 접기를 한다.

5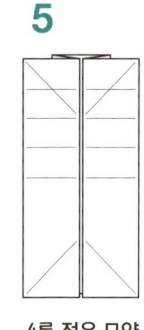
4를 접은 모양

6
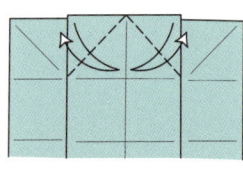
7 삼각으로 접었다 편다.

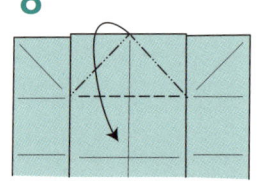
8 화살표 방향으로 접어 내린다.

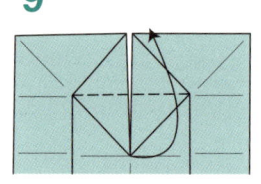
9 접어서 올린다.

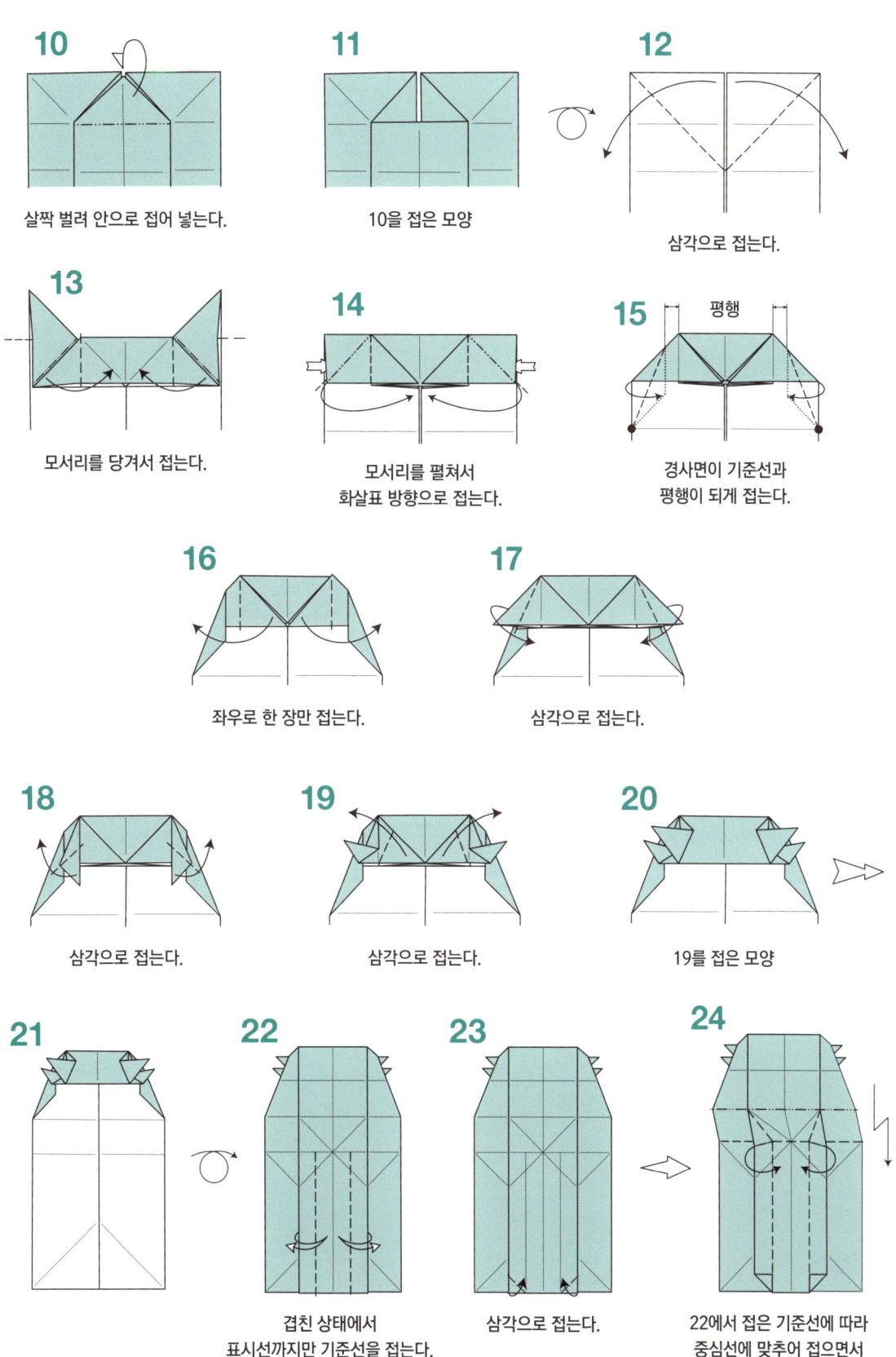

티라노사우루스(머리뼈)

25

24를 접은 모양

26
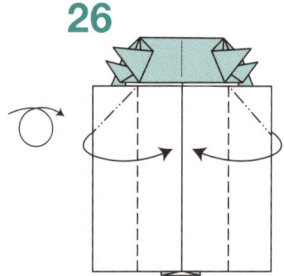
중심선에 맞추어 당겨서 접는다.

27
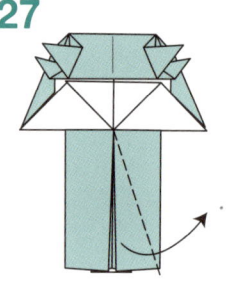
한 장만 삼각으로 접는다.

28
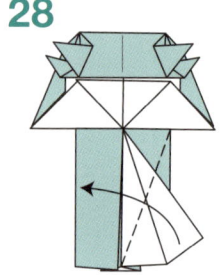
겹친 채로 골짜기접기를 한다.

29
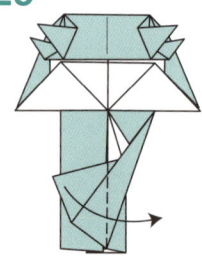
중심선에 맞추어 접는다.

30
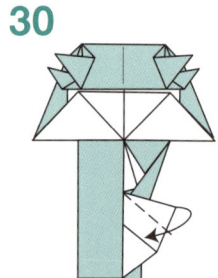
삼각으로 접는다.

31
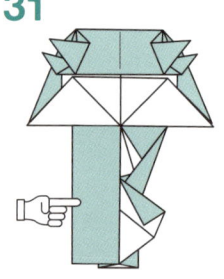
왼쪽도 27~30과 같은 방법으로 접는다.

완성

Part 2

1
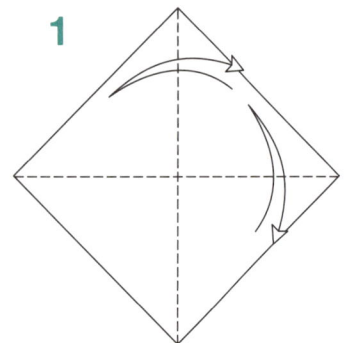
접었다 편다.

2
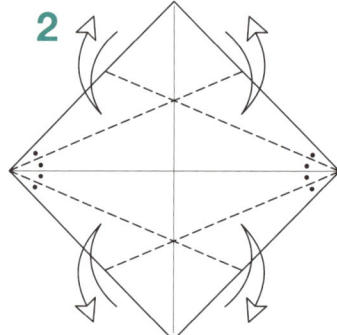
점선에 따라 접었다 펴서 기준선을 접는다.

3
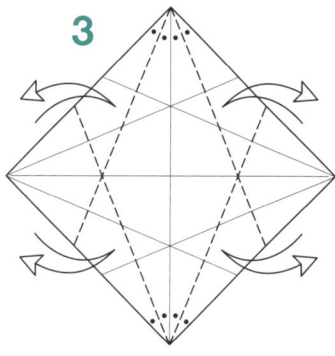
점선에 따라 접었다 펴서 기준선을 접는다.

4
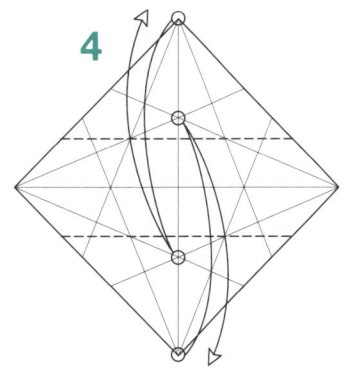
○을 맞추어 기준선을 접었다 편다.

5
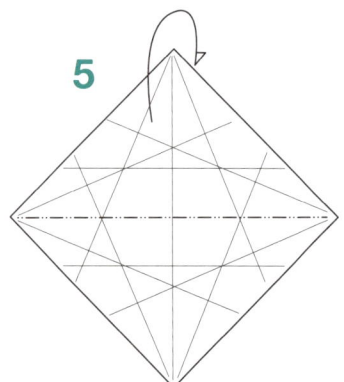

6
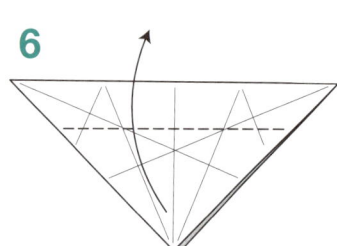

7

안쪽으로
당겨 접는다.

8

반대쪽도 6~7과
같은 방법으로 접는다.

9

한 장을 접어 내린다.

10

Part 1의 크기를
기준으로 접는다.

Part 3

1

2

3

펼쳐 눌러 접는다.

4

5

삼각으로 접는
다.

6

다시 되돌린다.

7

펼쳐 눌러 접는다.

8

기준선을 접었다 편다.

9

○을 맞추어 접는다.

10

9에서 접은 위치를 기준으로
반대쪽도 뒤로 접는다.

11

양쪽 모두 다시 편다.

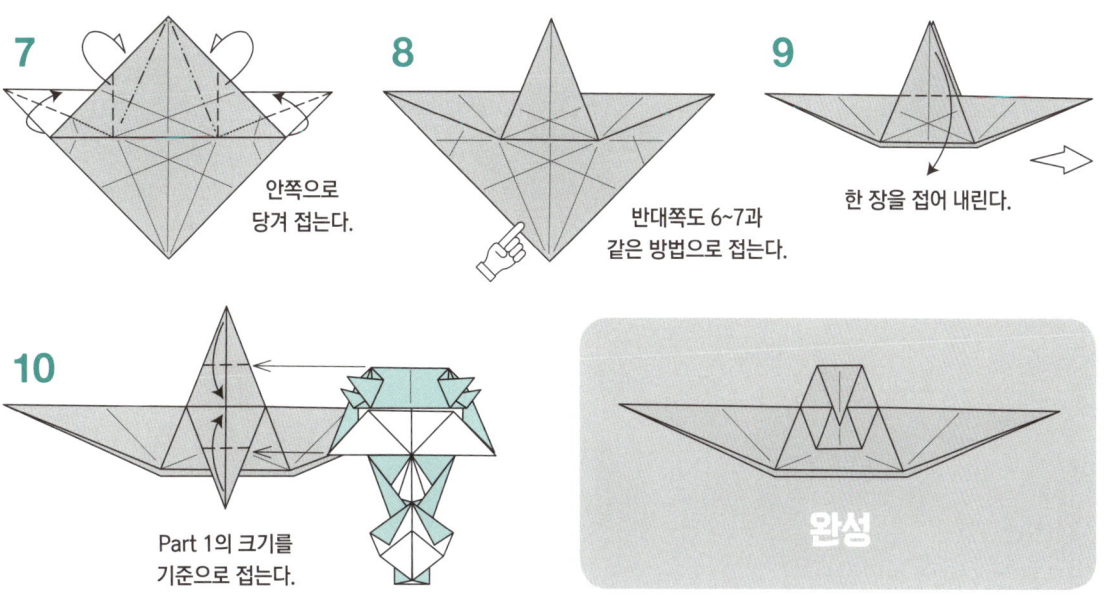

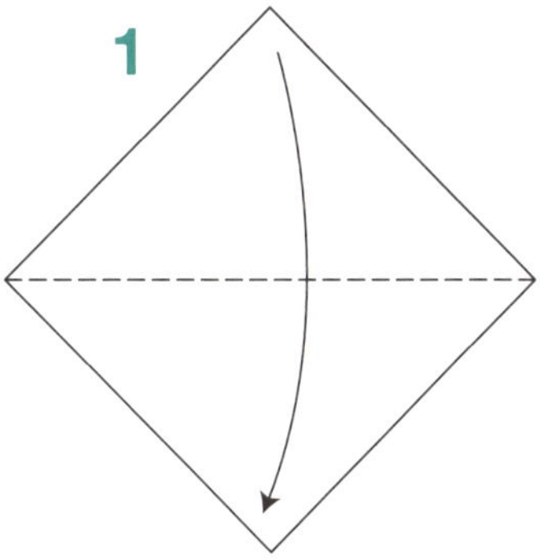

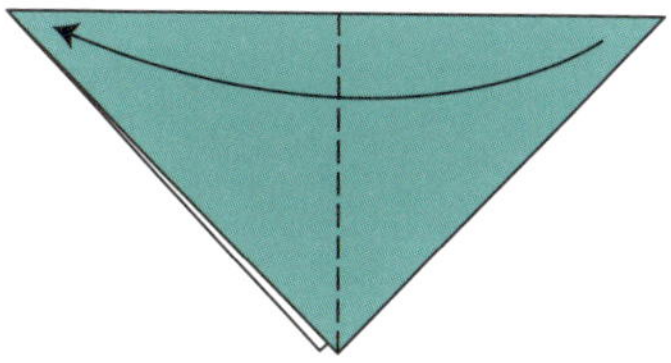

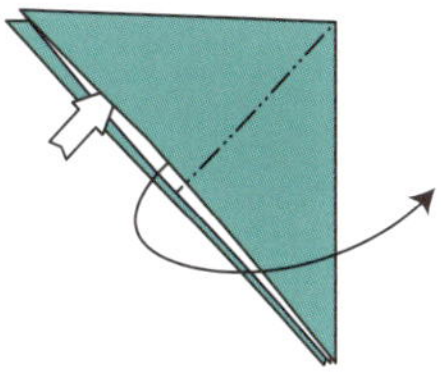

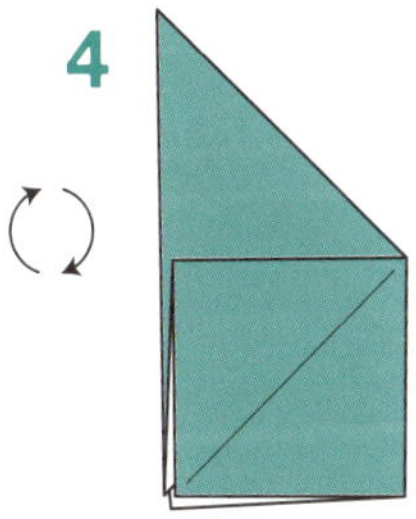

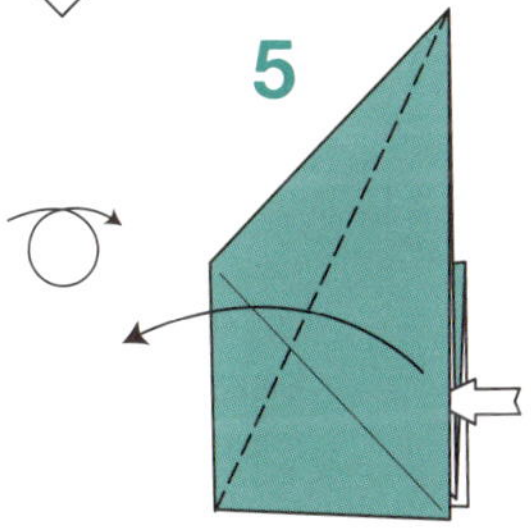

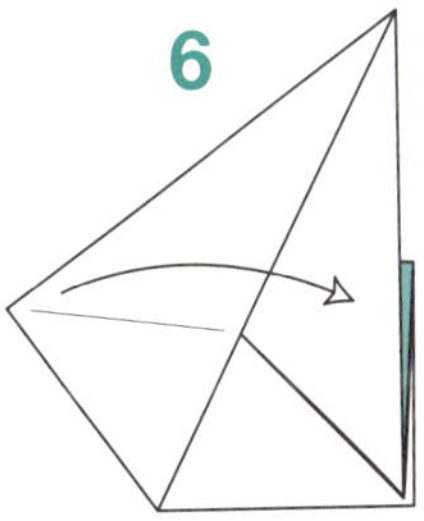

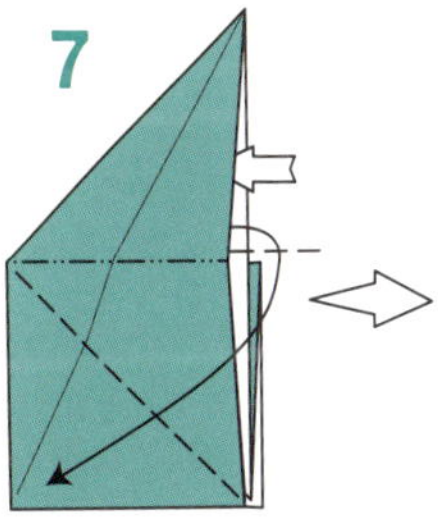

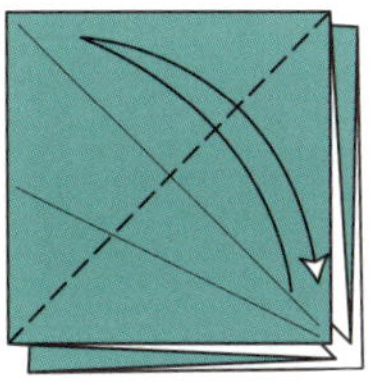

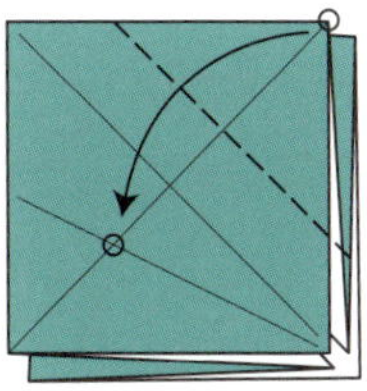

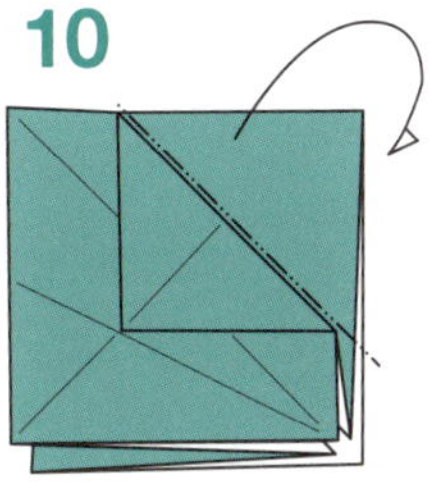

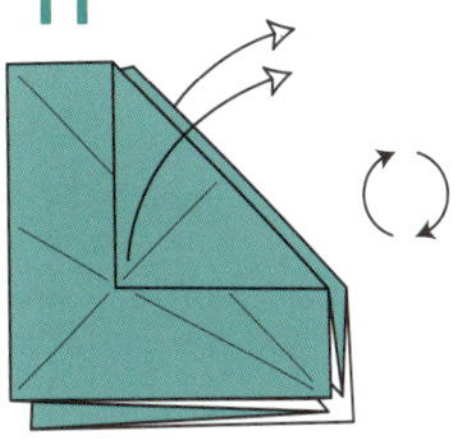

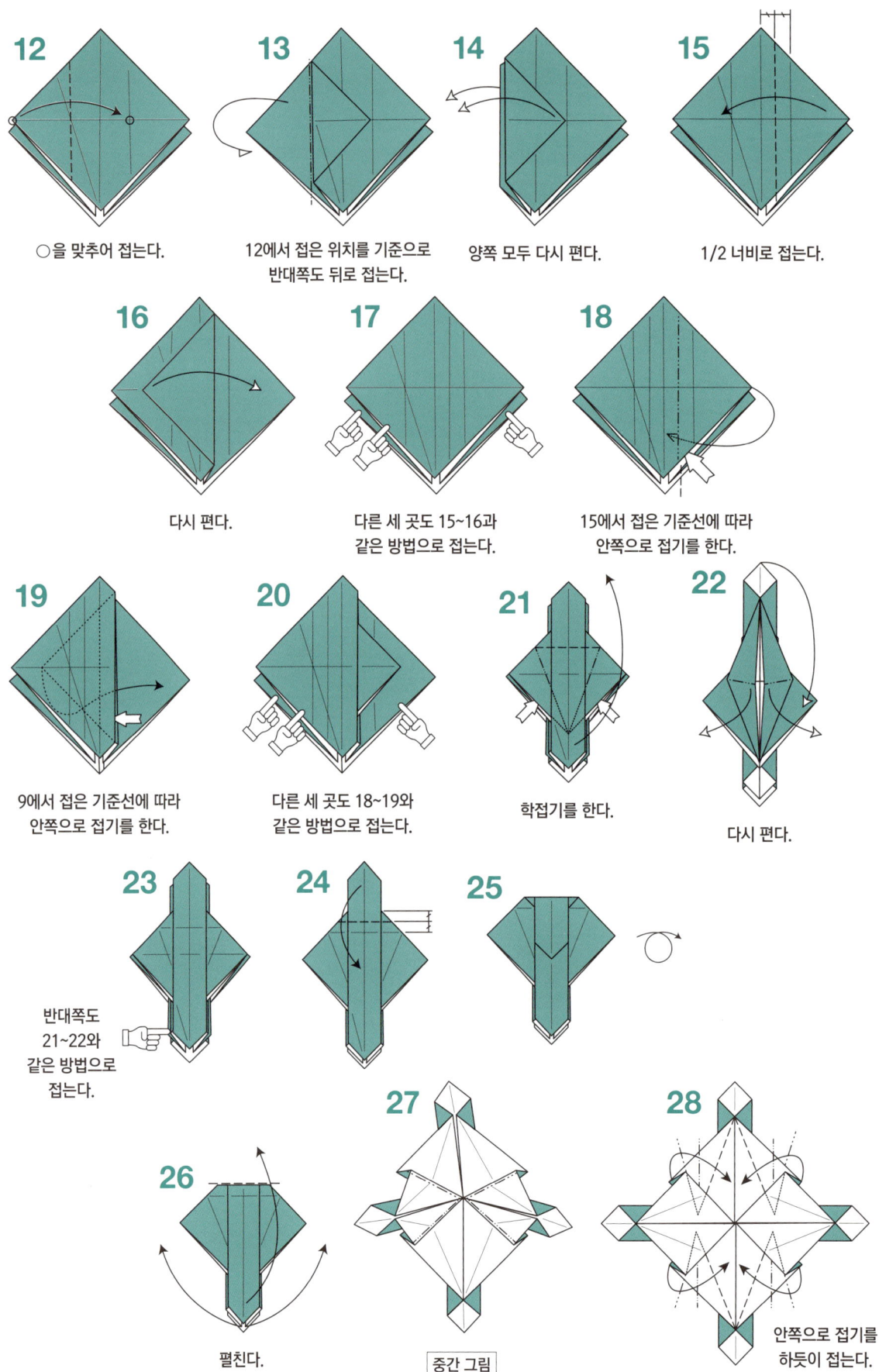

29 삼각으로 접는다.

30 한 장을 접어 올린다.

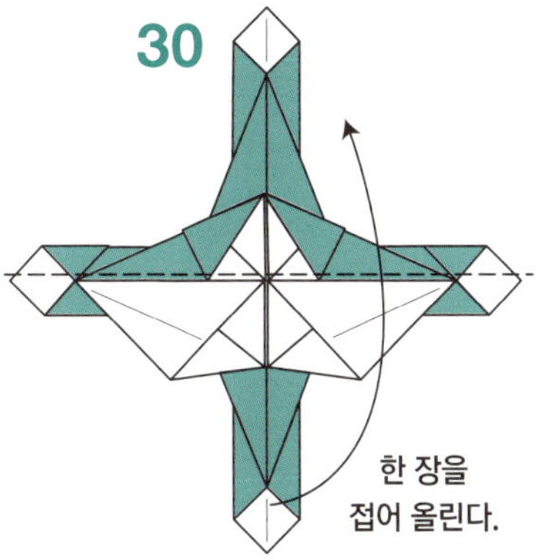

31 ●을 기준으로 한 장을 접어 내린다.

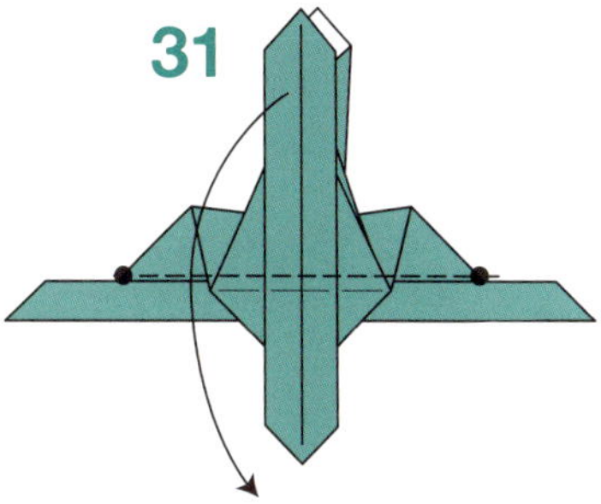

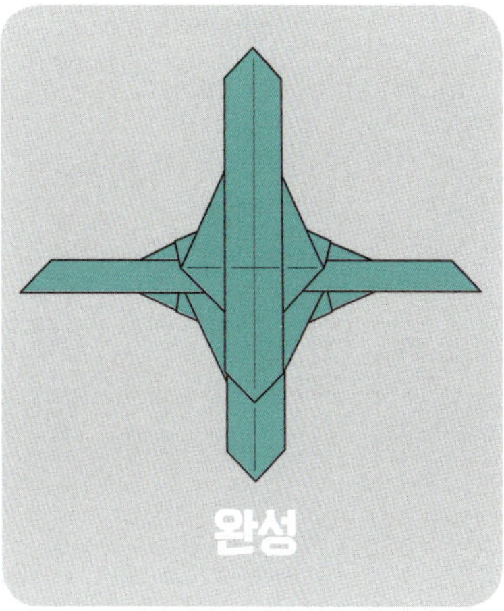

32 ●을 기준으로 접는다.

33

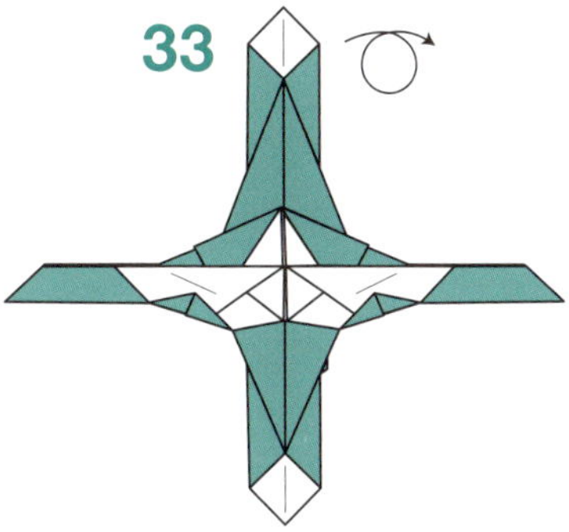

완성

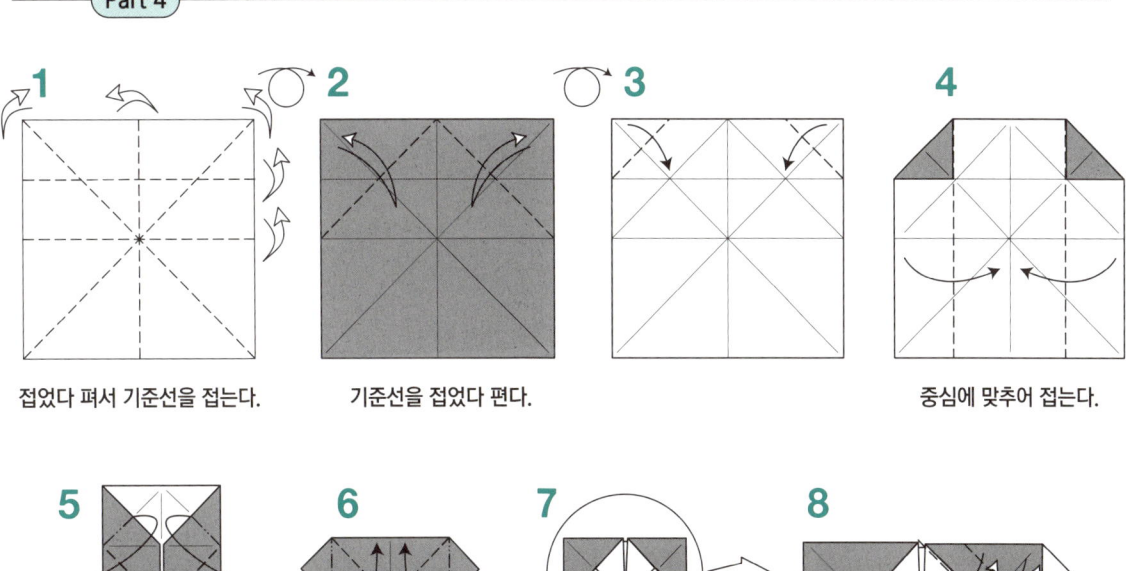

Part 4

1 접었다 펴서 기준선을 접는다.

2 기준선을 접었다 편다.

3

4 중심에 맞추어 접는다.

5 펼쳐 눌러 접는다.

6 펼쳐 눌러 접는다.

7

8 기준선을 접었다 편다.

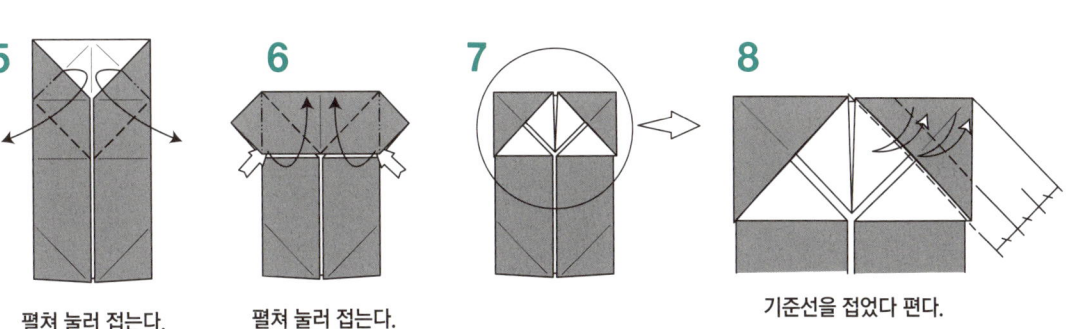

티라노사우루스(머리뼈) 167

9
펼친다.

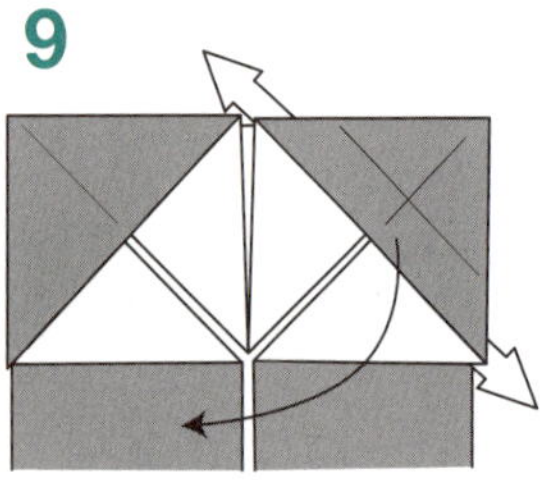

10
8에서 접은 기준선에 따라 함몰접기를 한다.

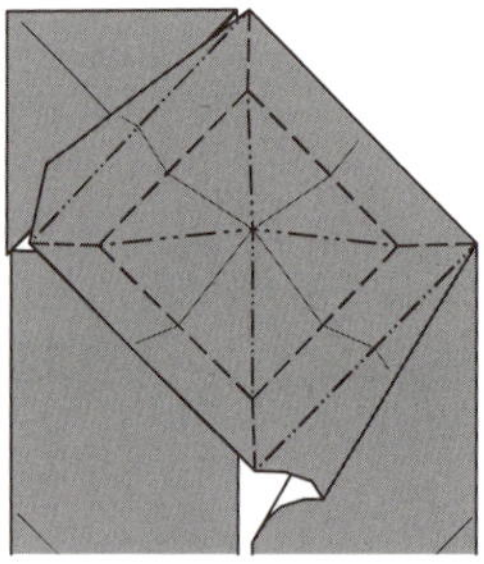

11
중간 그림

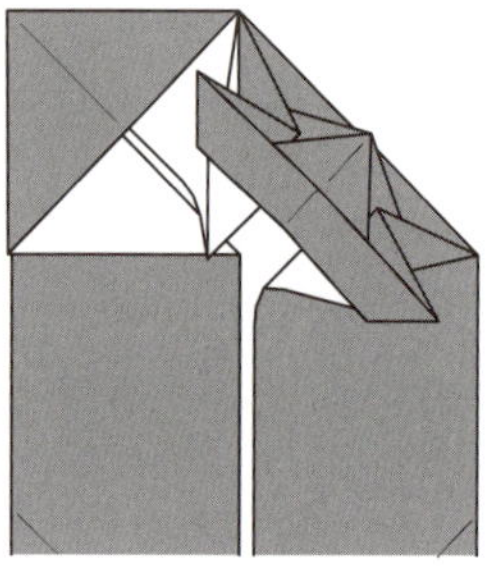

12
왼쪽도 8~11과 같은 방법으로 접는다.

13
삼각으로 접는다.

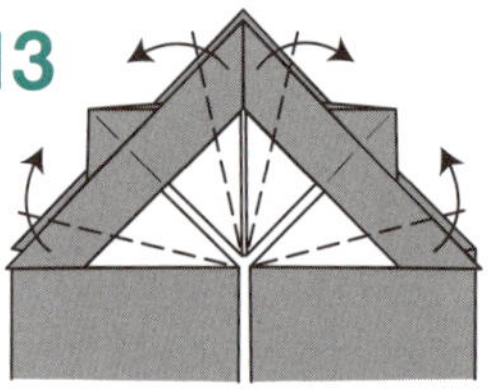

14
각각 높이가 고르게 접는다.

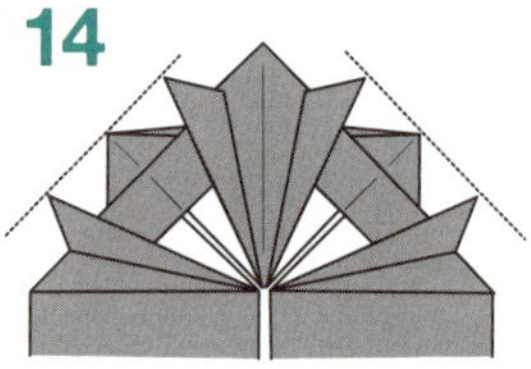

15
점선에 따라 접었다 편다.

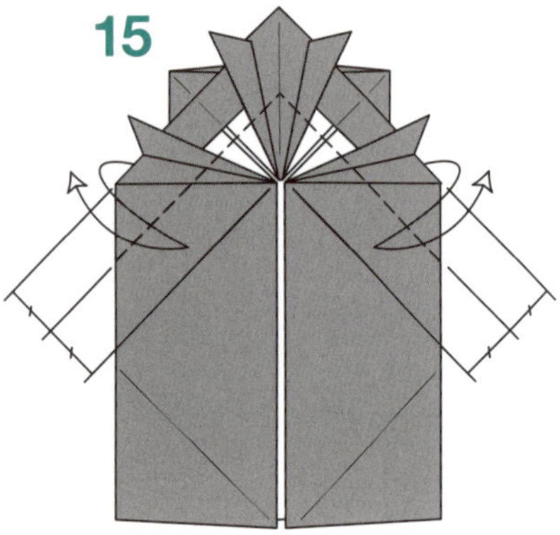

16
반으로 접는다.

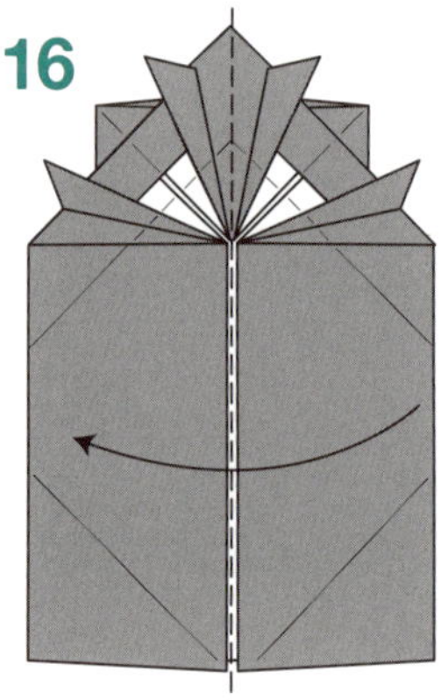

17
삼각으로 접는다.

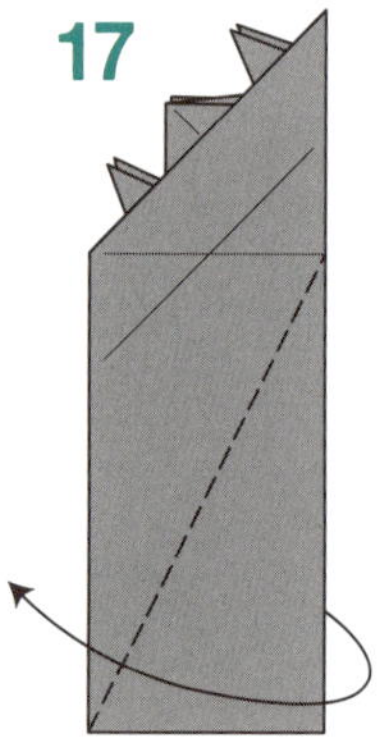

18
펼쳐 눌러 접는다.

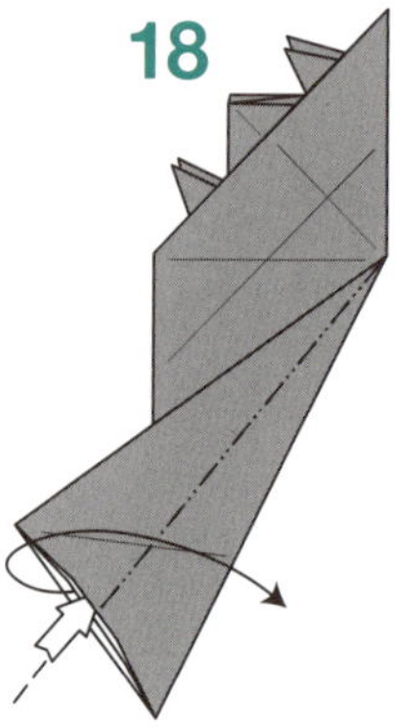

19
표시선처럼 접어 올린다.

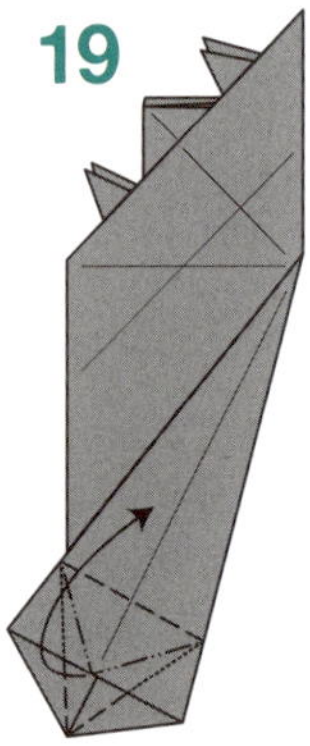

20
16으로 되돌린다.

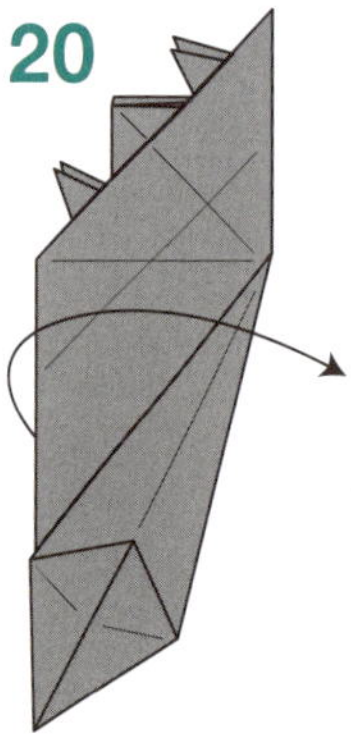

21
다시 한번 기준선을 접는다.

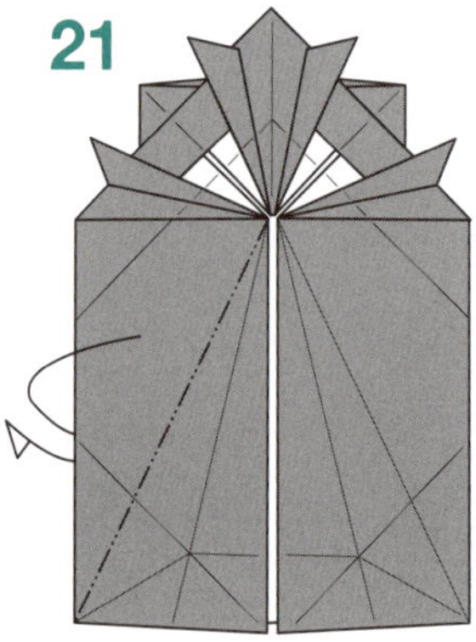

완성

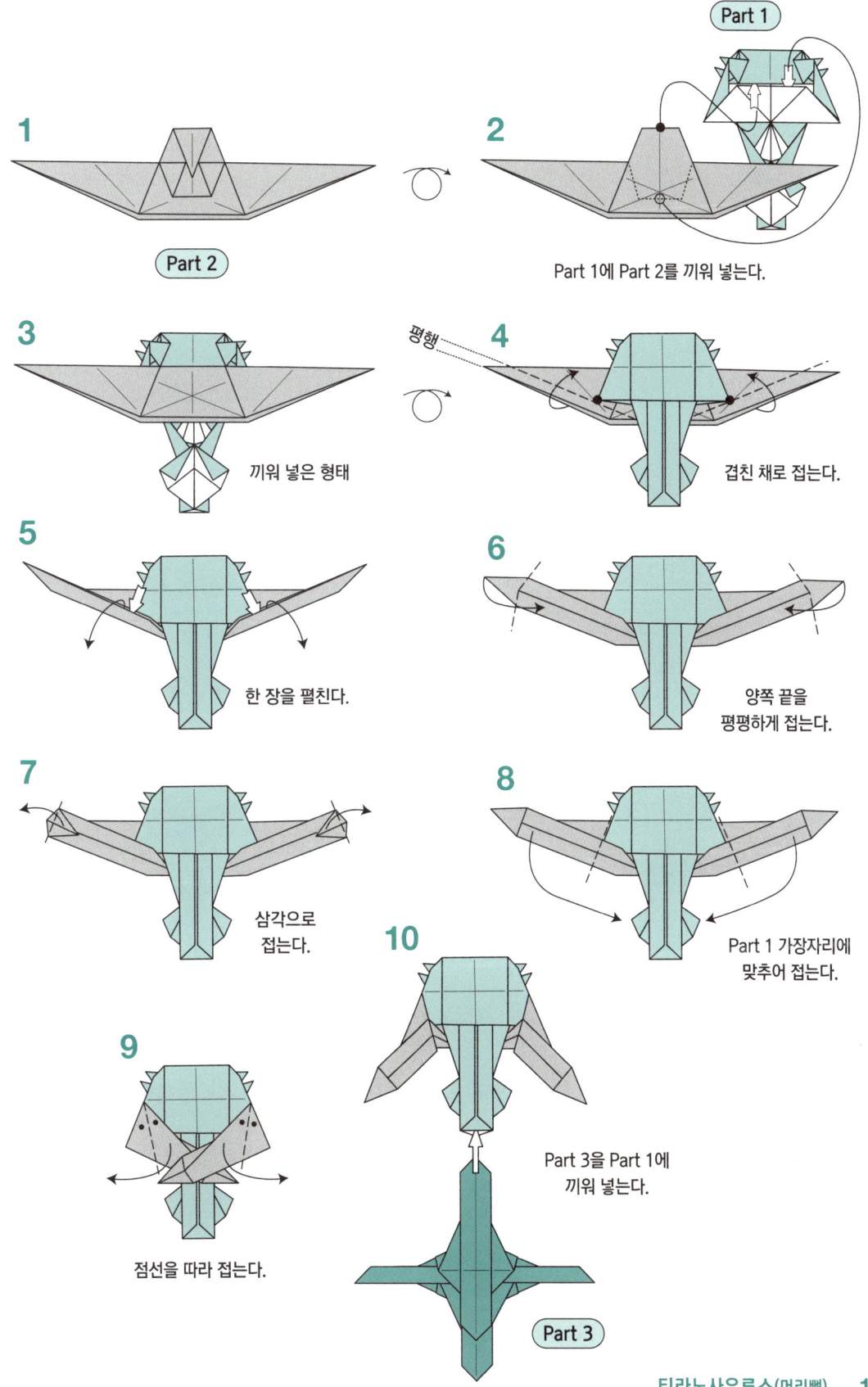

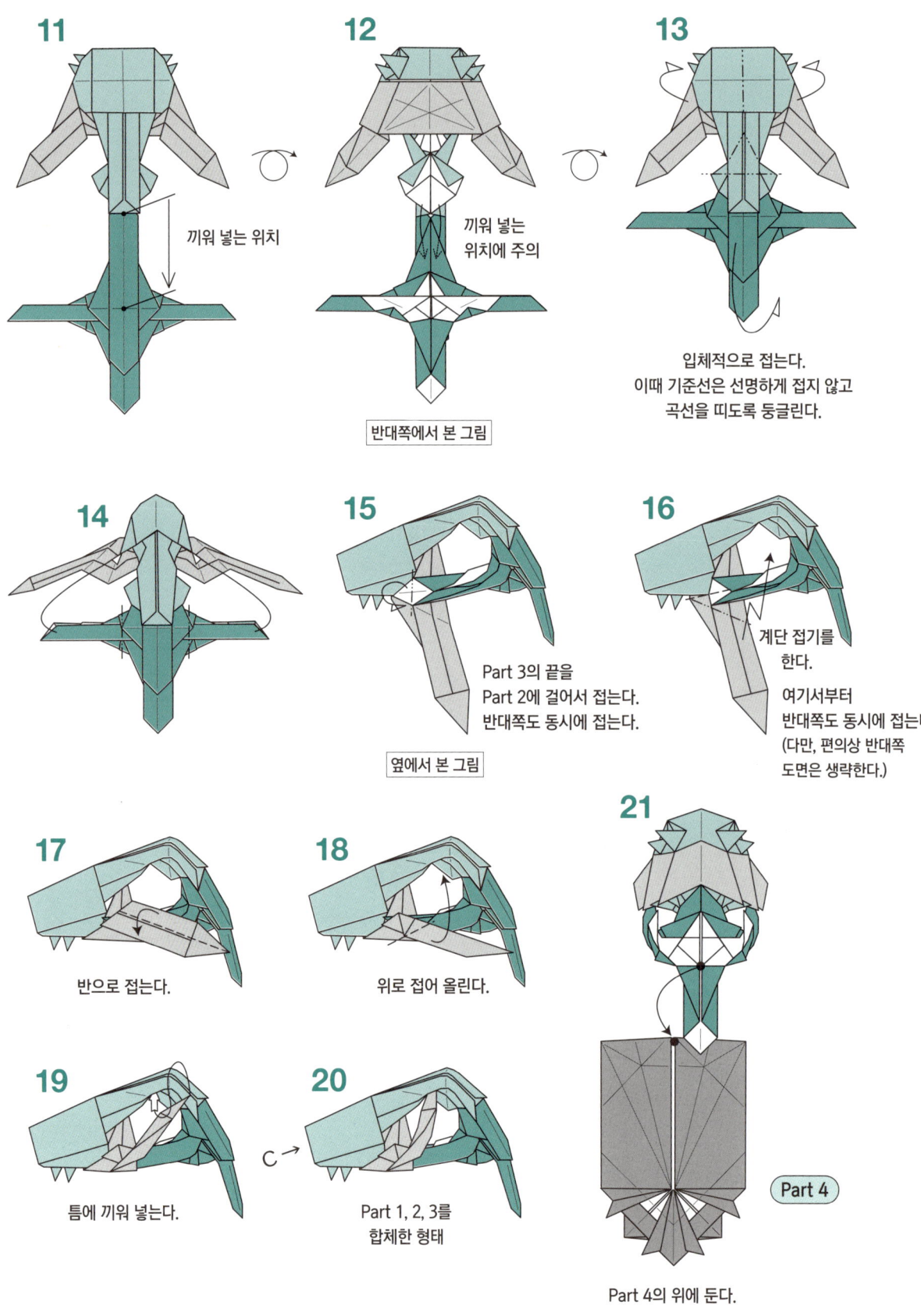

22 Part 4의 위 한 장을 좌우 모두 틈에 끼워 넣는다.

23 기준선을 잘 보고 접는다.

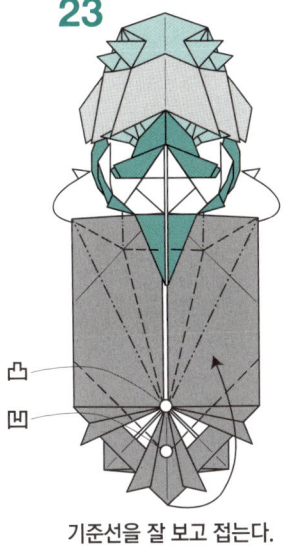

凸
凹

24 기준선을 이용해 Part 4를 입체적으로 접는다.

옆에서 본 그림

위로 접어 올린다.

25 모서리를 접는다.

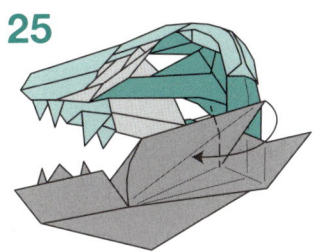

26 접어서 고정시킨다.

27 반대쪽도 24~26과 같은 방법으로 접는다.

28 안쪽으로 접어 넣는다.

29 안쪽으로 접어 넣는다.

30 반대쪽도 28~29와 같은 방법으로 접는다.

31 안쪽으로 접는다.

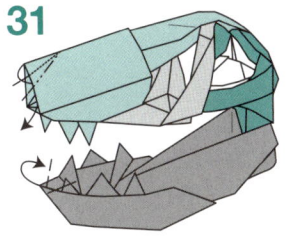

티라노사우루스(머리뼈) 완성

최상급
실러캔스
Coelacanthiformes

멸종했다고 추정되었지만, 1938년에 남아프리카 연안에서 현생종의 존재가 확인되었다. 살아 있는 화석의 하나다.

60% 24cm

1 접었다 편다.

2 접었다 편다.

3 접었다 편다.

4 ○을 맞추어 기준선을 접었다 편다.

5 ○을 맞추어 기준선을 접었다 편다.

6 ○을 맞추어 기준선을 접었다 편다.

7 ○을 맞추어 기준선을 접었다 편다.

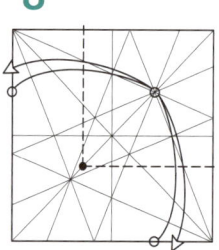

8 ○의 변과 교점을 맞추어 ●지점까지 기준선을 접었다 편다.

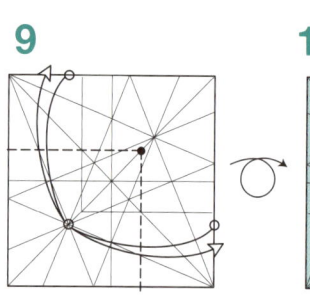

9 ○의 변과 교점을 맞추어 ●지점까지 기준선을 접었다 편다.

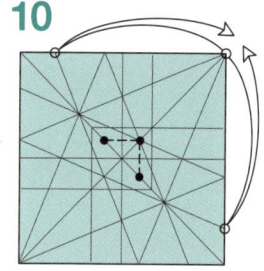

10 ○을 맞추어 ● 사이에 기준선을 만든다.

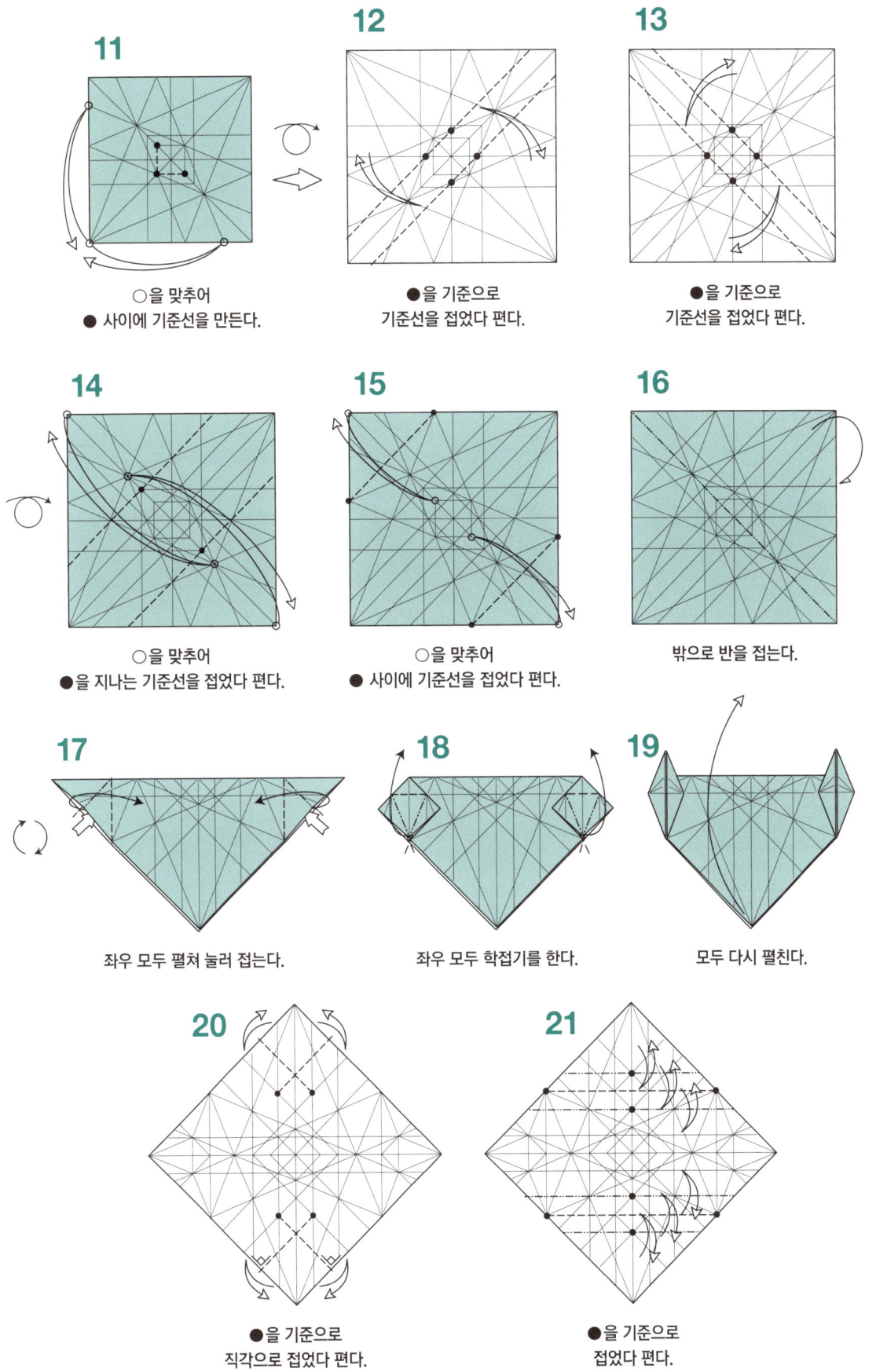

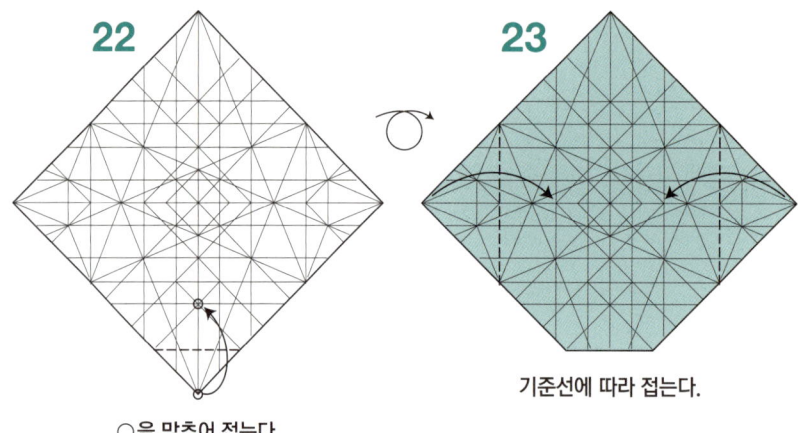

22
23 기준선에 따라 접는다.
○을 맞추어 접는다.

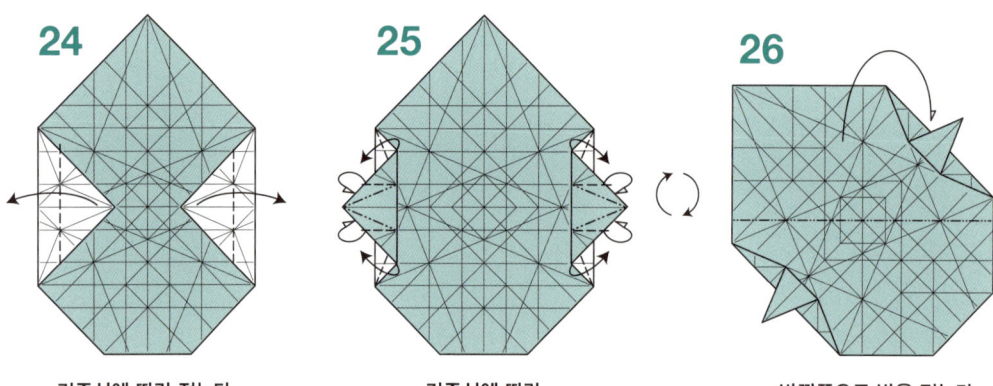

24 기준선에 따라 접는다.
25 기준선에 따라 안쪽으로 당겨서 접는다.
26 바깥쪽으로 반을 접는다.

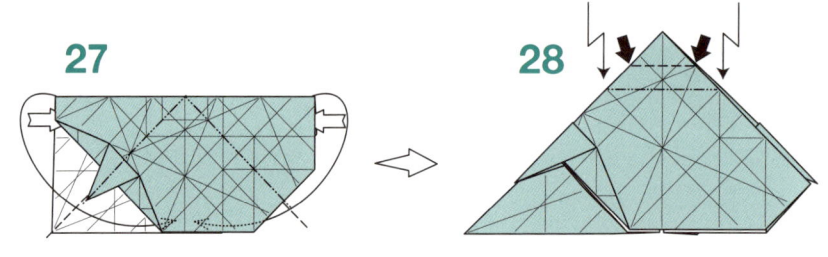

27 좌우 모두 안쪽으로 접기를 한다.
28 기준선에 따라 열린 함몰접기를 한다.

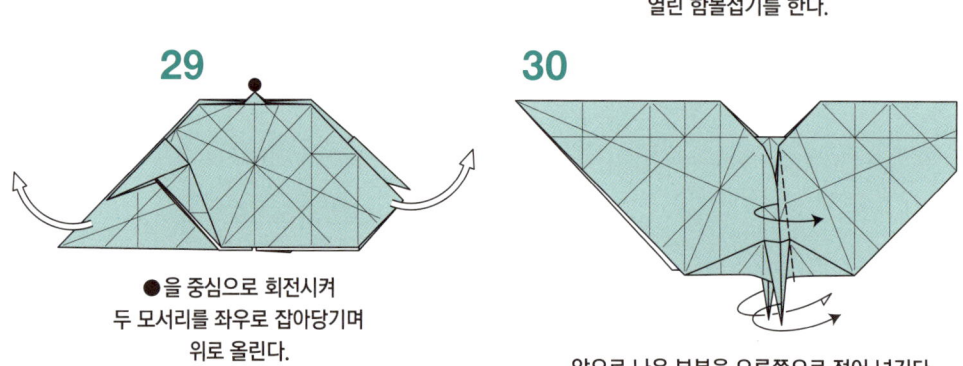

29 ●을 중심으로 회전시켜 두 모서리를 좌우로 잡아당기며 위로 올린다.

30 앞으로 나온 부분을 오른쪽으로 접어 넘긴다.
[반대쪽도 같은 방법으로]

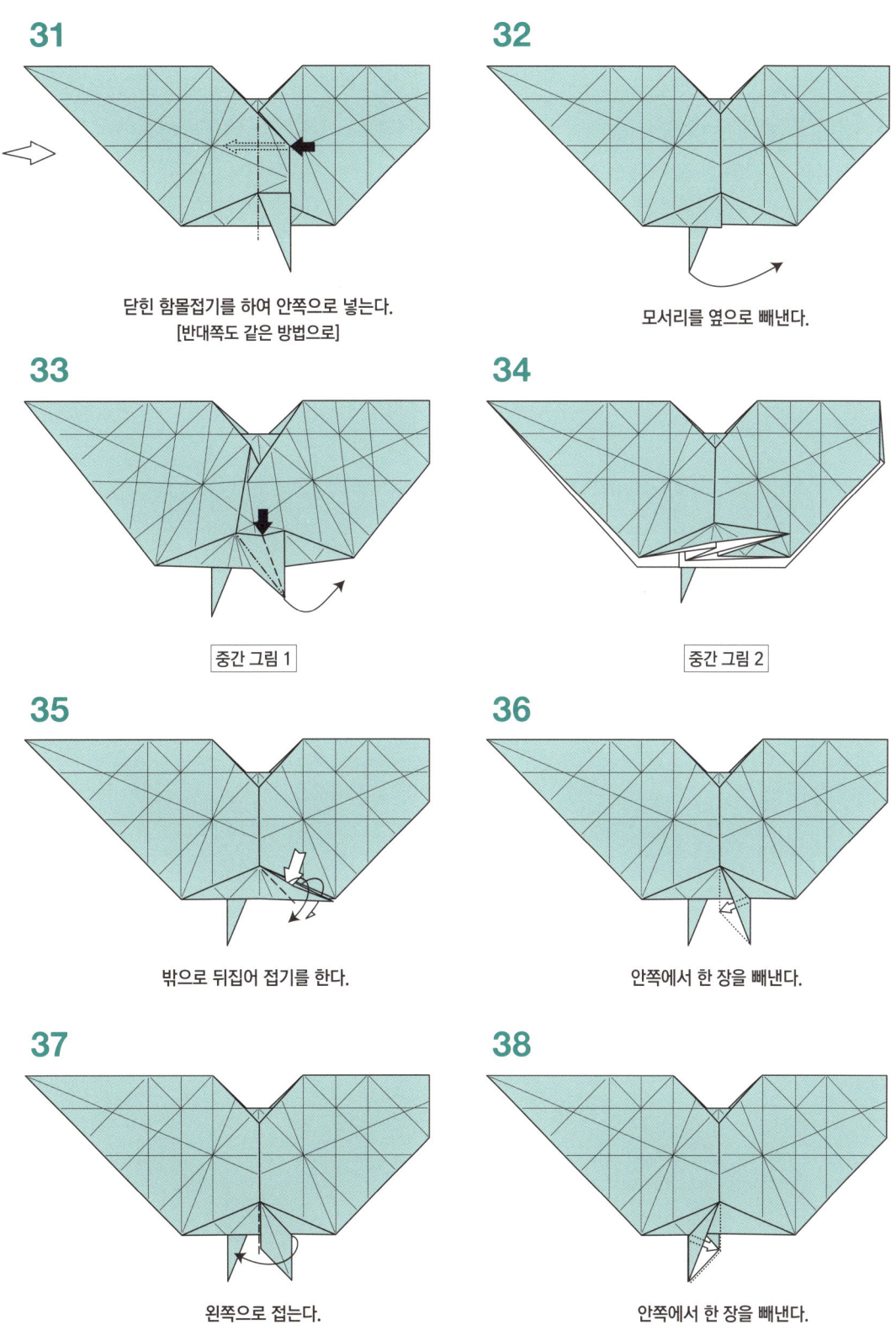

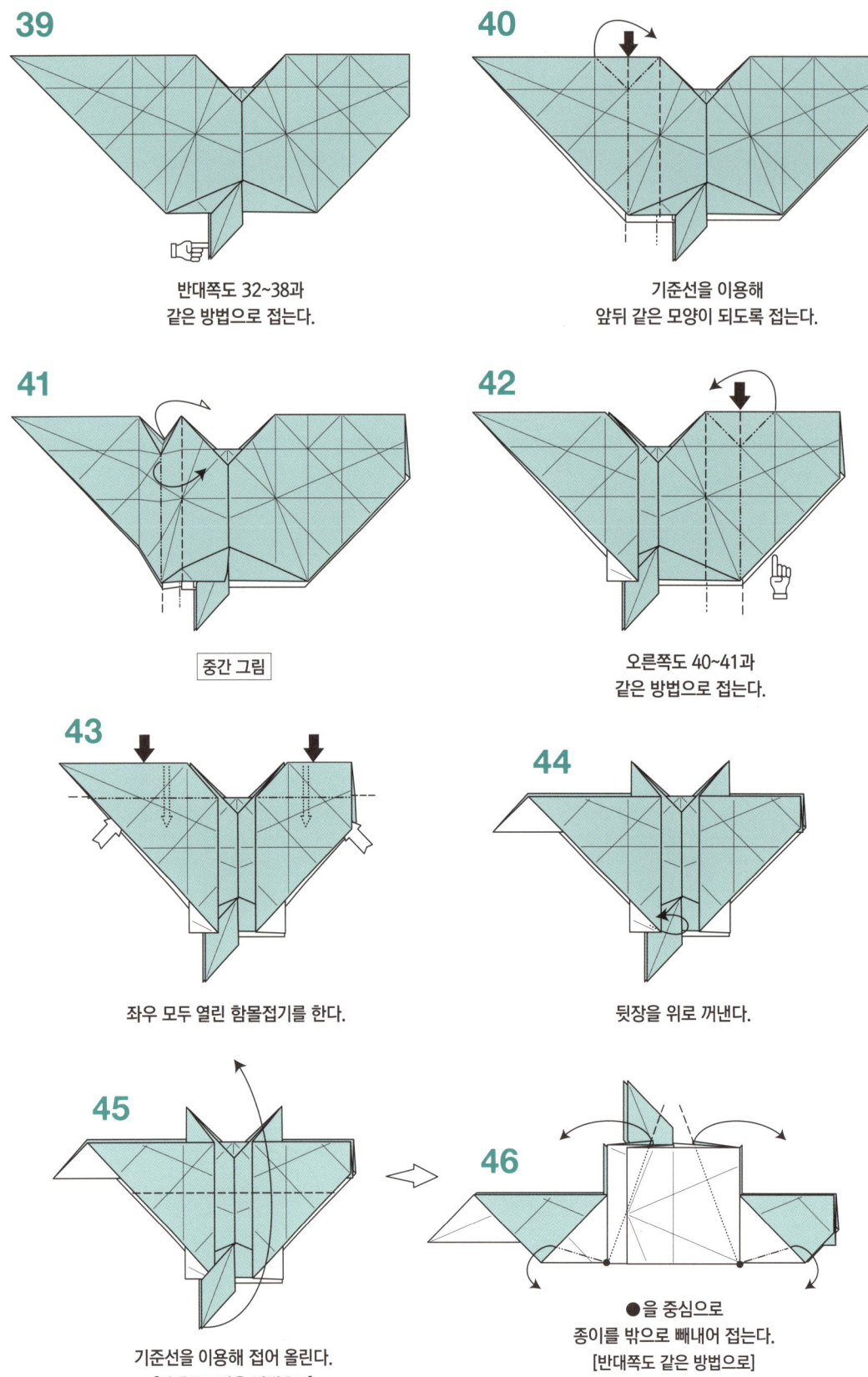

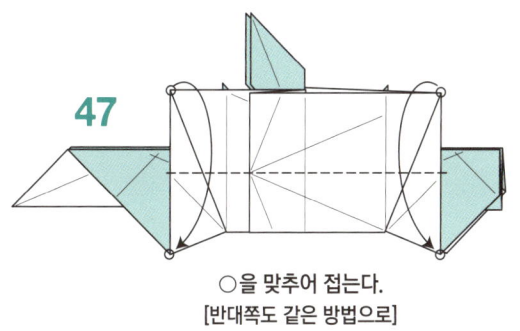

○을 맞추어 접는다.
[반대쪽도 같은 방법으로]

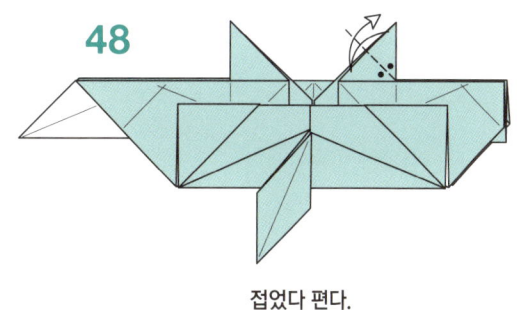

접었다 편다.

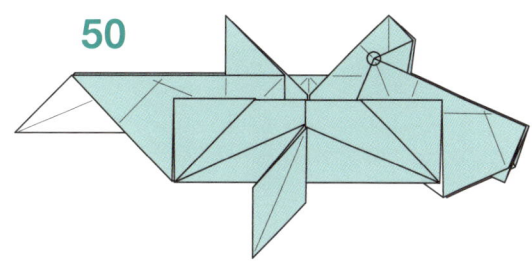

●을 기준으로 회전시켜 앞뒤 동시에 접는다.

○ 표시가 48에서 접은 기준선과 만나도록 조정한다.

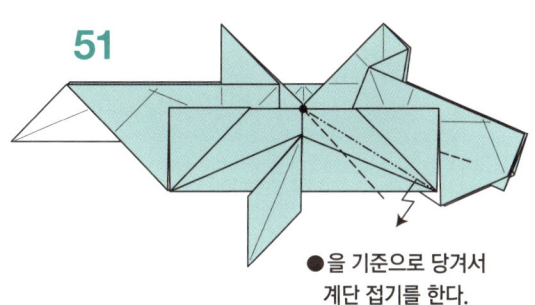

●을 기준으로 당겨서 계단 접기를 한다.
[반대쪽도 같은 방법으로]

○가 만나도록 조정한다.
[반대쪽도 같은 방법으로]

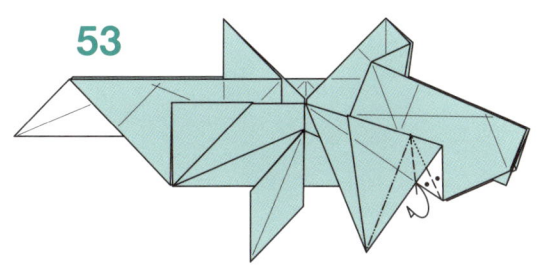

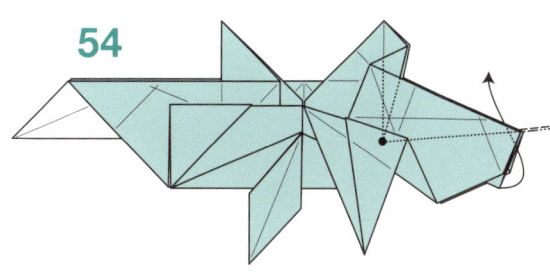

당기듯이 안으로 접어 넣는다.
[반대쪽도 같은 방법으로]

●을 기준으로 안쪽으로 접기를 한다.

실러캔스

55

안에서 조금 빼낸다.

56

안쪽으로 계단 접기를 한다.
[반대쪽도 같은 방법으로]

57

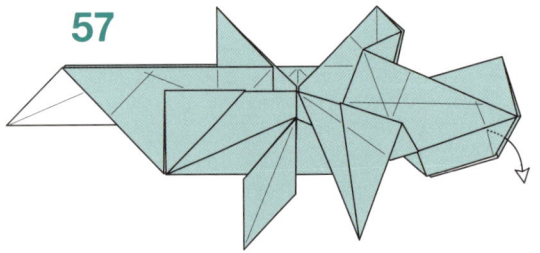

안쪽에 겹쳐 있는 종이를 빼낸다.
[반대쪽도 같은 방법으로]

58

안쪽으로 접기를 한다.

59

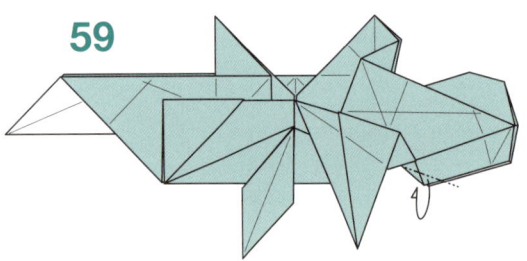

안으로 접어 넣는다.
[반대쪽도 같은 방법으로]

60

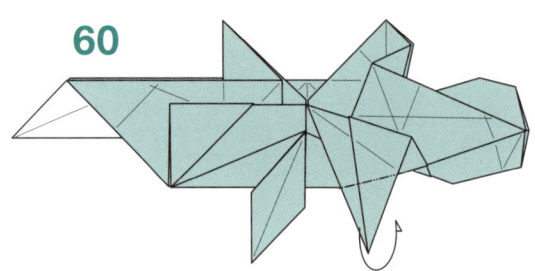

앞의 한 장만 안으로 접어 넣는다.

61

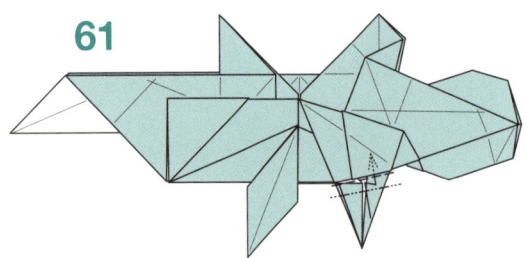

뒷장을 안으로 계단 접기 한다.

62

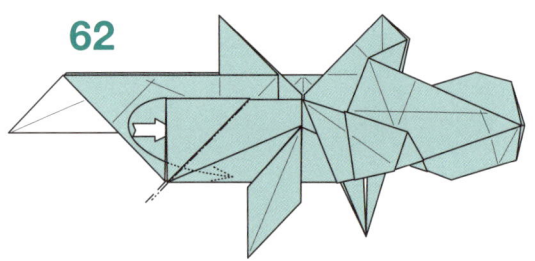

안쪽으로 접기를 한다.
[반대쪽도 같은 방법으로]

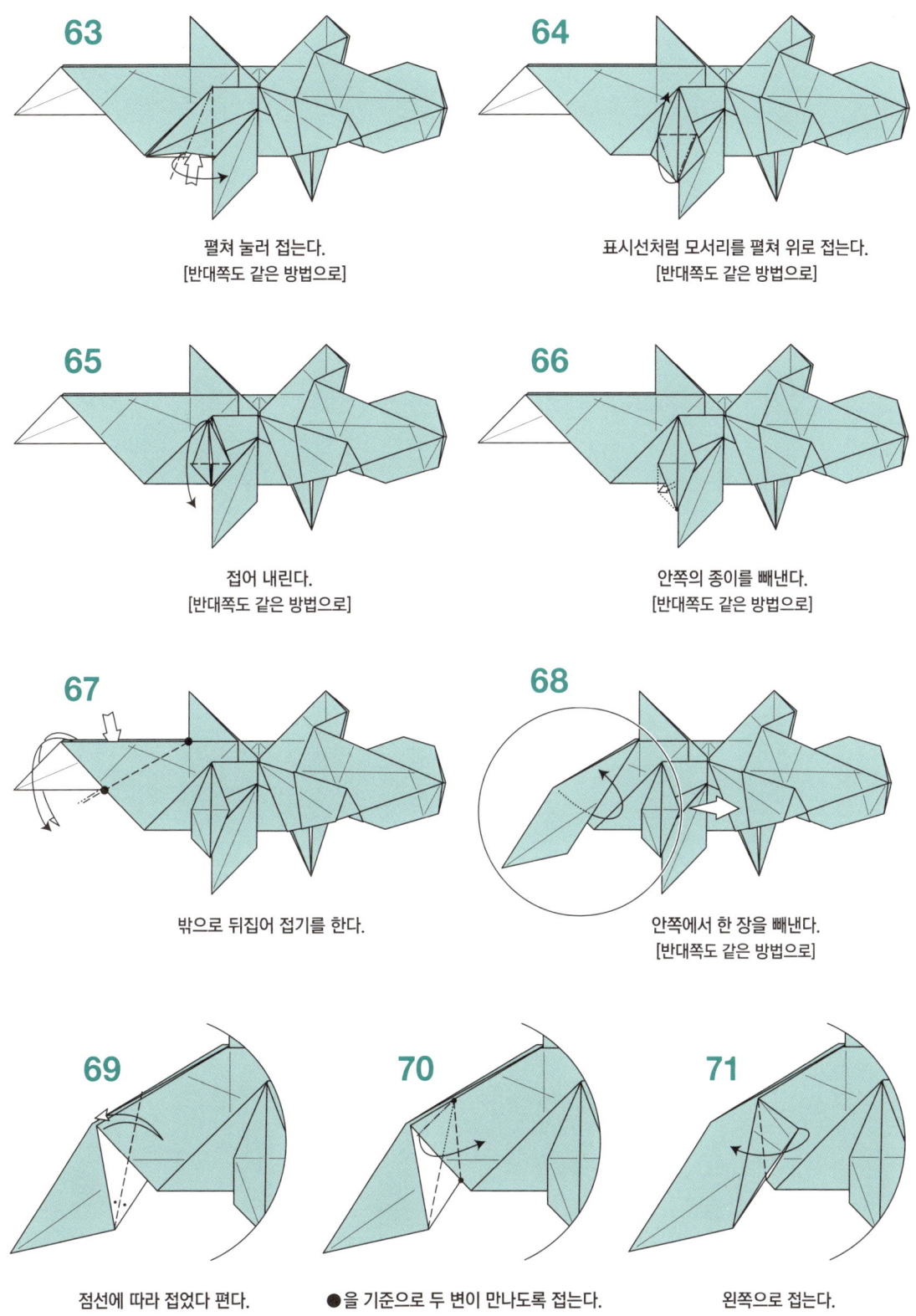

72 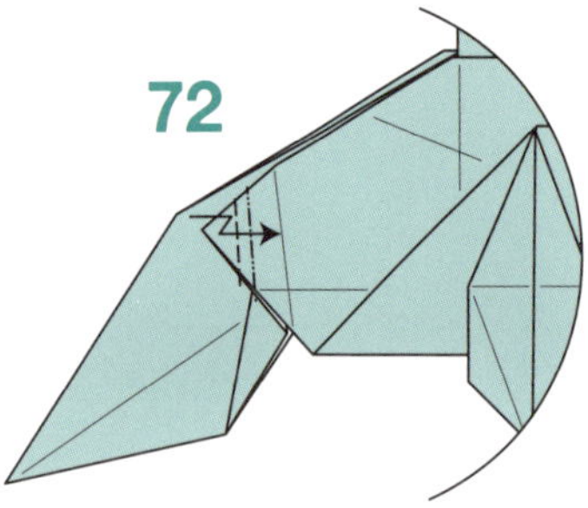
겹친 채로 안쪽으로 계단 접기를 한다.
[반대쪽도 같은 방법으로]

73 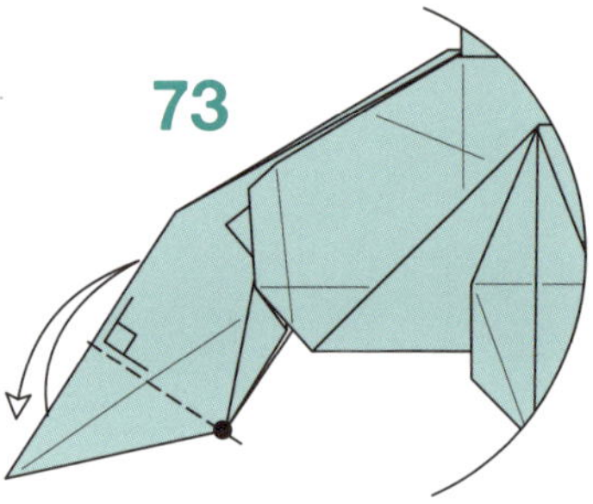
●을 기준으로
직각으로 접었다 편다.

74 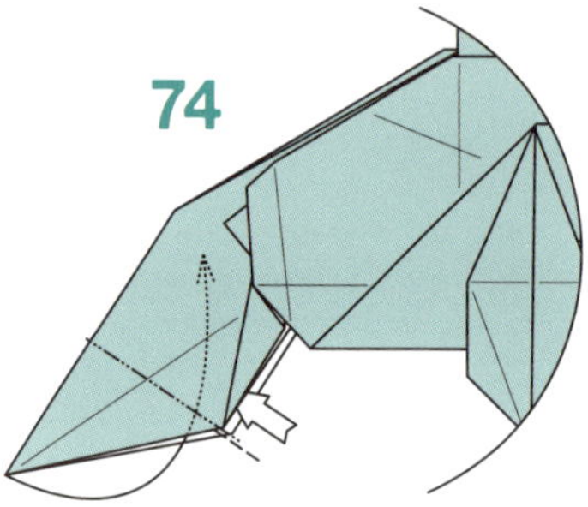
73에서 접은 기준선에 따라
안쪽으로 접기를 한다.

75 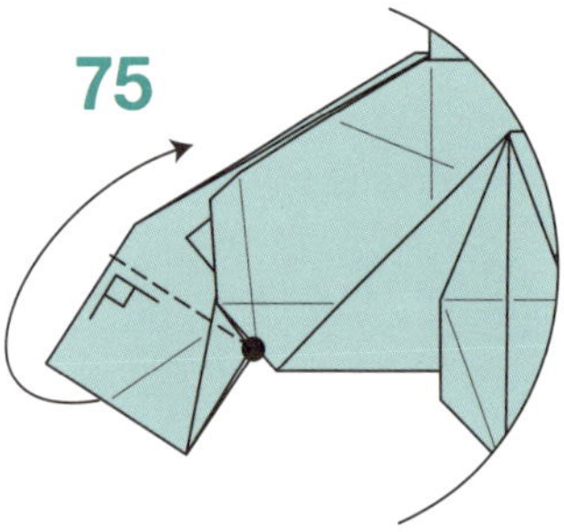
●을 기준으로 직각으로 접는다.

76 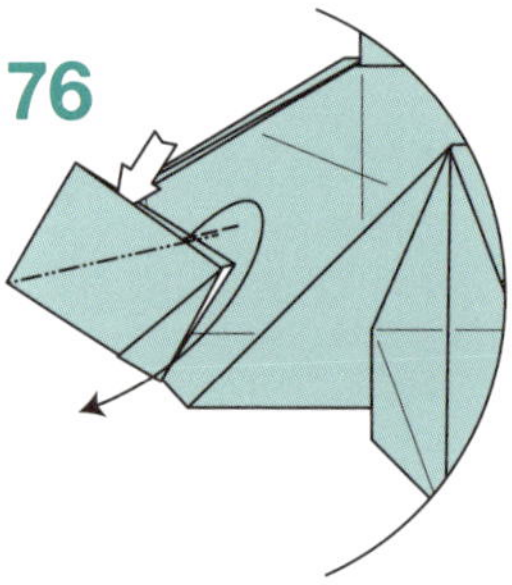
펼쳐 눌러 접는다.

77 
화살표 방향으로 접는다.

78 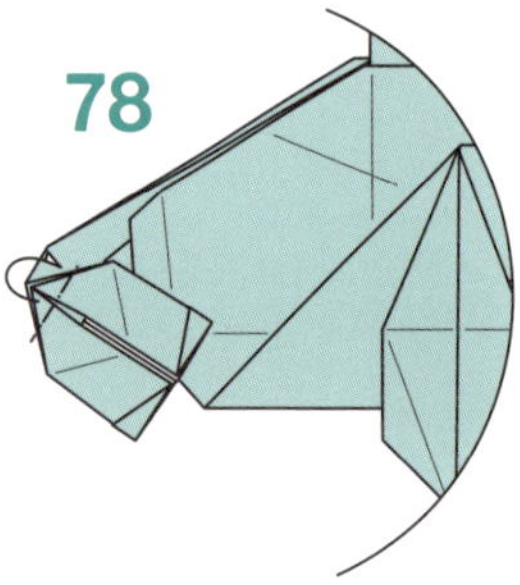
뒤로 산접기를 한다.

79 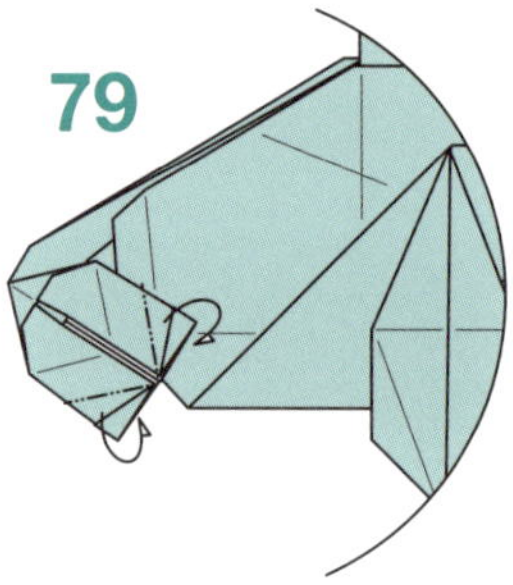
뒤로 산접기를 한다.

80 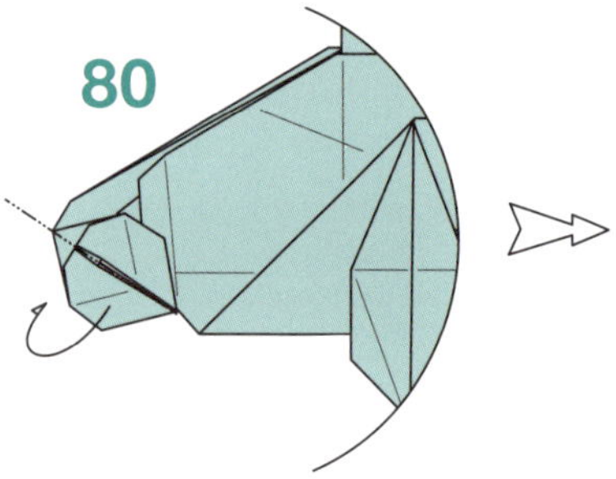
뒤로 접어 넘긴다.

81
안쪽 한 장을 왼쪽으로 접어 넘긴다.
[반대쪽도 같은 방법으로]

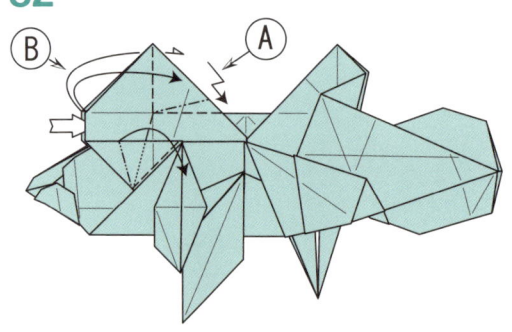

82
A부분을 겹친 상태로 계단 접기하면서
동시에 B를 밖으로 뒤집어 접는다.

83

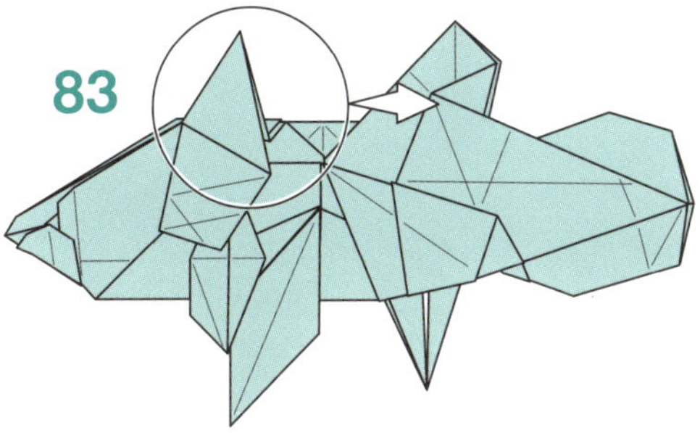

84 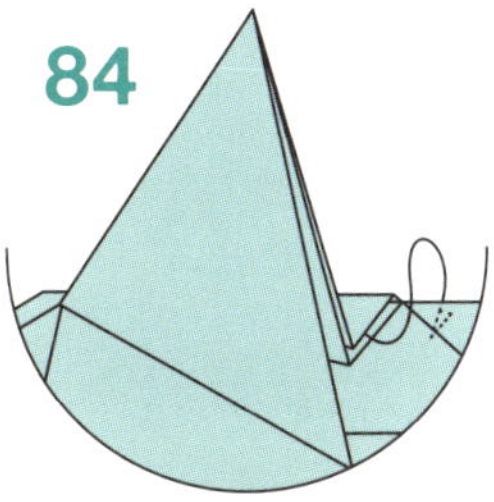 한 장을 빼내어 반대쪽에 둔다.

85 뒤쪽 한겹과 대칭이 되도록 앞쪽의 한겹을 표시선처럼 접는다.

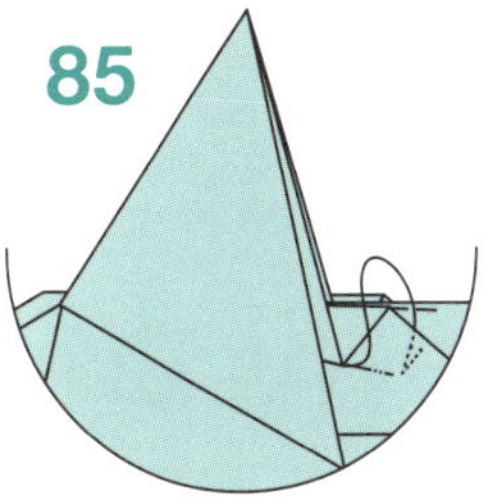

86 안쪽에 있는 두 장을 계단 접기 한다.

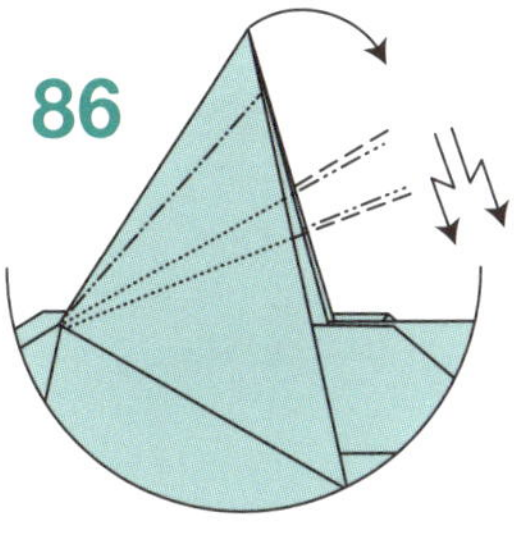

87

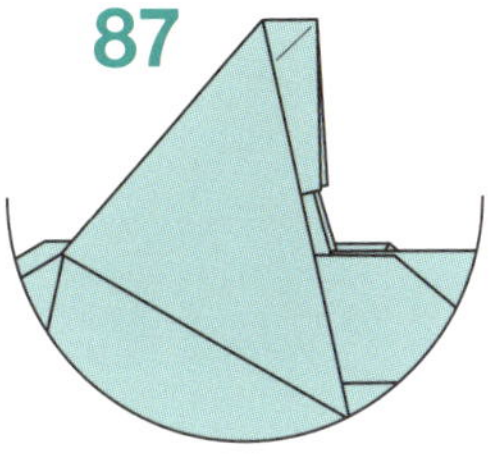

88  안쪽으로 접기를 한다. [반대쪽도 같은 방법으로]

89 등의 선에 맞추어 모서리를 눌러 접는다. [반대쪽도 같은 방법으로]

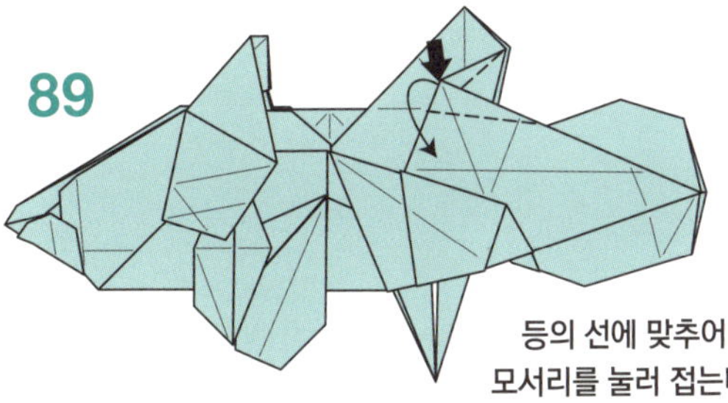

90 접어 올린다. [반대쪽도 같은 방법으로]

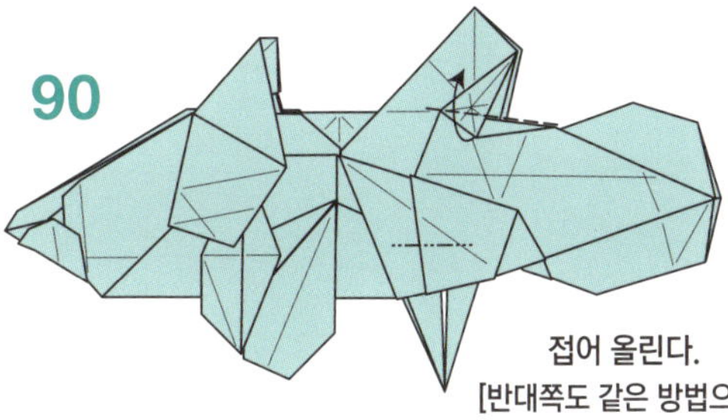

91 닫힌 함몰접기를 한다. [반대쪽도 같은 방법으로]

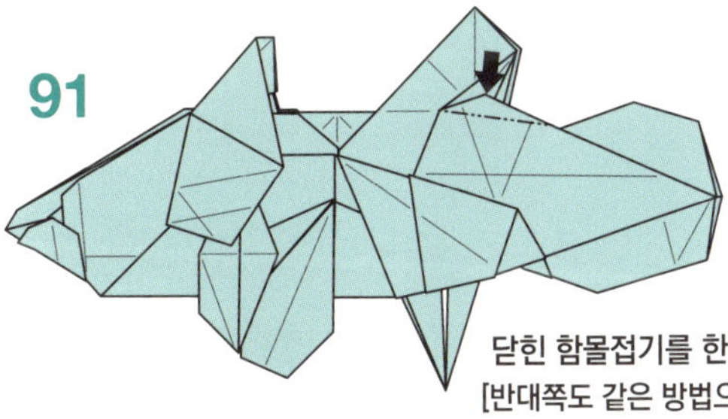

92 얼굴을 입체적으로 부풀리고 지느러미가 곡선이 되도록 다듬는다.

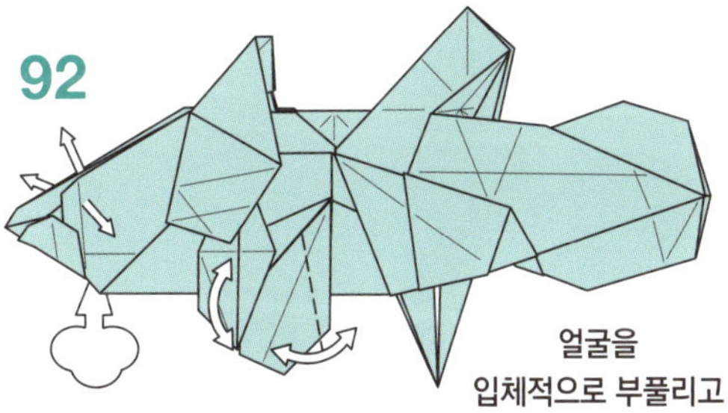

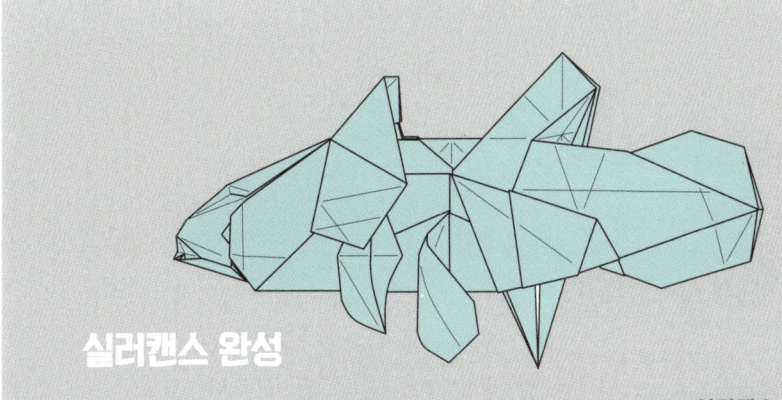

실러캔스 완성

실러캔스 181

브라키오사우루스(뼈대)
The Brachiosaurus skeleton

종이접기로 브라키오사우루스의 뼈대 모델을 만들어 보았다. 뼈 하나하나를 만들어 조립하는 과정은 마치 화석을 복원하는 과정과 같다.

각 부위 명칭과 조립 위치

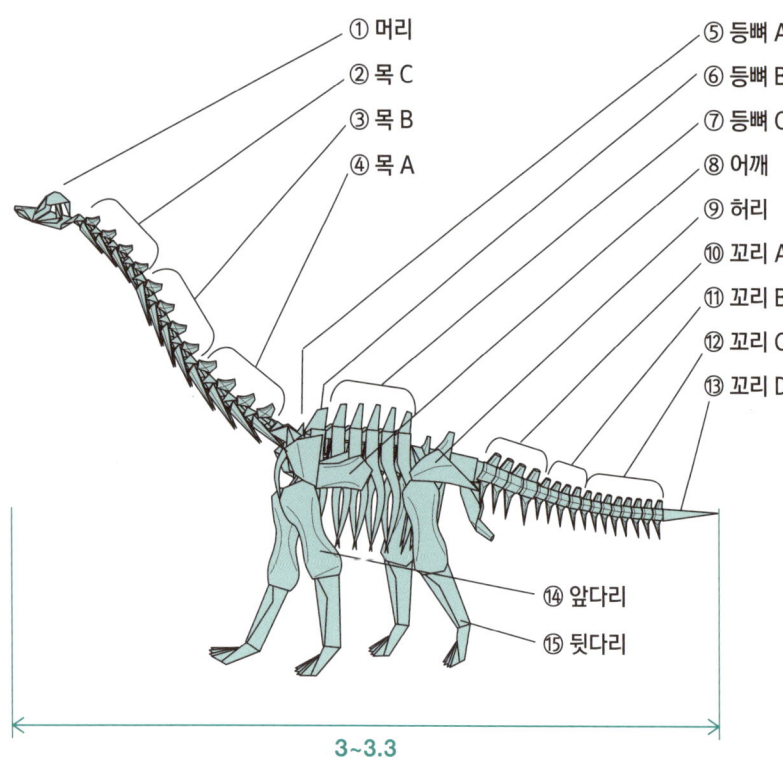

① 머리
② 목 C
③ 목 B
④ 목 A
⑤ 등뼈 A
⑥ 등뼈 B
⑦ 등뼈 C
⑧ 어깨
⑨ 허리
⑩ 꼬리 A
⑪ 꼬리 B
⑫ 꼬리 C
⑬ 꼬리 D
⑭ 앞다리
⑮ 뒷다리

3~3.3

작품 크기의 기준

사용하는 종이 중에서 가장 큰 종이의 한 변의 길이를 1이라고 했을 때 완성작품의 전체 길이는 약 3~3.3배가 된다.

1

각 부위 명칭과 조립 위치

종이 크기	부위	장수
1	⑥ 등뼈 B	1
	⑦ 등뼈 C	5
	⑧ 어깨	2
	⑨ 허리	2
	⑭ 앞다리	2
	⑮ 뒷다리	2
2/3	① 머리	1
	④ 목 A	4
	⑤ 등뼈 A	1
7/12	③ 목 B	4
1/2	② 목 C	4
1/3	⑩ 꼬리 A	4
1/4	⑪ 꼬리 B	4
2/9	⑫ 꼬리 C	8
	⑬ 꼬리 D	1

브라키오사우루스(뼈대)

① 머리

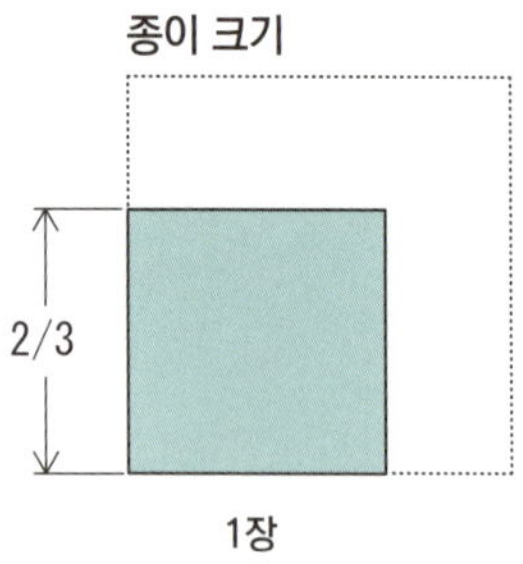

종이 크기
2/3
1장

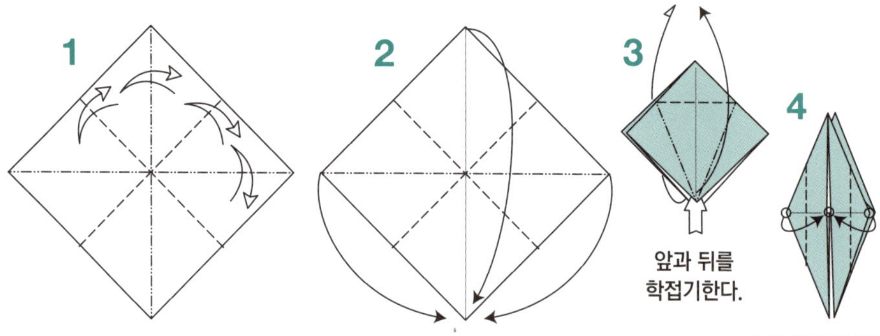

1. 접었다 편다.
2. 기준선에 따라 모아 접는다.
3. 앞과 뒤를 학접기한다.
4. ○을 맞추어 접는다. 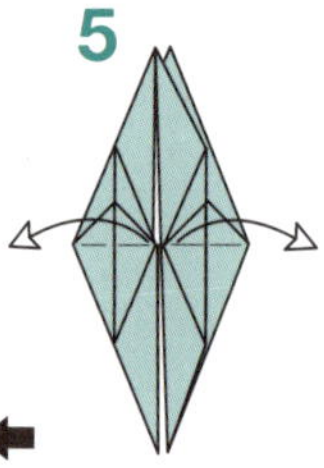
5. 다시 편다. 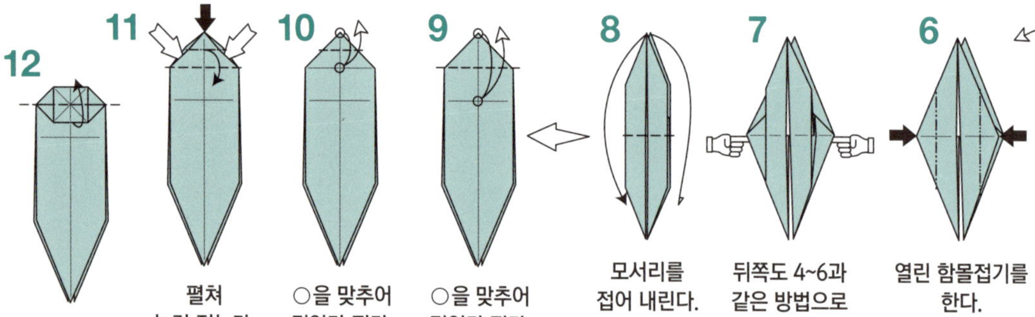
6. 열린 함몰접기를 한다.
7. 뒤쪽도 4~6과 같은 방법으로 접는다.
8. 모서리를 접어 내린다.
9. ○을 맞추어 접었다 편다.
10. ○을 맞추어 접었다 편다.
11. 펼쳐 눌러 접는다.
12. 접어 올린다. 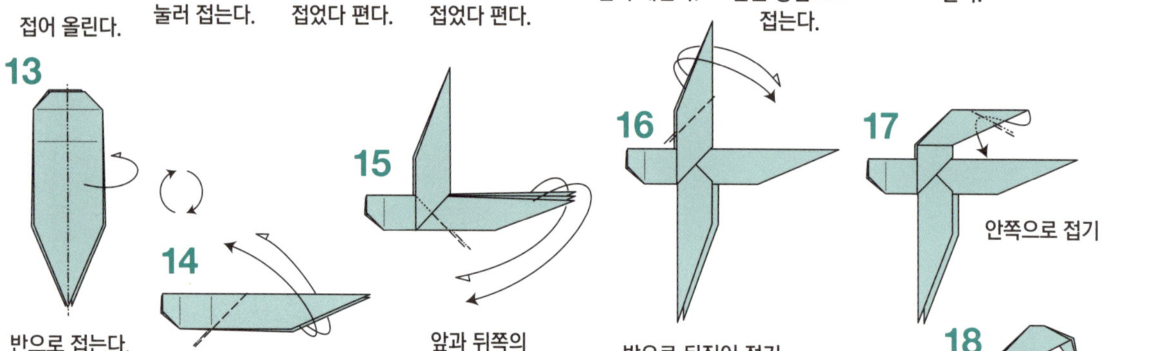
13. 반으로 접는다.
14. 한 장을 밖으로 뒤집어 접기를 한다.
15. 앞과 뒤쪽의 한 장을 접어 내린다.
16. 밖으로 뒤집어 접기
17. 안쪽으로 접기
18. 계단 접기 [반대쪽도 같은 방법으로] 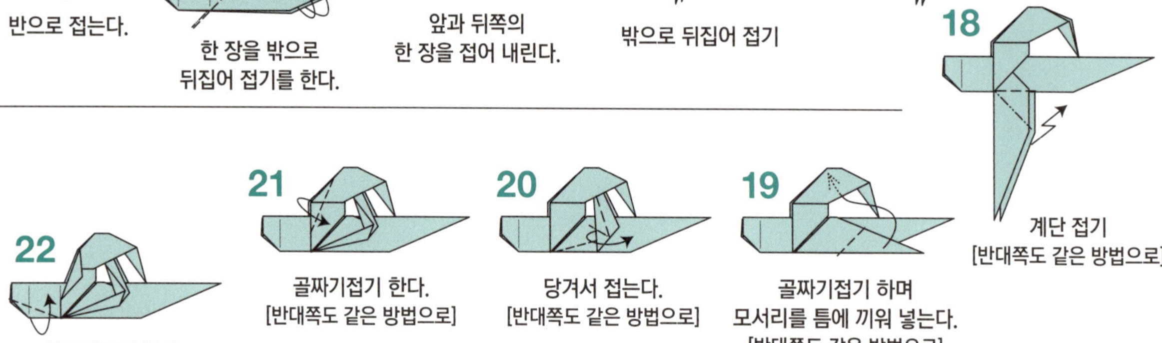
19. 골짜기접기 하며 모서리를 틈에 끼워 넣는다. [반대쪽도 같은 방법으로]
20. 당겨서 접는다. [반대쪽도 같은 방법으로]
21. 골짜기접기 한다. [반대쪽도 같은 방법으로]
22. 골짜기접기 한다. [반대쪽도 같은 방법으로]

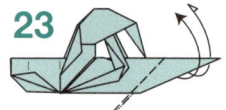

23. 밖으로 뒤집어 접기

24. 밖으로 뒤집어 접기

25. 입을 납작하게 눌러 준다.

머리 부분 완성

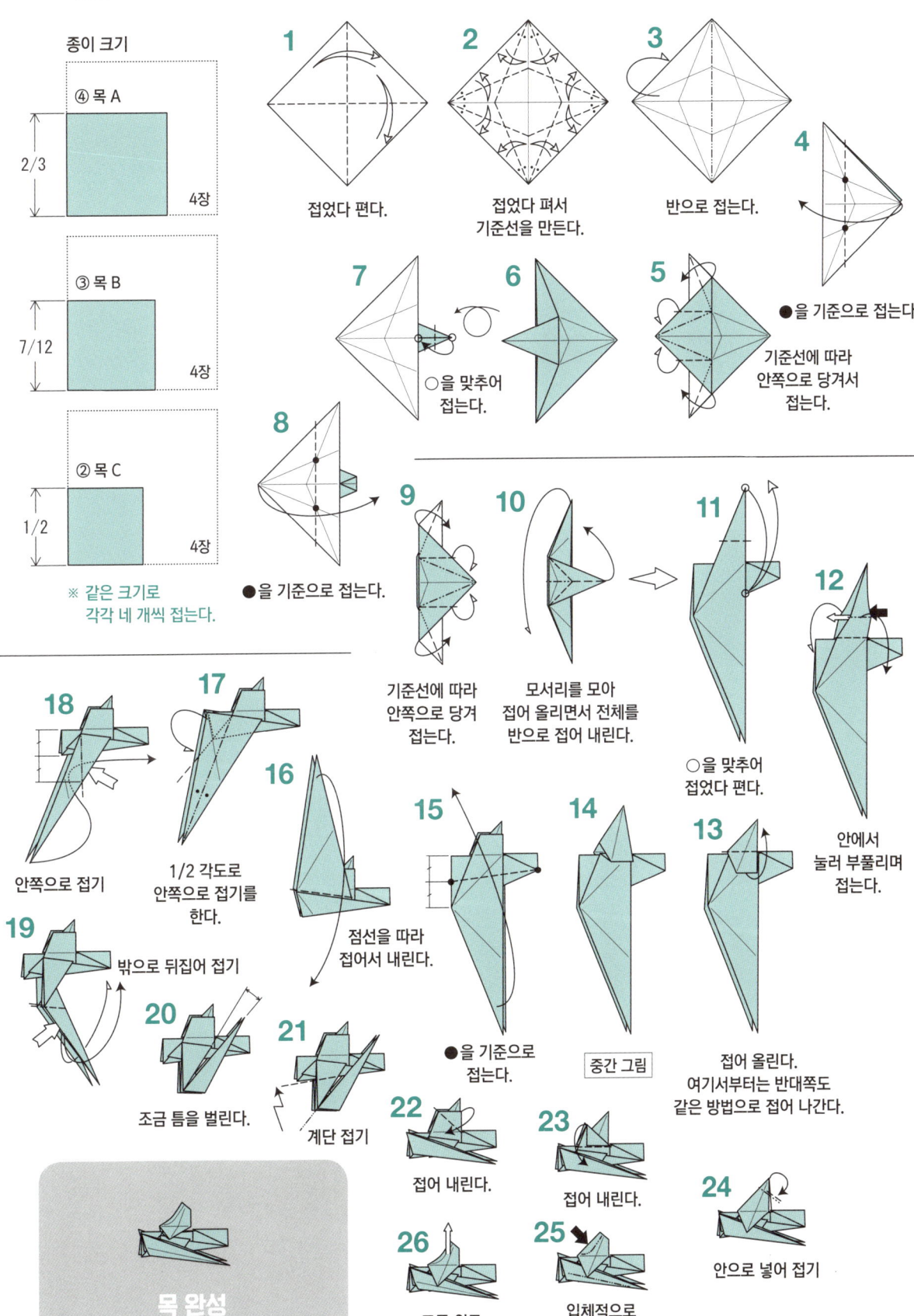

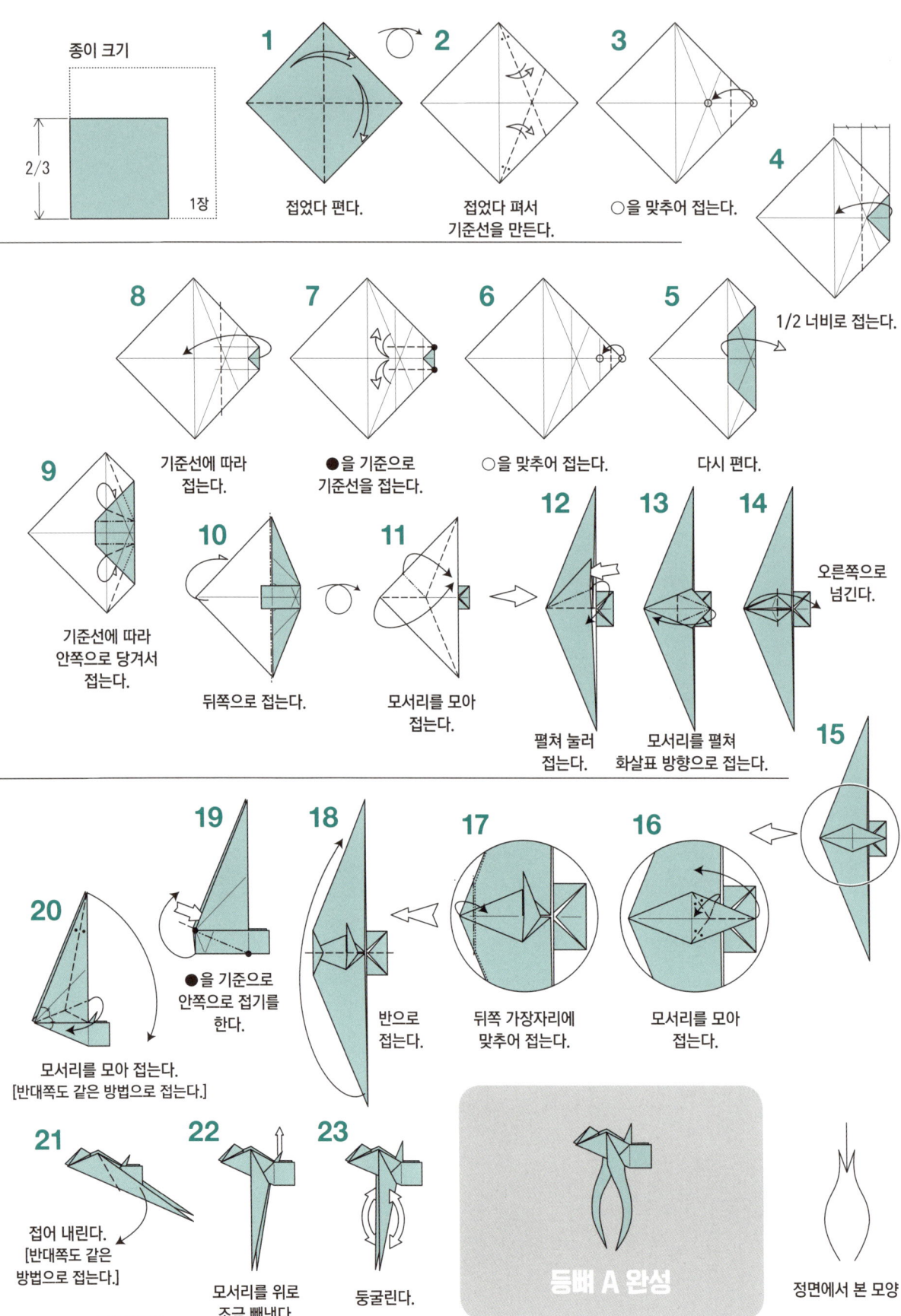

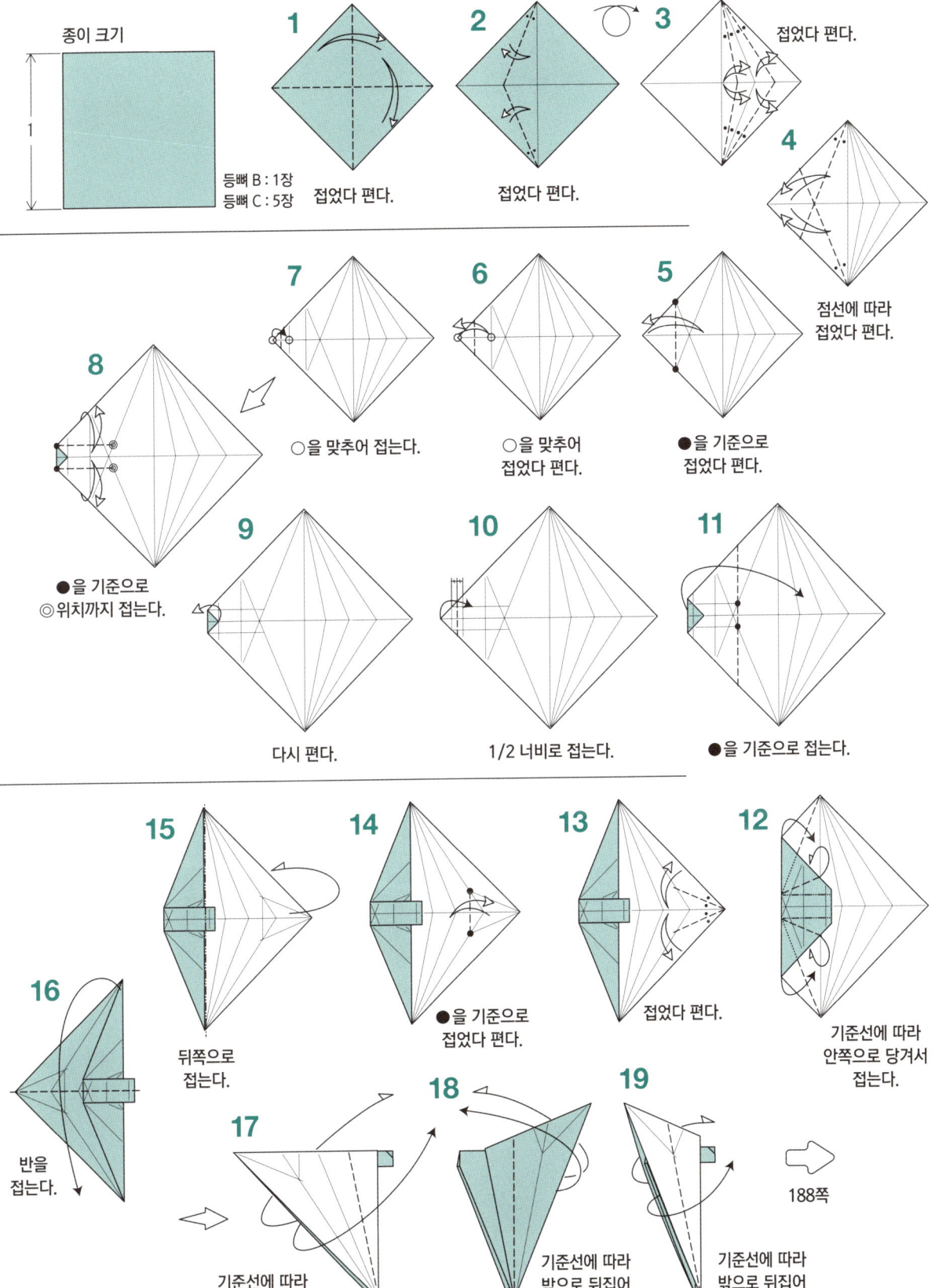

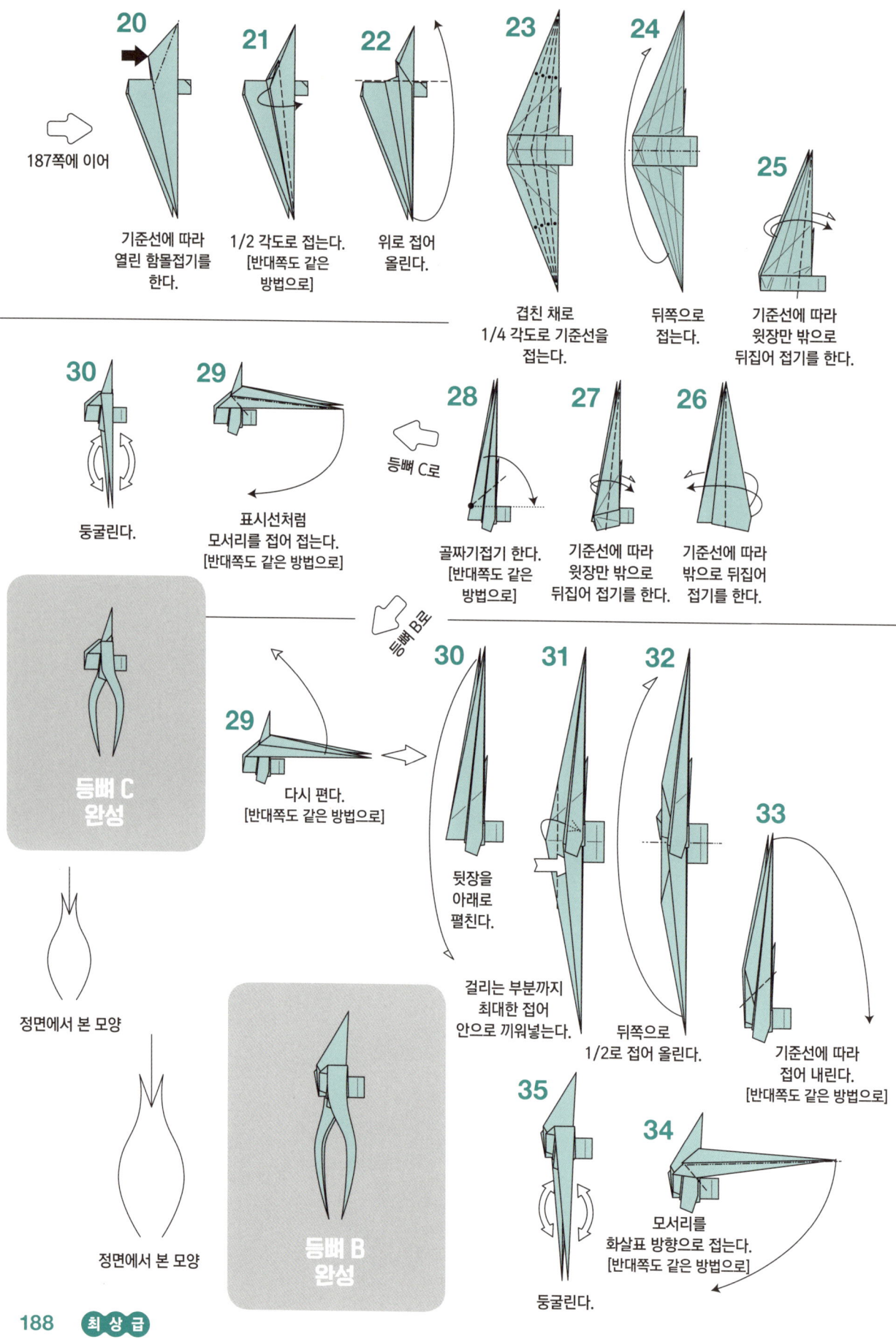

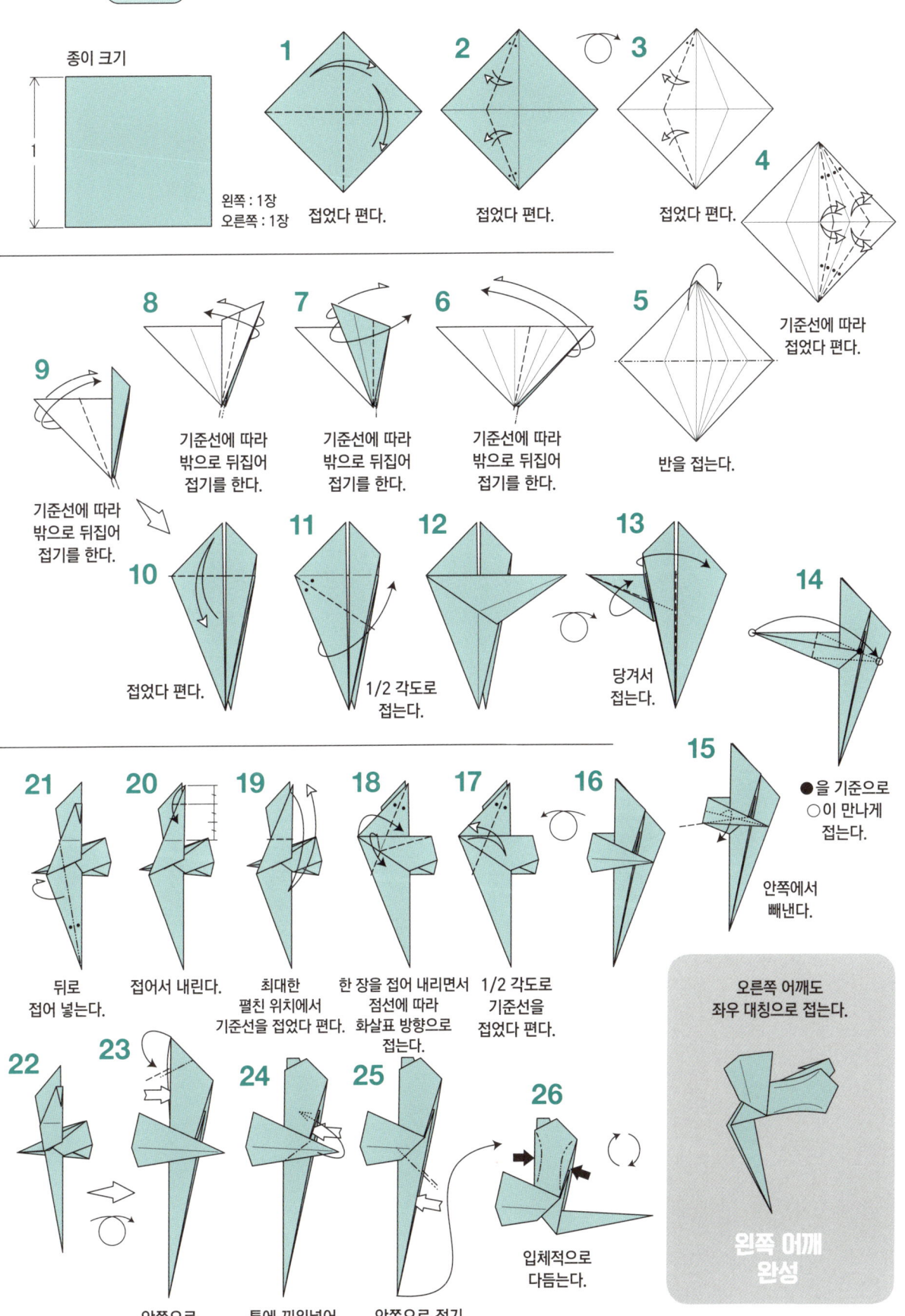

②③④ 목 A, B, C의 합체

목 A, B, C를 각각 끼워 조립한다.

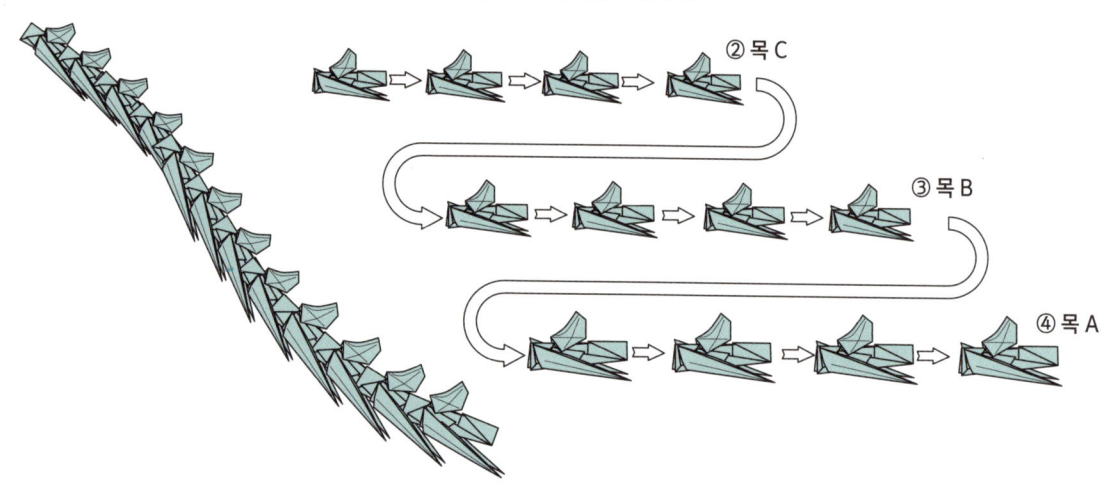

⑤⑥⑦⑧ 등뼈 A, B, C와 어깨의 합체

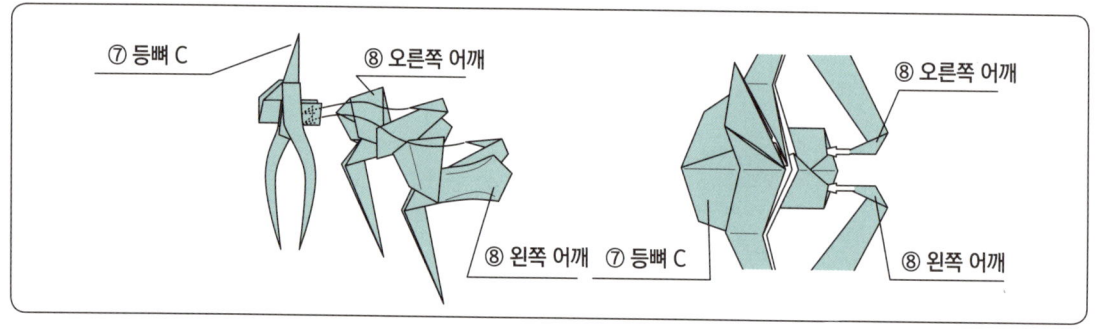

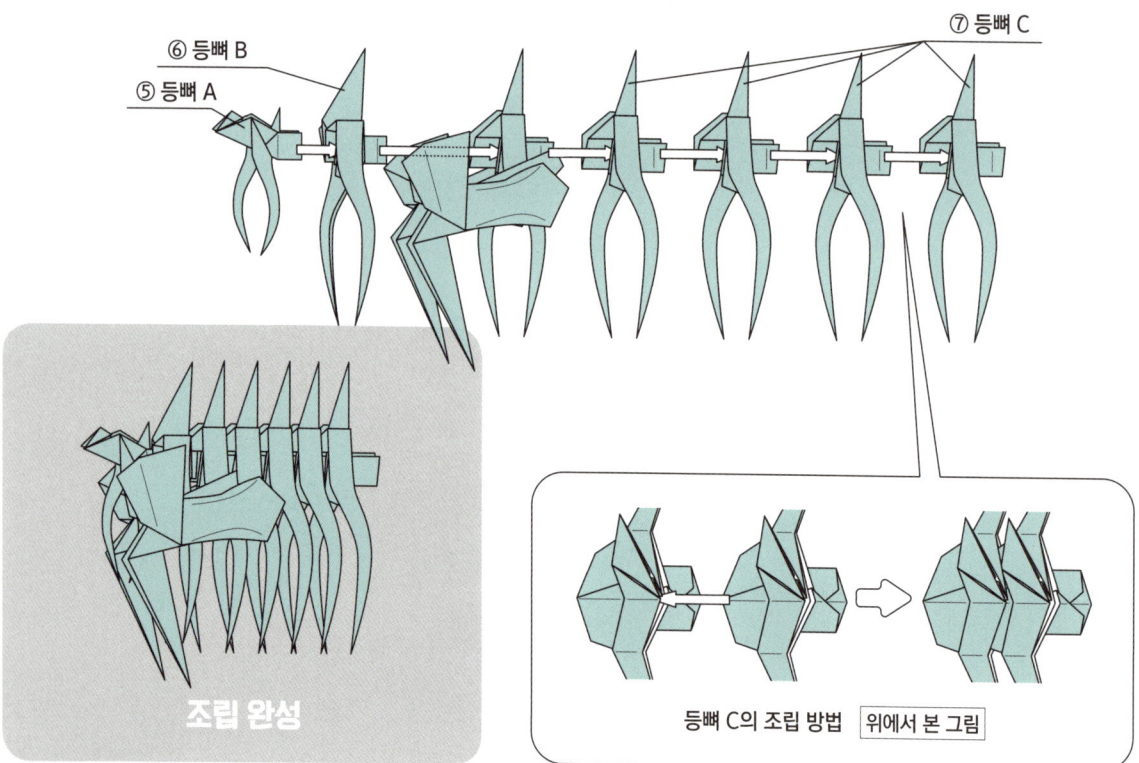

조립 완성

등뼈 C의 조립 방법　위에서 본 그림

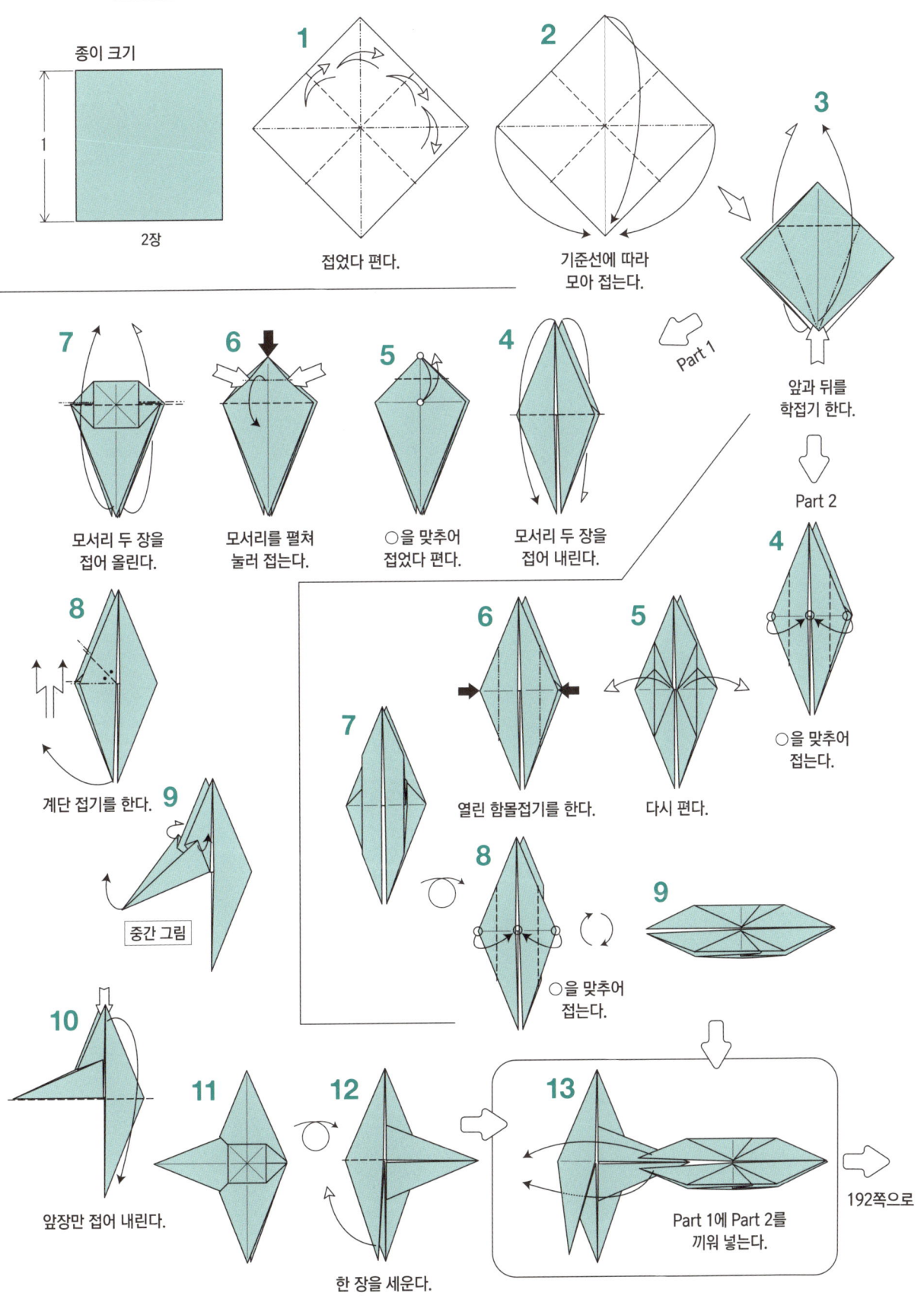

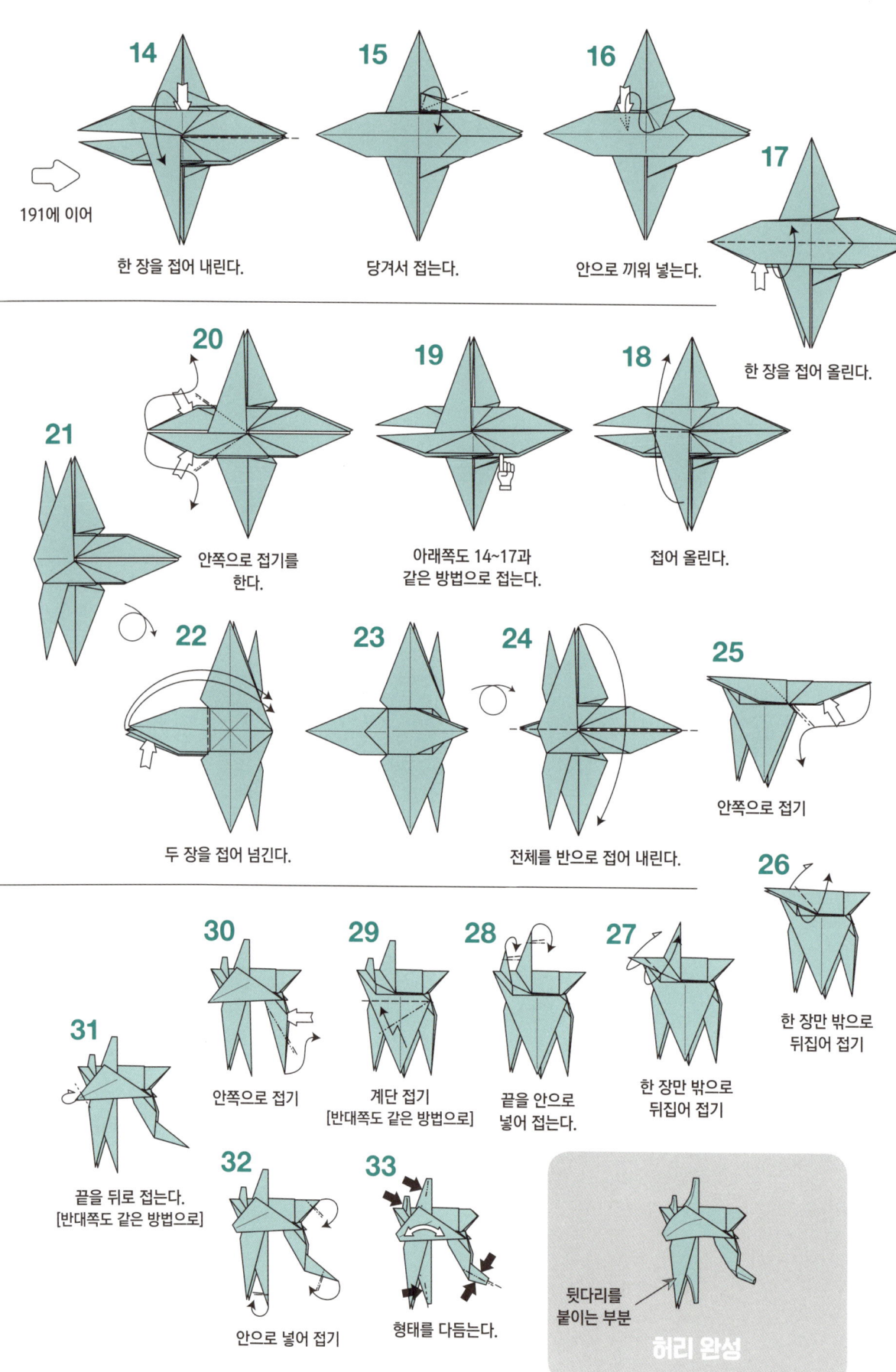

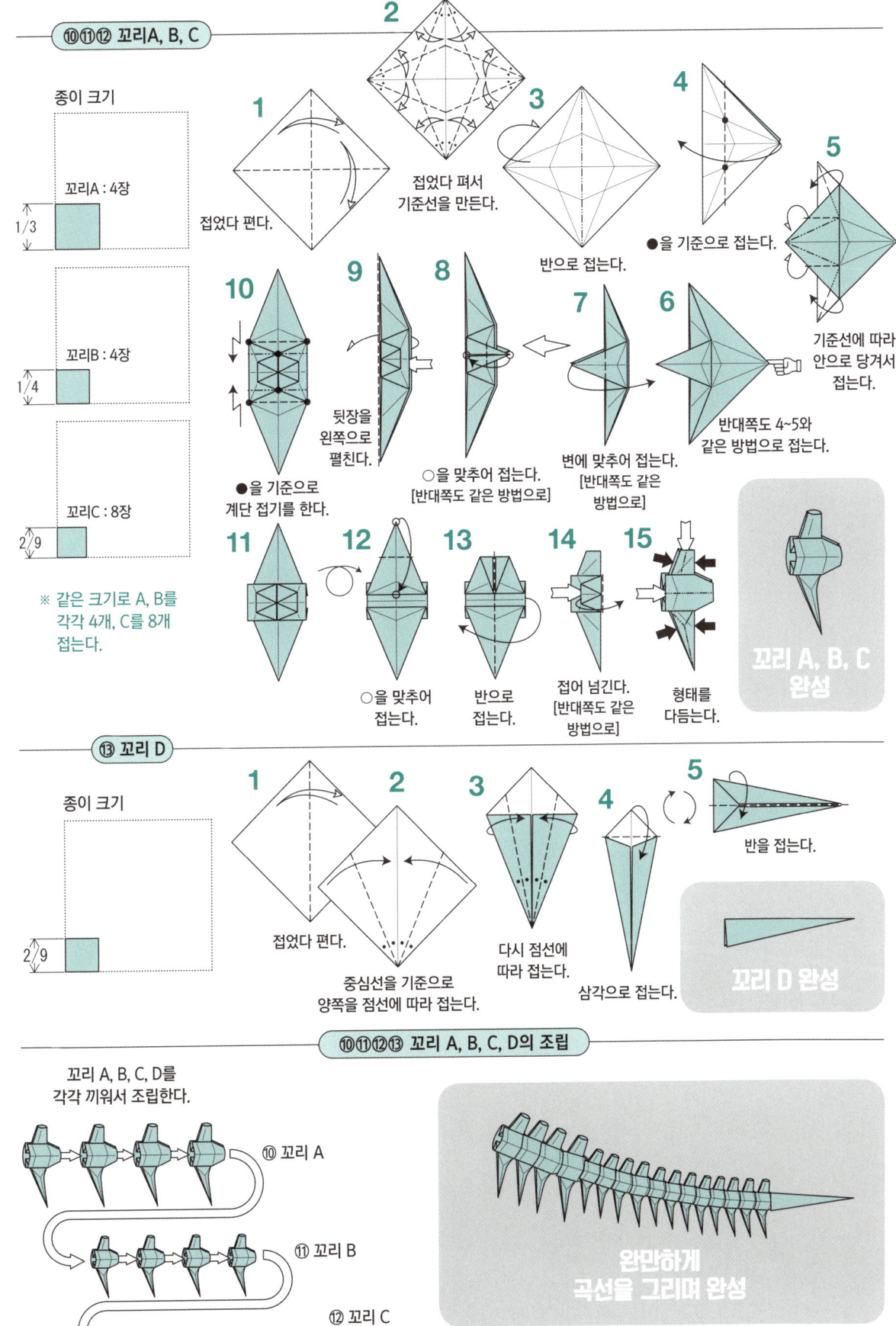

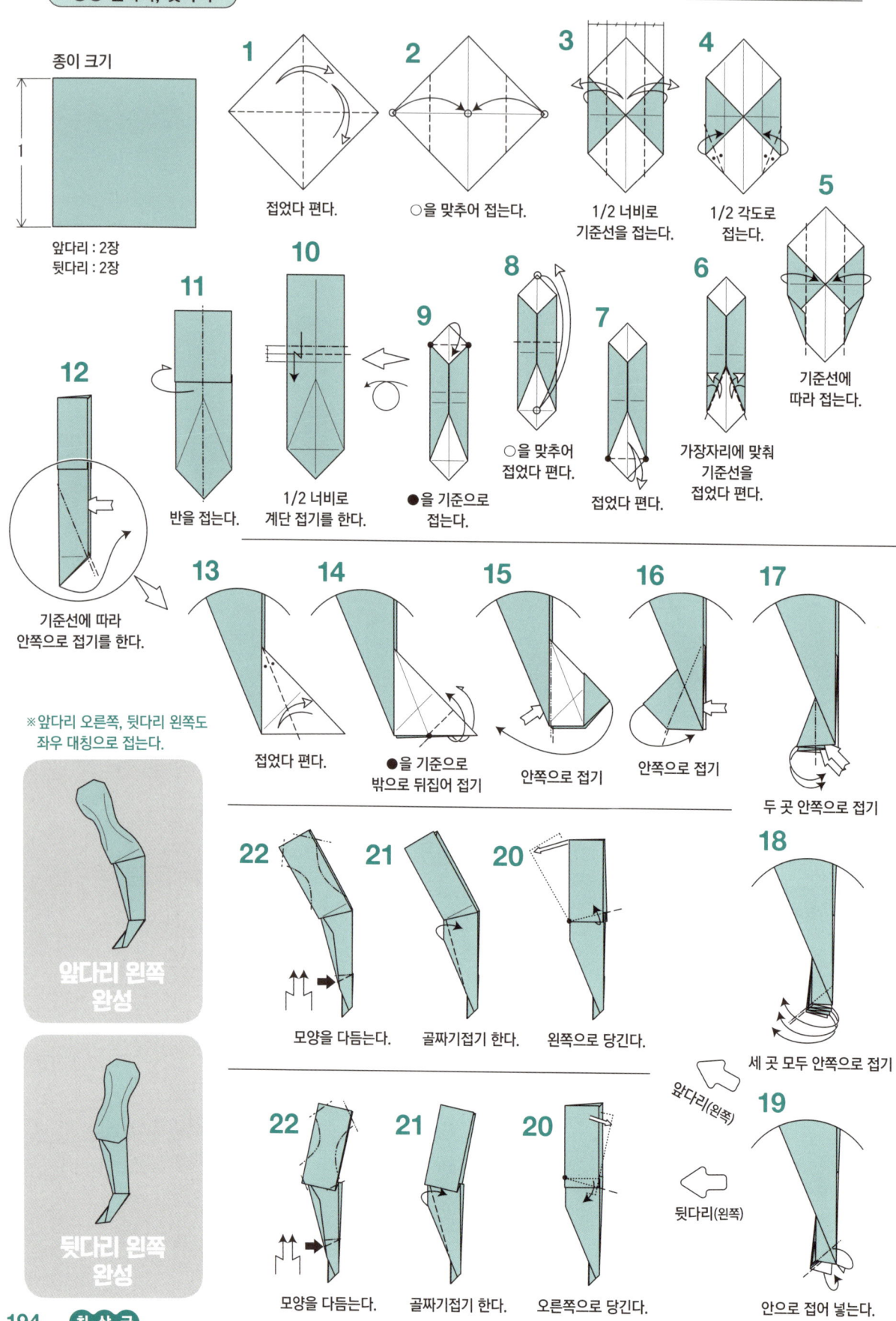

전체 조립

1

2

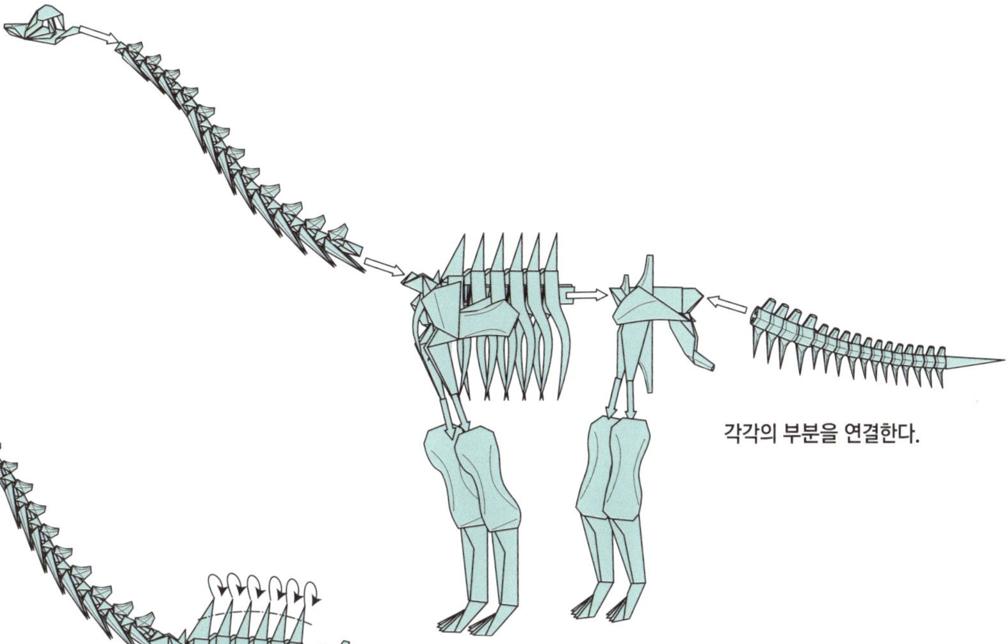

각각의 부분을 연결한다.

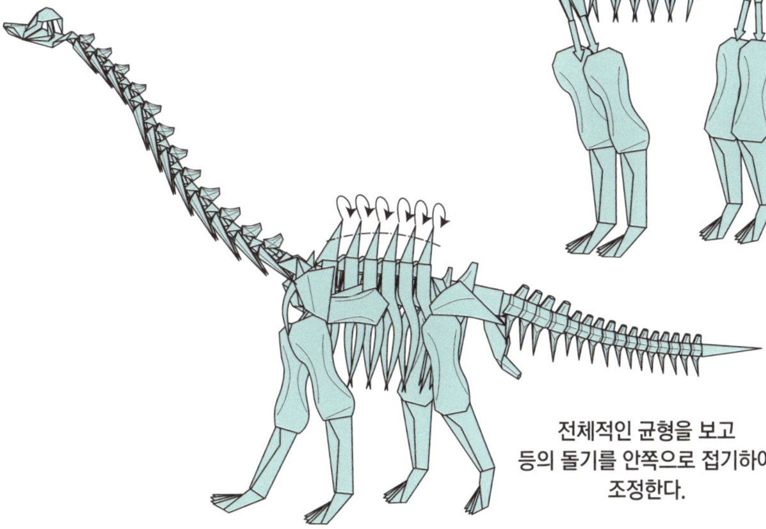

전체적인 균형을 보고 등의 돌기를 안쪽으로 접기하여 조정한다.

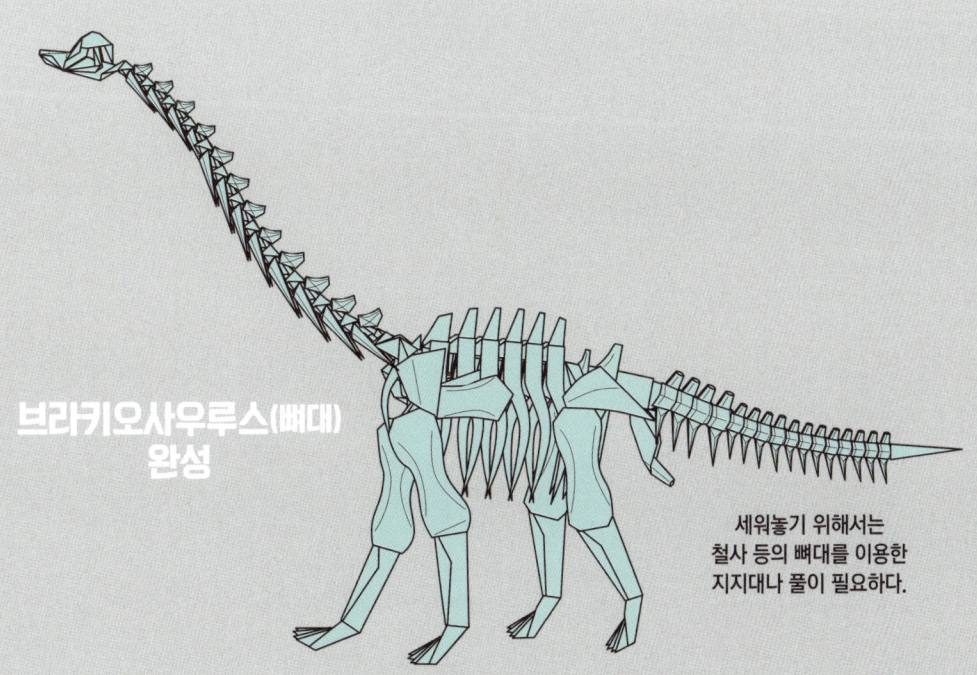

브라키오사우루스(뼈대) 완성

세워놓기 위해서는 철사 등의 뼈대를 이용한 지지대나 풀이 필요하다.

도면이 친절한 리얼 종이접기

| **1판 1쇄 발행** | 2021년 3월 12일 |
| **1판 5쇄 발행** | 2025년 8월 29일 |

지은이	가와하타 후미아키
옮긴이	이진원
감수자	오경란

발행인	김기중
주간	신선영
편집	민성원, 백수연
경영지원	홍운선

펴낸곳	도서출판 예밀
주소	서울특별시 영등포구 당산로41길 11, E동 1410호 (07217)
전화	02-3141-8301
팩스	02-3141-8303
이메일	info@theforestbook.co.kr
페이스북	ⓒforestbookwithu
인스타그램	ⓒtheforest_book
출판등록	2012년 10월 10일 제2025-000115호

| **ISBN** | 979-11-86706-11-4 (13630) |

* 예밀은 도서출판 더숲의 실용지식 브랜드입니다.
* 이 책은 도서출판 예밀이 저작권자와의 계약에 따라 발행한 것이므로
  본사의 서면 허락 없이는 어떠한 형태나 수단으로도 이 책의 내용을 이용하지 못합니다.
* 잘못된 책은 구입하신 곳에서 바꾸어 드립니다.
* 책값은 뒤표지에 있습니다.
* 독자 여러분의 원고 투고를 기다리고 있습니다. 출판하고 싶은 원고가 있는 분은
  info@theforestbook.co.kr로 기획 의도와 간단한 개요를 적어 연락처와 함께 보내주시기 바랍니다.